Usbekistan
und die zentralasiatischen Republiken

| Usbekistan | Kirgisistan | Kasachstan | Tadschikistan | Turkmenistan |

Gerald und Yarkinoi Sorg

Übersichtskarte Zentralasien

Zentralasien
1:10 000 000

Die Regionen in Zentralasien

Usbekistan
1. Qoraqalpogʻiston
2. Xorazm
3. Navoiy
4. Buxoro
5. Qashqadaryo
6. Surxondaryo
7. Samarqand
8. Jizzax
9. Sirdaryo
10. Toshkent
11. Namangan
12. Fargʻona
13. Andijon

Turkmenistan
1. Balkan
2. Daşoguz
3. Ahal
4. Lebap
5. Mary

Tadschikistan
1. Suġhd
2. Nohijahoi Tobei Çumhurj
3. Hatlon
4. Kūhistoni Badahšon

Übersichtskarte Zentralasien

Kirgisistan
1 Batken
2 Oš
3 Žalalabat
4 Talas
5 Naryn
6 Čùj
7 Ysyk-Kôl

Süd-Kasachstan
1 Mangystau
2 Atyrau
3 Aktôbe
4 Kyzylorda
5 Žezkazgan

6 Oṇtùstik Kazaķstan
7 Žambyl
8 Almaty

Die Hauptstädte in Zentralasien

Usbekistan	Toshkent
Turkmenistan	Aşgabat
Tadschikistan	Dušanbe
Kirgisistan	Biškek
Kasachstan	Astana

Inhaltsverzeichnis

9 Vorwort

10 Die Geschichte Zentralasiens

20 Zeittafel zur Geschichte

Reiseziele in Usbekistan
Die Region Toshkent
22 Toshkent
31 Ugom-Chotqol Reservat 🏛 ,Chimyon, Beldersoy
31 Chorvoq Stausee
32 Zangi Ota Pilgerzentrum
32 Parkent

Die Regionen Sirdaryo und Jizzax
32 Zomin Nationalpark
32 Nurota Walnußbaum Reservat

Die Regionen Samarqand und Navoiy
33 Samarqand 🏛
41 Medrese und Moschee Xo'ja Ahror Vali
41 Pilgerstätte Xo'ja Ismoil al Buxoriy
41 Urgut
41 Tim
42 Navoiy
42 Karmana, Sarmishsoy
42 Nurota, Aydarko'l See
42 Karawanserei Rabat i-Malik
43 Deggaron Moschee

Die Regionen Qashqadaryo und Surxondaryo (Süd-Usbekistan)
43 Shahrisabz 🏛
45 Kushchinor
45 Langar
45 Qarshi
46 Boysun
46 Omonxona
46 Termiz

Die Region Buxoro (Buchara)
49 Buxoro (Buchara) 🏛
59 Bahovuddin Naqshband Ensemble
59 Chor Bakr Ensemble
59 Varaxsha
60 Vobkent
60 G'ijduvon
60 Gazellenreservat und Aufzuchtstation

Die Regionen Xorazm und Qoraqalpog'iston (Nord-Usbekistan)
60 Urganch

61 **Xiva** (Chiwa) 🏛
68 Bo'ston
68 Ayoz Qala
68 Toprak Qala
68 Weitere Ruinenstätten im Überblick
69 Shilpiq Dahma
69 Nukus / No'kis
70 Xo'jayli / Xojeli

Das Farg'ona Tal (Fergana Tal)
70 Chust
70 Kosonsoy
70 Aksikent
70 Namangan
72 Andijon
73 Quva
73 Marg'ilon
73 Farg'ona
74 Shohimardon
76 Rishton
76 Qo'qon (Kokand)

Reiseziele in Turkmenistan
Die Region Ahal
77 Aşgabat
85 Altyn Asyr Basar und Gurtly See
85 Köpetdag Kabinenbahn
85 Zoo
85 Arçabil und Çuli Tal
86 Alt Nisa, Neu Nisa 🏛
86 Änew
86 Abiverd
87 Ulugdepe
87 Gypjak
87 Gökdepe
87 Köv Ata Höhlensee
87 Içoguz (Derweze)

Die Regionen Lebap und Mary
88 Turkmenabat
89 Karawanserei Daýahatyn
89 Wüstenforschungsstation Repetek
89 Merw 🏛
93 Gonurdepe und Togolok
93 Mary
94 Medrese Kyrk Gumbez
94 Tagtabazar / Yekedeşik

Die Region Balkan
94 Serdar (Gyzylarbat) / Dorf Parau
95 Balkanabat (Nebitdag)

95 Ýangigala
95 Turkmenbaşy
96 Awaza Touristen Resort
97 Garabogazgol

Die Region Daşhoguz
97 Daşoguz
98 Izmukşir/Zamakşar
98 Köneürgenç 🏛 UNESCO

Reiseziele in Tadschikistan
Die Region Nohijahoi Tobei Çumhurj
101 Dušanbe
108 Pilgerstätte Mavlono Yaķubi Čarki
108 Varzob Tal
108 Takob Tal
109 Anzob Pass
109 Hisor
109 Norak (Nurek)
109 Ob-i Garm
109 Tavildara

Die Region Suġd (Nord-Tadschikistan)
110 Huçand
113 Konibodom
113 Isfara
113 Čorkūh
114 Istaravšan
116 Šahriston
116 Anzob und Šahriston Pass / Tunnel
116 Ainī
117 Iskanderkūl See
117 Vešab
117 Langar, Mehron, Dehisor
118 Pançrūd
118 Čimtarga Gebiet
118 Mazor-i Šarif
118 Sieben Seen
119 Pançakent
119 Sarazm 🏛 UNESCO

Die Region Hatlon (Süd-Tadschikistan)
120 Kūlob
120 Čilduhtaron
121 Ķūrbonšahit (Hulbuk)
121 Ķūrġonteppa
121 Šahritus
122 Taht-i Sangin

Die Region Kūhistoni Badahšon (Pamir Gebirge) 🏛 UNESCO
122 Von Ķalai Humb nach Horuġ

124 Horuġ
125 Von Horuġ bis zum Harguš Pass
127 Bulunkūl und Jašilkūl Bergseen
127 Aličur Pamir
127 Murġob
128 Šakty Höhle
128 Eli Suu Thermalquellen
128 Von Murġob bis Šajmok
129 Von Murġob bis zum Kyzyl-Art Pass

Reiseziele in Kirgisistan
Die Region Čùj
130 Biškek
138 Ala-Arča Naturreservat
139 Skigebiet Oruu Saj
139 Golubinij Wasserfall
139 Alamùdùn Tal
139 Balasagun und Burana Turm
139 Ak Bešim 🏛 UNESCO
139 Nevaket (Navekat)
140 Čong Kemin Tal

Die Region Naryn
140 Naryn
141 Song Kôl See
141 Kočkor
141 At Bašy
141 Košoy Kurgan
141 Taš Rabat
141 Torugart Pass

Die Region Ysyk-Kôl
142 Balykčy
142 Tamčy
143 Čolpon Ata
143 Čong Ak Suu Tal
143 Grenzübergang nach Kasachstan
145 Karakol
146 Karakol Tal / Skizentrum
146 Pristan Prževalsk
146 Žeti Ôgùz
147 Thermalquellen Ak Suu und Altyn Arašan
147 Eŋilček und Kôkšaaltau Gebirge

Die Regionen Talas und Žalalabat
147 Talas
148 Manas Gedenkstätte
148 Ak Döbö
148 Žalalabat
148 Arslanbob und Kyzyl-Ùŋkùr
149 Taš-Kômùr

149 Sary Čelek Naturschutzgebiet und See
149 Kara Kôl, Toktogul, Čyčkan Tal

Die Regionen Oš und Batken
150 Oš 🏛
154 Ôzgôn
154 Sary Taš
154 Èrkečtam
154 Sary Mogol
155 Batken
155 Gebirgsstrecken in Kirgisistan

Reiseziele in Südost-Kasachstan

Die Region Almaty
156 Almaty
165 Kumbel und Kôkžajlyau
165 Medeu Sportzentrum
167 Šymbůlak Skigebiet
167 Tûjyksu Gletscher
167 Almaty Reservat und Talgar Massiv
167 Großer Almatinka See
167 Taŋbaly Tas Felsgravuren
168 Tamġaly Felsgravuren 🏛
168 Kôl Saj Seen
168 Šaryn Canyon
168 Altynemel Naturpark
169 Kôkšaaltau Gebirge
169 Grenzübergänge nach China

Informationsteil

Zentralasien von A bis Z
170 Anreise
170 Botschaften
170 Einkaufen
170 Essen und Trinken
171 Frauen unterwegs
171 Fremdenführer
171 Gastfreundschaft
172 Gefahren, Kriminalität
172 Geld, Preise
173 Gesundheit
174 Grenzen in Zentralasien
175 Kartenmaterial
175 Kleiderreinigung
175 Lokale Spezialitäten
176 Museen
176 Notfälle
176 Öffentliche Verkehrsmittel
177 Post, Paketdienste
177 Registrierung

177 Reisezeit
178 Sanitäre Einrichtungen
178 Sondergenehmigungen
179 Straßenkontrollen
179 Straßenzustand
179 Stromspannung
179 Souvenirs
179 Tanken
179 Telefon, E-Mail, Internet
180 Unterkünfte
181 Unterhaltung
181 Visum
182 Vorwahlen
182 Zeitzonen
182 Zoll

Sprachenführer
184 Aussprache von Sonderzeichen
185 Usbekisch
186 Kasachisch, Turkmenisch, Kirgisisch, Tadschikisch
187 Russisch

Impressum
189 Impressum, Danksagungen

 UNESCO-Welterbe

Vorwort

Noch nie war es so einfach die zentralasiatischen Republiken zu entdecken wie jetzt. In vielen Ländern ist die Visumbeantragung wesentlich vereinfach oder ganz abgeschafft worden. Es wurde erkannt, dass der Tourismus wichtig für diese Region ist. Die Bevölkerung lädt Sie mit offenen Armen ein, diese faszinierenden Länder zu erkunden. Die Infrastruktur reicht dabei von optimal bis nicht vorhanden. Dieses Buch hilft Ihnen, sich auf die Gegebenheiten vor Ort einzustellen.

Detaillierte Anfahrtsbeschreibungen, genaue GPS Koordinaten und ein Sprachenführer geben Ihnen alles an die Hand, damit Sie Ihre Ziele auswählen, die Anfahrt planen und die Sehenswürdigkeiten erreichen können.

Auf Angaben zu Preisen wurde bewußt verzichtet, um dem Reisenden Verhandlungsspielraum zu gewähren. Preise sind in Zentralasien nie in Stein gemeiselt. Um sich dennoch orientieren zu können, sind Hotels nach Preiskategorien geordnet. Die Kategorien sind im Informationsteil unter dem Stichwort „Unterkünfte" zu finden (Seite 180).

Neu in dieser Ausgabe ist die Kennzeichnung der UNESCO Welterbestätten dieser Region. Hinweise zur richtige Aussprache der Sonderzeichen im Buch finden Sie auf Seite 184.

Viel Freude beim Reisen und Entdecken mit diesem Reiseführer wünscht Ihnen

Gerald und Yarkinoi Sorg

Usbekistan: Chorsu Basar in Toshkent

Kasachstan: Ile Alatau bei Almaty.

Turkmenistan: Wüstenlandschaft bei Lebap

Kirgisistan: Die Suusamyr Hochfläche

Tadschikistan: Pilgerstätte in Kŭlob

Zentralasiatische Steppenkamele

Die Geschichte Zentralasiens

Zentralasien befindet sich seit Jahrtausenden im Brennpunkt von Völkern und Kulturen aller Himmelsrichtungen. In kaum einer anderen Region dieser Welt lösten sich so viele Religionen, Ideologien und herrschende Mächte ab wie hier im Land zwischen den Strömen des Oxus und Jaxartes. Unter diesen Namen waren die beiden Lebensadern Amudaryo und Sirdaryo früher bekannt. Transoxanien, das Land zwischen diesen Strömen, wurde zum Sinnbild der Mischkulturen; ein wenig Schamanentum, viel Islam und ein bisschen atheistischer Kommunismus. Um die geschichtlichen Zusammenhänge besser zu verstehen, werden hier auch die an Zentralasien angrenzenden Gebiete in den Lauf der Geschichte mit einbezogen.

Urgeschichte

Trotz der Unwirtlichkeit weiter Gebiete Zentralasiens durchstreiften schon in der Zeit des Paläolithikum (120 000-35 000 v. Chr.) menschliche Wesen die Täler und Sümpfe. Aus dieser Epoche stammen primitive Werkzeuge und Felsgravuren, die man in Höhlen und Grotten nahe des heutigen Shahrisabz fand. Das Skelett eines jungen Neandertalers, der dort in der Teshiktosh-Grotte verunglückte, gibt ebenfalls Auskunft über die Zustände, in denen die Menschen damals hausten. Auch das Farg'ona Tal wurde bereits seit dem Paläolithikum besiedelt. Das Geschichtsmuseum in Farg'ona dokumentiert mit den dortigen Funden anschaulich diese Zeit. In der Gegend von Kitob, westlich des Dörfchens Kasagar, entdeckte man Felsgravuren, die aus dem Mesolithikum (8000 v. Chr.) stammen. Im Nebel von Mythen und Legenden uralter Überlieferungen des Altertums finden sich ebenfalls historische Zeugnisse; so soll zu Zeiten Abrahams am Zarafshon nahe Samarqand eine befestigte Stadt vom sechsten Herrscher nach der biblischen Sintflut errichtet worden sein. Erst durch eine systematische Geschichtsschreibung, wie sie von Herodot etwa ab 450 v. Chr. begonnen wurde, weiß man wie die Menschen damals lebten. Die wichtigsten Siedlungsgebiete, in denen es bereits Städte und Festungen gab, waren Xorazm (heute Karakalpakstan), Suġd (die Gegend entlang des unteren Zarafshon) und Baktrien am Oberlauf des Amudaryo. Die große Mehrheit der Bevölkerung Zentralasiens lebte jedoch als nomadische Hirtenvölker in den weiten Steppen oder in den Bergen. Eines dieser Völker waren die Saken, ein skytischer Stamm, der unter anderem durch Felszeichnungen bei Čolpon Ata am Isyk-Kôl See nachgewiesen werden konnten. Bereits in dieser Zeit entstanden Formen und Muster, der Aufbau der Jurten und zahlreiche Gebrauchsgegenstände die sich bis heute erhalten haben.

Die Achämeniden

Wie noch so oft in der späteren Geschichte Zentralasiens fielen vom persischen Raum Armeen ein, um sich die fruchtbaren Oasen zwischen Amu- und Syrdaryo einzuverleiben. Etwa um 530 v. Chr. waren dies die Achämeniden. Kaum waren die heimischen Völker unterworfen, mußten sie hohe Steuern abführen. Gold, Silber und Edelsteine wurden nach Persepolis und Susa gebracht, die dadurch wohlhabend wurden und zu großer Blüte gelangten. Unzählige Menschen verschleppten die Herrscher, gezwungen zum Kriegsdienst in Ägypten und Griechenland. Städte wie Baktra am Unterlauf des Vachš und Erk-Gala in Merw sowie Marakanda (Samarqand) wurden aus Lehmziegeln errichtet. Auch die Bewässerungstechniken verbesserten die Besatzer wesentlich, und rasch wuchsen die Oasen zu beachtlicher Größe. Der produzierte Überschuß ließ wiederum erste Handelsbeziehungen entstehen. Die Armeen Alexanders des Großen beendeten jedoch jäh die zweihundertjährige altpersische Herrschaft.

Der Feldzug Alexanders des Großen und das Reich der Seleukiden

Die hellenistischen Truppen Alexanders kamen jedoch nicht als Befreier, sondern als weitere Besatzungsmacht und trafen daher auf erbitterten Widerstand der ansässigen Bevölkerung. Trotzdem wurde ganz Zentralasien überrollt. Und so zog Alexander siegreich in Marakanda ein. Doch er blieb nicht lange. Erst drei Jahre später gelang es ihm Transoxanien endgültig zu beherrschen. Alexander war nicht nur ein erfahrener Feldherr, er verstand es auch, die unterworfenen Völker politisch und kulturell in seinem Reich zu vereinen. So ließ er Städte wie Alexandria Margiane (Merw) und Alexandria Eschata (Chuçand) errichten und heiratete Roxane, die Tochter eines baktrischen Herrschers. Nach dem Tod Alexanders 323 v. Chr. zerfiel das Riesenreich rasch. Einer seiner Generäle, Seleukos, hatte nur kurz Erfolg bei der Rückeroberung der Ostprovinzen Baktrien und Sogdiana. Doch trotz seiner Stadtgründung Antiochia (in Merw) konnte er sich nicht gegen das starke Heer der Parther behaupten, die sich nun vom heutigen Iran aus nach allen Seiten ausdehnten.

Die Seidenstraße entsteht

Im Jahr 138 v. Chr. entsandte der chinesische Kaiser eine hundertköpfige Delegation unter Führung von Tschang-Tsch'ien westwärts zu den dort siedelnden Yüeh-Tschi, die vor den kriegerischen Hsung-Nu nördlich der Großen Mauer nach Westen geflohen waren. Ziel war ein Bündnis mit den Yüeh-Tschi gegen die barbarischen Hsung-Nu. Doch diese überfielen die Abordnung des Kaisers. Tschang-Tsch'ien überlebte und geriet für 10 Jahre in die Gefangenschaft der Barbaren. Schließlich gelang ihm die Flucht und er wanderte über den Pamir ins Farg'ona-Tal, von dem er während seiner Gefangenschaft märchenhaftes gehört hatte. Er sah dort nicht nur den Überfluß an Wein und Früchten sondern auch die sagenumwobenen blutschwitzenden Rösser. Tatsächlich waren einige Pferde dort vom Blut rotgefärbt, doch lag dies vielmehr an einem Hautparasiten als an der nachgesagten überirdischen Leistungsfähigkeit. Doch Tschang-Tsch'ien erkannte hier einen gewaltigen Markt für die bereits weit entwickelten chinesischen Produkte. Nach 13 Jahren kehrte er zum Kaiser zurück und berichtete von seiner Reise. Dies war die Initialzündung für den regen Verkehr zunächst mit Zentralasien, später mit Persien, Indien und schließlich den Mittelmeeranrainern.

Die Kuschan-Herrscher

Vermutlich die Nachkommen der im Farg'ona Tal angesiedelten Yüeh-Tschi gründeten um 50 n. Chr. am Oberlauf des Indus beim heute pakistanischen Peschawar auf der Südseite des Hindukusch das Reich der Kuschanen. Unter König Kanischka, einem geschickten Strategen, dehnte sich das Reich bis nach Nordindien, Afghanistan und Sogdiana (Gegend nördl. Termiz) aus. Der größte Verdienst der Kuschaner war der Aufbau und die Sicherung von Handelswegen, nicht nur der Seidenstraße. Auf eindrucksvolle Weise flossen hier Kunststile des Hellenismus, des Buddhismus, der Römer, Perser und Hindus zusammen, wie auch auf Münzen Kuschans zu sehen ist.

Die Sasaniden

Kaum war der Schlachtenlärm der Kuschanen in den Felswänden des Karakorum verhallt, und das Reich der Parther untergegangen, da entstand das mächtige Sasaniden-Reich im heutigen Iran. Während der 400-jährigen Geschichte dieses Imperiums konnte das Kerngebiet zwischen Amudaryo im Norden, Indus im Osten und Euphrat im Westen gegen alle einfallenden Nomadenstämme und Armeen anderer Herrscher erfolgreich verteidigt werden. Die Lehre Zarathustras wurde wieder zur Staatsreligion ernannt, ein hierarchisches Gesellschaftswesen entstand und die Steuern wurden vereinheitlicht. Auch im Bereich der Kunst, insbesondere der Architektur, entstanden Formen wie rechtwinkelig angelegte Straßennetze in Städten. Der Ivan, ein hoher Spitzbogen vor Eingängen von Moscheen und Medresen entwickelte sich genauso sowie Kuppelkonstruktionen auf quadratischen Grundrissen, die die spätere Bauweise der Araber und Türken noch lange stark beeinflußten. Während der Blütezeit zwischen 590 und 620 n. Chr. gelangte durch Handel sasanidisches Kunsthandwerk bis nach Byzanz.

Die Hephtaliten

Eines der Nomadenvölker, die den Sasaniden die Ostprovinzen vorübergehend streitig machten, waren die als besonders barbarisch geltenden Hephtaliten, besser bekannt als Hunnen. Aus den weiten Steppen des Nordens einfallend, eroberten sie weite Teile Zentralasiens. Sitz der Hunnen-Könige wurde Warachscha, das heute nahe Buxoro unter dem Sand der Qizilqum Wüste begraben ist. Ihr Kunststil brachte der Kuschan-Kunst zwar eine Renaissance, wurde jedoch von Xorazm (südl. des Aralsees) bereits stark geprägt.

Die Türken

Das Volk der Türken an sich gab es eigentlich nie, vielmehr wurden sie von anderen Völkern unter diesem Sammelbegriff bekannt. Es waren

Nomadenstämme aus Sibirien und der Mongolei: Ogusen, Kirgisen, Uiguren und Karluken die sich allmählich nach Südwesten bewegten und gemeinsam mit den Sasaniden die Herrschaft der Hephtaliten beendeten. Doch damit war die gemeinsame Politik auch schon beendet. Ständige Gebiets- und Handelskriege prägten die Nachbarschaft der beiden Völker. Der Handel der Seidenstraße blühte und bescherte den Türken, die sich rasch mit den ansässigen Völkern vermischten, großen Wohlstand. Diese Vermischung fand auch bei den Religionen statt; der Schamanismus der türkischen Nomaden und der in Zentralasien vorherrschende, das Feuer verehrende Zoroastrismus, verschmolzen zu einer Mischreligion. Durch den Handel kam es aber auch zu einer Dezentralisierung der Macht auf viele kleine Stadtstaaten die entlang der Handelsstraßen aufblühten. Dadurch geschwächt war der Niedergang des Türkenreiches durch die von Bagdad heranrückenden heiligen Krieger des Islam aus Arabien und den nach Westen drängenden Chinesen besiegelt. Nur in vereinzelten Provinzen konnten sich die Türken noch mehrere Jahrzehnte behaupten.

Die Chinesen

Die mehrmalige Anwesenheit der Chinesen war meist sporadisch und nicht von langer Dauer. Zwar gelang es ihnen in mehreren Anläufen die Türken aus großen Gebieten Zentralasiens zu verdrängen, doch der immer stärker werdende Einfluß der Araber mit Ihrer erfolgreichen Islamisierung ließ eine Etablierung chinesischer Administration nicht zu. Der letzten Vorstoß wurde zur Zeit der sehr expansiven Tang Dynastie im 8. Jh. getätigt. Auslöser der schwelenden Konfrontation zwischen Türken und Chinesen war schließlich die Ermordung eines türkischen Khans durch einen chinesischen Gouverneur in Toshkent. Gemeinsam mit opportunen Arabern und einigen Tibetern schlug das Türkenheer die Chinesen bei Talas (im heutigen Kirgisistan) vernichtend. Dabei kamen zahlreiche Chinesen in Gefangenschaft, welche somit den Arabern in die Hände fielen. Denen gelang es nicht nur das Geheimnis der Seidenproduktion den Chinesen zu entlocken, sondern auch das der Papierherstellung. Dies geschah zu einer Zeit, in der sich der Islam in weiten Teilen der Welt ausbreitete.

Die Arabisierung

Wie die Chinesen hatten auch die Araber zu Beginn Ihrer Eroberungen große Probleme, die besetzen Gebiete zu halten. Unruhen in der Bevölkerung, aber auch Streitigkeiten in den eigenen Reihen, ließen die heidnischen Türken von Suġd (die Gegend am Unterlauf des Zerafshan) aus immer wieder erfolgreich angreifen. Zu Beginn des 8. Jh. hatte der arabische Heerführer Kutaiba ibn Muslim große Erfolge und eroberte in wenigen Jahren von Chorasan aus (heute Iran) die Städte Buxoro, Samarqand, das Farg'ona-Tal und Toshkent. Ihm war jedoch nicht nur die Eroberung der Territorien sondern auch die Bekehrung der Bevölkerung zum Islam wichtig. Im Lauf der Zeit bildeten sich den arabischen Herrschern unterstellte Provinzen in Zentralasien. Mehr und mehr verselbständigten sich diese Gebiete und befreiten sich schließlich von der arabischen Fremdherrschaft. Dies war die Dynastie der Samaniden, welche Buxoro und Samarqand zu Ihren Hauptstädten machten. Den Islam übernahmen die Samaniden jedoch.

Samanidendynastie

Unter der Herrschaft der Samaniden kam Zentralasien zumindest vorübergehend zur Ruhe. Bald entwickelten sich erste Formen und Konstruktionen islamischer Kunst und Architektur. Daß jedoch nach wie vor auch noch zoroastrische Kunstelemente verwendet wurden, zeigt das Mausoleum des Samaniden Ismail ibn Achmad (874-907) in Buxoro. Es ist das wohl am besten erhaltene Bauwerk dieser Epoche. Trotz der sehr orthodoxen Ausprägung des Islam gelangte die Wissenschaft damals zu außergewöhnlicher Blüthe und brachte berühmte Intellektuelle wie Abu Ali ibn Sina - auch als Avicenna bekannt, Al-Biruni, Rudaki oder Firdausi hervor. Sie legten so manchen Grundstein der Mathematik und Philosophie, auf dem bis heute aufgebaut wird. Doch auch auf dem Gebiet der Wirtschaftsbeziehungen erreichte das Samaniden-Reich eine äußerst erfolgreiche Verbreitung bis nach Rußland und der Nordsee.

Die Turkmenen

Während des 8. Jh. tauchte die Bezeichnung

Geschichte Zentralasiens

Turkmenen für die nomadisierenden Ogusen erstmals auf. Einzig von Viehwirtschaft lebend, bauten sie nie Städte, rotteten sich aber zeitweise zu einem Haufen zusammen, um andere Völker zu überfallen. Im Gebiet der Garagum Wüste und entlang des Köpetdag Gebirgszuges lebend, wurden sie ständig von Armeen überrannt, mal vertrieben oder als Verbündete in Kämpfe verwickelt. Trotz mehrerer Versuche gelang es ihnen aber nie, fruchtbare Oasen auf Dauer zu besetzen. Erst spät nahmen sie von den Arabern den islamischen Glauben an. Von dem ihnen eigenen Totenkult trennten sie sich jedoch noch lange nicht. Die Turkmenen entwickelten über Jahrhunderte die faszinierende Kunst der Ornamentik, die sich bis heute erhalten hat. Insbesondere Ihre Bekleidung und Teppiche, aber auch Gegenstände des täglichen Gebrauchs wurden mit einer detaillierten Fülle stilisierter Blumen und Tiere sowie Ornamenten verziert. Jeder der heute noch existierenden fünf Turkmenen Hauptstämme der Teke, Jomud, Saryk, Ersäry und Salor ist mit je einem Ornament auf der Flagge Turkmenistans repräsentiert. Doch die Teke aus dem Südwesten des Landes haben schon vor der russischen Invasion die Herrschaft über die anderen Stämme übernommen und sind bis heute in Wirtschaft und Politik vorherrschend.

Karachaniden und Gasnawiden

Die nun islamisierten Türken mit iranischer Sprache und Sklaven der Samaniden nutzten eine Regierungskrise und rissen als Dynastie der Gasnawiden und Karachaniden die Macht an sich. Das Reich wurde dabei in eine Süd- und eine Nordostregion aufgeteilt. Die Karachaniden errichteten Städte wie Talas, Balasagun (heute bei Burana in Kirgisistan) und Kashgar im Südosten, bauten aber auch Buxoro und Samarqand weiter aus. Die Gasnawiden unter Machmud Gasnawi dagegen zogen südlich des Amudaryo nach Nordindien und verbreiteten dort die Lehre Mohammeds.

Seldschuken und Karakitaj

Doch von Ruhe im Land konnte keine Rede sein. Denn lange hielt sich der Dauerkrieg zwischen den Karachaniden und Gasnawiden nicht die Waage. Die Seldschuken, ein weiterer Türkstamm, machten mit den Gasnawiden gemeinsame Sache und drangen mit einem 200000 Mann Heer vom Unterlauf des Syrdaryo über Transoxanien bis nach Bagdad vor und machten die Karachaniden zu Ihren Vasallen. Dort setzen sie die Abbasiden ab und verlegten das Zentrum der islamischen Welt nach Merw, das damit zur größten und reichsten Stadt Asiens aufstieg. Machthungrig zogen sie auch nach Kleinasien um gegen das christliche Byzanz zu kämpfen und gründeten dort das türkische Kalifat der Rum-Seldschuken, aus denen 200 Jahre später die Osmanen hervorgingen. Sie herrschten aber auch über ganz Persien und einen Landstreifen bis nach Mekka. Im Osten dagegen sahen sich die Seldschuken mit den heranrückenden Karakitaj konfrontiert. Als Vorhut der bereits expandierenden Mongolen drangen sie bis Kashgar und Balasagun vor und besetzten später weite Teile Zentralasiens. Doch ihre Regentschaft , die sie nach chinesischem Muster durchführten, wurde nach langen, blutigen Kämpfen durch die schnell mächtig gewordenen Choresm-Schahs 1212 abrupt beendet.

Feldzug der Mongolen

Die Mongolen waren damals wie heute Reiternomaden, die mit Ihren Rundzelten, Ger genannt, durch die Steppe zogen. Was sie dann schließlich zum größten und vernichtendsten Feldzug aller Zeiten bewegte, bleibt bis heute rätselhaft. Vermutet wird folgende Geschichte: Der damals 39 jährige Dschingis Khan hatte es geschafft, einige Nomadenstämme um sich zu vereinen und ernannte sich zum obersten Khan. Am Handel mit Zentralasien interessiert, schloß er einen Friedensvertrag mit den Choresm-Shahs. Doch kurz darauf wurde eine Mongolische Delegation in Otyrar (nord-westl. Šymkent) wegen Spionageverdachtes von einem übereifrigen choresmischen Verwalter niedergemetzelt. Ein tragischer Fehler, der sich bei einer zweiten Händlerdelegation ähnlich wiederholte. Damit war das Mass voll und mit dem bereits 51 jährigen Dschingis Khan an der Spitze ritt ein gewaltiges Heer vom Altaij nach Südwesten. Seine Söhne Tschagatai und Ogedei belagerten Otyrar 6 lange Monate. Der herrschende Kairkhan verteidigte die Stadt zwar tapfer, wurde dafür jedoch später schlimm bestraft: Sie füllten ihm flüssiges Silber in den

Hals. Im Jahr 1220 fielen die Mongolen in Buxoro ein, das daraufhin in Flammen aufging. Nun ging es Schlag auf Schlag. Eine Horde vernichtete erst Samarqand, dann Balch, Kabul und Peschawar, die zweite zog nach Westen und verwandelte Ürgenç und Merw zu Staub. Die Methode war einfach und brutal: wie aus dem Nichts tauchte ein riesiges Reiterheer auf, überrannte die Stadt, und ganz gleich ob Widerstand geleistet wurde oder nicht, brannten sie die Häuser nieder, schleiften die Zitadellen und schlachteten die Bevölkerung bis auf die kampftauglichen Männer und wenige Intellektuelle gnadenlos ab. Die Gefangenen wurden entweder bei der nächsten Eroberung einer Stadt an vorderster Front „verheizt", oder als Sklaven nach Mongolien deportiert. Geradezu revolutionär war aber ihre Nachrichtenübermittlung und ein enges Spionagenetz. So konnten Nachrichten an nur einem Tag über eine Distanz von 500 km durch Reiterboten befördert werden, die schliefen dabei dann buchstäblich im Sattel. Nach der Rückkehr Dschingis Khans in seine Hauptstadt Karakorum zog er 1226/7 zu einer letzten Schlacht gegen die Tanguten südlich der Mongolei. Im Alter von 72 Jahren starb er und übergab das Riesenreich seinen vier Söhnen Dschoti, Tschagatai, Ogedei und Toloi. Ogedei wurde zum nachfolgenden Groß-Khan gewählt. Da der älteste, Dschoti, bereits gestorben war, übernahmen die Enkel Batu und Orda das Erbe. Batu bekam die Territorien westlich des Ural zugeteilt und kämpfte sich mit seiner berüchtigten Goldenen Horde im Jahre 1241 bis Liegnitz (heute Legnica in Polen) und danach ein Jahr lang durch den Balkan. Als jedoch Ogedei in der Heimat starb, mußte Batu seinen Europafeldzug abbrechen und nach Karakorum zurückkehren, um dort einen neuen Groß-Khan zu wählen. Orda wurde das Oberhaupt der Weißen Horde, welche die weiten Steppen zwischen Sibirien und dem Aralsee beherrschte. Tschagatai gründete das gleichnamige Khanat, das vom Tarim-Becken bis zum Amudaryo reichte. Toloi, der Jüngste, bekam das Mutterland des Mongolenreichs und die Hauptstadt Karakorum zugesprochen. Zwei seiner Söhne setzten die Expansion fort: Halugu sammelte bei Samarqand eine gewaltige Streitmacht, eroberte Persien und drang bis zum Kaukasus vor. Zwar schlug sein Plan Ägypten zu erobern fehl, doch konnte er mit der Gründung des Reichs der Ilchane eine bis 1365 dauernde Herrschaft über Persien errichten. Sein Bruder Kublai Khan unterwarf um 1280 das gesamte chinesische Reich der Sung Dynastie und wurde zum Gründer der Yüan Dynastie die bis 1368 das Reich der Mitte und Tibet regierte.

Die Tadschiken

Als im auslaufenden 10. Jh. das Samanidenreich zerbrach und die türkische Sprache das Persisch in ganz Zentralasien ersetzte, wurden die seßhaften Tadschiken mit ihrer Sprache Exoten und zusehends an den Rand Turkestans in die Berge abgedrängt. Dennoch bildeten sie nie eine ethnische Einheit oder gar eine eigene Nation auf einem bestimmten Territorium. Noch heute gibt es im Lande stark unterschiedliche Sprachen mit iranischer Herkunft wie die Pamiri-Dialekte oder gar das nahezu ausgestorbene Sogdisch aus der Zeit Alexander des Großen. Erst mit der russischen Invasion wurde das Territorium auf dem die Tadschiken leben, wieder Gegenstand von Weltpolitik und rückte unversehens ins Rampenlicht.

Temuridenherrschaft

1336 wurde im südlich von Samarqand gelegenen Kesh (heute Shahrisabz) ein Mensch geboren, der wie kein anderer die Geschichte Zentralasiens prägen sollte. Amir Temur war der Sohn eines eher unbedeutenden Clanchefs, doch er starb als Herrscher eines gewaltigen Reiches. Geschickt sammelte er ein Heer um sich, befreite das von den mongolischen Tschagatai besetzte Transoxanien und wurde 1369 zum Emir ernannt. Daß Temur seinem Vorbild Dschingis Khan bei der Eroberung, aber auch der Vernichtung anderer Völker und deren Kulturen in nichts nachstand, bewies er auf zahlreichen Feldzügen von 1372 bis 1403, bei denen er ein Reich errichtete das vom Indus bis vor Moskau, Kleinasien und Bagdad reichte. Wäre er 1405 nicht gestorben, seine Armeen hätten wohl auch noch ganz China überrollt. Begraben wurde der auf einer Körperhälfte erlahmte Temur im Mausoleum Go'ri Amir in Samarqand. Diese Stadt und das nahegelegene Shahrisabz erfuhren während seiner Regentschaft

Quick Finder Map Inhaltsverzeichnis

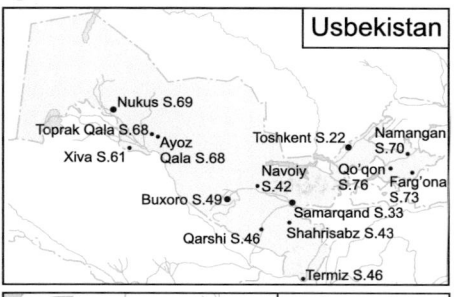

Usbekistan

Kurzinfo Uzbekistan

Fläche	447.400 Km²
Bevölkerung	30 Millionen
Sprachen	Usbekisch / Russisch
Schrift	Kyrillisch / Lateinisch
Hauptstadt	Toshkent

Charakteristik: berühmte Oasenstädte mit historischer Architektur, Basare, weite Steppengebiete, baumlose Mittelgebirge

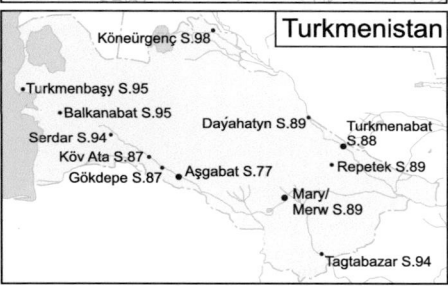

Turkmenistan

Kurzinfo Turkmenistan

Fläche	488.100 Km²
Bevölkerung	6 Millionen
Sprachen	Turkmenisch
Schrift	Lateinisch
Hauptstadt	Aşgabat

Charakteristik: Verlassene Seidenstraßenoasen, bizarre Wüstenlandschaft, die Hauptstadt des Turkmenbaşy

Tadschikistan

Kurzinfo Tadschikistan

Fläche	143.100 Km²
Bevölkerung	8 Millionen
Sprachen	Tadschikisch
Schrift	Kyrillisch
Hauptstadt	Dušanbe

Charakteristik: Karge und wenig erschlossene Gebirge und Hochflächen, einsame Bergseen, historische Städte, Pamirstraße

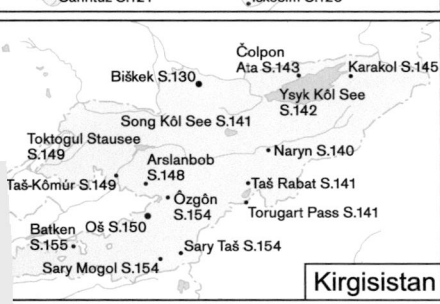

Kirgisistan

Kurzinfo Kirgisistan

Fläche	199.900 Km²
Bevölkerung	6 Millionen
Sprachen	Kirgisisch / Russisch
Schrift	Kyrillisch
Hauptstadt	Biškek

Charakteristik: Grüne Gebirgstäler, Almen mit Jurten, stille Bergseen, Schamanentum, hohe Bergpässe, vergletscherte Hochgebirge

Süd-Kasachstan

Kurzinfo Süd-Kasachstan

Fläche	224.200 Km²
Bevölkerung	3 Millionen
Sprachen	Kasachisch / Russisch
Schrift	Kyrillisch
Bezirkshauptstadt	Almaty

Charakteristik: weite Steppengebiete, Wüstencanyons, Gebirgstäler und Bergseen, Metropole Almaty, schwer zugängliches Hochgebirge

Herstellung und Verlag: BOD - Books on Demand, Norderstedt
ISBN: 978-3-7431-7868-7

einen beispiellosen Bauboom der Superlative. Gigantische Mausoleen, Moscheen und Minarette, aber auch Karawansereien und prunkvolle Paläste umgeben von märchenhaften Gärten forderten die damaligen Architekten und Handwerker zu Höchstleistungen heraus. Als Zeugnisse des unglaublichen Reichtums dieser Städte sollten sie dienen. Zahllose Handwerker, Philosophen und Wissenschaftler wurden aus dem ganzen Reich nach Samarqand gebracht, um dort dem großen Herrscher zu dienen. Um den Handel anzukurbeln, ließ Temur Straßen, Karawansereien und Kanäle erbauen. Handelswege, wie die Seidenstraße, wurden wiederbelebt und brachten zusätzlichen Reichtum. Doch Temur hatte keine so fähigen und langlebigen Nachkommen wie Dschingis Khan, denen er sein Imperium weiter vererben konnte. Einzig und allein Schachruch (1377-1447), dem zweitältesten der drei Brüder gelang es von Herat aus (heute Afghanistan) Teile Persiens und des heutigen Afghanistans zu regieren. Sein Sohn, Ulugbek (1394-1449) machte Samarqand zu seiner Hauptstadt, residierte über Transoxanien und ließ Medresen und ein Observatorium errichten. Selbst namhafter Mathematiker und Astronom, holte er Wissenschaftler und Gelehrte aus allen Ecken der Welt nach Samarqand, um hier ein Zentrum des Wissens aufzubauen. Eine Verschwörung religiöser Fanatiker beendete jedoch Ulugbek's Leben nach 40 Jahren. Mit dem Tod der beiden letzten Temuriden Ulugbek und Abu Said 1449 und 1469 zerbrach das Imperium in viele Teile. In einem nationalen Kraftakt wurden nun, nach der Unabhängigkeit Usbekistans, die Bauten Temurs vielfach wieder aufgebaut oder renoviert. Doch Amir Temur hat weit mehr als die gewaltigen Bauwerke hinterlassen. Er gilt heute als zutiefst verehrter Nationalheld der Usbeken, dessen Befehle und Weisungen sogar in die neue Verfassung Usbekistans einflossen.

Usbeken und Kasachen

Zwar haben Usbeken und Kasachen mit Muhammad Usbek Khan (1282-1342) einen gemeinsamen Ursprung, doch konnte ihm bis heute kein direkter Zusammenhang mit der Verbreitung dieser beiden Völker zugeschrieben werden. Vielmehr war es Khan Abu al Chair und später sein Enkel Khan Muhammad Scheibani, der die Nomadenstämme, darunter den Stamm der Usbeken, nach Transoxanien führte. Doch schon bald trennten sich Kasachen und Usbeken wieder. Die Kasachen zogen nach Norden und lebten in den weiten Steppen zwischen Ural und Altaij Gebirge. Im Lauf der Jahre bildeten sich drei große Horden. Aus den Horden bildeten sich bald die Sultanate Kiži-Chuz im Westen, Orta-Chuz in der Mitte und Ulu-Chuz im Osten. Doch keines dieser Sultanate wurde von irgendeiner Stadt aus regiert. Die Usbeken hingegen lebten in Dörfern und betrieben Bewässerungswirtschaft. Mit der Entdeckung des Seeweges um Afrika nach Indien in den Jahren 1497/98 durch Vasco da Gama und der Weltumsegelung Magellans 1519-22 verschwand die Seidenstraße und mit ihr profitabler Handel und die religiöse Bedeutung der Region. Während der Dynastie der Scheibaniden versuchten die Usbeken nochmals die Herrschaft über ganz Zentralasien zu erlangen. Zunächst mißlang dieser Versuch, doch Abdullah Khan II gelang es für kurze Zeit Chorasan (heute Turkmenistan, Iran) und Xorazm (heute Qoraqalpogiston) zu erobern. Doch die Politik der Vereinigung endete mit seinem Tod 1598. Xorazm machte sich bald wieder unabhängig und deren Hauptstadt Xiva erlangte durch intensiven Sklavenhandel erneut großen Reichtum.

Die Kirgisen

Ihr erstes Siedlungsgebiet war das Tian Šan-Gebirge. Von hier aus kämpften sie im 15. Jh. gegen die einfallenden Tschagataiden und unterlagen ihnen. Um 1525 schlossen sich die Kirgisen schließlich den Kasachen an, um gemeinsam gegen die Besatzer zu kämpfen. Mit Erfolg: Das Siebenstromland südlich des Balchaš Sees war der Anfang ihrer Eroberungen, dann folgte das Farg'ona-Tal. Doch der Friede währte nicht lange. Ständig als Puffer zwischen Angriffen der Chinesen und dem größer werdenden Khanat Qo'qon fielen die Kirgisen 1825 schließlich ganz an das Khanat Qo'qon, dessen Herrscher nahe dem heutigen Biškek die Festung Pišpek errichteten. Noch heute leben über den ganzen Tian Šan und Pamir verteilt Kirgisen und Kasachen gemeinsam. Die Kirgisischen Nomaden hatten zwar keine prunkvollen Städte, doch sie schufen mindestens genauso großartige Epen und Gedichtwerke. Das bekannteste und wohl auch umfassendste Werk ist das Heldenepos Manas. Im Laufe von Jahrhunderten haben hier Kirgisen ihre Geschichte, Kultur, ihre Sitten und Gebräuche, aber auch ihren langen Kampf um die Unabhängigkeit in einigen hunderttausend Versen beschrieben.

Die Khanate Zentralasiens
Das Khanat / Emirat Buxoro
Bereits zu Beginn des 17. Jh. bildete sich unter Baki Mohammed (1599-1605) mit der Dynastie der Dschaniden das Khanat Buxoro. Doch innerlich brodelte es. Bürgerkriege erschütterten das Khanat, und so wurde es immer wieder eine leichte Beute für plündernde Horden anderer Völker. Obwohl noch immer reger Handel mit Indien und dem Rest Zentralasiens existierte, stabilisierte sich die wirtschaftliche Lage nicht. Auch im Bereich der Kunst vollzog sich eine weitgehende Stagnation. Unter den Mangiten ab 1753 bis 1920 änderte sich diese Situation im, ab diesem Zeitpunkt Emirat genannten, bucharischen Gebiet nicht grundlegend, und mit dem Einmarsch der Russen in Buxoro und Samarqand nahm der Zar im fernen St.Petersburg schließlich die politischen Fäden in die Hand.

Das Khanat Qo'qon (Qo'qon)
Etwa um 1610 trennten sich die noch unter den Scheibaniden geeinten Usbeken des Farg'ona-Tales von ihren buxorischen Landsleuten. Das Khanat Qo'qon wurde gegründet und bot dem bunten Völkergemisch dieser Oase eine stabile politische Basis. Bis ins 19. Jh wurde das Bewässerungsnetz erheblich ausgebaut und das Khanat erstreckte sich zeitweise vom Aralsee bis zur chinesischen Grenze. Qo'qon bekam mit dem feudalen Khanpalast, den Bädern und Karawansereien sowie den zahllosen Moscheen und Medresen einen hauptstädtischen Charakter. Doch bereits 1865 fiel Qo'qon in die Hände der russischen Armee.

Das Khanat Xiva
Nach dem Tod Abdullah Khans II löste Xiva Ürgenç (heute Köne Ürgenç) als damalige Hauptstadt ab und Xorazm ging in das Khanat Xiva über. Im Lauf der Jahrzehnte entwickelte sich das Khanat aber zu einem regelrechten Räubernest, das immer wieder Samarqand und Buxoro attackierte und den größten Sklavenmarkt von ganz Zentralasien aufbaute. Doch der innere Friede in den besetzten Gebieten war nicht gegeben und die nomadisierenden Qoraqalpogen, Kasachen und Turkmenen erhoben sich in mehreren Aufständen gegen Xiva. 1873 kapitulierte das dadurch geschwächte Khanat vor den nahenden russischen Truppen.

Die russische Eroberung
Angelockt vom angeblichen Goldreichtum Zentralasiens und der Aussicht auf territoriale Expansion bis nach Indien schoben sich russische Vorposten immer tiefer in die weite Steppenlandschaft der drei kasachischen Khanate vor. Auch galt es den Expansionsdruck aus Britisch-Indien und China aufzuhalten und die russische Einflusssphäre zu wahren. Als Schutzmacht getarnt wurde von St. Petersburg die Besetzung und Besiedlung der nördlichen Steppenlandschaften durch Tataren und Kosaken angeordnet. Die Khane der kasachischen Horden begehrten dagegen auf und wurden so nacheinander ihrer ohnehin nur noch auf dem Papier existierenden Macht entbunden. Als nun das Khanat Qo'qon sich gerade anschickte, die im Tian Šan beheimateten Kirgisenstämme zu unterjochen, kamen die Schutz bietenden Russen gerade richtig. Zusammen mit den Kirgisen eroberten sie nach anfänglichen Rückschlägen 1862 den Vorposten Qo'qons, die Festung Pišpek (heute Biškek). Das nächste Ziel der russischen Truppen war Qo'qon selbst, das sich nach erbitterten Kämpfen 1864 ergeben mußte und wenig später in das Generalgouvernement Turkestan überging. Ebenfalls 1864 fielen Džimkent (heute Šymkent), Aulie-Ata (heute Taras) und Verny (heute Almaty) in die Hände russischer Gouverneure. Im Mai und Juni 1865, so die etwas idealisierende russische Geschichtsschreibung, ereignete sich dann die dramatische Eroberung Toshkents. Mit einem bereits ausgedünnten Heer marschierte der ambitionierte General Černyaev vor die Tore der Stadt. Nach dem die Wasserversorgung gekappt wurde und die Russen die Stadtbevölkerung zum aufgeben zwingen wollten, fielen ihnen die um das vierfache überlegene Armee des Khanats Qo'qon in den Rücken. Nach der Niederschlagung dieses Angriffes stürzten die Russen in die Stadt und hier waren sie einer zwanzigfachen Übermacht gegenübergestellt. Doch

Geschichte Zentralasiens

bereits nach zwei Tagen blutiger Straßenkämpfe fiel Toshkent. Verständlicherweise wurden nun auch die Mullahs in Buxoro unruhig und erklärten den Russen den heiligen Krieg. 1868 trafen die Truppen General Kaufmanns mit denen des Emirs zusammen. Doch wegen der technischen Überlegenheit der Russen war die Schlacht schnell entschieden. Samarqand und Buxoro mußten kapitulieren. Um die mitten in der Wüste liegende Sklavenhandelsmetropole Xiva zu erobern bedurfte es allerdings einer besonderen Anstrengung. Aus mehreren umliegenden russischen Forts rückten Truppen ausgerüstet mit deutschen Kanonen an, um die Stadt, die noch heute ihren wehrhaften Charakter hat, 1873 endgültig zu erobern. Auch die Nomadenstämme der Turkmenen, die bereits dem Khanat Xiva mit ihren Überfällen große Probleme bereitet hatten, wurden für viele zaristischen Soldaten zum Verhängnis. Hier wurde erbittert gegenseitig abgeschlachtet und erst nach mehreren Anläufen gelang es den haushoch überlegenen Russen 1881 die letzte Festung der Teke, Gökdepe nach erbittertem Wiederstand einzunehmen. Die Nachricht vom Gökdepe Massaker noch im Ohr waren die Turkmenen nach Verhandlungen bereit Merw, das zu diesem Zeitpunkt längst seinen einstigen Glanz eingebüßt hatte, kampflos den Russen zu übergeben. Höchst beunruhigt über den diplomatischen Erfolg der Russen in Merw, veranlassten die Briten den Schah in Kabul, Truppen in die Oase Pandjeh, dem heutigen Grenzort Serhetabat in Turkmenistan zu entsenden. Obwohl London unentwegt Kriegsdrohungen nach St.Petersburg schickte, griffen die Russen 1885 an und kämpften die Afghanen nieder. Die Situation zwischen den beiden Weltmächten war nun so gespannt, daß jeder mit einem Krieg rechnete. Überraschenderweise kam es nicht dazu. So wurde 1887 nach langen Verhandlungen die Nordgrenze Afghanistans wie sie auch heute noch verläuft, festgelegt. Doch damit war das ‚Große Spiel', wie es damals genannt wurde, noch lange nicht beendet. Es fand lediglich eine Verlagerung in die nur schwer zugänglichen Bergregionen des Hindukusch und Pamir statt. Zunächst sollten als Forscher, Mönche oder Handelsreisende getarnte Spione beider Seiten die unbekannten Gebiete erkunden, kartographieren und Handelsbeziehungen zu den einheimischen Herrschern aufbauen. Bis 1895 drangen dann zunehmend kleine Militärverbände der Russen und Briten jeweils in die Täler des Pamir und Hindukusch vor. Doch auch hier kam es nie zu direkten militärischen Kampfhandlungen zwischen den Eroberern. Im Jahr 1895 schließlich endete dieses Spiel wieder mit einer Grenzvereinbarung bei der ein schmaler Korridor afghanischen Territoriums zwischen dem russischen Grenzfluß Panž und dem britischen Gebiet Nordindiens beschlossen wurde. Er reicht östlich bis zum chinesisch beanspruchten Gebiet der Uiguren und trennte so die Gebiete der Kontrahenten.

Kolonialisierung

Der unendliche Landhunger des Zaren und seiner Generäle schien nun befriedigt, und die Südgrenze des Russischen Reiches gefunden zu sein. Der Bau der Transkaspischen Eisenbahn von Krasnovodsk (heute Turkmenbaşy) über Aşgabat und Buxoro nach Toshkent im Jahr 1888 löste bei den Briten enorme Ängste hinsichtlich einer großen Invasion Afghanistans oder sogar Indiens aus. Auch machten russische Militärs keinen Hehl aus ihren Absichten, weiter nach Süden vorzudringen. Doch die Pläne des Zaren waren andere und mit der Eisenbahn kam die tiefgreifende Kolonialisierung und Ansiedlung von Slawen in den neu erworbenen Gebieten. Städte mit schachbrettartigen Straßenzügen wurden angelegt und der Handel mit den Einheimischen wuchs an. Bereits jetzt begann der systematische Ausbau von Bewässerungsgebieten, die vornehmlich zum Anbau der von Russland dringend benötigten Baumwolle genutzt wurden. Da es zunächst zu keinen drastischen Veränderung der Lebenssituation der Turkvölker kam, waren Aufstände gegen die Besatzungsmacht selten und lokal begrenzt. Unterdessen war das russische Reich in den ersten Weltkrieg eingetreten. 1916 kam es nach der Beschlagnahmung von Lebensmitteln und Tierherden insbesondere bei Kasachen und Kirgisen zu gewalttätigen Ausschreitungen die jedoch von den zaristischen Truppen mit größter Brutalität niedergeschlagen wurden. Ganze Dörfer wurden niedergebrannt und die Bevölkerung umgebracht.

Die Sowjetunion

Mit der Februarrevolution und dem Sturz des Zaren änderte sich in Zentralasien zunächst nur wenig. Erst mit der Machtergreifung Lenins und den Bolschewiki im Oktober keimte in der Bevölkerung der jungen russischen Republik die Hoffnung auf wirtschaftliche Besserung und Beendigung des Weltkrieges. Auch hoffte man auf ein Mitspracherecht in der Politik und die Befreiung von den zaristischen Repressalien. Buxoro blieb bis 1918 russisches Protektorat und konnten so seine Eigenständigkeit weitgehend erhalten. Zwar gab es hier Bestrebungen junger Buxories, das rückständige Emirat zu reformieren, doch ließ der Emir sie bald verhaften und teilweise exekutieren. Nach einem Großangriff der Roten Armee 1920 fiel Buxoro, und die Volksrepublik Buxoro wurde ausgerufen. Wie in Buxoro wurden auch in Xiva reformistische Forderungen junger Bürger laut. Doch ein Angriff durch den turkmenischen Dschunajid-Khan und die Ermordung des Khans von Xiva begünstigten die Machtübernahme durch die Kommunisten. So ersetzte auch hier 1920 die Volksrepublik Xorazm das alte Khanat. Im Farg'ona-Tal wollte wiederum eine nationale politische Schicht die Einigung aller Muslime in einem Turkestan mit Gesetzesgrundlage in der Scharia errichten. Doch bereits nach zehn Monaten ging diese ‚Autonomie Qo'qons' blutig zu Ende. Im Untergrund jedoch formierten sich zahlreiche Widerstandskämpfer die 1921 mit Enver Pascha, dem ehemaligen Kriegsminister des Osmanischen Reiches, eine schillernde und mitreissende Führerpersönlichkeit fand. Seine Ziele waren denen der Autonomieregierung Qo'qons sehr ähnlich, doch auch stark von persönlichem Ehrgeiz bestimmt. Nach anfänglichen militärischen Erfolgen entzogen die Bolschewisten jedoch mit gezielten Steuervergünstigungen und der Rückgabe beschlagnahmter Grundstücke für bestimmte Regionen dem pan-türkischen Helden die Anhängerschaft. Nur wenige Monate später wurde er im westlichen Pamir von roten Truppen erschossen und ging somit als Held in die Geschichte ein. Seine Nachfolger kämpften im Untergrund bis in die 1930er Jahre hinein für seine Ziele. Auch in Kasachstan bildete sich nach der Oktoberrevolution eine national gesinnte kasachische Regierung mit dem Namen Alasch-Orda. Sie versuchte, allerdings vergeblich, das durch Hungersnot und Bürgerkrieg zerrüttete Land neu zu ordnen. 1918 wurden die Mitglieder der Alasch-Orda in die Steppe vertrieben, später aber in Ermangelung kasachischer Kommunisten in die Sowjetregierung mit einbezogen. Mit der Niederschlagung aller Versuche dem heraufziehenden kommunistischen System zu entfliehen, wurden nun mit der Zwangskollektivierung und der Enteignung von Grund und Boden das Fundament für den Umbau zur Planwirtschaft gelegt. Den äußeren Rahmen dafür bildete die ‚Sammlung der russischen Länder' zu Sowjetrepubliken. Deren föderativer Zusammenschluss wiederum führte zur Gründung der Union der sozialistischen Sowjetrepubliken (UdSSR). Im Detail bedeutete dies für das russische Turkestan eine Aufteilung in Nationalstaaten wie es sie vorher in Zentralasien nie gab. Nach dem Tod Lenins 1924 beauftragte der nun an die Macht gekommene Josef Wissarionowitsch Stalin eine Kommission zur Festlegung der Grenzen der UdSSR. Mit List und Tücke versuchte man nun die Grenzen so zu ziehen, daß man keine weiteren nationalistischen Bestrebungen fürchten mußte, daß man praktische Wirtschaftseinheiten schaffen konnte und bei alledem noch den Schein wahrte, die Grenzen nach im jeweiligen Gebiet lebenden Ethnien gezogen zu haben. Wie ethnisch stabil diese Grenzziehung letztlich während der Existenz der Sowjetunion war, wissen wir heute. Abgeschlossen wurde dieser Prozess 1936 mit der Bildung der Sowjetrepubliken Kirgisistans und Kasachstans, nachdem bereits Usbekistan und Turkmenistan 1924, sowie Tadschikistan 1929 zu Sowjetrepubliken ausgerufen wurden. Kūhistoni Badachšon, genauso wie Qoraqalpogiston wurden als Autonome Sozialistische Sowjetrepubliken in die Grenzen einer ‚Mutternation' einbezogen. Nach und nach zwang Moskau das sowjetische Ideal des monolithischen Blocks auf. Die russische Sprache in kyrillischer Schreibweise verdrängte die Stammesdialekte meist in arabischer oder lateinischer Schrift. Gleichzeitig wurden aber Nationalsprachen, wie das Tadschikisch, künstlich geschaffen, um ein Nationalgefühl zu erzeugen, das die Einteilung

Geschichte Zentralasiens

in die Sowjetrepubliken rechtfertigte. Aber auch mit der Zurückdrängung des Einflusses der Religion durch die weitgehende Schließung von Moscheen und Medresen versuchte die Moskauer Führung einen atheistischen Sowjetbürger zu schaffen, dessen oberstes Ziel die Arbeit und die Ideologie des zum Kommunismus führenden Sozialismus sein sollte. Insbesondere die Umwandlung der traditionellen Nomadenstrukturen in Kollektivfarmen, also Kolchosen, brachte ein Jahrhunderte altes System von Familienclans und Stämmen nahezu zum Erliegen.

Während des zweiten Weltkrieges leisteten die asiatischen Sowjetrepubliken einen entscheidenden Beitrag zum Erfolg des ‚Großen vaterländischen Krieges' gegen das so weit entfernte Regime von Nazideutschland. Schwerindustrie wie man sie vorher in diesem Gebiet vergeblich gesucht hatte wurde hier, sicher vor Angriffen der Achsenmächte, angesiedelt, um Rüstungsgüter für die Front zu produzieren. Im Zuge der stalinistischen ‚Säuberungsaktionen' deportierte man ganze Minderheitengruppen zwangsweise nach Zentralasien, unter Anderen auch Wolgadeutsche, von denen man glaubte, sie würden der Roten Armee in den Rücken fallen, um der deutschen Wehrmacht zum Sieg zu verhelfen. Nach dem Krieg wurde mit allen Mitteln versucht, den ständig erweiterten Bewässerungsgebieten in allen Sowjetrepubliken ein Maximum an billigen Massenrohstoffen und Nahrungsmitteln abzuringen. Mit allen ökologischen Folgen, die solch eine intensive Landwirtschaft und systematischer Raubbau an der Natur mit sich bringt.

Mit dem Aufkommen von Perestroika und Glasnost ab 1985 brachten Intellektuelle aus den jeweiligen Sowjetrepubliken immer öfter gerade diese ökologischen Mißstände ans Licht. Auch wurde offener über die Mißwirtschaft, die verdeckte Arbeitslosigkeit und die Unterdrückung der Religionsausübung geredet und geschrieben. Zunehmend kam es zu regionalen Unruhen mit ethnischer oder politischer Ursache.

Die Unabhängigkeit

Obwohl einige zentralasiatische Sowjetrepubliken bereits 1989 ihre Nationalsprache als Amtssprache über das Russische erhoben hatten, fand während der Sowjetzeit nie eine Entwicklung zu von Moskau unabhängigen Strukturen statt, weder wirtschaftlich noch politisch. Dies war die Ursache dafür, daß sich diese Republiken im Gegensatz zu den slawischen Sowjetrepubliken für den Erhalt der Sowjetunion aussprachen. Als dann mit der offiziellen Gründung der Gemeinschaft Unabhängiger Staaten (GUS) am 21.Dezember 1991 Gorbatschows neuer Unionsvertrag endgültig gescheitert und damit das Ende der Sowjetunion besiegelt wurde, stürzten die Asiaten in diese ungewollte Souveränität. Mit dem unionsweiten Verbot der KPdSU wurde ihnen sogar noch die alles entscheidende Partei genommen. Niemand hatte den Präsidenten, den Volksvertretern, den Bürgern und den Militärs während der Sowjetzeit vermittelt was Demokratie ist und wie man sie praktiziert. Dennoch nannten die meisten Ihre Partei nun ‚demokratisch'. Gewaltige Probleme kamen auf die Regierungen in Zentralasien zu. Plötzlich mußten Wirtschaftsfragen, außenpolitische Richtung und eine Verfassung vereinbart werden. Oppositionsgruppen gab es überall, doch abgesehen von Kirgisistan wurde in keiner Republik ein Pluralismus und Mehrparteiensystem auch wirklich eingeführt. Stattdessen wurde auf altbewährtes und bekanntes zurückgegriffen - die Führung des Landes durch einen starken Präsidenten, wie einst in Emiraten, Khanaten und der Sowjetrepublik. Nach sowjetischer Manier wurden populäre Oppositionsgruppen und sämtliche islamisch orientierten Bewegungen entweder verboten oder gar nicht erst als Partei zugelassen. Diese Entwicklung war zwar gut für die Stabilität im Land, wurde jedoch bis heute nicht grundlegend weiterentwickelt. Bombenanschläge in Toshkent, der Bürgerkrieg in Tadschikistan, wirtschaftliche Flaute, Grenzstreitigkeiten und eher ein Gegeneinander als ein Miteinander der Republiken Zentralasiens waren bisher direkte Resultate aus dieser politischen Stagnation. Selbst der Wechsel der Präsidenten in Turkmenistan und Kirgisistan brachte zunächst keine nennenswerten Veränderungen. Der Wandel hin zur parlamentarischen Republik in Kirgisistan zeigt vielleicht einen Weg auf, wie nun doch demokratische Strukturen Fuß fassen in diesem Teil der Erde.

Zeittafel zur Geschichte

Ganz Zentralasien

Jura	Dinosaurierspuren im Hisor-Gebirge und westlich Termiz
Paläolithikum	Funde von Felsgravuren und Skeletten im Hisor-Gebirge
Mesolithikum	Funde von Felsgravuren nahe Kitob und Felsmalerei im Pamir-Gebirge
8000-4000 v.Chr	Indo-Iranische Stämme siedeln im Farg'ona-Becken
530-330 v. Chr.	Archämeniden fallen in Transoxanien ein
329-323 v. Chr.	Feldzug Alexanders, Gründung von neuen Städten
312- 64 v. Chr.	Seleukos erobert Baktrien und Sogdiana
ab 138 v. Chr.	Handel entlang der Seidenstraße entsteht
50-250 n. Chr.	Kulturelle Blütezeit unter den Kuschan-Herrschern
224-651 n.chr.	Sasaniden schaffen hierarchisches Gesellschaftswesen
457-560	Renaissance der Kuschan-Kunst unter Hephtaliten
580-800	Türken vertreiben Hepthaliten, Blüte der Seidenstraße
650-751	Chinesen dringen wiederholt bis Transoxanien vor
661-874	Eroberung und Islamisierung durch Araber
819-999	Blüte von Kultur und Wissenschaft unter Samaniden
ab 8. Jh.	Verschiedene Nomadenstämme werden als Turkmenen bezeichnet
977-1187	Aufteilung des Reiches unter Karachaniden und Gasnawiden
1030-1157	Merw wird unter Seldschukenherrschaft islamisches Zentrum
ab 11 Jh.	Bergvölker des Pamir behalten das Iranische als Sprache
1204-1242	Mongolen erobern und zerstören Asien und Teile Europas
1282 -1342	Muhammed Usbek Khan führt die Goldene Horde zur Blüte
1336	Temur wird als Sohn lokaler Aristokraten in Kesh geboren
1365-1404	Temur erobert weite Teile Zentralasiens
1405	Temur stirbt als alter Mann in Otyrar
1407-1449	Kulturelle und Wissenschaftliche Blüte unter Ulug'bek
1501-1598	Erfolgreiche Ausbreitung der Scheibaniden unter Abdullah Khan II
ab 17. Jh.	Die Khanate Buxoro, Qo'qon und Xiva entstehen
1717	Russische Truppen gründen Krasnovodsk (heute Turkmenbaşy)
1848	Russland besiegt die Große Horde der Kasachen
1862	Festung Pischpek wird von Russen und Kirgisen erobert
1864	Khanat Qo'qon fällt nach erbitterten Kämpfen
1865	Toshkent wird nach blutigen Straßenkämpfen Russisch
1868	General Kaufmann gewinnt die Schlacht gegen das Emirat Buxoro
1873	Khanat Xiva wird russisches Protektorat
1880	Baubeginn der transkaspischen Eisenbahn in Krasnovodsk
1881	Die letzte Bastion der Turkmenen wird erobert
1887	Festlegung der Nordgrenze Afghanistans
1888	Eisenbahnlinie erreicht Toshkent
1895	Eroberung des Pamir abgeschlossen
1916	Unruhen unter Kasachen und Kirgisen
1917	Februarrevolution und Sturz des letzten Zaren
1917	Oktoberrevolution der Bolschewiki
1920	Ausrufung der Volksrepubliken Buxoro und Xorazm
1924	Festlegung der Grenzen der Sowjetrepubliken
1924	Usbekische und Turkmenische SSR entstehen
1929	Tadschikische Sowjetrepublik entsteht
1936	Kasachische und kirgisische Sowjetrepubliken entstehen
1941-1945	Verlagerung von Rüstungsindustrie nach Zentralasien

Zeittafel

1948	Erdbeben zerstört Aşgabat, Tausende Tote
ab 1960	Aralsee beginnt zu schrumpfen
1962	Karakum-Kanal erreicht Aşgabat
1966	Schweres Erdbeben zerstört Toshkent
1977	Eröffnung der ersten Metrolinie in Toshkent
ab 1985	Politik von Glasnost und Perestroika unter Gorbatschow
1989	ethnische Unruhen im Farg'ona-Becken
1991	Scheitern der Reformierung der Sowjetunion
1991	Ausrufung der staatlichen Souveränitäten und Verbot der KP
1991	Gründung der Gemeinschaft Unabhängiger Staaten (GUS)
2005	Der Kôkaral-Damm trennt den Nordteil des Aralsees ab
2006	Der langjährige Alleinherrscher Turkmenistans Saparmyrat Niyýazow stirb
2010	Unruhen in Oš zwischen Kirgisen und der usbekischen Minderheit
2010	Kirgisistan wird erste parlamentarische Republik Zentralasiens

Nur Usbekistan

1989	Usbekisch wird Amtssprache und ersetzt damit Russisch
1991	Unabhängigkeitserklärung der Republik Usbekistan
1991	I.Karimov wird zum Präsidenten Usbekistans gewählt
1992	Republik Usbekistan erhält eigene Verfassung
1992	Mitgliedschaft Usbekistans in UNO und KSZE
1992	Verbot der Oppositionspartei ‚Birlik'
1994	‚Freie Wahlen' des Parlaments mit zwei Parteien
1994	Einführung der neuen Währung ‚Sum'
1995	I.Karimov wird erneut bis 2000 zum Präsidenten gewählt
1997	2500 Jahrfeier Buxoro's
1999	Bombenanschläge in Toshkent gegen Islom Karimov
2000	Islom Karimov wird erneut im Amt bestätigt.
2000	Fernstraßenausbau Angren - Qo'qon über Kamchik Pass fertiggestellt
2001	Usbekistan stoppt Gaslieferung an Kirgisistan wegen Grenzkonflikt
2002	Der Präsident lässt seine Amtszeit per Referendum verlängern
2002	Bundeswehr richtet auf Flughafen Termiz Stützpunkt ein
2003	Die Landeswährung wird konvertibel, Schwarzmarkt geht zurück
2004	Mehrere Sprengstoffanschläge erschüttern das Land
2005	Unruhen in Andijon kosten vielen hundert Zivilisten das Leben
2005	Amerikaner müssen Militärbasis in Usbekistan räumen
2007	Erneute Wahl Karimovs zum Staatspräsidenten bis 2015
2008	Die Todesstrafe wird vollständig abgeschafft
2012	Erster Hochgeschwindigkeitszug fährt nach Samarqand
2014	Östlicher Teil des Aralsees erstmals seit dem Mittelalter ausgetrocknet
2014	Eröffnung von Usbekistans größter Moschee in Toshkent
2015	Präsident Islom Karimov wird für weitere 5 Jahre im Amt bestätigt
2016	Der langjährige Präsident Karimov stirbt im Alter von 78 Jahren
2016	Wahl von Shavkat Mirzoyoyev zum neuen Staatspräsidenten
2017	Visumpflicht für Deutsche, Österreicher und Schweizer entfällt (ab 04/17)

Reiseziele in Usbekistan

Die Region Toshkent

Die so vielfältigen Landschaften Usbekistans spiegeln sich bereits in der Region um die Hauptstadt Toshkent wieder. Sie reicht von den Gletschern des Shovursoy im Norden, bis zur Agrarstadt Bekobod am Sirdaryo im Süden. Die am weitesten entwickelte Region Usbekistans zeichnet sich vorwiegend durch bewässerte Baumwollfelder, Bergbau und Energiegewinnung sowie durch wenig erschlossene Gebirge aus.

Toshkent

Toshkent bedeutet ‚steinerne Stadt', ein heute durchaus zutreffender Begriff für die Zweimillionenmetropole Usbekistans. Doch an ihrem heutigen Erscheinungsbild scheiden sich die Geister. Die einen bewundern die Moderne der einzel stehenden Repräsentationsbauten mit meist gewaltigen Ausmaßen, die anderen lehnen die zu Beton gewordene Sowjetidiologie rundweg ab.

Nun kann jeder selbst entscheiden, ob ihm die Stadt gefällt oder nicht. Doch hier pulst das Leben des modernen Usbekistan, hier befinden sich die größten Museen des Landes, hier landen die meisten Flugzeuge aus dem Ausland. Darüber hinaus treffen Sie hier die beste Infrastruktur des Landes an. In den Großmärkten an der Peripherie der Stadt treffen Land- und Stadtbevölkerung kontrastreich aufeinander.

Geschichte

Toshkents Geschichte beginnt als Tshadsh, so nannten sie die Sogder vor etwa 2000 Jahren. Damals war die Stadt noch ein Dorf, das erst durch den Seidenstraßenhandel groß wurde und im 11.Jh zu einer blühenden Handwerker- und Handelsmetropole wird. Dennoch wurde die ab dieser Zeit als Toshkent bekannte Stadt nie zu einem wichtigen politischen oder religiösen Zentrum der sich rasch einander ablösenden Reiche und Herrscher. Die wenigen heute noch erhaltenen historischen Bauwerke stammen aus dem 16. Jh., als die Scheibaniden der Stadt zu Glanz und Wohlstand verhalfen. Im darauf folgenden Jahrhundert wird Toshkent eine freie Stadt, doch in allen späteren Jahrhunderten spielte die heutige Hauptstadt Usbekistans keine wichtige Rolle mehr. Sie verliert 1814 ihre Selbstständigkeit und wird in das Khanat Qo'qon eingegliedert.

Als die Russen bald darauf die Stadt nach einer dreitägigen Schlacht einnehmen, wird sie ihrer historischen Bedeutungslosigkeit wegen, systematisch zu Hauptstadt des Generalgouvernements Turkestan ausgebaut. Eine wahrhaft schmerzliche Degradierung so stolzer Städte wie Samarqand, Buxoro (Buxoro) oder Qo'qon. Angegliedert an die verwinkelte Altstadt entstehen die neuen Kolonialviertel der Besatzer.

Zu Beginn des 20. Jahrhunderts wird Toshkent wiederholt Schauplatz von Unruhen aufbegehrender Muslime, denen die taktlose, ignorante Vorgehensweise gegenüber den religiösen Oberhäuptern und den heiligen Stätten des Islam zu weit geht. Doch auch nach der Oktoberrevolution bekommt das Volk sein Grundrecht auf freie Religionsausübung nicht zugesprochen.

Stattdessen wird die unheilbringende Baumwollproduktion drastisch ausgeweitet - der Proletarier wird geschaffen. Und die als feudalistisch geltende Folklore usbekischer Sänger und Musiker ersetzen die Bolschewiken durch Lobeshymnen auf die schöne neue sozialistische Arbeiterwelt.

Der zweite Weltkrieg bringt der Stadt einen gewaltigen Industrialisierungsschub durch die ausgelagerte Kriegsindustrie und sie wächst unaufhörlich weiter - bis 1966. Am 26. April 1966 erschüttert ein gewaltiges Erbeben die Stadt und zerstörte dabei nahezu die Hälfte der Gebäude, Tausende Menschen starben und unzählige wurde auf einen Schlag obdachlos.

Großzügig wurden bei den Aufräumarbeiten aber auch so manche noch intakte Moschee oder Medrese und ein großer Teil der Altstadt plattgewalzt. Diese mußten dem sowjetischen Ideal einer modernen, repräsentativen Metropole weichen. Als dann 20% der neu erbauten Wohnungen vornehmlich Russen zugeteilt wurde, kochte die Volksseele über und es kam zu Unruhen die jedoch schnell wieder unterdrückt wurden - durch das Militär.

Mit der Einweihung der ersten Metro Zentralasiens 1977, die selbst die Moskauer Metro an Pracht in den Schatten stellt, bekam die Hauptstadt ein komfortables Massenverkehrssystem. Neue Bauten wie die des Parlaments, des Hochhausbogens nahe dem Fernsehturm und die Neugestaltung verschiedener Parks setzen Zeichen für den wirtschaftlichen Aufschwung der Stadt.

Eine Stadttour durch Toshkent

Zwar ist vom alten Toshkent nicht mehr all zu viel übrig, doch die Sehenswürdigkeiten liegen weit verstreut, so dass man sich für diesen Rundgang zwei Tage reservieren sollte.

Wir beginnen unsere kleine Reise durch die Metropole Toshkent an der Metrostation Amir Temur Xiyoboni und fahren mit der Metro bis zur Station Paxtakor, wechseln zur Station A. Navoiy und verlassen die Metro bei der Station Chorsu. Wir befinden uns mitten im Gewühl des zentralen **Chorsu Basars**. Hier liegt das Herz Toshkents und hier können Sie insbesondere an Wochenenden zahllose Händler auch aus dem Umland beobachten, die häufig in ihren traditionellen Kleidern versuchen ein gutes Geschäft zu machen.

Es gibt in Toshkent noch weitere 15 Märkte, diese werden unter „Toshkent A-Z, Einkaufen" nachfolgend beschreiben.

Wir verlassen das Basargelände vorbei an Schaschlikständen und erblicken vor uns die auf einer kleinen Anhöhe befindliche **Ko'kaldosh Medrese** (16.Jh.). Sie wurde seit dem großen Erdbeben 1966 stark renoviert und ist heute wieder eine Koranschule. Freitags treffen sich hier immer einige Gläubige zum Gebet.

Hinter der Medrese auf einem Berg wurde 1997 die **Gulbozor Moschee** auf den Ruinen einer alten Moschee errichtet.

Wieder zurück auf dem Basargelände, orientieren wir uns nordöstlich bis wir auf den **spiralförmigen Aussichtsturm** treffen. Von oben genießen wir einen herrlichen Blick über diesen Stadtteil. Der luxeriöse Kuppelbau auf der anderen Seite des Eski Jo'va Platzes ist die **Gallerie der Mode Usbekistans** (O'zbek Liboslari Galereyasi). Gleich daneben das kleine **Stadtmuseum** (Laylak Qo'ndi Muzeyi) mit einigen Abbildungen aus alten Tagen. Die Texte sind jedoch alle Usbekisch. Wir folgen der schmalen Zarqaynar Ko'ch. nach Norden. Wie bereits an den Häusern zu erkennen ist, befinden wir uns in der verwinkelten **Altstadt**. Nach etwa 400m erreichen wir einen Platz. Links steht die renovierte **Barakxon Medrese** (16.Jh.).

Normalerweise kann diese tätige Koranschule besichtigt werden. In die Parkanlagen intergriert wurde das **Islamische Institut Imom Buxoriy**. Hier lehrten auch zu Sowjetzeiten die Imame den Koran. Dem Institut gegenüber ist die **Hallenmoschee Namozgoh** zu sehen.

In unmittelbarer Nähe erhebt sich die Kuppel des **Kaffol Shoshi Mausoleums** (16.Jh.). Diese Hanaka, also eine Pilgerherberge bei denen Pilger in den kleinen Räumen übernachten konnten, wurde auf dem Grab Kaffol Shoshis errichtet. Shoshi war ein früher Imam und Schriftgelehrter.

Das kleine Gebäude in der Mitte des weitläufigen Platzes, die **Muyi Muborak Medrese**, ist benannt nach der hier befindlichen Reliquie, einem Haar des Propheten. Das Gebäude beherbergt zudem den wertvollen **Koran** (8 Jh.) des Gründers des Osmanenreiches, **Osman dem Ersten**. Amir Timur brachte ihn von seinem Raubzug aus dem Irak (Basra) mit. Er gilt als eines der fünf ersten Exemplare des heiligen Buches. Eine Kopie ist im Amir Temur Museum in Toshkent zu sehen. Unmittelbar daneben die **Tilla Shayx Moschee** (1857). Sie kann mit "Moschee des goldenen Scheichs" übersetzt werden.

Die hohen Minarette der **Hazrati Imom Jome Moschee** oder kurz Hast Imom ragen erst seit 2007 in den blauen Himmel. Sie ist die neue Hauptmoschee der Stadt und wurde in wenigen Monaten errichtet.

Schlendern Sie ein wenig durch die Gassen der Altstadt Toshkents, hier und da ergibt sich ein Blick in einen oft mit Blumen oder Bäumen bepflanzten Innenhof. Zur den verwinkelten Gasse hin sind die Wohnhäuser nur mit einer kleinen Tür verbunden, so dass sich diese Welt nur jemandem offenbart, der eingeladen wird. Eine nicht seltene Gelegenheit. Achten Sie jedoch darauf, dass Sie sich im oft unbeschilderten Gassengewirr nicht verirren, denn das passiert schneller als man denkt.

Zur Fortsetzung unseres Rundganges durch die Stadt folgen wir der Qorasaroy Ko'chasi nach Süden bis zum **Abdullah Qodiry Park** (Abdullah Qodiriy Bog'i). Hier gibt es ein **Planetarium** (Planetariy) und natürlich den beliebten **Zirkus** (Sirk). Bei der nahegelegenen Metrostation G'ofur G'ulom angelangt, begeben wir uns

Usbekistan - Stadtplan Toshkent

Usbekistan - Stadtplan Toshkent

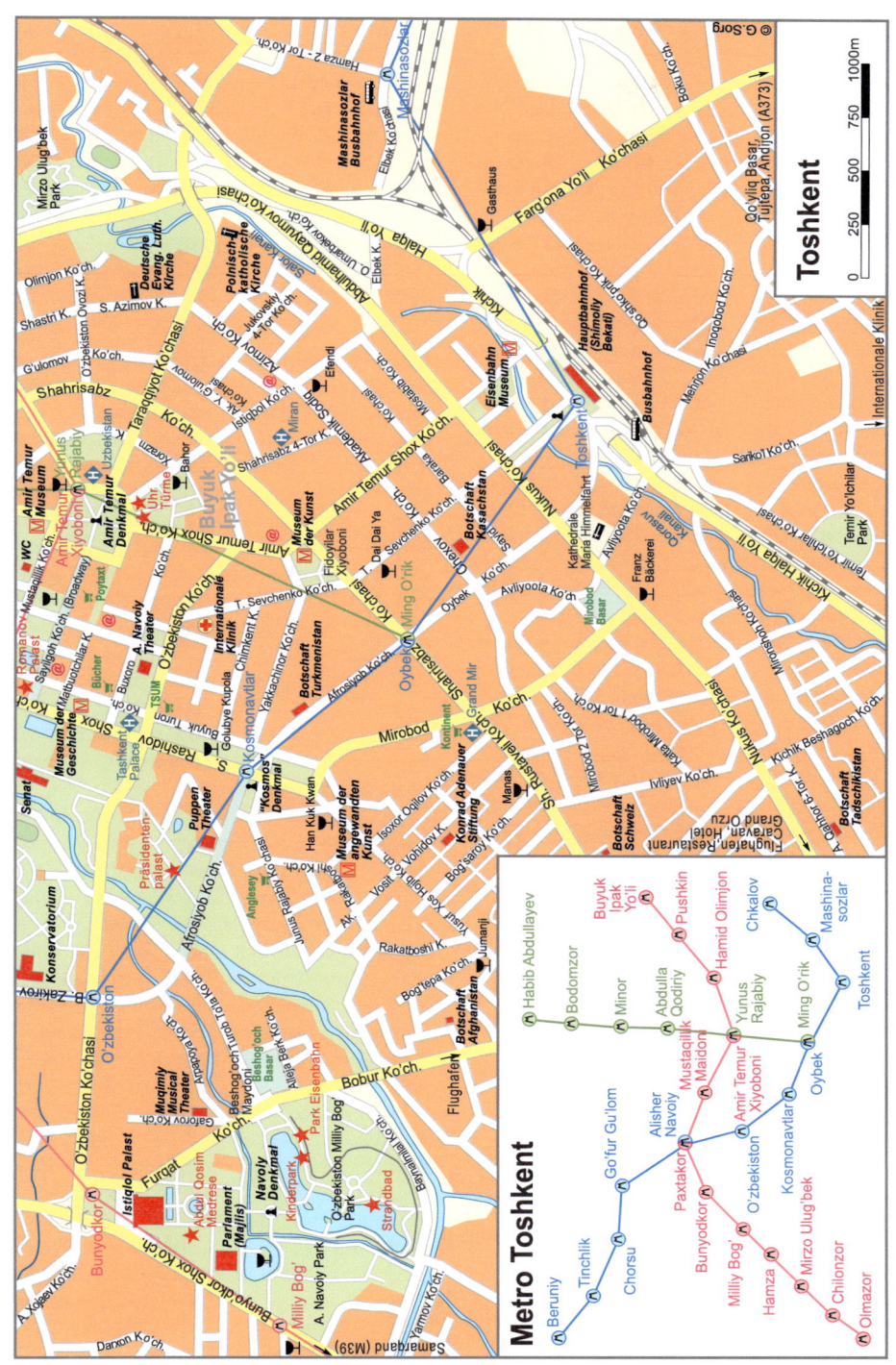

wieder in die Untergrundbahn, wechseln in der Station A. Navoiy die Metrolinie und fahren bis zur Station Bunyo'dkor. Die Figurengruppe vor dem gewaltigen **Istiqlol Palast** (ehem. Xalqlar Dostligi Saroy) erinnert an ein usbekisches Ehepaar, das im zweiten Weltkrieg 15 verwaiste Flüchtlingskinder, darunter auch ein Deutsches, adoptierte. Im Palast finden heute die angesagtesten Konzerte der Stars und Sternchen des Landes statt. Weiter südlich sehen wir die **Medrese Abdul Qosim**. Einstmals war sie, wie in der Altstadt gesehen, umgeben von kleinen Gassen und Lehmgebäuden. Heute dient das Mausoleum, als Souvenirshop und es treten zeitweise auch Folklore Gruppen auf, die mit klassischen Instrumenten usbekische Musik zum Besten geben.

Im südlich davon angelegten **Alisher Navoiy Park** (A. Navoiy Bog'i) können Sie bei einem kleinen Spaziergang etwas entspannen und die mächtige Statue des großen Dichters betrachten. Das usbekische Parlament **Oliy Majlis** befindet sich gleich neben dem Parksee.

Bei der Metrostation Milliy Bog' begeben wir uns wieder unter die Erde um bis zur Station Mustaqillik Maydoni zu fahren.

Der **Unabhängigkeits Platz** (Mustaqillik Maydoni) besticht durch großzügige Wasserspiele und weitläufige Anlagen zum flanieren. Hier, an der Stelle des heutigen **Unabhängigkeits-Denkmals** (Mustaqillik Yodgorligi), einem Globus auf einer Stele, stand einst die Leninstatue. Das Denkmal der Mutter mit Kind davor symbolisiert Mutterliebe und Zukunftshoffnung. Alljährlich finden hier am 1. September die Feierlichkeiten zum Unabhängigkeitstag statt. Um den Platz gruppieren sich die Gebäude des Senats und des Kabinets der Minister sowie die Kunsthalle.

In unmittelbarer Nähe sehen Sie die **Gedenkstätte Abadiy Olov** der usbekischen Weltkriegsopfer von 1941-45.

Nahe dem hohen Finanzministerium überqueren wir die Sh. Rashidov Shox Ko'ch. um zum nahegelegene **Romanov Palast** (Saroy Romanov) zu gelangen. Er wurde etwa um 1890 von Nikolaj Konstantinowitsch Romanov, einem Verwandten des letzten Zaren erbaut. In dem architektonisch interessanten Gebäude lebte er in Verbannung wegen einer Affäre, bei der er in Ungnade fiel.

Zum Abschluß unserer Stadttour schlendern wir entlang des **„Broadway"** (Sayilgoh Ko'ch.), der beliebten Flaniermeile Toshkents vorbei an Karaoke, Bauchtanz, Portraitmalern und schönen Teehäusern zum Mittelpunkt der Stadt. Diesen markiert das **Amir Temur Monument,** (A. Temur Yodgorligi) welcher auch im usbekischen Denken einen gewichtigen Platz einnimmt. Dem Volkshelden des 14.Jh. wurde etwas weiter nördlich das runde **Amir Temur Museum** (A. Temur Muzeyi) gewidmet.

Weitere Sehenswürdigkeiten

Sehenswert sind in jedem Fall die drei großen Museen der Stadt, das **Museum der Geschichte und Kultur Usbekistans** (O'zbekiston Xalqlari Tarixi Muzeyi), das **Museum der Kunst der Republik Usbekistan** (O'zbekiston Davlat San'at Muzeyi) und das **Museum der dekorativen und angewandten Kunst** (Amaliy San'at Muzeyi). Letzteres wurde im feinsten usbekischen Baustil 1907 für einen Diplomaten des russischen Zaren errichten.

Eine Sonnenbrille sollten Sie mitnehmen beim Besuch der größten Moschee Usbekistans. Die **Minor Moschee** wurde 2014 nahe dem Kanal Anhor südl. des Messegeländes in blendend weißem Marmor errichtet

Direkt unter dem Fernsehturm sehen Sie **Tashkentland**, ein Vergnügungspark der sich auf dem ehemaligen Ausstellungsgelände der Errungenschaften von Sowjetusbekistan befindet. Der kleine **japanische Garten** (Yapon Bog'i) gleich daneben ist eine Insel der Ruhe und wird gerne von den Toskentern besucht.

Musikbegeisterte können ins **Konservatorium** (O'zbekiston Davlat Konservatoriyasi) gehen, in dem regelmäßig landestypische Musik gespielt wird.

Zeitgenössische Kunst erwartet Sie in der **Kunsthalle** (O'zbekiston San'at Saroyi) . Hier werden Werke zu wechselnden Themen gezeigt.

Eigentlich kauft man in Toshkent alles auf einem Basar, von der Lammhaxe bis zur Dachpappe. Der größte Basar ist der **Hippodrom Basar** (Kleidung) und der ebenfalls riesige **Qo'liq Basar** (Obst, Gemüse) im Süden.

Sowjetisches Toshkent: Das Museum der Geschichte und Kultur Usbekistans (rechts)

Post-Sowjetisches Toshkent: Die Hazrati Imom Jome Moschee

Blick auf den kleinen und großen Chimyon Berg

Panorama des Charvoq Stausees

Shohitlar hotirasi Park und Anhor Kanal bilden ein malerisches Ensemble

Der Innenhof des Museums für dekorative und angewandte Kunst

Verkehrsverbindungen

Vom Inland-Terminal des Flughafens gibt es **Flüge** nach Samarqand (tägl. außer Di); Buxoro (tägl. außer So.); Urganch, Termiz, Nukus, Karshi, Navoi (tägl.); Andijon, Farg'ona, Namangan (2-3 mal wöchentlich).

Vom Bahnhof fahren die sehr beliebten, klimatisierten **Schnellzüge** tägl. nach Samarqand (162 "Afrosiyob" 2,5h), Buxoro (10 "Sharq" 6,5h) und Qarshi (8 "Nasaf", 6h). Daneben gibt es 3 wöchentliche **Nachtzüge** (To'ng'li Poezd) nach Urgench.

Vom Fernbusbahnhof nahe der Metrostation Olmazor (früher Sobir Rahimov) und vom Hippodrom Basar fahren **Busse** nach Samarqand (5,5h), Buxoro (10h), Termiz (11h) und Nukus (20h). **Privatbusse und Sammeltaxis** fahren vom Hippodrom Parkplatz aus zu den selben Zielen aber auch ins Farg'ona Tal und sind zudem meist schneller.

Verkehrsmittel in Toshkent

In Toshkent ist die **Metro** das beste Verkehrsmittel. Sie ist schnell und preiswert. Die Stationen sind meist prunkvoll ausgestattet, sehr sauber und gut ausgeschildert. Die Jettons bekommt man an den Kassen in den Eingangshallen. Ein Jetton ist gültig für eine Fahrt im Stadtgebiet, umsteigen in eine andere Linie inklusive. Geschlossen ist die Metro von 1 Uhr Nachts bis 6 Uhr früh.

In den sehr langsamen **Straßenbahnen** wird der Fahrpreis beim Ticketverkäufer entrichtet und ist für alle Strecken im Stadtgebiet gleich. Halten Sie kleine Scheine bereit.

Die grünen **Stadtbusse** sind meist modern, aber häufig sehr voll. Den Fahrpreis bezahlt man beim Ticketverkäufer. Expressbusse kosten etwas mehr.

Alternativ zum Bus kann das **Marschrutka** genommen werden. Diese fahren auf festen Routen, sind etwas teurer als der Bus, halten aber überall.

Den Verlauf der Routen aller Verkehrsmittel können Sie dem Stadtplan "Yo'lovchi Transporti Yo'nalishlari Sxemasi" entnehmen, der in Buchgeschäften oder Kiosken erhältlich ist.

Toshkent von A bis Z

Apotheken
Oxymed Dorixona No.5
Yunusabod Tumani, C5, 5-69, Tel. 235 06 05, Metro Minor
Dori-Darmon No.1
Sh. Rashidov Shox Ko'ch. 40A, Tel. 256 12 42, Metro Kosmonavtlar

Es gibt zahlreiche weitere Apotheken (Dorixona) im gesamten Stadtgebiet Toshkents.

Bibliotheken
Nationalbibliothek (Milliy Kutobxonasi)
A. Navoiy Shox Ko'chasi 1, Tel. 232 83 94
Deutscher Lesesaal (Nemis Kutobxonasi)
Pushkin Ko'ch., Ecke A. Qayumov Ko'ch., 2. Stock. Tel. 237 12 93, Metro Hamid Olimjon, Geöffnet: Mo-Do 10-13 und 14-17 Uhr

Botschaften
Afghanische Botschaft
Batumi Ko'ch. 1, Shaykhantahur Tumani, Tel. 140 41 32, 140 41 34, Mo-Fr 9-12 Uhr
Kasachische Botschaft
Chexov Ko'chasi 23, Metro Oybek
Tel. 252 16 54, 252 16 54, 252 35 71
Mo-Fr 9-12 Uhr
Kirgisische Botschaft
Niyozbek Yoli 6-Tor Ko'ch. 30, Metro H. Olimjon, Tel. 237 47 94, Mo-Fr 9-11:30 Uhr
Tadschikische Botschaft
Abdullah Qahhor 6-Tor Ko'ch. 61, Yakkasaroy Tumani, Tel. 54 99 66, 54 84 13,
Mo-Fr 10-12 Uhr
Turkmenische Botschaft
Afrosiyob Ko'ch. 19, Tel. 256 94 02, 256 94 06, Mo-Fr 11-13 Uhr
Deutsche Botschaft
Sharof Rashidov Shox Ko'chasi 15
Tel. 120 84 40, Mo-Do 8-12:30, 13-17:15 Uhr, Fr 8-14 Uhr
Österreichische Staatsangehörige
Vertreten durch Deutsche Botschaft
Schweizer Botschaft
Shota Rustaveli Ko'chasi , Tupik 1/4, Metro Oybek, Tel. 120 67 38
Mo-Fr 9-12 Uhr

Bücher, Bildbände, Karten, Stadtpläne
Kitoblar, Buxoro Ko'ch. 26, Ecke Buyuk Turon Ko'ch.

Kitoblar Magasin, Navoiy Shox Ko'ch., neben Ko'kaldosh Medrese

Einkaufen
Basare
Es gibt insgesamt 16 Basare in Toshkent. **Chorsu Bosori**, Haushaltsartikel, Lebensmittel, Souvenirs, Metro Chorsu; **Oloy Bosori**, Amir Timur Ko'chasi, Lebensmittel, Haushaltsartikel, Metro Abdulla Qodiriy; Weitere **Großbasare** befinden sich an der Peripherie der Stadt: **Hippodrom Bosori**, Bekleidung, Mo geschl., Metro Olmazor; **Qo'yliq Bosori**, Bekleidung, Mo geschl., Tram 13
Kaufhäuser
TSUM, O'zbekiston Ko'ch.
Toshkent Savdo Markazy, A. Navoiy Shox Ko'ch., gegenüber Ko'kaldosh Medrese
Poytaxt Savdo Markazy
Sayilgoh Ko'ch. (Broadway), Stadtzentrum
Mega Planet Savdo Markazy
Ahmad Donish Ko'ch. 2B
Next Savdo Markazy
Bobur Ko'chasi 6
Kontinent Savdo Markazy
Mirobod Ko'chasi 2
Supermärkte
Ardus, mehrere Filialen
Korzinka/Smart, mehrere Filialen
Souvenirs
Besonders geeignet für den Einkauf von Souvenirs ist die **Abdul Qosim Medrese**, da man dort auch sieht, wie diese Kunstwerke entstehen. Die Museen für dekorative und angewandte Kunst sowie Kunst der Republik Usbekistan haben jeweils eine Souvenirabteilung. In der Lobby großer Hotels finden sie meist ein teures Souvenirgeschäft. Bunte Seide mit dem Flammenmuster, Stickereien, Keramik oder Holzartikel finden sie preiswert und in großer Auswahl auf dem Chorsu Basar.

Geldwechsel
Das Wechseln von US-Dollar/Euro ist in **Wechselstuben** (Obmen Valuta), bei Banken und Hotels üblich. Ab und zu verlangen diese dafür den Reisepaß.
Usbekische Nationalbank (NBU), Y. Gu'lomov Ko'ch. 95, Metro Hamza, Geöffnet: Mo-Fr 8:30-15:30 Uhr.

Hotels und Unterkünfte (Auswahl)
Luxeriös
Hotel Hyatt Regency
Navoiy Shox Ko'chasi, Tel. 207 12 34, das 2016 eröffnete Haus bietet intern. Standard
Hotel Wyndham (Ex-Dedeman)
Amir Temur Shox Ko'ch. , Ecke Navoiy S. Ko'ch., Tel. 120 37 00, gutes Businesshotel der gehobenen Mittelklasse, zentral gelegen
Mittel
Hotel Tashkent Palace (Lotte City Hotel)
Buyuk Turon Ko'ch. 56, gegenüber A. Navoiy Theater, Tel. 120 58 00, neoklassizistisches Hotel mit angenehmer Ausstattung
Hotel Uzbekistan
A. Temur Xiyoboni, Metro A. Temur Xiyoboni, Tel. 120 77 77, Sowjet Klassiker, teils renoviert, beste Lage, Touristengruppenhotel
Günstig
Murad Mirzo Gästehaus
Sagbon Ko'ch. 95, Tel. 93-379 66 68, usbekischer Wohnstandard, nette Gastleute, Altstadthaus mit dekoriertem Innenhof
Gulnara Gästehaus
Usmon Hojaev Ko'ch. 40, Tel. 98-360 07 74 Altstadthaus mit ruhigem Innenhof, einfach aber sauber, +41°19'42", +69°13'46"

Internet, E-Mail
Gibt es wirklich an jeder Ecke. Bei vielen sind aber vor allem Gamer am Werk.

Krankenhäuser
Notfallnummern der Deutschen Botschaft: Tel. 120 84 40 oder 93-181 54 06
Internationale Klink
Sariko'l Ko'ch. 34, Mirobod Tumani, Yangizamon Mavzalasi, Tel. 291 0142, 291 0726
Tibbiy Yordam Zentr No. 18
Farhod Ko'ch. 2, Tel. 367 90 01

Kreditkarten
In allen gehobenen Hotels, der Usbekischen Nationalbank sowie einigen Valutageschäften wird in der Regel Visa akzeptiert. Andere Karten nur auf Anfrage. Der Nutzen von Kreditkarten in Uzbekistan ist gering.

Kulturleben
Folklore Konzerte usbekischer Musiker werden regelmäßig im **Konservatorium** (O'zbekiston Davlat Konservatoriyasi) gegeben. Doch auch klassische Stücke vorwiegend Deutscher Kom-

ponisten wie Brahms oder Bach stehen manchmal auf dem Programm. Fragen Sie am Eingang nach Konzerten und Karten. Abay Shox Ko'chasi, Metro: O'zbekiston.
Ethnopop Konzerte Usbekischer Künstler wie Rayhon, Sevara Nazarhan, Shoh Jahon oder Yulduz Usmanova sind meist restlos ausverkauft, denn sie sind sehr beliebt. Veranstaltungsorte sind der **Istiqlol Palast** und die **Turkeston Konzerthalle**.
Wer lieber klassisch ins Theater geht, oder in die Oper möchte, sollte dies unbedingt hier tun. Im prunkvoll ausgestatteten **Alisher Navoiy Theater** werden täglich Vorstellungen gegeben. Das Bühnenbild ist sehr realistisch, der Eintritt ein Trinkgeld. Kartenvorverkauf am Eingang: täglich von 10 -15 und 16-18 Uhr, Tel.: 133 33 44, Spielzeit ist von September bis Mai.
Im **Ilhom Theater**, Paxtakor Ko'chasi 5, ist die avantgardistische Theaterszene zu finden. Tel. 241 22 41.

Kulturzentren, Stiftungen, Kirchen
Goethe-Institut (Olmonija Madanijat Markazi), Amir Temur Ko'ch. 42, Tel. 140 14 70
Konrad Adenauer Stiftung, Sarbog' Ko'chasi 38, Tel.: 215 52 01
Deutsche Evangelisch-Lutherische Kirche in Usbekistan, Sodik Azimov Ko'chasi 37, Tel. 133 82 46

Museen
Museum der Geschichte und Kultur Usbekistans (O'zbekiston Xalqlari Tarixi Muzeyi) Sharof Rashidov Ko'chasi, Geöffnet: Di-So 10-17 Uhr, Mo geschlossen
Museum für dekorative und angewandte Kunst (Amaliy San'at Muzeyi), Rakatboshi Ko'ch. 15, Geöffnet: Mi-Mo 9-18 Uhr, Di geschlossen
Museum für Kunst der Republik Usbekistan (O'zbekiston Davlat San'at Muzeyi), Amir Temur Shox Ko'chasi 16, Geöffnet: Mi-Mo 10-17 Uhr, Di geschlossen
Museum für Stadtgeschichte (Laylak Qo'ndi Muzeyi), Zarqaynar Ko'chasi, Geöffnet: Mo-Fr 9-18 Uhr
Kunsthalle (O'zbekiston San'at Saroyi) Buyuk Turon Ko'ch. 2; Geöffnet: Di-Sa 11-17 Uhr, So, Mo geschlossen

Alisher Navoiy Literaturmuseum (Navoiy Adabiyot Muzeyi) Navoiy Shox Ko'chasi 69; Geöffnet: Mo-Fr 10-17 Uhr
Amir Temur Museum (Temuriylar Tarixi Muzeyi), Amir Temur Xiyoboni, Geöffnet: Di-So 10-17 Uhr, Mo geschlossen
Eisenbahnmuseum (Temir Yo'l Muzeyi) Turkeston Ko'chasi, nahe dem Bahnhof; Geöffnet: Mi-So 9-18 Uhr

Post/Paketdienste
Hauptpost (Pochta Bosh Bulimi), Shahrisabz Ko'ch. 7, Ecke Tolstoj Ko'chasi; Mo-Fr 8-16Uhr
DHL, Said Barake Ko'ch. 16B, Tel. 120 55 25 Mo-Fr 9-18 Uhr

Reiseveranstalter (in Toshkent)
Advantour
Arostr Travel
Asia-Travel Uzbekistan
Elena Tour Uzbekistan
Marakanda Travel
Novotours Uzbekistan
Orexca
Roxana Tour
Samarkanda Travel

Registrierung
Touristenvisum: Registrierung muss innerhalb von 3 Tagen ausschließlich über Hotels erfolgen. Nur Registrierung ohne Übernachtung: Hotel Olimpiya, Olmazor Tumani, Muxbir Ko'ch. 2, Tel. 229 44 65, Marschrutka 109 oder 113
Einladungsvisum: Bei der UVViOG des Stadtteiles in dem Sie wohnen. Erkundigen Sie sich bei Einheimischen dieses Stadtteils wo dies ist.
Geschäftsvisum: Die einladende Firma oder Organisation übernimmt die Registrierung beim UVViOG.

Restaurants (Auswahl)
Usbekisch/Russisch
Palov Center (Urta Osio Osh Markazi) Iftihor Ko'ch. 1, etwas nördl. des Fernsehturms, bei Einheimischen beliebt, immer voll
Kafe Sim Sim
Muqimiy Ko'ch. 15, Tel. 253 54 34, Atrium und Einzelzimmer mit schöner Deko, Lüster
Restaurant Ipak Yo'li
Chiltugon Ko'ch, Sebzor Mahalla, Tel. 304 80 33, Terasse direkt am Wasser, schick essen

Restaurant Caravan
A. Qahor Ko'ch. 22, Tel. 152 75 55, orientalisches Dekor und Kunstgallerie
Türkisch
Restaurant Efendi
Ak. Sodiq Azimov Ko'ch. 79a, Tel. 133 15 02, guter Türke, leckerer Iskender Kebap
Koreanische
Restaurant Han Kuk Kwan
Yusuf Xos Hojib Ko'ch. 1, Tel. 256 33 07, gute koreanische Salate und Hauptgerichte
Chinesisch
Restaurant Dai Dai Ya
T. Shevchenko Ko'ch 30, Tel. 252 56 94, schicker Chinese mit Genuß-Faktor, Metro Mingo'rik
Kirgisisch
Manas Art Cafe
Bog'saroy Koch. 43, Tel. 252 38 11, hier anwärmen für den Kirgisistan Trip, nahe Hotel Grand Mir
Deutsch
Restaurant Gasthaus
Farg'ona Yo'li Ko'chasi 7, Tel. 299 72 37, Bierkrüge, Weißwurst mit Senf und zünftige Blasmusik, wie Usbeken sich das so vorstellen
Franz Bäckerei
Nukus Ko'ch. 73, Tel. 281 49 43, wer Sehnsucht nach heimischen Brotsorten, Kuchen und Kaffee verspürt ist hier richtig
Festlich
Restaurant Golubye Kupola
S. Rashidov Shox Ko'ch. 77, Tel 256 27 27, wiederbelebter Klassiker aus Sowjetzeiten
Restaurant Bahor
Istiqbol Ko'ch 8, Tel. 233 72 63, plüschiges Varieté Lokal in dem sich Präsidenten treffen
Restaurant Jumanji
Yusuf Xos Hojib Ko'ch. 62/2, Tel. 255 42 00, ab 12 Uhr, sehr beliebtes Restaurant
Choyxonas
Choyxona's, Forobiy Ko'ch. Ecke O. Sodikov Ko'ch., nahe Chigatoy Moschee, gemütliches Essen und Trinken wie die Einheimischen auch auf Tapchan (Sitzplattform) an einem kleinen Fluß mit Wasserrädern

Telefon/SIM Karten für Handys
mit eigenem Handy:
Ucell/Coscom Prepaid SIM Cards, V. Vohidov Ko'ch. 118, nahe Hotel Grand Mir, Reisepaß und Registrierung notwendig
öffentliche Einrichtungen:
Es gibt in der Nähe von Metrostation häufig Telefonboxen mit Service (Xalqaro Telefon Alokasi)

Vorwahl von Toshkent
aus dem Inland: 712 (alt, für sechsstellige Festnetznummern), 71(neu, für siebenstellige Festnetznummern).

Übersetzer
Goethe-Institut (Olmonija Madanijat Markazi), Amir Temur Ko'ch. 42, Tel. 140 14 70
Deutscher Lesesaal (Nemis Kitobxona) Pushkin Ko'ch., Ecke A. Qayumov Ko'ch. Tel. 237 12 93

Sehenswertes in der Region Toshkent
Ugom-Chotqol Reservat 🏛, **Beldersoy und Chimyon**
In **Chimyon** gibt es einen Sessellift (ganzjährig). Die Aussicht vom kleinen Chimyon Berg (2096m) ist jedoch wesentlich schöner. Aufstieg über den nördlichen Berggrad von Chimyon aus. Nahe dem Sessellift bietet sich das Hotel Chimyon Oromgohi *(Günstig)* an. Die schön gelegenen Häuschen im Nebesa Resort *(Mittel)* oder die hübschen Cottages von „Sky-Village" *(Mittel)* sind urlaubiger. **Beldersoy** hat mit 2,6km einen wesentlich längeren Sessellift. Oberhalb der Bergstation (2307m) im Sommer kurze Pferdeausritte. Zimmer bieten das Motel Edelweiss *(Mittel)* oder etwas schicker das Beldersoy Oromgohi *(Luxeriös)* an.
Das **Naturreservat Ugom-Chotkol** wurde 2016 als UNESCO Naturerbe ausgezeichnet. Vom kleinen Weiler Judukuk östl. von Chirchik führt eine ausgewaschene Asphaltstraße durch eine wunderschöne Landschaft bis ins Teraklisoy Tal (20-30km).
Erreichbarkeit: Beldersoy und Chimyon sind etwa 5km voneinander entfernt und mit öffentlichen Verkehrsmittel kaum erreichbar. Es gibt jedoch Taxis in Chirchiq oder G'azalkent.

Chorvoq Stausee
Der Charvoq Stausee (Chorvoq Suv Ombori) kann auf einer landschaftlich reizvollen Asphaltstraße umrundet werden. Unmittelbar am Südufer des Sees befindet sich das große Hotel Charvoq Oromgohi *(Mittel)* und ein

Badestrand oder nahe Yusufxona die Häuschen von Krokus Park *(Mittel)*.
Erreichbarkeit: Von der Metrostation Mashinasozlar fahren Busse nach Chirchiq u. Gazalkent. Marshrutkas starten ab Metro Ipak Yo'li in die selbe Richtung. Von Chirchiq gibt es weitere Verbindungen bis zum See (im Sommer).

Zangi Ota Pilgerzentrum
Dem sehr beliebten Tashkenter Sufi Scheich Oj Xodja und seiner Frau Ambar Bibi wurde hier von Amir Temur eine Hommage erbaut. Im Innenhof des stark frequentierte Pilgerziels sehen Sie kleine Wohnzellen (Hujras), das Zangi Ota Mausoleum (15.Jh), die Namozgoh Moschee (19.Jh) und das Minarett von 1914. Auf dem angrenzenden Friedhof ist Ambar Bibi begraben.
Erreichbarkeit: Von der Metrostation Olmazor 11Km mit dem Taxi auf der M34 in den Vorort Zangi Ota. Position: +41°11'49", +69°09'29"

Parkent
Gebündeltes Sonnenlicht wie bei einem Brennglas ist das Grundprinzip der **Forschungseinrichtung Heliokompleks** nahe Parkent. Der 1987 in Betrieb genommene Solarofen besteht aus 62 beweglichen Spiegeln, die das Sonnenlicht auf den Hauptspiegel automatisch ausrichten. Dieser wiederum konzentriert das Sonnenlicht, so dass Temperaturen bis 3000° Celsius erreicht werden können. Eine zweite, etwas kleinere Anlage existiert in in den französischen Pyrenäen.
Erreichbarkeit: Vom Busbhf. Qo'yliq Basar fahren Marschrutkas die 35Km bis Parkent Busbhf.. Von dort ein per Taxi weitere 9Km bis zum Heliokompleks. Lage: +41°18'46", +69°44'24"

Die Regionen Sirdaryo und Jizzax
Bis Ende des 19.Jh. war die staubige Mirzacho'l oder auch Hungersteppe genannt von den Karawanen gefürchtet. Durch intensive Bewässerung ist sie heute stark landwirtschaftlich geprägt, jedoch touristisch wenig interessant, da die Dörfer meist aus den 50er und 60er Jahren stammen.
Ganz anders dagegen die Region um die Provizhauptstadt Jizzax. Östlich von ihr klettern uralte Wacholderwälder bis zu den Felsen des Turkestangebirges hinauf, während im Westen das aride Nurota Mittelgebirge mit grünen Tälern voller Walnußbäume lockt.

Zomin Nationalpark
Der 1976 gegründete Zomin Nationalpark (Zomin Halq Parki) ist ein bei ausländischen Touristen weitgehend unbekanntes Highlight Usbekistans. Dank einer Asphaltstraße ist der Park zudem bequem erreichbar.
Vom kleinen Örtchen **Zomin** folgen wir dem Zominsuv Flußaufwärts, vorbei an einem Stausee bis zum eigentlichen Parkeingang. Schon bald bemerkt man den dichten Bewuchs mit teils uralten **Wacholderbäumen** (Archa). Hoch über dem **Sanatorium** erhebt sich der felsige Gipfel des **Tokalichuk** (3809m). In der ersten Kehre hinauf zum Suffapaß ist der **Sharillak Wasserfall** (Sharshara) ein beliebter Picknickplatz. Weiter der Straße folgend, erreicht man den **Löwenbrunnen** (Sherbulok), dessen kalziumreiches Wasser wie Milch schmeckt. Nach überqueren des **Suffa Passes** (Suffa Dovon, 2482m) schweift der Blick über das weite **Suffa Plateau**. Es gehört bereits zum Zomin Schutzgebiet, welches nur mit Genehmigung befahren werden darf (Sperrgebiet).
Auf dem Suffa-Plateu entsteht derzeit das **Suffa Radioteleskop**. Mit 70m Durchmesser ist es eines der größten Stationen weltweit.
Die tiefen **Schluchten** des Ettikechu und des Chortangi sind die Heimat seltener Schwarzstörche und Bartgeier. Die einzigartige Fauna und Flora dieser Bergregion lohnt immer einen Besuch. Reiseveranstalter sind hilfreich bei Transport und der Genehmigungen für das Sperrgebiet (für den Zomin Nationalpark nicht erforderlich). Übernachtungsmöglichkeiten gibt es im Sanatorium, im Gästehaus Grand Zomin oder in der Feriensiedlung Uruklisoy nahe dem Parkeingang.
Erreichbarkeit: Von Jizzax sind es ca. 100Km bis zum Zomin Sanatorium. Ca. 500m nordwest. des Bahnhofes in Jizzax starten Marschrutkas nach Zomin. Von Zomin aus können Sie ein Taxi bis in den Park nehmen.

Nurota Walnußbaum Reservat
Wer das typisch usbekische Landleben in einer abwechselungsreichen Mittelgebirgslandschaft erleben möchte, der ist im Nurota Walnußbaum

Reservat (Nurota Tog'li Yong'oq Mevali Daraxtlar Qo'riqxonasi) genau richtig. Hier hat in den letzten Jahren ein bevölkerungsnaher Ökotourismus Fuß gefasst. In sechs grünen Tälern des ansonsten ariden Gebirgszuges liegen die Dörfer Uxum, Eski Forish, Asraf und Hayot. Genießen Sie die Ruhe, ehrliche Gastfreundschaft und einzigartigen **Walnüsse** (Yong'oq). Nahe dem Dorf Hayot leben in einem weitläufigen Gehege **Riesenwildschafe** (Nuratau Argali).

Erreichbarkeit: Von Toshkent, Busbhf. Olmazor (nahe Metro) ein **Bus** tägl. ca. 13Uhr (4,5h) nach Yangiqisloq (Forish). Von Toshkent, Hippodrom Busbhf. zahlreiche Busse/Marschrutkas bis Jizzax Olmazor Busbhf. außerhalb der Stadt an der M39. Von dort Marschrutka No.1 bis Shahar Busbhf. Von hier gibt es zahlreiche Busse/Marschrutka/Taxis bis Yangiqishloq. Vom Yangiqishloq Basar fährt ein Bus 5:30 Uhr (4,5h) nach Toshkent. Vom Samarqand Busbhf. (Avto Shox Bekati) fahren Busse/Marschrutkas bis Jizzax Olmazor Busbhf.

Unterkünfte nahe dem Reservat

In den Homestays gibt es Tapchan, To'shak oder Betten zum schlafen sowie Wassertoiletten, Duschen und lokale Gerichte wie Brot aus dem Tandyr Ofen. Buchung über das Internet oder das Infobüro in Yangiqishloq. Fragen Sie in den Dörfern nach den genannten Besitzern.
Zamiras`s Gästehaus, Eski Forish Qishlogi Normuhammed Shaqiev und Zamira Shaqieva
Yahshigul's Gästehaus, Asraf Qishlogi Bobojon Kozokov, Yahshigul Kozokova
Shiringul's Gästehaus, Hayot Qishloqi Parda Musaev, Shiringul Musaeva
Infobüro, Esonqulov Ko'ch. 34, Yangiqishloq, Hr. Sherzod Norbekov, Tel. 00998-90-265 06 80

Die Regionen Samarqand und Navoiy

Die Stahlkraft einer solch bedeutenden Stadt wie Samarqand überblendet schnell einmal die kleinen und größeren Schätze des Umlandes. Doch gerade bei der Seidenstraße ist der Weg das Ziel und daher sind die Sehenswürdigkeiten entlang dieser alten Karawanenroute eine Rast wert. Wenn Sie abseits der Hauptmagistrale M37 gen Buxoro reisen wollen, könnten die Zwischenziele lauten: Samarqand - Tim - Navoiy - Karmana - Sarmishsoy - Nurota - Rabat i-Malik - Diggaron - G'ijduvon - Vobkent - Buxoro.

Samarqand 🏛 UNESCO

„Alles was ich über die Schönheit Afrosiyobs gehört habe ist wahr - nur dass es sogar noch schöner ist als ich es mir vorstellte!" Alexander der Große, 329 v. Chr.

Geschichte

Bereits nach der letzten Eiszeit lebten hier am Fluß Koradaryo Menschen, wie Funde im Stadtgebiet Samarqands und der Umgebung beweisen.
Vor etwa 2500 Jahren begann dann die dokumentierte Geschichte der Stadt Samarqand, damals als Afrosiyob bekannt, heute ein ausgedehnter Erdhügel nördlich des Stadtzentrums. Die Stadt blühte und sah viele Herrscher kommen und gehen, darunter auch Alexander den Großen, dem der anfangs erwähnte Ausruf zugesprochen wird. Religionen, Sprachen und Kulturen formten Jahrhunderte lang die vollständig aus Lehm erbaute Metropole, bis 1220 Dschingis Khan sie niederriß. Bis heute blieb sie in diesem trostlosen Zustand.
Doch Amir Temur baute südlich von Afrosiyob eine neue Stadt und nannte sie Simiscante was soviel wie fettes Dorf bedeutet, weil es hier Nahrungsmittel im Überfluß gab. Und diesmal wurde sie noch schöner und größer. Die prosperierende Seidenstraße machte sie zur bedeutendsten Stadt ihrer Zeit, als Drehkreuz zwischen Orient und Okzident. Von seinen Raubzügen durch ganz Zentralasien und darüber hinaus brachte Temur Kunsthandwerker, Sklaven, Wissenschaftler, Unmengen Gold und sonstige Schätze in seine Stadt. Er war zweifelsohne ein Despot, denn er befahl die kühnsten Bauwerke seiner Zeit zu errichten und das in kürzester Zeit. Den Bauleitern drohte er mit dem Tod, sollte etwas nicht gelingen.
Sein Enkel Mirzo Ulug'bek, ein weiser Mann, trat Temurs Erbe an. Selbst Mathematiker und Astronom, förderte er die Wissenschaft und machte Samarqand zum Silicon Valley seiner Zeit.
Doch dies war den islamischen Gelehrten ein Dorn im Auge und so zerfiel nach der Ermor-

dung Ulug'beks das Reich und die Stadt sichte in der Bedeutungslosigkeit eines Marktfleckens dahin. Die Ernennung Toshkents zur Hauptstadt Sowjet-Usbekistans brach Samarqand die letzte Zacke aus der einst prächtigen Krone. Erst mit der Unabhängigkeit Usbekistans kam wieder ein Hauch der alten Zeit in die Stadt zurück, denn jetzt erstrahlen die Bauwerke Temurs wieder im Glanz von damals.

Eine Spezialität von Samarqand und bei den Usbeken sehr beliebt ist das dortige Brot (Patir Non). Es ist aus festem Teig und glänzt besonders schön. Samarqand ist noch heute eine tadschikisch geprägte Stadt, denn ethnische Usbeken leben hier in der Minderheit.

Eine Stadttour durch Samarqand

Der Ausgangspunkt für diese Besichtigungstour ist das Hotel Kuk-Serai. Dem Hotel unmittelbar gegenüber sehen Sie das schlichte **Mausoleum** (Ruhobod Maqbarasi) und die restaurierte **Moschee Ruhobod** (Ruhobod Masjidi).

Umgeben von Parkanlagen wirkt das mächtige Mausoleum eher schmucklos. Es ist dem um 1380 verstorbenen Scheich Burhanuddin Sagardshi gewidmet, der zur frühen Temuridenzeit in Samarqand lebte.

Die gleichnamige Moschee aus dem 18.Jh. mit einem kleinen Minarett und schönen, aufgefrischten Deckenmalereien schließt sich dem Mausoleum an.

Noch weiter südlich erblickt man bereits die im Sonnenlicht schimmernde Kuppel des **Mausoleums Go'ri Amir** (Go'ri Amir Maqbarasi). „Wenn eines Tages der Himmel verschwinden sollte, die Kuppel des Go'ri Amir kann ihn ersetzen", sagt ein altes Sprichwort der Samarqandis. Und tatsächlich ist diese Konstruktion etwas besonderes, denn hier wurde erstmals eine doppelte Kuppel aus Ziegeln gemauert. So befindet sich also zwischen der gerippten Außenkuppel und der darunter liegenden Innenkuppel ein etwa 10 m hoher Luftraum der für besondere Kühle im Mausoleum sorgt. Im üppig mit Gold verzierten Innenraum findet man die Grabsteine der Toten, in der Gruft darunter die Sarkopharge mit den sterblichen Resten Amir Temurs, seinem Enkel Ulug'bek und weiteren Verwandten und Freunden Temurs. Als 1941 der Sarg Temurs von einem russischen Anthropologen zur Exhumierung geöffnet wurde, bewahrheitete sich eine Prophezeiung die in der Unterseite des Sargdeckels eingraviert war: „Wer dieses, mein Grab öffnet, wird von einem Feind heimgesucht, der weit schlimmer sein wird als ich es bin". Ob Hitler das ahnte, als er am darauf folgenden Tag der Sowjetunion den Krieg erklärte?

Umfangreiche Ausgrabungs- und Rekonstruktionsarbeiten der letzten Jahrzehnte am fein verzierten Eingangsiwan, aber auch an den Fundamenten der von Ulug'bek angelegten Medrese links und einem Derwisch-Kloster rechts verdeutlichen die Dimensionen der damaligen Anlage. Der Zugang zur Gruft befindet sich hinter dem Mausoleum. Geöffnet: täglich 9-18 Uhr.

Wieder zurück auf der Registon Ko'chasi folgen wir dieser durch eine Senke, zum **Ajni Museum** (Ajni Muzeyi). 1878 geboren, lehrte Ajni zunächst in Buxoro an mehreren Medresen, unter anderen auch an der Mir Arab. Er unterrichtete die Schüler über die Poesie und Dichtung und verfasste ab 1923 in diesem Haus mehrere literarische Werke wie Eski Maktab, Odina oder Yatim. 1954 verstarb der Poet in Samarqand. Geöffnet: Mo-Fr 9-17 Uhr.

Nun ist es nicht mehr weit bis zur Hauptattraktion der Stadt, dem **Registon** (sandiger Platz). Als einer der schönsten Plätze der islamischen Welt wird er bezeichnet, einst religiöser und urbaner Mittelpunkt der Stadt.

Zu Zeiten Amir Temurs existierte hier lediglich ein Kuppelbasar. Daneben ließ sein Enkel 1417-20 die nach Mekka ausgerichtete **Ulug'bek Medrese** errichten, die durch ihren Prunk die Wichtigkeit der Bildung unterstreichen sollte - also ein Tempel der Bildung.

Erst 200 Jahre später, von 1619-36, baute der scheibanidische Emir Jalangtush die gegenüberliegende **Sherdor** (Tigerhaus) **Medrese**. Offensichtlich nicht sonderlich an der eigentlich geistlichen Aufgabe des Gebäudes interessiert, gab es hier keine nach Mekka ausgerichtete Moschee an der Rückseite und die Darstellung eines menschlichen Gesichts und Tieren am Eingangsiwan widerspricht den Suren des Koran.

Bereits nach weiteren zehn Jahren wurde dann der Bau der **Tilla Kori** (die Goldbedeckte) **Medrese und Moschee**, ebenfalls unter Jalangtush begonnen (vollendet 1660). An Schönheit, Feinheit und Prunk wird sie von keinem anderen Bauwerk Zentralasiens überragt. Diese Moschee sollte die damals bereits baufällige Bibixoniym Moschee ersetzen. Geöffnet: Tägl. 8-18 Uhr.

Durch Parkanlagen erreichen wir die etwas verborgene **Qo'sh Hovuz Moschee** (Qo'sh Hovuz Masjidi). Sie wurde nach dem sich davor befindlichen Wasserbecken (Hovuz) benannt. Das kleine Minarett ist mit bunten Kacheln verziert und bildet mit der offenen Bethalle ein photogenes Bild.

Vorbei am kleinen Afrosiyob Kaufhaus folgen wir nun der belebten Fußgängerzone nach Norden. Zwischen Kleider- und Haushaltwarengeschäften erhebt sich schon bald die gewaltige **Bibixonym Moschee** über die Häuser. Die größte und beeindruckenste Moschee der damaligen Zeit fasziniert heute wieder die Besucher Samarqands. Allein die Ausmaße von 109 x 176m sprechen für sich und basieren auf dem Goldenen Schnitt. Temur ließ sie in nur 5 Jahren 1404 zu Ehren seiner Schwiegermutter erbauen. Vorbild war für Temur die gewaltige tausendsäulige Moschee im indischen Delhi, das er kurz zuvor bereist hatte.

Erdbeben, eine unzureichende Statik und der Zahn der Zeit haben bis ins 20. Jahrhundert hinein die prächtige Moschee weitgehend zerstört. Nach langjährigen Rekonstruktionsarbeiten unter der Regie der UNESCO sind heute wieder alle Kuppeln aufgebaut und die Umfassungsmauer neu entstanden, so dass die Bibixonym beinahe in ihrem Urzustand betrachtet werden kann.

Der mächtige Koranständer aus Marmor in der Hofmitte wurde für den legendären Osman Koran angefertigt, der heute in Toshkent besichtigt werden kann.

Die Ornamentik des Gebäudes ist eine interessante Vermischung der Künste der damaligen Seidenstraßenanrainer, denn sowohl persische als auch chinesische und indische Formen sind zur Verzierung verwendet worden. Geöffnet: Tägl. 8-18 Uhr.

Der Moschee gegenüberliegend sehen sie das **Mausoleum Bibixonym** (14. Jh.), die Grabstätte der Mutter von Temurs Hauptfrau, in dem aber auch weitere Maitressen seines Harems ruhen. Die Kuppel kann bestiegen werden und bietet einen schönen Blick auf die Moschee. Geöffnet: 8-18 Uhr.

Der nördlich an die Moschee angrenzende Gemüsemarkt (Siyob Dehkon Bozori) bietet neben vielen Fotomotiven auch einfache Teehäuser an der Moscheemauer.

Gegenüber dem nördlichen Ende der Fußgängerzone erblicken Sie die dem bereits in vorislamischer Zeit als Heiliger geltenden **Hazrat Hizr** gewidmete **Moschee**. 1850 erbaut zeichnet sie sich durch schöne Deckenbemalungen und fein geschnitzte Säulen aus. Hizr gilt übrigens auch heute noch als Schutzpatron der Reisenden, also modern ausgedrückt, der Touristen. Ein Blick in den nahegelegenen **Friedhof** (Qabriston) vermittelt einen guten Eindruck über die heutige Friedhofskultur in Usbekistan.

Um zur **Shohi Zinda Nekropole** (Shohi Zinda Arxitektura Ansambli) zu gelangen, folgen wir der leicht abschüssigen Straße nach Südosten. Als weiteres architektonisches Highlight Samarqands gilt die von vielen Pilgern belebte Gräberstraße Shoxi Zinda am Fuße des ehemaligen Afrosiyob. Entlang eines tief in die Erde gebauten Hohlweges reihen sich die Grabhäuser bedeutender religöser und weltlicher Persönlichkeiten aus unterschiedlichen Epochen. Vor dem Eingangstor sehen Sie Reste eines **Bades** (Hammom) für rituelle Waschungen.

Man betritt den Gebäudekomplex durch den von Ulug'bek erbauten **Eingangsiwan** (1434) in dem heute die Kasse ist. Gleich rechts ist die **Medrese Davlat Kush-Begi** (1813), ein recht neuer Bau mit einem schönen, schattigen Innenhof. Links vom Eingang befindet sich eine **Moschee** (1910).

Während des Besteigens der ‚Himmelstreppe' dürfen sich die Pilger beim Zählen der Stufen nicht vertun, sonst müßen sie nochmal von unten anfangen oder ihnen bleibt der Weg ins Himmelreich verwehrt. Das mit zwei hohen blauen Kuppeln versehene **Mausoleum** (1435) an der linken Treppenseite wird dem Astronomen und Lehrer Ulug'beks **Kazi sade-Rumi** zugeschrieben, obwohl nie dessen Gebeine gefunden wurden. Beide Räume waren einst Teil eines weit umfangreicheren Komplexes,

Usbekistan - Bildimpressionen Samarqand

Blick von einem Registon Minarett zur Bibixonym Moschee.

Go'ri Amir Mausoleum

Bibixonym Moschee

Eine Tanzvorführung im Innenhof der Tilla Kori Medrese.

von dem heute nur noch der Gebetsraum rechts und das eigentliche Mausoleum links stehen.

Am Ende der Treppe angelangt, durchschreitet man einen kleinen Durchgang (Ikkinchi Chortoq) und erblickt gleich rechts das **Tugluk Takin Mausoleum** (1376), das dem Märtyrer Emir Hussein gewidmet ist. Daneben befindet sich das **Jirin Buka-Oko Grabhaus** (1385), das wie alle vier aus der Temuridenzeit stammt und sehr schöne Majolika am Portal aufweist. Ein kleiner, achteckiger Pavillion (beginnendes 15.Jh.) gleich daneben ist die Ruhestätte von vier Frauen unbekannten Namens. Eine von Temurs Frauen soll im gut erhaltenen **Shodi Mulk-Oko Mausoleum** (1372) gegenüber liegen, während über das Gebäude (1386) daneben nur bekannt ist, dass hier der Sohn eines Emirs begraben ist.

Auf der selben Seite folgt zunächst ein niedriges **Mausoleum eines Unbekannten** (Nomsiz Maqbarasi) und darauf ein Weiteres (um 1380), das **Usto Ali Nesefi**, einem Baumeister aus Qarshi zugeordnet wird. Es ist das mit der prächtigsten Reliefmajolika verzierte Grabmal der ganzen Nekropole. Ebenfalls unbekannter Herkunft ist das nächstliegende **Eingangsportal** vermutlich zu einer Medrese aus dem 11. Jh.

Geht man nun in den **3. Torbau** (Uchunchi Chortoq) der Anlage, so führt rechts eine wunderschöne, alte Holztüre zum **Mausoleumskomplex Qusam Ibn Abbos** (11.-15.Jh.), das mit zu den ältesten noch erhaltenen Bauwerken Samarqands zählt. Gleich nach dem Eintreten sehen Sie rechts den Stumpf eines Minarettes aus vormongolischer Zeit. Der **Korridor** führt um die **Grabmoschee** mit einem schön verzierten Mihrab herum zu einer schmalen Pforte. In diesem Durchgang wird rechts ein Balken sichtbar, der mit Kufischrift verziert ist. Der als **Zioratxona** bezeichnete Grabvorraum wurde im Jahr 1334 errichtet und kunstvoll bemalt. Von hier aus kann man durch ein Fenstergitter in die eigentliche **Gruft** spähen. Um den hier beerdigten Schah rankt sich hartnäckig folgende Geschichte: Während seines Gebetes zum Propheten Mohammed in einem dunklen Kämmerchen der Stadt Afrosiyob sollen 676 n.Chr. einige fundamentalistische Zoroastrier ihn hinterrücks den Kopf abgeschlagen haben. Unbeeinflußt davon, so die Legende, soll der Schah sein Gebet beendet, schließlich seinen Kopf unter den Arm genommen und in einen Brunnen gesprungen sein. Dort soll er bis heute leben - als Shohi Zinda, als Schah im Brunnen. Dass bei dem kopflosen Sprung in den Brunnen das über die Öffnung gespannte Spinnennetz nicht zerriss, ist ein weiteres pittoreskes Detail dieser Geschichte.

Wieder zurück im Torbau, befindet sich gegenüber liegend der Komplex **Tuman Oko** (1404), einer weiteren Frau Temurs. Im Innern der **Moschee** finden sich sehr feine Malereien auf weißem Grund. Links davon steht das große **Amir Burunduk Mausoleum** (um1380), rechts das **Mausoleum Tuman Oko**. Den nördlichen Abschluß der Gräberstraße bildet das ebenfalls sehr alte Totenhaus des **Ho'ja Ahmad** (Ende 14. Jh.) das vom gleichen Bauherren stammt, wie das rechts daneben befindliche **Mausoleum einer Unbekannten** (Nomsiz Maqbarasi) aus dem Jahr 1360. Geöffnet: Tägl. 8-19 Uhr, etwas ruhiger ist es am frühen Morgen.

Die beiden letzten Ziele auf unserer Tour durch die Seidenstraßenmetropole liegen etwas abseits, weshalb sich die Fahrt in einem Taxi oder Kleinbus dorthin anbietet. Am besten finden Sie diese Verkehrsmittel am Siyob Basar nahe der Hazrat Hizr Moschee.

Die eigentliche Urzelle der Stadt befindet sich unter etlichen Metern Schutt und Erde des **Afrosiyob Grabungsfeldes** (Qadimgi Afrosiyob Manzilgohlari) nördlich vom Stadtzentrum. Am anschaulichsten sind die teilweise ausgegrabenen **Reste der Zitadelle** (Kal'a) im Norden. Funde archäologischer Ausgrabungen wie zuletzt die einer französischen Kampagne sind im absolut sehenswerten **Afrosiyob Museum** (Afrosiyob Muzeyi) untergebracht. Engagierten Museumsangestellte führen sie gerne durch die Ausstellung und geben Ihnen auf Englisch Auskunft über die Exponate. Zweifellos das Schmuckstück der Sammlung sind sogdische Wandmalereien des 7. Jh., gefunden im Palast eines reichen Verwaltungsbeamten. Das Museum finden Sie am Rande des Afrosiyob Ausgrabungsfeldes.

Nur wenige hundert Meter weiter führt die

Straße in eine Senke. Wir biegen nach links ab und erreichen einen Parkplatz am Siyob Flüßchen. Ziel ist der **heilige Schrein des Daniel** (Xo'ja Daniyor Maqbarasi). Obwohl dieser tatsächlich in Mosul (Irak) begraben ist, brachte Amir Temur einen Teil der sterblichen Reste des Propheten nach Samarqand, so eine Legende. In der langen Grabhalle sehen Sie einen 18m langen Sarkophag, den die Pilger im Uhrzeigersinn umrunden. Etwas unterhalb des Mausoleums befindet sich eine **heilige Quelle** (Buloq), dessen Wasser Sie bedenkenlos trinken können.
Am Ende der Toshkent Ko'chasi erreichen wir das **Ulug'bek Observatorium und Museum** (Ulug'bek Observatorijasining va Muzeyi). Das wohl modernste wissenschaftliche Großgerät seiner Zeit war das Observatorium von Samarqand. Der um 1429 fertiggestellte knapp 32 m hohe Rundbau beherbergte einen tief in den Fels eingelassenen Sextanten, von dem bis heute ein Teil sichtbar ist. Das Gebäude, von dem nur noch die Fundamente erhalten sind, wurde später vollständig zerstört. Mit Hilfe dieses Sextanten konnten die dort arbeitenden Astronomen, unter ihnen Ulug'bek, Positionen von Sternen so genau bestimmen, dass sie mit heutiger Technik nur noch wenig präziser werden konnten. Geöffnet: Tägl. 9-18 Uhr.

Verkehrsverbindungen
Flüge nach Toshkent gibt es tägl. außer Di. . Der dem ICE ähnelnde **Expresszug** "Shahriston" pendelt in nur 2,5 Stunden zwischen Toshkent und Samarqand. Eine Stunde länger benötigt der "Registon" für die gleiche Strecke. Der Expresszug "Sharq" verbindet Samarqand mit Buxoro in 3 Stunden.
Der Busbahnhof für **Fernbusse** (Samarqand Avto Shox Bekati) ist östlich des Flugplatzes außerhalb der Stadt zu finden. Hier gibt es Verbindungen nach Toshkent, Termiz und Buxoro. Eine gute Stelle, einen Bus nach Toshkent oder Buxoro zu finden ist auch die Transitstraße (M37) nahe dem Ulug'bek Observatorium. Für Verbindungen nach Süden gibt es an der Panjikent Ko'chasi den Süd-Busbahnhof (Kaftarxona Avto Bekati).
Seit 2010 ist der Grenzübergang nach Pançakent (Tadschikistan) geschlossen.

Verkehrsmittel in Samarqand
Marschrutkas pendeln unter anderen auf folgenden Linien: 17: Bahnhof-Hotel Afrosiyob; 31: Flugplatz-Hotel Afrosiyob; 45: Observatorium-Hotel Afrosiyob; 19: Busbahnhof-Hotel Afrosiyob. Auch **Taxis** sind überall verfügbar.

Samarqand von A bis Z
Apotheken
Biomed Dorixona
M. Ulug'bek Ko'ch. 79, Tel. 234 33 57
Farmasevt Dorixona
Mustaqillik Ko'ch. 54, Tel. 233 16 06

Bücher, Bildbände
O'zkitob, Mustaqillik Ko'ch., Ecke Temur Malik Ko'ch., in der Fußgängerzone
Nahe oder in den sehenswürdigen Gebäuden gibt es **Souvenirshops** die auch Bücher, Karten und Bildbände anbieten.

Einkaufen, Besichtigung
Siyob Dehqon Bozori , neben Bibixonym Moschee
Mrarmorniy Bozori, M. Ulug'bek Ko'chasi, Ecke Shohruh Mirzo Ko'chasi
Aziz Supermarkt, Pochta Ko'ch. 6
Korzinka Supermarkt, M. Ulug Bek Ko'ch, Ecke Mir Said Baraka Ko'chasi
Samarqand Univermagi, Toshkent Ko'ch., Ecke Qo'sh Hovuz Ko'chasi
Samarkand-Bukhara Silk Carpet Factory, Herstellung von feinen Seidenteppichen, Xujum Ko'ch. 12, Tel. 235 22 73

Geldwechsel
Usbekische Nationalbank, Mahmud Qoshg'ari Ko'chasi, Ecke Firdavsiy Ko'chasi, Mo-Fr 9-12 Uhr, Traveller's cheques und Visa werden akzeptiert.
In den gehobenen und mittleren **Hotels** werden Kreditkarten akzeptiert sowie Geld gewechselt.

Hotels und Unterkünfte (Auswahl)
Luxeriös
Hotel Sultan Boutique
Buston Saroy Ko'ch., Tel. 239 11 88, aufwendig gestaltetes Kleinhotel, Dachterasse
Hotel Platan
Mironshox Mirzo Ko'ch. 13, Tel. 231 14 61, beliebtes Kleinhotel mit schicken Zimmern

Usbekistan - Regionen Samarqand und Navoiy

Mittel
Hotel Bibikhanum
Toshkent Ko'ch. 10, Tel. 235 00 36, schlichte Zimmer, mit Blick auf Bibixonym Moschee
Hotel Malika Prime
Buston Saroy Ko'ch., Tel. 233 43 49, tolle Dachterasse, Zimmer mit schöner Holzdecke
Jahongir B&B
Chirokchi Ko'ch 4, Tel. 235 78 99, lauschig grüner Innenhof, Zimmer: hübsche Deko
Hotel Kuk Serai (ex-Afrosiyob Palace)
Registon Ko'ch. 2, Tel. 231 11 95, renoviertes Reisegruppenhotel, preiswert, günstig gelegen
Günstig
Hotel Abdu/Bahodir 2
Buxoro Ko'ch. 7, Tel. 250 44 62, beste Budget Unterkunft, günstige Lage, grüner Innenhof
Bahodir B&B
Mulokandov 132, Tel. 23 585 29, preiswert, mässig sauber, beliebt bei Backpackern

Internet, E-Mail
Uztelecom, schnell, 8-22 Uhr, Filiale ATS 33, Pochta Ko'ch. 9
Tim, akzeptabel, 8-22 Uhr, Amir Temur Ko'ch. 31
Paynet Internet, schnell, 8-22 Uhr, Buston Saroy Ko'ch. 30

Kirchen
St. Alexej, Russisch Orthodox (1912),A. Jomiy Ko'chasi nahe dem Stadtpark.
Röm.-Kath. Kirche, Mohmud Qoshg'ariy Ko'chasi, gegenüber Hotel Sherdor
Armenische Kirche, M. Qoshg'ariy Ko'ch.

Krankenhäuser
Doktor Plus Tibbiy Zentr
Lutfiy Ko'ch. 26, Tel. 233 56 38
Xursheda Nazirmova Tibbiy Zentr
Amir Temur Ko'ch 55, Tel. 233 09 59

Museen
Ulug'bek Observatorium und Museum (Ulug'bek Observatorjasining va Muzeyi), Toshkent Ko'chasi, Museum neben dem Observatorium, Geöffnet: tägl. 9-18 Uhr
Afrosiyob Museum (Afrosiyob Muzeyi), Toshkent Ko'chasi an der Ostseite des Ausgrabungsfeldes von Afrosiyob, Geöffnet: tägl. 9-18 Uhr
Regional Museum (Samarqand Veloyat Muzeyi), A. Jomiy Ko'ch. 51, Geöffnet: tägl. 9-18 Uhr
Ajni Museum (Ajni Muzeyi)
Registon Ko'chasi, Geöffnet: tägl. 9-17 Uhr

Post
Hauptpost (Pochta Bosh Bulimi), Pochta Ko'chasi 5, gegenüber dem Mrarmoniy Basar

Registrierung
Touristenvisum: Registrierung innerhalb von 3 Tagen ausschließlich über Hotels. Nur Registrierung ohne Hotelübernachtung: Bahodir B&B, siehe Unterkunft
Einladungsvisum: Bei der UVViOG, Ko'ksaroy Maydoni 1, Tel. 231 11 25 mit dem Einladenden gemeinsam dort erscheinen.
Geschäftsvisum: Die einladende Firma oder Organisation übernimmt die Registrierung beim UVViOG.

Reiseveranstalter (in Samarqand)
Afsona Travel
Esprit du Temps Uzbekistan
Orient Voyages
Sarbon Tour
Sogda-Tour
Turkestan Travel

Restaurants (Auswahl)
Restaurant Karim Bek
Gagarin Ko'chasi 194, Ecke Amir Temur Ko'ch., beliebte Lokalität mit großer Auswahl landestypischer Gerichte, interessante Deko
Restaurant Lyabig'or
Registon Ko'ch. 5, gegenüber dem Registon, Restaurant mit akzeptabler Küche, schöne Aussicht von der Dachterasse
Restaurant Platan
Pushkin Ko'ch. 2, im Schatten einer großen Platane gelegen, schön eingerichtet
Choyxona Sharq Shirinliklari
Tashkent Ko'ch. 43, Karawanserei aus dem 19. Jh. in dem orientalische Süßigkeiten und Tee angeboten werden.

Vorwahl von Samarqand
(3)662 bei 6 stelligen Nummern
(3)66 bei 7 stelligen Nummern

Übersetzer
Deutschsprachige Studenten finden Sie in der Universitäts Bibliothek, Deutscher Lesesaal (Nemis Kitubxona), Universitet Bulvari 21, Tel. 235 33 02, Mo-Sa 9-16 Uhr

Sehenswertes in der Region Samarqand

Medrese und Moschee Xo'ja Ahror Vali

Auf den ersten Blick meint man einer Miniversion der Sherdor Medrese des Registon gegenüber zu stehen. Doch einen, von der Größe abgesehen, entscheidenden Unterschied gibt es: Über den Rücken der Aral-Tiger geht hier keine Sonne mit menschlichem Antlitz auf. Die 1638 fertiggestellte Medrese ist dem Mystiker und Pilger Xo'ja Ubaidulla Ahror gewidmet, welche auch hier in Samarqand wirkte. Junge Koranschüler haben in jahrelanger Handarbeit die bunte Kachelverkleidung ausgebessert. Links daneben befindet sich ein Gebetshof unter alten Bäumen und eine sehr reich bemalte offene Gebetshalle mit mächtigen Säulen und einem Wasserbecken (Hovuz) davor.

Erreichbarkeit: Etwa vier Kilometer südwestlich des Amir Temur Denkmals im Vorort Ulug'bek an der Osman Jusupov Ko'chasi. Mit dem Taxi. Lage: +39°37'10", +66°57'15"

Pilgerstätte Xo'ja Ismoil al Buxoriy

Die Pilgerstätte ist einer der heiligsten Plätze des Islam, denn Mohammed ibn Ismoil al Buxoriy war ein bedeutender Lehrer der Hadith, in der er 7275 Taten und Worte des Propheten Mohammeds zusammengefasst hat.
Er lebte von 810 bis 887 in Buxoro und wurde hier begraben. Der 1999 um das Mausoleum gruppierte Pilgerkomplex veranschaulicht, wie mit moderner Technik alte Formen des Handwerks neu belebt werden und gibt darüber hinaus auch einen Einblick in die religiöse Kultur der hier lebenden Menschen.

Erreichbarkeit: Die Pilgerstätte befindet sich ca.15 km nördlich von Samarqand. Zunächst in Richtung Buxoro bis Dahbed, dort nach Norden abzweigen. Nach dem Überqueren des Flußes Oqdaryo nochmals nach Osten abbiegen bis zum Dorf Xo'ja Ismoil. Mit Marschrutka ab der Umar Bank an der Dahbed Yo'li Ko'ch., Ecke Rudakiy Ko'ch. oder per Taxi. Lage: +39°48'52", +66°56'42"

Urgut

Wer nach Urgut kommt, kommt meist wegen des **Basars** (Urgut Savdo Komplexi). Hier wird, besonders an Sonntagen, in bemerkenswerter Vielfalt Kunsthandwerk angeboten. Insbesondere Suzani, feine Stickereien auf Baumwollstoffen, sind in großer Auswahl zu finden.
Ein weiteres Highlight stellen die Jahrhunderte **alten Platanen** (Chinor Daraxlar) rund um den **Mazar Xo'ja Abu Talib Sarmast**, der im 10. Jh. diese Gegend missionierte, dar. In einem über 1000 Jahre alten Baum war bis in die 1920er Jahre sogar eine Schule eingerichtet. Und wer sich für die nestorianische Kirche, die christliche Kirche des Ostens interessiert, wird hier auch fündig. In mehreren Ausgrabungsabschnitten wurde hier das **Kloster Warkuda** aus dem 9.-13. Jh. freigelegt.

Erreichbarkeit: Mit Marschrutka in ca. 40min ab Registon Bushaltestelle in Samarqand. Der Basar ist direkt im Ort, die Platenen stehen nahe dem südlichsten Friedhof (Qabriston) des Ortes und die Ausgrabungsstätte Sulayman Tepa ist bei +39°22'46", +67°14'28" am südlichen Ortsrand. Fragen Sie nach "Qazishma".

Tim

Tim ist ein kleines Wüstendorf nahe der Ziddin Berge. Nur selten verirrt sich ein Tourist hierher. Und dennoch birgt es einen großen Schatz: Das **Mausoleum Arab Ota** (Maqbara).
Im Jahre 977 wurde es einem unbekannten arabischen Eroberer, der hier verstarb, gewidmet. Der aus gebrannten Ziegeln errichtete Mausoleumsbau stellt in seiner Konstruktion einen Meilenstein in der lokalen Baukunst dar. Die Ecknischen als Übergang vom Kubus zur Kuppel wurden hier als Vorläufer der späteren Stalaktitengewölbe (Muqarna) definiert. Und Muqarnas sind bedeutende Schmuckelemente vieler islamischer Bauten. Außen ähnelt es in seinen Verzierungen sehr dem berühmten Samoniden Mausoleum in Buxoro, welches etwa 70 Jahre älter ist. Damit ist Arab Ota das zweitälteste islamische Kuppelmausoleum weltweit, welches heute noch erhalten ist.
Fragen Sie Einheimische, um auch das Innere sehen zu können. Ganz in der Nähe steht im einem Schulhof ein **1000 Jahre alter Baum** (Eski Daraxt) auf den die Leute von Tim auch sehr stolz sind. Gerne zeigen sie zudem die **Weiße Moschee** (Ok Masjid) etwas westlich von Arab Ota.

Erreichbarkeit: Das Gebäude befindet sich einige hundert Meter nördlich der Bushaltestelle in einem alten Friedhof (Qabriston). Mit Marschrutkas von Kattaqo'rg'on aus oder die 60km mit dem Taxi. Von Tim bis Navoiy (90km) per Anhalter mit allem was fährt und etwas Geduld. Lage: +39°41'43", +65°47'35"

Navoiy

Navoiy, eine Sowjetstadt aus der Retorte, wurde in den 60er Jahren als Industriestadt gegründet und ist als Paradebeispiel sowjetischer Stadtplanung für Architekturinteressierte sehenswert. Transitbusse halten nur im nahen Karmana.

Hotels und Restaurants in Navoiy

Luxeriös
Hotel Grand M
Xalqlar Do'stligi Ko'ch. 77a, im Zentrum, Tel. 436 - 770 37 37, recht schickes Hotel mit Pool und Restaurant
Mittel
Hotel Kamilla
Oxunboboev Ko'ch. 7, im Zentrum, Tel. 436 - 223 14 73, einfach, sauber, mit Aircon

Karmana, Sarmishsoy

Sehenswert ist hier das **Mausoleum Mir Said Baxrom** aus dem 11. Jh. und die **Moschee Qosim Shajx Xonaqohi** (16.Jh.). Das Mausoleum, ein schlichter, aber reizvoller Ziegelbau, befindet sich in der Mir Said Baxrom Ko'chasi, einer südlichen Paralellstraße zur M 37 (+40°8'34", +65°21'40"). Zur Moschee gelangen Sie über die östlich des Busbahnhofes nach Süden verlaufende Karmana Ko'chasi, an der auch der Basar liegt (+40°8'0", +65°22'3").
Im schwarzen **Felsental Sarmishsoy** nordöstlich von Karmana findet man tausende **Felszeichnungen** der Bronzezeit (Qoyatosh rasmlari gruhi). Die Zeichnungen zeigen Jäger, Tiere, Tänzer und vieles mehr. Die Qualität der Bilder ist beeindruckend und unbedingt sehenswert. Nahe den Zeichnungen gibt es eine **Höhle**, in der die Künstler vermutlich lebten.
Erreichbarkeit: Von Karmana Richtung Zarafshon bis Qoldon fahren. Dort links halten Richtung Nurota. Nach verlassen der Oasenfelder sehen Sie einen Abzeig nach rechts (+40°13'5.5", +65°22'59"). Falls Sie angehalten werden, sagen Sie der Miliz, dass Sie in das **Pionierlager Gorniy** möchten. Sie folgen der guten Asphaltstraße ca. 25km bis zum Pionierlager im Tal. Hinter dem Lager sind die Felsbilder zu finden. Unterkunft im Lager möglich. Mit dem Taxi ca. 42km von Karmana aus. Lage: +40°18'21", +65°37'3"

Nurota, Aydarko'l See

Nördlich der Oqtov Berge liegt das Dorf Nurota, überregional bekannt für seine **heiligen Quellen**. Direkt neben der **Juma Moschee** mit ihrer 16m weiten Kuppel schwimmen heilige Fische in der ebenso heiligen Quelle (Chashma). Die **Namozgoh Moschee** am gleichen Platz dient dem täglichen Gebet und in einem länglichen **Badehaus** (Hammom) werden rituelle Waschungen durchgeführt. Die beste Aussicht hat man vom nahegelegenen **Festungshügel**, deren Mauern auf einen Außenposten Alexanders des Großen zurückgehen.
Südlich der Wüstensiedlung Do'ngalak befinden sich inmitten der Dünen der Qizilqum Wüste und nahe dem Ufer des leicht salzigen Aydarko'l Sees die touristischen **Jurtencamps Aydar** und **Safari,** welche von kasachischen Familien betrieben werden. Die Camps bietet einfache Unterkunft in Jurten, gute Verpflegung, Kamelausritte, Folkloristische Musik am Lagerfeuer und Baden im nahem Aydark'ol See. Beide Camps sind nahe einer Asphaltstraße, das Camp Safari jedoch schöner gelegen. Buchung über lokale Reiseagenturen.
Jurtencamp Aydar: +41°5'3.08",+65°57'44.57"
Jurtencamp Safari: +41°3'43", +65°57'21"
Erreichbarkeit: Nurota ist mit Marschrutkas vom Karmana Busbahnhof nahe Navoiy zu erreichen. Von Nurota zum Jurtencamp 68Km per Taxi.

Karawanserei Rabat i-Malik

Hier machten Karawanen der Seidenstraße auf ihrem beschwerlichen Weg durch die Wüste Halt. Der Grundriß des ausgedehnten Gebäudes (12. Jh.) maß früher 84 x 86m. Anhand der ausgegrabenen Fundamenten ist dies auch heute noch erkennbar. Südlich der Straße sehen Sie einen Sardoba, ein überkuppelter unterirdischer Wasserbehälter, von dem aus die Karawanserei mit Wasser versorgt wurde. Als Unterkunft bietet sich das 500 Meter entfernte Zerafshon Grand Hotel als moderne Karawanserei an.
Erreichbarkeit: Direkt an der M 37 Navoiy - Buxoro.

Deggaron Moschee

Ein weiteres Kleinod an der Seidenstraße zwischen Buxoro und Samarqand ist die **Deggaron Moschee** aus dem 11.Jh. Sie wird Karachanidischen Bauherren zugeschrieben. Unmittelbar daneben sind die Mauern des damaligen Festungsdorfes zu erkennen.
In Ihrer Form ist sie einzigartig, denn sie erinnert im Innern eher an eine romanische Kirche. Vier gewaltige Säulen tragen neun Kuppel, die in verschiedenen Techniken gemauert wurden. Der Name Deggaron bezieht sich auf Kochkessel die hier hergestellt wurden.
Erreichbarkeit: 5Km westl. der Karawanserei Rabat i-Malik von der M37 nach Norden abbiegen Richtung Hazor. Vor dem Dorf Toshrabot der Hauptstraße nach Westen folgen. Die Kuppeln der Moschee sind bald nördl. der Straße zu sehen. Lage: +40°9'18", +65°0'39"

Die Regionen Qashqadaryo und Surxondaryo (Süd-Usbekistan)

Landschaftlich und kulturhistorisch sind diese beiden Regionen geprägt durch Abwechselungsreichtum und Unverfälschtheit. Aber sie fordern auch auf, sich einzulassen mit dem Usbekistan jenseits der dichten Touristeninfrastruktur. Zwei Regionen für echte Entdecker.

Shahrisabz UNESCO

Kein anderer Name ist so eng mit Shahrisabz (früher: Kesh) verbunden wie der von Amir Temur. Weil dieser im Weiler Xo'ja Ilgar nördl. von Jakkabog' zur Welt kam, würdigte er seinen Geburtsort, bzw. die nächstliegende Kleinstadt Shahrisabz mit den grandiosesten Bauwerken seiner Zeit, die teilweise sogar die in Samarqand und Buxoro an Kühnheit und Ausmaßen übertrafen.
Leider wurden 2014 weite Teile der bis dahin weitgehend ursprünglichen Altstadt von Shahrisabz abgerissen. Lediglich die historischen Gebäude wurden stehen gelassen. Ähnlich wie in Samarqand mußte nun auch hier "störende" Wohnbebauung einer sterilen Touristenzone weichen.

Eine Stadttour durch Shahrisabz

Wir beginnen die Tour im Norden am rekonstruierten Teil der **Stadtmauer**, die an einigen anderen Stellen noch als Lehmwall zu erkennen ist. Unmittelbar südlich davon befinden sich die Überreste des **Oq-Saroy Palastes**, Temurs Sommerresidenz von immenser Größe.
Vom einstigen Palast, stehen heute nur noch die Überreste des nach Norden zeigenden Eingangsportals. Bereits nach 6 jähriger Bauzeit wurde dieser Prachtbau im Jahr 1386 fertiggestellt, doch die Feinarbeiten am Palast dauerten weitere 18 Jahre. Hier hielt sich Timur am liebsten auf. Den einzigen Europäer, den er in diesem Palast empfing, war der spanische Reisende Ruj Gonzales de Clavijo. Er berichtete von einem ausgedehnten Innenhof, ausgelegt mit weißem Marmor in dem sich ein Wasserbecken befand. 45 Meter ragte das mit einer großen, goldenen Sonne geschmückte Eingangsportal in den Himmel. Etwa dort, wo heute die Statue Amir Temurs steht, endete der Palast mit einer großen, überkuppelte Empfangshalle, deren Wände vollständig mit bunten Kacheln verkleidet, und die Kuppel im Innern ganz aus Gold gewesen sein soll.
Um die Zerstörung des Palastes durch den Khan Abdulah II aus Buxoro ranken sich bis heute unzählige Legenden. Doch höchstwahrscheinlich war es die Eifersucht des Khans, die schließlich zur Zerstörung der ganze Stadt führte.
Wir durchqueren den weiträumigen Park um zum **Amir Temur Museum** (Halkaro Amir Temur Jumgarmasining Shahrisabz Shahar Bolimi) zu gelangen. Geöffnet: 9:00 - 17 Uhr.
Nun geht es weiter nach Süden, vorbei an der **Og'olik Moschee** und dem alten **Badehaus** (Hammom) gleich daneben.
Gegenüber sehen Sie die ehemalige **Karawanserei Koba** aus dem 15.Jh..
Wenige Meter weiter südlich steht auf der selben Seite ein Kuppelbau, der **Chorsu** (Deutsch: 4 Wege). Hier trafen sich früher die 4 Hauptstraßen, welche die Stadt durchschnitten.
Vom Chorsu etwa 650m weiter südlich treffen wir auf zwei weitere bedeutende Architekturensembles der Stadt. Am auffälligsten ist die 2015 renovierte blaue Kuppel der **Qo'q G'umbaz Moschee** aus dem Jahr 1435. Bereits 1997 wurde diese von Ulug'bek errichtete Freitagsmoschee systematisch rekonstruiert, denn bis dahin war sie wie auch alle umliegenden

Usbekistan - Stadtplan Shahrisabz

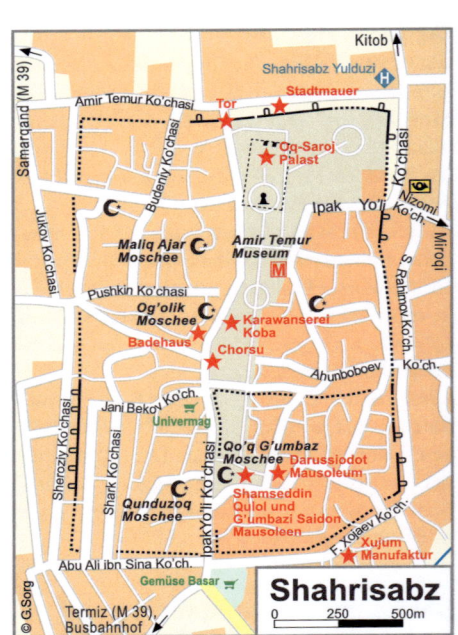

Die Felsgravuren Oq Tosh bei Kushchinor.

Blick vom Taxtaqoracha Paß (1788m) auf Shahrisabz, im Hintergrund das Hisor Gebirge.

Gebäude völlig eingestürzt. Wie damals, arbeiteten auch diesmal wieder Handwerker aus der Region Xorazm an den filigranen Mosaiken außen und den Malereien im Innern, wie den persischen Motiven (Palmwedel).
Direkt gegenüber sehen Sie ein **Mausoleum** mit kleiner Kuppel, das **Scheich Shamseddin Qulol** 1373 geweiht wurde. Der rechts daneben befindliche Kuppelbau, das **Mausoleum G'umbazi Saidon**, wurde ebenfalls von Ulug'bek errichtet und 2 Jahre nach der Moschee vollendet. Die dunklen Stellen im Mosaik auf der nördlichen Seite der Kuppel sind alles, was an alter Bausubstanz bis zur Restauration übrig blieb. Im Innern befinden sich vier Grabsteine, deren ältester auf das Jahr 1454 datiert wurde. Unmittelbar dahinter liegt der kleine **Friedhof der Saiden**, ferne Verwandte des Propheten Mohammed.
Auf der anderen Seite des Komplexes im Osten blicken wir auf den einst gigantischen **Mausoleumsbau Darussiodot**. Erbaut von Timur und ursprünglich als seine Grabesstätte vorgesehen, wurde der Herrscher später dann doch in Samarqand beerdigt.
Von der damaligen Anlage steht heute nur noch ein verschwindend kleiner Teil, an den rekonstruierten Fundamenten kann man die damaligen Ausmaße erahnen. Die angebaute Moschee stammt aus jüngerer Zeit. Durchaus mysteriös ist die **Gruft**, die über eine schmale Treppe unter die Erde zu einem großen Grabstein führt, hier ruht Jehangir, ein Sohn Timurs, doch ganz sicher ist man sich da nicht.

Verkehrsverbindungen
Shahrisabz ist von Samarqand aus im Sommer über den landschaftlich sehr schönen Taxtaqoracha Paß mit PKW/Taxi oder Marschrutkas verbunden. Omnibusse umfahren den Paß weiträumig über Chiqorchi.
Vom Basar südlich der Altstadt fahren Busse, Marschrutkas und Sammeltaxis nach Qarshi und zu den umliegenden Dörfer.

Hotels und Restaurants in Shahrisabz
Günstig
Hotel Shahrisabz Yulduzi
Ipak Yo'li Ko'ch. 2, Tel. 37552 - 521 05 54
Schicker Hotelneubau nördl. dem Zentrum
Restaurants

Verschiedene **Choyxona's** entlang der Ipak Yo'li Ko'chasi und auf dem Basargelände

Kushchinor
Diese sehr gut erhaltenen **Felsgravuren** (Oq Tosh rasmlari gruhi) aus der Steinzeit sind umgeben von einer herrliche Landschaft mit Blick auf die nahen Hisor Berge.
Erreichbarkeit: Von Shahrisabz aus auf der M39 vorbei an Kitob. Am Abzweig nach Varganza dem schmalen Asphaltsträßchen nach Osten folgen bis zu einem Abzweig (+39°11'1.4", +66°58'51,1") eines ebenfalls schmalen Asphaltsträßchens bergauf nach Norden zum Dorf Kushchinor. Im Dorf geht es vorbei an einem Stromtransformator entlang des Bachbettes. In der Dorfmitte biegen wir nach links in einen unbefestigten Hohlweg ein, dem wir 1,9km bis zu einer markanten Stelle folgen. Hier durchbricht der Feldweg einen Hangrücken oberhalb eines kleinen Bäumchens (+39°13'7", +66°57'25"). Nach dem passieren dieser Stelle verlassen wir den Weg und sehen am darüberliegenden Hang die Gravuren von Steinböcken, Jägern und seltsamen Zeichen.
Nur mit dem Taxi ab Shahrisabz oder Kitob, bis Kushchinor. Von dort zu Fuß oder mit einem Geländewagen.

Langar
Im engen Tal des Langar Soj erhebt sich seit dem 17. Jh. auf zwei Hügeln das religiöse Zentrum der Sufi Gemeinde Ishkija. Religiöser Gründer des Ordens war Muhammad Sadik, genannt **Langar Ota**. Hier in seinem **Mausoleum** wurde viele Jahre ein Umhang des Propheten als Reliquie aufbewahrt, bis ihn Afghanen nach Kandahar brachten. Auch die Landschaft ist faszinierend und die Anreise definitv wert. *Erreichbarkeit:* Von Shahrisabz aus nach ca. 36Km auf der M39 Richtung Termiz zweigt bei Kattaarab eine Asphaltstraße ab und führt vorbei am Langar Stausee 15Km nach Langar. Nur Taxis. +38°40'53.2", +66°45'27.5"

Qarshi
Qarshi, früher Nasaf genannt, entwickelte sich insbesondere nach dem Niedergang von Shahrisabz als Karawanenstation entlang der Route Buxoro-Balch (Afghanistan).
Die erhaltenen Bestandteile der alten Stadt-

strukturen in Qarshi stehen heute etwas verloren in großen Parkflächen. Mit einer blauen Kuppel und Kachelschmuck verziert ist die **Qo'q-G'umbaz Moschee** erbaut durch Mir Biki Bahadur um 1590. Von den zahlreichen Koranschulen der Stadt ist beispielsweise die **Abdulaziz Xo'ja Medrese**, in der heute das **Regionalmuseum** eingerichtet ist oder die **Bekmir Kasar Medrese** (19.Jh.) erhalten, in deren Nähe es auch einen **unterirdischen Wasserspeicher** (Sardoba) gibt. Wenige Meter daneben die kleine **Qilichboy Medrese**. Neben einem **Badehaus** (Hammom, 16.Jh.) gegenüber dem Dehqon Savdo Basar gibt es auch noch die 122m lange **Ziegelbrücke** (Eski Qo'prik) über den Qashqadaryo Fluß aus der gleichen Zeit.

Qo'q-G'umbaz Moschee (+38°51'49.8", +65°47'31.7")
Abdulaziz Xo'ja Medrese (+38°52'13", +65°48'25.4")
Bekmir Kasar Medrese (+38°52'3.7", +65°48'13.2")
Ziegelbrücke (+38°53'12.1", +65°48'35.8")

Verkehrsverbindungen
Uzbekistan Airways fliegt täglich Toshkent an. Der Flughafen ist ca. 7Km im Südenwesten der Stadt.
Täglich aus Sa, So pendelt der **Schnellzug** "Nasaf" in 6h zwischen Tashkent und Qarshi via Samarqand. Der Bahnhof ist unweit des Flughafens im Südwesten der Stadt.
Busse fahren vom Avto Shox Bekati an der Kreuzung der Fernstraßen nach Buxoro, Samarqand und Termiz im Norden der Stadt mehrmals täglich in alle Richtungen.

Hotels und Restaurants in Qarshi
Mittel
Hotel Afshona
B. Sherqulov Ko'ch. 5, Tel. 375-771 00 91, 771 00 95, modern eingerichtet, Aircon, sauber
Hotel Nasaf Travel (Ex-Hotel Tong)
O'zbekiston Ko'ch. 245, Tel. 375-225 06 65, 221 68 52, etwas in die Jahre gekommen
Restaurants
Restaurant Hafizaxon
O'zbekiston Ko'ch., Ecke A. Yassaviy Ko'ch.
Kafe Gulinur
O'zbekiston Ko'ch. nahe Milliy Bank

Boysun
Diese unscheinbare Kleinstadt im Hisor Gebirge und insbesondere die Dörfer der Umgebung sind besonders reich an traditionellem Handwerk und daher zum UNESCO Weltkulturerbe ernannt. Die nachfolgend genannten Dörfer sind ideal für die Suche nach einem authentischen Souvenir:
Sariosiyo: Teppiche, Felle, Schnitzereien, Musikinstrumente, Truhen, Schmuck, Messer
Yukori Machay: Stickereien, Teppiche, Felle, Schnitzereien, Lederarbeiten, Musikinstrumente, Messer
Sayrob: Stickereien, Schmuck, Teppiche, Felle, Lederarbeiten, Musikinstrumente, Jurtenherstellung
Erreichbarkeit: Mit Marschrutka von Qarshi nach Boysun (175km) und vor dort mit Marschrutka in die jeweiligen Dörfer.

Omonxona
In einer malerischen Schlucht etwa 19Km von Boysun entfernt liegt eine von den Einheimischen hoch geachtete **Quelle**, umgeben von Felsnischen, in denen die typischen Tapchan Holzgestelle zum Verweilen einladen. Ganz in der Nähe gibt es auch den alten Schrein **Mazar Hoja Sulton Vali**, einem Hellseher.
Erreichbarkeit: Von Boysun nach Osten bis Inkabod, dann auf einer schmalen Straße bis zum Sanatorium. Nur mit Taxis.

Termiz
Dank seinem strategisch günstigen Übergang über den Fluß Amudaryo wird im 3.Jh v.Chr. durch die Makedonen unter Alexander dem Großen hier eine Garnison gegründet. Siedlungskern ist die Zitadelle.
Etwa 300 Jahre später befiehlt der Kuschanen König Kanischka den Ausbau der Garnison. Es entsteht eine befestigte Stadt (Chingiz Tepa 1) die religiös stark buddhistisch geprägt ist, weshalb zahlreiche Klöster und Kultstätten erbaut werden (Qora Tepa, Fayoz Tepa, etc.). Von hier aus ziehen Mönche nach China und Tibet um den Buddhismus weiterzutragen.
Die Stadt dehnt sich immer weiter nach Osten aus und umfasst bald 500 Hektar. Die Zitadelle bleibt der Mittelpunkt, eine innere Stadt (Shahriston) und Vorstädte (Rabat) werden aus ungebrannten Ziegeln errichtet. Unter den Samaniden entstehen ab dem 9.Jh. die heute noch erhaltenen Bauwerke wie das Landschloß Kyrk-Kiz, das Mausoleum Hokim al-Termezi

und der Sultan Saodat Komplex. Durch Handwerk und Handel wächst die Stadt nun auch nach Norden bis sie 1220 von der Invasion Dschingis Khans zerstört wird. Unter den Gaznawiden wird Termiz dank der Lage an der Seidenstraße wieder aufgebaut und gilt lange als Referenzpunkt auf dieser Handelsstraße. Durch wiederholte Kriege und Plünderungen geht die Stadt jedoch nieder. Übrig bleiben zwei Dörfer, Salavat und Pattakesar. Aus letzterem entsteht 1897 schließlich die russische Militärgarnison Tuprakkurgon. Die Festung wurde zum Kristallisationspunkt des modernen Termiz. Als Garnisonsstadt spielte sie sowohl beim sowjetischen wie auch beim deutschen Afghanistan Einsatz eine unterstützende Rolle.

Sehenswertes in und um Termiz

Das **Archäologische Museum** (Arxeologiya Muzeyi) in der Al Hakim At Termeziy Shoh Ko'chasi gibt einen guten Überblick der Ausgrabungsstätten dieser Region. Ein Besuch lohnt sich wirklich. Geöffnet: tägl. 9-18 Uhr. Gegenüber können Sie den weitläufigen **Do'stlik Park** mit seinem Parksee und dem Alpomish Denkmal besuchen.

Die gut erhaltenen Mauern der **russischen Festung Tuprakkurgon** zeugen wie auch die **russische Kirche** (20.Jh.) von der kolonialen Vergangenheit der Stadt.

Für die Besichtigung des alten Termiz ist ein Taxi von Vorteil, da die Entfernungen groß sind. Nach Verlassen der Stadt auf der M39 sieht man östl. der Straße in den Feldern den 16m hohen **Zurmala Stupa** (1.Jh.), ein buddhistisches Heiligtum aus ungebrannten Ziegeln. Etwas weiter auf der M39 biegen wir ab durch den Torbogen zum **Mausoleum Hoqim At Termezi**. Die Zufahrtsstraße zum Mausoleum führt zunächst durch die ehemalige **Vorstadt** (Rabat) von der neben Stadtmauerresten auch Ausgrabungen einer Karawanserei und einer Moschee zu erahnen sind. Wir passieren das rekonstruierte Stadttor der **inneren Stadt** (Shahriston). Schließlich erreichen wir das Mausoleum. Es ist dem Patron der Stadt gewidmet, der sich im 9.Jh. durch das Sammeln von Aussagen und Regeln des Propheten Mohammed, die Hadith, einen Namen machte. At Termezi ist auch als At Tirmidhi bekannt. Einheimische pilgern hier zum Schrein und picknicken im Park. Ein **Museum** erläutert die Geschichte von Termiz und das Leben von At Termezi. Der unmittelbar hinter dem Mausoleum verlaufenden Grenzzaun macht den Zugang zur **Zitadelle** im Süden direkt am Fluß leider unmöglich.

Zurück auf der M 39 biegt eine weitere Zufahrtsstraße (Kreuzung: +37°17'21", +67°11'51") zum teilweise rekonstruierten **buddhistische Kloster Fayoz Tepa** ab. Das Kloster gliedert sich in drei Teile mit Mönchszellen um einen Innenhof und einem Stupa auf einer Plattform. Der Zugang zum Kloster **Qora Tepa** und den Ausgrabungen von **Chingiz Tepa** ist nur nach Absprache mit den Soldaten des Camps nördl. des Mausoleums möglich.

Unbedingt sehenswert ist die alte **Samaniden Festung Kyrk Kiz** (9.Jh.) nahe dem Dorf Kyzylshark. Ganz in der Nähe befinden sich auch die Pilgerherberge **Kokyldor Ota Xonaqosi** (16.Jh.) im afghanischen Baustil und die **Nekropole Sultan Saodat** (10.-18.Jh.). Hier ruhen die Herrscher von Alt-Termiz, die Sayiden.

Im etwa 37 km nördlich von Termiz Richtung Denov gelegenen Ort Jarqo'rg'on finden Sie das **Jarqo'rg'on Minarett** (Minora) aus dem Jahre 1109. Es ist nur wenige Jahre jünge als das Kalon Minarett von Buxoro, war jedoch bedeutend höher. Archäologen vermuten 50m. Heute sind es noch 22m. Lage: +37°28'35", +67°23'46"

Verkehrsverbindungen

Es gibt tägliche **Flugverbindungen** nach Toshkent. Der Flugplatz befindet sich nordöstl. der Stadt und mit Marschrutkas vom Basar aus erreichbar.

Die **Züge** nach Termiz sind sehr langsam. Von Tashkent nach Termiz 22h. Daher sind überregionale **Busse** oder **Marschrutkas** zumindest ab Qarshi besser. Diese fahren mehrmals täglich nach Qarshi, Buxoro oder Toshkent via Samarqand. Zudem fahren Busse 8x täglich über Jarqo'rg'on bis Denov.

Hotels und Restaurants in Termiz
Mittel
Hotel Meridian
G. Xusanov Ko'ch. 23, Tel. 376 - 227 48 51, Pool, große Zimmer, linker Flügel ist ruhiger

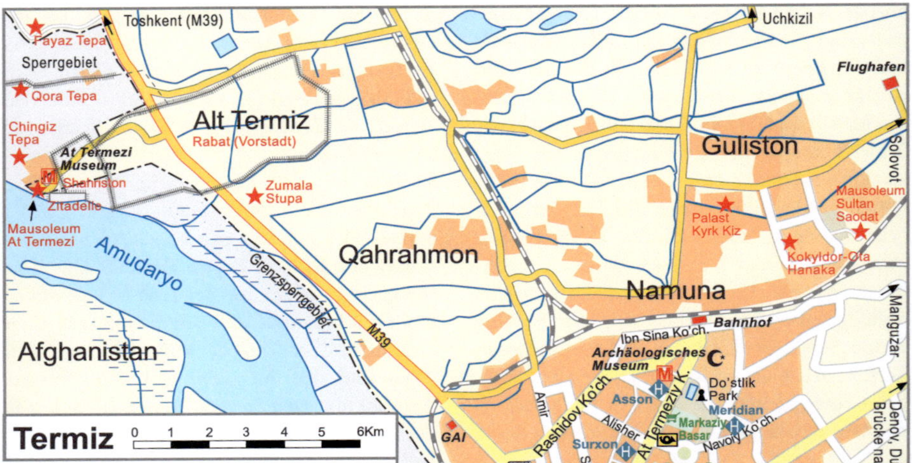

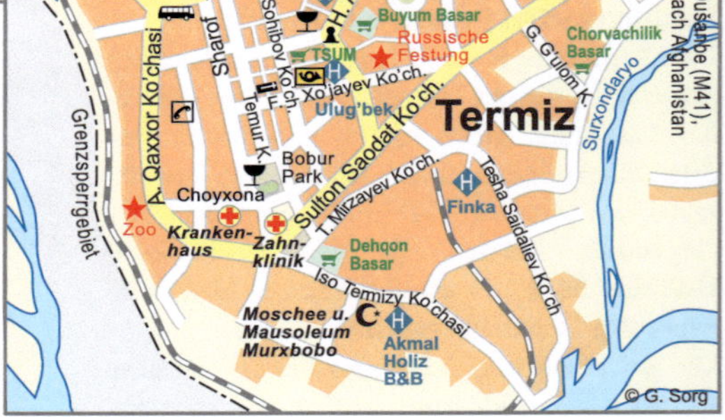

Usbekistan - Stadtplan Termiz

Das Mausoleum Hoqim al Termezi ist eine vielbesuchte Pilgerstätte.

Das Jarqo'rg'on Minarett aus dem 12. Jh.

Die Region Surxondaryo wird auch häufig von Nomaden mit ihren Jurten durchzogen.

Hotel Ulug'bek
Farhod Xo'jayev Ko'ch. 13a, Tel. 376- 223 30 99, einfache Zimmer, Aircon, Frühstück inkl.
Hotel Asson
H. At-Termeziy Ko'ch. 27, Tel. 376-227 32 66, Restaurant, günstige Lage, kleine Zimmer
Günstig
Hotel Surxon
H. At-Termeziy Ko'ch. 23, Tel.: 376 - 222 75 99, 7 Stockwerke, renoviertes ex-Sowjethotel
Hotel Finca
T. Saidaliev Ko'ch. 12, 1. Tupik, sehr günstige Zimmer, sauber, Aircon, etwas abgelegen
Restaurants
Restaurant Orom
H. At-Termeziy Ko'chasi neben Hotel Surxon, russische Küche
Restaurant Analaq
A. Navoiy Ko'ch. nahe Do'stlik Park, usb. Küche, beliebt bei den Einheimischen
Choyxona Shodlik
im Bobur Park, guter usbekischer Palov, Tee

Die Region Buxoro

Am Ende des langen Weges, den der Zerafshon Fluß von den Hochgebirgsgletschern bis hierher zurücklegt, bewässert er die Felder der Bucharischen Oase. In ihr gediehen und vergingen Kulturen. Die Ruinen von Varaxsha zeugen von einem hohen künstlerischen Niveau, aber auch davon, dass das Wasser seine eigenen Wege geht.

Buxoro (Buchara) 🏛 UNESCO

„Buxoro ist die Hauptstadt in Maverannahr. Die Menschen hier sind der Meinung, dass es eine gesegnete und respektierte Stadt sei... Die Menschen von Buxoro sind nobel, virtuos, fröhlich, spontan, aufrichtig, und einfach... sie weisen Gewalt zurück...Es gibt viele Gelehrte und Wissenschaftler in der Stadt, weswegen Buxoro die Quelle des Wissens und der Weisheit genannt wird." *Mahmud ibn Vali, 17.Jh.*

Geschichte

Wie Samarqand ist Buxoro mit etwa 2500 Jahren eine der ältesten Städte Zentralasiens, jedoch mit einem noch recht intakten und auch belebten historischen Stadtkern.

Die von Archäologen zu Tage geförderten Werkzeuge, Münzen und Schmuck aus einer 22 m tiefen Schicht unter dem heutigen Ark, können bis auf das 4. und 3. Jh. v.Chr. zurück datiert werden.

Als Alexander der Große 329 v.Chr. hier durchzog, war Buxoro wenig mehr als eine Oasensiedlung. Erst die Semikiden, die Nachfolger Alexanders bauten hier die erste Stadt.

Legenden berichten von einem gewissen Siyovush ibn Kejkvus, der blind vor Liebe zu der Tochter des damaligen Herrschers von Afrosiyob (Samarqand) mit selbiger und dem Vermögen des Vaters ausriss und ihr hier eine Burg baute. Des Verrats am Vater beschuldigt, wurde er schließlich hingerichtet und nahe dem damaligen Osttor begraben.

In den folgenden Jahrhunderten sah die durch den zunehmenden Handel wohlhabend werdende Stadt viele Herrscher, Völker und Religionen kommen und gehen.

Die Religion, die blieb war der Islam. Etwa um das Jahr 700 brachten die Araber die Stadt unter ihre Kontrolle, doch es dauerte nochmals 200 Jahre, bis die Menschen freiwillig in die Moschee gingen, denn anfangs wurden sie für das Beten gen Mekka sogar bezahlt.

Als unter Ismail Somoniy (849-907) Buxoro zur Residenzhauptstadt des Samanidenreiches erhoben wurde, erlebte die Stadt eine enorme wirtschaftliche und kulturelle Blüte. Berühmte Wissenschaftler und Philosophen unterrichteten in über 250 Medresen ihre Schüler und die damalige Einwohnerzahl soll sogar die heutige übertroffen haben.

Mit dem Einfall türkischer Dynastien endete jedoch die Glanzzeit und weder die gewaltige äußere Umgebungsmauer noch die innere Stadtmauer mit ihren 7 Toren konnte die Heerscharen Dschingis Khans abhalten, die Stadt nahezu vollständig einzuebnen.

Im Schatten des aufstrebenden Samarqands dahinsiechend wurden die noch lebenden Bewohner von schrecklichen Epidemien und Seuchen heimgesucht, denn die Wasserversorgung war ebenfalls zerstört und in den zahllosen Hovuz genannten Wasserbecken tummelte sich das Ungeziefer.

Erst Abdullah Khan der Zweite, ein Abkömmling von Dschingis Khans Enkel Mohammed Scheibani, der weite Teile Zentralasiens unterwarf, machte Buxoro im 16./17. Jh. wieder zu dem, was es einst war - eine prosperierende Handelsmetropole und Keimzelle des islamischen Glaubens.

Unzählige Kuppeln und Minarette ragten nun wieder in den blauen Himmel über der Stadt, von denen einige bis heute erhalten geblieben sind.

Mit dem Rückgang des Seidenstraßenhandels verlor Buxoro aber zunehmend an wirtschaftlicher Bedeutung. Weder die aus Persien stammenden Astrachaniden noch die Emire der Mangiten-Dynastie konnte diese Entwicklung aufhalten und bekämpften sich statt dessen mit den umliegenden Herrschern in Xiva (Chiwa) und Qo'qon (Kokand).

Durch die zaristische Eroberungswelle kam das Khanat Buxoro unter russische ‚Schutzherrschaft', bei der sich allerdings an der gegebenen Herrschaft des Khans nichts nennenswertes änderte.

Doch als der despotische Emir Alim Khan wiederholt russische, aber auch britische Delegationen ohne das geringste politische Fingerspitzengefühl enthaupten ließ, erteilten die nun an die Macht gelangten Bolschewisten General Michael Frunze den Befehl am 2. September 1920 die Stadt zu stürmten und den Palast zu besetzten. Alim Khan unterdessen floh nach Süden und lebte bis zu seinem Tod im afghanischen Exil.

1924 verlor Buxoro endgültig seine Selbstständigkeit als es in die Usbekische Sowjetrepublik eingegliedert wurde. Während der Sowjetherrschaft versuchten die Moskauer Machthaber systematisch den alten Stadtkern zu entvölkern, um ihn zu einer „Museumsinsel" des alten feudalistischen Herrschaftssystems umzuwandeln. Die engen Ladenstraßen und Basare verschwanden, die meisten Hovuz-Wasserbecken wurden trockengelegt und der Friedhof um das Samaniden Mausoleum wich einem sowjetischen Vergnügungspark.

Die Unabhängigkeit der Republik Usbekistan ermöglichte umfassende Restaurierungen der alten Bausubstanz. Es entstand eine sehr gute touristische Infrastuktur für jedes Budget.

Eine Stadttour durch Buxoro

Wir beginnen unseren Stadtrundgang auf dem als **Registon** bezeichneten Platz vor der Festung Ark.

Bis zur Ausrufung der Sowjetunion blühte hier ein reges Handelstreiben, das 1863 vom Engländer Vambery mit folgenden Worten geschildert wurde: „Der Registon ist zwar größer und geräuschvoller als der Labi Hovuz, aber bei weitem nicht so anmutig. Auch hier ist ein mit Teebuden umgebener Teich von dessen Ufer man zu der auf der anderen Seite hochgelegenen Burg (Ark) hinübersehen kann". In der Tat war dies damals der Mittelpunkt der Stadt, denn hier führten Gaukler und Wunderheiler ihre Künste vor, hier wurden Sklaven gehandelt, Tee getrunken und oft genug Hinrichtungen durchgeführt.

Wir schreiten nun die Rampe zum Eingangstor des **Ark** hinauf. (Geöffnet: tägl. 9-18 Uhr) Rechts und links der Rampe kauerten noch zum Anfang des letzten Jahrhunderts die Gefangenen in den engen Zellen. In einer der Zellen leuchtet an einem bestimmten Tag im Jahr ein kleines Lämpchen, ein Andenken an den hier begrabenen, legendären Siyovush, dem nachgesagt wird, dass er die erste hier entstandene Burg erbauen ließ.

Oben angekommen, fällt zunächst die offene **Moscheehalle** (1712) mit ihren filigranen Holzsäulen auf. Folgt man der Gasse nach rechts, gelangt man links zuerst zu den **Räumen der Minister** (Qushbegi Hovlisi) und dann in den **Thronhof** (Marosimxona). Unter einem Baldachin saß der Emir auf seinem Thron und empfing Gäste. Die Mauer am Eingang sollte den Emir nicht etwa vor schießwütigen Attentätern schützen, sondern ein Sichtschutz darstellen. Alle Untergebenen durften dem Herrscher nicht ins Angesicht sehen und ihm auch nie den Rücken zukehren, also kroch der Besucher nach Beendigung der Visite rückwärts bis zum ‚Anschlag' und verlies dann den Hof. Im ehemaligen Palast des Emirs ist heute ein sehenswertes **Museum** untergebracht.

Der Ark ist ein in Jahrtausenden gewachsener Hügel der nahezu die gesamte Geschichte der

Stadt Buxoro in sich birgt. Die heute noch sichtbaren Umgebungsmauern aus Lehm sind allerdings weniger als 300 Jahre alt, die vordere Ziegelverblendung stammt aus dem letzten Jahrhundert. All jene Gebäude, die man heute noch besichtigen kann, überstanden die von den Bolschewiken unter General Frunze 1920 ausgeführten Angriffe. Daher ist heute nur noch ein kleiner Teil der damaligen Anlage zu sehen.

Gegenüber dem Eingangstor des Ark pflegte der Emir bei besonderen Anlässen in der besonders reich ausgestatteten **Bolohovuz Moschee** (1718) zu beten. Zusammen mit dem von uralten Platanen umgebenen Wasserbecken und dem kleinen Minarett (1912) bildet die Moschee ein harmonisches Ensemble. Der gleich daneben angelegte kleine Park lädt mit seiner Choyxona zum gemütlichen Verweilen ein.

Etwa 130m von der nordöstlichen Ecke des Ark thront erhaben auf einem stark befestigten Plateau der **Zindon**, das damalige Gefängnis. In den Verliesen kauerten die Unglücklichen je nach schwere der Tat und harrten ihrer öffentlichen Hinrichtung auf dem Registon Platz. Puppen und Bilder der in Ketten gelegten Deliquenten veranschaulichen die damaligen Zustände (Geöffnet: tägl. 9-16:30 Uhr).

Folgt man nun der Nurobod Ko'chasi nach Osten trifft man bald auf das Juwel der Stadt, die Moschee Poji Kalon, das Kalon Minarett und die gegenüber liegende Mir Arab Medrese. Den Mittelpunkt Buxoros bildet schon seit jeher das **Kalon Minarett**, (Kalon Minorai). Mit seinen 45,6 m Höhe war es lange Zeit das höchste Minarett Zentralasiens und darauf war sein Erbauer, Arslan Khan sichtlich stolz. Selbst Dschingis Khan war so beeindruckt von den Dimensionen des Turmes, dass er ihn verschonte. Seine Konstruktion basierte auf langjährigen Erfahrungen und zwei eingestürzten Vorgängern an der selben Stelle. Also machte Aslan Khan im Jahr 1127 Nägel mit Köpfen und ließ das an der Basis 9m messende Minarett auf ein gut 10m tiefes, auf Holzbalken ruhendes Fundament erbauen. Erdbebensicher bis zum heutigen Tag, überlebte es 1920 selbst massiven russischen Kanonenbeschuss. Bemerkenswert ist die Verzierung durch verschieden gemusterte Bänder, von denen zwei in glasierten Kacheln ausgeführt wurden. Das obere Keramikband trägt die Inschrift: „Erbaut 1127-Arslan Khan/Bako". Letzterer war der Architekt dieses stolzen Bauwerks. Neben seiner ursprünglichen Funktion als Ausrufungsort des Muezzins zum Gebet, diente der Turm lange Zeit auch als Leuchtturm für Karawanen und sogar als Hinrichtungsstätte für Verbrecher, die dann vor versammelter Menge zu Tode gestürzt wurden. Mit etwas Glück finden Sie jemand der Ihnen aufschließt und Sie auf das Minarett steigen läßt.

Die etwa 400 Jahre jüngere **Kalon Moschee** (Masjidi Poji Kalon) ist eine typische Jami Moschee und mit den Maßen 132x81m kleiner als die Bibixonim Moschee in Samarqand. Durch die kleineren Iwan-Portale und die fehlenden Seitenkuppeln wirkt sie auch nicht so wuchtig und monumental wie ihre große Schwester in Samarqand. Da die vorhergehende Moschee aus dem 12. Jh. baufällig war, ließ Ubajdulla Khan 1514 den Eingangsiwan wieder aufbauen. 1541 schloß Abd al Aziz Khan mit der Mosaikverzierung des von einer herrlich blauen Kuppel gekrönten Mirhab den Wiederaufbau ab.

Der auf dem Hof befindliche Pavillon diente dem Vorbeter als Unterstand. Noch heute treffen sich hier jeden Freitag Gläubige zum Gebet.

Dem Kalon Ensemble gegenüber befindet sich die **Mir Arab Medrese** (Mir Arab Madrasasi). Diese Medrese ist eine der ältesten, heute noch arbeitenden islamischen Bildungsinstitute Zentralasiens die 1536 errichtet wurde. Die bis 1920, und seit Stalins Wiedereröffnung 1945 ununterbrochen tätige Koranschule unterrichtet Schüler in der Lehre des Koran und darüber hinaus.

In einem zwischen 5 und 7 Jahre dauernden Zyklus studieren bis zu 180 junge Männer, wobei nur ein kleiner Teil auch in der Medrese wohnt.

Der Bau der Mir Arab wird Scheich Abdullah Jamani zugeschrieben, einem ursprünglich aus dem Jemen stammenden Derwisch, der zusammen mit Scheich Xo'ja Ax Rohr Vale das religiöse Erbe des Naqshbandi-Orden Gründers Bahouddin Naqshband antrat. Dass bei der Finanzierung des Bauwerkes unorthodoxe Wege

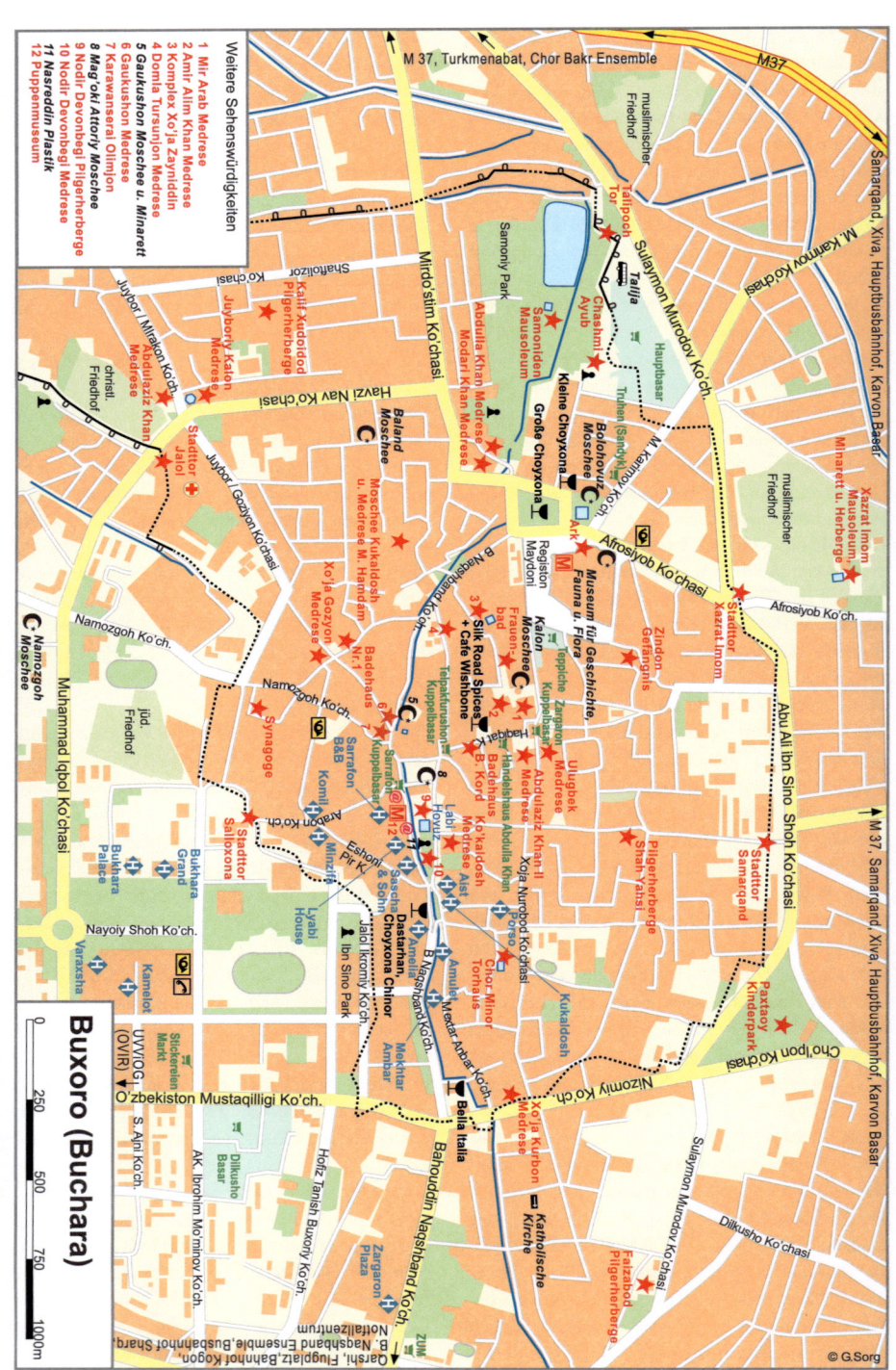

Auf dem Land ist der Esel das Taxi für Jung und Alt.

Das Chor Minor mit einem kleinen Hovuz Wasserbecken davor.

Die Kuppelbasare in Buxoro sind die Knotenpunkte der Altstadtgassen.

Das Samaniden Mausoleum.

Bilderbuch Orient: Das Stadtpanorama von Buxoro

beschritten wurden, zeigt dies: Der damalige Herrscher Ubajdullah Khan verkaufte kurzerhand 3000 Gefangene Perser an Sklavenhändler, denn diese waren zwar auch Muslime, aber eben keine Sunniten sondern Schiiten und damit ungläubig. Die Medrese ist nicht zugänglich.

Das dritte Gebäude am Platz ist die recht neue **Amir Alim Khan Medrese** (Amir Alimxon Madrasasi), erbaut zu Beginn des 20.Jh. in Form von drei verschiedenen Teilen, einer Kuppelmoschee, einem Vorhof mit Iwan und einem zweistöckigen Gebäude im Atriumstil mit einem Innenhof, in dem die Schüler untergebracht waren. Seit 1924 ist hier eine öffentliche Bücherei mit umfangreichen Beständen auch alter Schriften, eingerichtet.

Wir kehren zurück auf die Nurobod Ko'chasi und erreichen nach wenigen Metern den ersten der für Buxoro so typischen Kuppelbazare.

Die unerträgliche Hitze von Schmiedefeuern, das Rauschen der Blasebalge und das Hämmern der Schmiede kennzeichneten den **Zargaron Kuppelbazar** (Toqi Zargaron) der Schmiede und Juweliere.

Wenige Meter östlich des Zargaron Kuppelbazar stehen sich zwei Medresen in der klassischen Kosh-Anordnung gegenüber. Der nördliche Bau wirkt sehr harmonisch, besticht durch schöne Details und wurde nach Ulug'bek benannt. Es ist mit die älteste noch erhaltene Medrese Mittelasiens und somit Prototyp für die Nachfolgenden gewesen.

Mirzo Ulug'bek ließ sie 1417 von Ismoil ibn Tohir ibn Mahmud Isfahonij unter dem damals geradezu revolutionären Wahlspruch, „Die Suche nach dem Wissen ist die Pflicht eines jeden Muslim und jeder Muslima!" erbauen.

Dank umfangreicher Restaurierungsarbeiten erstrahlt die **Ulug'bek Medrese** (Ulug'bek Madrasasi) heute wieder in dem Glanz, in dem sie einst erbaut wurde. Auch die großen Holztüren, die wie die alten den oben genannten Wahlspruch tragen, wurden erneuert.

In der rechten Halle ist ein kleines Antiquariat untergebracht, in der linken können Teppiche gekauft werden.

Die gegenüberliegende **Abdullaziz Khan II Medrese** (Abdullazizxon II Madrasasi) ähnelt der Ulug'bek nicht im Geringsten. Kein Wunder, denn es liegen immerhin 234 Jahre und eine rapide Entwicklung der Baukunst zwischen der Errichtung dieser beiden Gebäude. Nachfolgend wurden keine so großen Medresen mehr in Buxoro gebaut. Im Innern des Iwan, aber auch im hinteren Pishtak sind kunstvolle Stalaktiten-Gewölbe mit feiner Bemalung zu sehen, meist sind es Blumenmotive, aber auch Vögel - Papageien nicht unähnlich. Die rechte Halle beherbergt ein **Museum für Holzschnitzkunst** (Haqqoshlik Muzeji). Gegenüber ist ebenfalls eine kleine Teppich- und Antiquitäten Galerie.

Wir setzen unseren Rundgang vom Zargaron Kuppelbazar nach Süden fort und erreichen bald den links befindlichen Tim Abdullahxon. Die ganze Straße zwischen den Zargaron und Telpakfurushon Kuppelbazaren war bis ins 20. Jahrhundert gesäumt von Basarhallen, kleinen Buden und einer indischen Karawanserei. Einzig das **Handelshaus Abdullah Khan** (Tim Abdullaxon) überlebte die Sowjetzeit. Seine ursprünglichen Funktion als Handelshaus für Seidenstoffe hat er nicht mehr, doch können hier auch heute wieder feine, kunsthandwerkliche Produkte in angenehmer Kühle erstanden werden.

Wenige Meter weiter verheißt ein Schild über einer unscheinbaren Tür **Hammomi Bozori Kord** (16.Jh.). Was das bedeutet, können Sie erleben, wenn Sie sich am besten frühmorgens in dieses Badehaus begeben. Es wird Ihnen ein unvergessliches Erlebnis sein, in den düsteren, feuchtwarmen Kuppeln aus dem 16. Jh. wie die Buxoris Ihren Körper zu pflegen und sich mal von einem Einheimischen so richtig durchmassieren zu lassen. Hier sind jedoch nur Männer zugelassen. Das Frauenbad befindet sich an einer anderen Stelle (siehe Buxoro von A bis Z).

Fünf Gassen trafen sich einst hier im **Telpakfurushon Kuppelbazar** (Toqi Telpakfurushon). Hier boten die traditionsreichen und angesehenen Verkäufer den Kunden Doppe's und Telpak's an. Die Doppe ist auch heute noch ein weit verbreiteter Kopfschmuck der Usbeken und Tadschiken. Die schlichten schwarzen Kappen der Männer mit den aufgestickten Ornamenten wie auch die kunstvoll mit bunten Glasperlen und Goldfäden bestickten Hütchen der jung verheirateten Frauen werden heute ganz alltäglich noch immer getragen. Telpak's sind Schafpelzmützen wie sie auch in Turkmenistan getragen werden.

Folgen wir der Mexta Anbar Ko'chasi nach Osten so erreichen wir bald die rechter Hand liegende **Mag'oki Attoriy Moschee** (Mag'oki Attory Masjidi). Mondtempel (Moch) wurde er genannt, der erste Kultbau der hier einst stand. Vor seinen Toren boten Magier Heilkräuter, Glücksbringer und sonstige heidnische Utensilien feil. Mit dem Einmarsch der Araber wurde dem ein jähes Ende gesetzt, in dem kurzerhand eine Moschee an dem selben Platz erbaut wurde. 937 brannte es in Buxoro, und den Flammen fiel auch die Moschee zum Opfer, doch wurde im 12. Jh. wieder eine Moschee errichtet, von der heute noch das nach Süden zeigende Portal mit kunstvollen Ornamenten zeugt.

Auch die mit blauer Glasur überzogene Ornamentschrift im Kielbogen verdeutlicht den hohen Stand der damaligen Baukunst. Erst 1934 wurde dieses Portal von Archäologen freigelegt und bis 1940 restauriert.

Nur wenige Meter auf der Mexta Anbar Ko'chasi nach Osten treffen wir auf das gemütliche **Labi Hovuz Ensemble**. Die alten knorrigen Bäume, die sich im Wasser des Beckens (Hovuz) spiegeln, ergeben zusammen mit den bunten Fassaden der umgebenden Gebäude eine märchenhaft orientalische Atmosphäre. Machen Sie es den Einheimischen gleich, und lassen Sie dies gemütlich Tee trinkend auf dem Tapchan auf sich einwirken. In den Choyxonas am Wasserbecken gibt es auch leckere, landestypische Speisen.

An der Westseite des Labi Hovuz befindet sich die **Nodir Devonbegi Pilgerherberge** (Nodir Devonbegi Xonaqosi). Anders als die Medresen, dienten diese Gebäude der Unterbringung von wandernden Pilgern. Seit dem das Gebäude 1620 errichtet wurde, spiegeln sich die Ornamente des filigran wirkenden Iwan im Wasser des Labi Hovuz.

Der nahezu quadratische Bau wird von einer mächtigen Kuppel überragt, die allerdings wegen der flachen Form von außen kaum zu sehen ist.

Auffällig ist die Ornamentik der Verkleidung des Iwan. Zahllose Blumenmuster, unterteilt von Bändern, ranken sich über das Portal. Um die 11x11m messende Halle im Innern des Gebäudes gruppieren sich die Zellen der damaligen Reisenden.

Der Pilgerherberge gegenüber liegt die **Nodir Devonbegi Medrese** (Nodir Devonbegi Madrasasi) aus dem Jahr 1622.

Die Fantasie-Vögel (Semurg) mit einer weißen Jeiran Gazelle in den Klauen als Mosaik auf dem Eingangsivan haben eine bisher nicht geklärte Symbolik.

Heute beherbergt das Gebäude verschiedene Souvenirshops und eine Tanzfläche für Folkloreveranstaltungen in seinem Innenhof.

Die im Park vor der Medrese stehende Plastik zeigt **Xo'ja Nasreddin**, ein Held vieler Legenden in denen er meist einen Witzbold mit Köpfchen verkörpert.

Das dritte Monument am Labi Hovuz gelegen ist die **Ko'kaldosh Medrese** (Ko'kaldosh Madrasasi). Mit ihren gewaltigen Ausmaßen ist diese bereits 1568 errichtete Medrese die größte der Stadt.

Zu ihrer Glanzzeit beherbergte sie 140 Schüler, die hier noch lange die Suren des Koran rezitierten. Der bis heute im benachbarten Tadschikistan sehr populäre Dichter Sadriddin Ajni lebte und lehrte hier zum Ende des 19. Jahrhunderts. Seine Gedichte und Epen in tadschikischer Sprache stellen einen heute nicht mehr wegzudenkenden Bestandteil der tadschikischen Literatur dar. Bemerkenswert sind die Innenseiten der Kuppeln im Portalbau (Mionsaroy) der Medrese.

Filigran verzierte Mosaiksterne leuchten hier aus dem unglaublich verschachtelten Ziegelbaldachin hervor.

Der absolut lohnenswerte Abstecher zum **Chor Minor Torhaus** (Chor Minor Darvosa Xona Lardan) führt uns durch ein ursprünglich strukturiertes Stadtviertel Buxoros. Vom Labi Hovuz sind es nur wenige Meter bis zu einem kleinen Platz mit der Feuerwache. Vorbei an dieser gehen wir gerade aus in eine schmale Gasse (Mehta Anbar Ko'ch.). Nach wenigen hundert Metern biegen wir bei den Häusern mit der Nummer 8 und 151 nach Links ab in die Umar Xo'ja Ko'chasi. Nach weiteren 50 m sehen Sie dann schon die vier Minarette des Chor Minor. Heute ist das Torhaus der ehemaligen Medrese

Kalif Nijoskul zu einem Wahrzeichen Buxoros geworden. Im ersten Stock des Gebäudes befindet sich eine kleine Kuppelhalle, von der aus man über Wendeltreppen in die Minaretttürmchen aufsteigt.

Noch vor wenigen Jahren waren alle vier Kuppeln von Storchennestern gekrönt, die von den damals noch zahlreichen Störchen regelmäßig bezogen wurden.

Beide vorderen Türme stürzten in den vergangenen Jahren vollständig in sich zusammen. Mit orientalischer Geduld wurde jedoch alles wieder aufgebaut, um das Wahrzeichen in der ursprünglichen Form erstrahlen zu lassen. Sie sehen die Jahreszahlen des Wiederaufbaus ganz oben auf den blauen Dachkuppeln.

Wieder zurück am Labi Hovuz nehmen wir die südlich des Wasserbeckens verlaufende Bahouddin Naqshband Ko'chasi nach Westen. Nahe der Sarrafon Ko'ch. führt ein großes Holztor in die ehemalige **Karawanserei Sayfiddin**, in dem jetzt ein Handwerks-Workshop eingerichtet ist. Hier können Sie den Künstlern und Handwerkern beim Anfertigen traditioneller Schmuck- und Gebrauchsgegenstände über die Schultern sehen. Auch eine Weinprobe ist hier möglich. Wenige Meter weiter treffen wir auf den **Sarrafon Kuppelbazar** (Toqi Sarrafon). Im Schatten dieses Kuppelbazars blühte der Wucher. Dubiose Geldwechsler vermittelten Währungstransfers, und so mancher naive Geschäftsmann verlor hier wohl mehr oder weniger viele Rubel ohne es jemals erfahren zu haben. Passen Sie auf dass es Ihnen nicht auch so geht. Die mit herrlich blauen Kacheln besetzte Ampel auf dem Dach gibt dem Gebäude als Kreuzungspunkt zweier Straßen eine besondere Note.

Wir folgen der B. Naqshband Ko'chasi weiter nach Westen, bis wir auf die **Xo'ja Kalon Moschee** (Masjidi Xo'ja Kalon) treffen. Zusammen mit der gegenüberliegenden **Gaukushon Medrese** (Gaukushon Madrasasi) und deren **Minarett** bildet sie eine Atmosphäre der Ruhe und Abgeschlossenheit. Den Namen Gaukushon (der den Bullen tötet) bekam die Medrese von einem Schlachthaus, das hier einmal stand. 1598 ließ Scheich Juibar mit Xo'ja Kalon gegenüber eine schlichte Juma Moschee im für das 16.Jh. typischen Baustil errichten.

Nun folgen wir der B. Naqshband Ko'chasi weiter nach Nordwesten, vorbei an der **Rashid Medrese** (Rashid Madrasasi) bis wir wieder auf den Ark treffen.

Das renovierte **Kosh Ensemble** zweier sich seit Jahrhunderten stumm gegenüberliegender Medresen ist nur wenige 100 m südwestlich des Ark zu finden. Auf der einen Seite die **Modari Khan Medrese** (Modarixon Madrasasi), auf der anderen die nach **Abdullah Khan** (Abdullaxon Madrasasi) benannte Koranschule. Der Kommunismus beraubte sie ihrer Funktion und so verfielen die beiden Kleinode damals weitgehend. Heute wieder renoviert, beeindruckt insbesondere die Abdullah Khan Medrese durch ihre gewagte, lichtdurchflutete Kuppelkonstruktion.

Wir folgen dem Weg zwischen den Medresen nach Norden und biegen bei einem Kanal nach Westen in den **Samoniy Park** (Samoniylar Istirohat Bog'i).

Schon bald wird der vielleicht größte Schatz Buxoros hinter den Blumen und Bäumen des Parkes sichtbar, das **Samoniden Mausoleum** (Samoniylar Maqbarasi).

Es ist schwer dieses Mausoleum mit bloßen Worten zu beschreiben, kein anderes Gebäude Zentralasiens wirkt so beeindruckend wie dieser an für sich schlichte Backsteinbau aus gebrannten, quadratischen Lehmziegeln. Das älteste erhaltene Bauwerk aus der Samaniden-Zeit fasziniert durch seine Solidität und Leichtigkeit zugleich, es repräsentiert den hohen künstlerischen Stand der damaligen Epoche, in der mythologische Elemente mit der frühen islamischen Baukunst verschmolzen. Niemals zuvor wurde einem weltlichen Oberhaupt eine solche Totenstätte gebaut und die damals recht neue Technik des Mauerns mit gebrannten Ziegeln in solch bemerkenswerter Vielfalt angewandt. Gewidmet ist das Grabmal der Familiendynastie der Samaniden, insbesondere aber Abu Ibrohim Ismail ibn Ahmad Samoniy (849-907), dem vierten Herrscher der Samoniden. Einst umgaben zahllose Gräber das an einem Wasserbecken befindliche Mausoleum, bis die Sowjets gerade hier einen Vergnügungspark nach Sowjetstandard anlegten.

Nahe des Hauptbasares und nur unweit des Samaniden Mausoleums befindet sich der **Grabbau Chashmi Ayub** (Chashmi Ayub Maqbarasi). Der Sage nach soll hier der biblische Prophet Hiob (Ayub) mit einem Stab gegen den Fels geklopft haben, um aus ihm eine Quelle hervortreten zu lassen. Tatsächlich gibt es hier einen Brunnen, dahinter das Grab von Abdullah ibn Muxamad Al Musnadiy, dem Lehrer von Al Buxoriy. Im Innern von Chashmi Ayub ist heute ein Museum untergebracht in dem die Geschichte der Wasserversorgung Buxoros dokumentiert wird. Gegenüber befindet sich die **Al Buxoriy Gedenkstätte** (Al Buxoriy Xotira Majmuasi).

Der Besuch des **Hauptbasars** (Buxoro Markaziy Bozori) ist wegen des immensen Angebotes an wirklich schönen und preiswerten Souvenirs zu empfehlen. Insbesondere das Angebot an **Goldstickerei** (Kashtalik) ist hier das größte im ganzen Land.

Bereits in Sichtweite ist nun ein Teil der äußeren **Stadtmauer** und das **Talipoch Tor** (Qal'a Devorlari va Talipoch Darvozasi). Wie eingangs bereits erwähnt, zeichnet sich das Stadtbild Buxoros durch seine ursprüngliche, homogene Baustruktur aus, die nur wenig durch moderne Bauten unterbrochen wird.

Schutzmauern umschlossen die Stadt bereits im 8. Jh. unter der arabischen Herrschaft. Die Stadt wuchs jedoch schnell und deren Befestigung wurde im 12.Jh. unter Arslan Khan erweitert. Dabei umschloß die äußere Mauer aus Lehmziegeln die Vorstädte und die Innenstadt (Shaxriston). Diese wurde durchbrochen von 11 schweren hölzernen Toren, durch welche die Karawanen aus allen Himmelsrichtungen in die Stadt zogen. Nachts wurden diese geschlossen, so dass alle zu spät Gekommenen draußen vor der Stadt nächtigen mussten. In den letzten Jahren sind vier der alten Stadttore und ein Teil der Stadtmauer wieder aufgebaut worden.

Verkehrsverbindungen

Uzbekistan Airways bietet täglich bis zu zwei **Flüge** nach Toshkent. Der Flughafen liegt vom Labi Hovuz aus 4,5Km östlich.

Der klimatisierte **Schnellzug** „Sharq" fährt täglich in 6,5h nach Toshkent via Samarqand. Zudem gibt es tägl. einen 4-Bett **Schlafwagen** nach Toshkent (12h). Der Bahnhof von Buxoro wird nicht angefahren, da er an einer still gelegten Stichstrecke liegt. Dafür halten die Züge am Bahnhof von Kogon, 12Km südöstl. von Buxoro.

Vom Hauptbusbahnhof (Buxoro Shox Bekati) an der G'ijduvon Ko'chasi nördl. der Innenstadt fahren mehrmals täglich **Busse** nach Karmana (2,5h), Samarqand (6,5h) und Toshkent (10h). Vom östlichen Busbahnhof (Sharq Bekati) an der B. Naqshband Ko'chasi gibt es Verbindungen in Richtung Qarshi (4h) und Termiz (8h).

Vom **Karvon Basar** etwas weiter nördl. des Hauptbusbahnhofes fährt täglich ein Bus nach Urganch (mind. 7h).

Für Verbindungen Richtung turkmenische Grenze (Olot) schauen Sie nach einem Sammeltaxi nahe dem **Hauptbasar** (Markaziy Bozori).

Verkehrsmittel in Buxoro

Vom Marschrutka Platz nahe dem Labi Hovuz fahren **Marschrutkas** Nr. 8 zum Karvon Basar und Nr. 168 zum Bahnhof in Kogon in kurzen Abständen. Marschrutkas Nr. 100 fahren zum Flughafen.Vom Hauptbasar gibt es zahlreiche Marschrukaverbindungen in die Außenbezirke der Stadt, zum Busbahnhof und zum Karvon Basar (Nr. 100, 68, 60). Taxis finden Sie ebenfalls nahe dem Labi Hovuz.

Buxoro von A bis Z

Apotheken

Fasl Farm Med
B. Naqshband Ko'ch. 3, Tel. 365 -223 09 95
Oxymed Dorixona
Alpomish Ko'ch. 5 "G", Tel. 97-383 02 72
Dori-Darmon
Kayum Murtazoev Ko'ch. 1, Tel. 365-223 74

Badehäuser

Männerbad (Hammomi Bozori Kord)
neben Telpakfurushon Kuppelbasar, tägl. 5-17 Uhr, Gemeinschaftsräume
Männerbad (Hammomi Sarrafon)
neben Sarrafon Kuppelbasar, tägl. 6-22 Uhr, Gemeinschaftsräume (z. Zt. wegen Renovierung geschlossen)
Frauen- und Männerbad (Hammomi No. 1), Jubor Ko'chasi gegenüber Xo'ja Gazian Medrese, Do-Di 7-22 Uhr, Einzel-/Gemeinschaftsräume, nach Geschlechtern getrennt versteht sich
Frauenbad (Hammomi Kunjak),
Ibadov Ko'chasi südwestl. der Kalon Moschee. Mi-Mo 6:30-19 Uhr, Gemeinschaftsräume

Bücher, Bildbände
Souvenirshops
Bildbände von Buxoro, Postkarten, Briefmarken (im Kiosk nahe Sarrafon Kuppelbasar)

Einkaufen
Lebensmittel und Sanitärartikel bekommt man auf dem **Hauptbasar** (Buxoro Markaziy Bozori) nahe dem Talipoch Tor und in vielen kleinen Geschäften z.b. nahe Labi Hovuz. Größter Basar Buxoros ist der **Karvon Basar** an der nördl. Peripherie der Stadt.

Geldwechsel
Usbekische Nationalbank NBU
Muh. Iqbol Ko'chasi 3 (akzeptiert Traveller's cheques), Geöffnet: Mo-Fr 9-16 Uhr.
Wechselbüro nahe Toqi Sarrafon Kuppelbazar, Geöffnet: Mo-Sa 8:30-17 Uhr.

Hotels und Unterkünfte (Auswahl)
Luxeriös
Hotel Sasha & Sohn
Eshoni Pir Ko'ch. 3, Tel. 224 49 66, viel Stuck, wenig Fenster, etwas kirschig, aber beliebt
Mittel
Hotel Kukaldosh
Mehta Ambar Ko'ch. 115, Tel. 224 53 99, beeindruckende Mischung aus moderner Architektur und historischen Formen, Top
Hotel Amulet
B. Naqshband Ko'ch. 73, Tel. 223 39 31, sehr schöne Medrese mit kleinen Zimmern
Hotel Mekhtar Ambar
B. Naqshband Ko'ch. 91, Tel. 750 77 99, etwas rustikalere Medrese, preisgünstiger als Amulet
Hotel Amelia
Bozor Xo'ja Ko'ch. 1, Tel. 224 12 63, sehr beliebt, liebevoll gestaltete Themenzimmer
Hotel Minzifa
Eshoni Pir Ko'ch. 63, Tel. 224 56 28, kleine aber gemütliche Zimmer mit schöner Deko
Hotel Lyabi House
Husainov Ko'ch. 7, Tel. 224 24 84, großzügige Zimmer, etwas moderner, nahe Labi Hovuz
Hotel Komil
Barakyon Ko'ch. 40, Tel. 223 87 80, schönste Gipskunst in den Zimmer, von Außen schlicht
Günstig
Sarrafon B&B
Sarrafon Ko'ch. 4, Tel. 223 64 63, einfach aber akzeptabel, etwas Deko, günstige Lage

Malikjon B&B
Sarrafon Ko'ch. 9, Tel. 224 5050, typ. Altstadthaus mit schlichten Zimmern, günstige Lage

Internet, E-Mail
Internetcafes
B. Naqshband Ko'ch. nahe Labi Hovuz und neben Sarrafon Kuppelbasar

Krankenhäuser
Notfallzentrum (Tibbiy Tez Yordam Markazi), B. Naqshband K. 159, Tel. 225 20 22

Museen
Museum für Geschichte, Fauna u. Flora (Buxoro Ark Muzeyi), im Palast des Ark, tägl. 9-18 Uhr
Fayzullo Xo'jaev Museum (Muzeyi Fayzullo Xo'jaev), A.To'qoy Ko'chasi, Ecke Namazgoh Ko'ch., Mo-Sa 9-17 Uhr, historisches Haus eines reichen Aristokraten des 19.Jh.
Museum für Holzschnitzkunst (Haqqoshlik Muzeji), in der Abdulaziz Khan II Medrese, geöffnet Do-Di 9-17 Uhr
Ausstellung Wasserversorgung von Buxoro (Chashmi Ayub Muzeyi), im Chashmi Ayub Mausoleum, Do-Di 9-16:30 Uhr.
Gefängnis Museum (Zindon Muzeyi), im Zindon, Do-Di 9-16:30 Uhr.

Post
Hauptpost (Pochta Bosh Bulimi)
I. Muminov Ko'ch. 8, Tel. 223 78 04

Registrierung
Touristenvisum: Überprüfen Sie, ob Sie entweder einen Zettel oder einen Stempel mit der entsprechenden Registrierung des gesamten Aufenthaltes in Ihrem Hotel erhalten haben. Registrierung muss innerhalb von 3 Tagen ausschließlich über Hotels erfolgen.
Einladungsvisum: Bei der UVViOG Murtazoev Ko'ch. 10/3, Tel. 223 88 68 mit dem Einladenden gemeinsam dort erscheinen.
Geschäftsvisum: Die einladende Firma oder Organisation übernimmt die Registrierung beim UVViOG.

Reiseveranstalter (in Buxoro)
East Line Tour
Minzifatravel
Salom Travel
Komil Travel
Sarrafon Travel

Restaurants
Restaurant Labi Hovuz
am Labi Hovuz, überwiegend gute Speisen, sitzen auf Tapchan oder Holzbänken
Café Wishbone
Xaqiqat Ko'ch. 1A, hier gibt es Käsekuchen und Filterkaffee von Gertrud aus Deutschland
Silk Road Spices Teahouse
Halim Ibodov Ko'ch. 5, versch. Gewürztees, Palov auf Bestellung, Gewürzhandel
Kleine Choyxona
Ashrafi Ko'ch. nahe Bolohovuz hat den besten Shashlik der Stadt, sehr zu empfehlen (nicht zu verwechseln mit der großen Choyxona gegenüber)

Gute Verpflegung, auch über das Frühstück hinaus, bieten die Bed&Breakfast Adressen.

Vorwahl von Buxoro
(3)65 für 7 stellige Nummern
(3)652 für 6 stellige Nummern

Übersetzer
Vermitteln die lokalen Reiseveranstalter

Unterhaltung
In der Nodir Devonbegi Medrese am Labi Hovuz findet täglich um 19 Uhr eine einstündige kombinierte **Folklore- und Modenschau** statt. Gezeigt werden landestypische Tänze sowie klassische und moderne Kostüme aus bunten Seidenstoffen. Nur mit vorheriger Reservierung (optional mit Abendessen) direkt in der Medrese oder über lokale Reiseagenturen.

Sehenswertes in der Region Buxoro
Bahovuddin Naqshband Ensemble
Dieses beliebte Pilgerzentrum ist wirklich ein Besuch wert. Ganze Busladungen mit Menschen drängen sich auf dem Gelände. Einige Frauen kriechen unter einem umgefallenen Baum hindurch, der Fruchtbarkeit versprechen soll. Pilger berühren bestimmte Stellen der Gebäude und streichen sich anschließend über das Gesicht oder trinken Wasser aus einem heiligen Brunnen. Kinder springen fröhlich durch die Menschenmengen um das große Wasserbecken. Gewidmet ist der gewaltige Kuppelbau (1544) dem Begründer des berühmten Naqshband Ordens, einer sehr gemäßigten Sufi-Bruderschaft, die in der Bevölkerung ein hohes Ansehen genießt (Di geschlossen).

Erreichbarkeit: Sie finden die Pilgerstädte, in dem Sie der B. Naqshband Ko'chasi nach Osten bis zum äußersten Straßenring (Gazli Shossesi) folgen. Nach weiteren 500 m zweigt die Abdulla Nabijev Ko'chasi nach Norden ab (+39°46'1", +64°27'43"). Dieser folgen Sie 10 km bis zum Dorf Kasri Orifon (+39°48'0", +64°32'12"). Die Erreichbarkeit mit Marschrutkas ist nicht direkt möglich und kompliziert. Ein Taxi ist hier die eindeutig beste Lösung.

Chor Bakr Ensemble
Einen Sonnenuntergang hier erleben! Die Totenstadt ist umgeben von einer morbiden Stille in der sich ein Mausoleum an das andere reiht. Beherrscht wird die Nekropole von dem U-förmig angelegten Komplex bestehend aus einer Pilgerherberge links, einer offenen Moschee in der Mitte und rechts einer weiteren Moschee mit einer einzigartigen Kuppelkonstruktion. Gegenüber befindet sich das Familiengrab der Jujbor Dynastie, allesamt einflußreiche Scheichs unter der Herrschaft Abdullah Khans.

Erreichbarkeit: Verlassen Sie die Stadt auf der Mirdo'stim Ko'ch. in westl. Richtung. 4Km nach dem GAI Posten passieren Sie das Dorf Chor Bakr. Im Ort (+39°45'59", +64°20'10") biegen Sie in eine Asphaltstraße nach Norden ab. Folgen Sie dieser Straße 1Km bis zur Nekropole. Alles was in Richtung Olot fährt, kommt durch Chor Bakr. Mit dem Taxi sind es 7Km vom Ark aus.

Varaxsha
Dass die Oase um Buxoro vor etwa 1300 Jahren viel größer war als heute, beweist die Stadt Varaxsha, deren Blütezeit im 7./8. Jh.n.Chr. lag. Die Stadt galt als Grenzposten am Rande der Oase und hatte als Karawanenstation auf dem Weg nach Xorazm eine wichtige Funktion. Die Ausgrabungen zeigen die Ruinen des Palastes des damaligen Königs Chunak (689-708 n.Chr.) und Toghshada (709-732 n.Chr.).

Erreichbarkeit: Um zu den Ausgrabungen zu gelangen, verlässt man Buxoro in Richtung Gazli, biegt bei Xasanabod nach Südwesten von der A 380 ab, passiert das Dorf Chilangu und fährt bis Romish (+39°50'27", +64°12'44"). Von hier führt eine Straße in Nordwestl. Richtung in die Wüste bis zu eine T-Kreuzung nach einem Kanal. Dort links nach Südwesten abbiegen, nach 2,5Km ab dieser Kreuzung ist man am Ziel (+39°51'49", +64°4'23"). Insgesamt ca. 40Km ab dem Karvon Basar in Buxoro.

Vobkent

Das 39m hohe **Minarett** (Vobkent Minorasi) in der Ortsmitte von Vobkent wurde erbaut von Burhan ad Din Ajud al Aziz II in den Jahren 1196 bis 98. Es ist wohl das schönste und am besten erhaltene Minarett aus der vormongolischen Zeit in Zentralasien. Die Leute hier sagen, es sei wegen der schlanken, ausgewogenen Form die weibliche Version des Kalon Minaretts in Buxoro. *Erreichbarkeit:* ca. 900m westlich des kleinen Vobkent Busbhf./Basars an der M37 Buxoro-Samarqand.

G'ijduvon

In seiner Heimatstadt wird Abd-al Halik G'ijduvoni wie ein Heiliger verehrt. Er übernahm als zweiter Naib (Nachfolger) die Führung der Naqshbandi Bruderschaft von Ahmad Jassaui. Als er 1220 verstarb, errichtete man ihm hier das **G'ijduvoni Mausoleum**. Gleich daneben erstrahlt die **Ulug'bek Medrese** (1433) mit einem kleinen **Minarett** davor. Wer hier übernachten will: Hotel Shodliq, nahe Uhrturm im Zentrum. Daneben gibt es eine Choyxona *Erreichbarkeit:* Vom G'ijduvon Busbhf. und dem Basar gegenüber sind es ca. 1,3Km bis zum Park mit den Sehenswürdigkeiten in der Stadtmitte (+40°6'11", +64°40'39"). G'ijduvon liegt an der M37 Buxoro-Samarqand.

Gazellen Reservat und Aufzuchtstation

Südlich von Kogon befindet sich an der Straße nach Qarshi ein Gehege und eine Aufzuchtstation für Jeiran Gazellen (Jeiranlar O'sishtirish). Im Gehege sind aber auch Cheetah Gazellen und Prshevalsk Pferde zu sehen. Besuchstouren sind trotz „Quarantäne" erlaubt, doch erwartet die Parkleitung eine kleine Entschädigung. Abgesehen davon ist dies ein wirklich tolles Naturerlebnis, wie man es nur bei einer Safari hat. Der Eingang befindet sich von Buxoro aus kommend am südlichen Ende des umzäunten Parkgebietes, ca. 40km von Buxoro entfernt. *Erreichbarkeit:* Jeder Bus nach Qarshi bringt Sie zum Eingang (+39°34'25", +64°43'07") bei Qorvulbozor. Das Areal ist sehr weitläufig.

Es empfiehlt sich, mit einem Fahrzeug (Taxi) zu kommen, um die Gazellen im Gehege zu finden.

Die Regionen Xorazm und Qoraqalpog'iston (Nord-Usbekistan)

Das historische Choresmien setzt sich heute aus der usbekischen Provinz Xorazm, der teilautonomen Republik Qoraqalpog'iston und dem nördlichen Teil der turkmenischen Provinz Daşoguz zusammen. Die uralte Kulturlandschaft am Flußdelta des antiken Oxus (Amudaryo) hat sich in den vergangenen Jahrzenten rasant verändert. Heute ist das Leben hier geprägt von Wasserknappheit, Versalzung und Staubstürmen.

Urganch

Nicht verwechseln sollte man Urganch mit der historischen Stadt Urgench, heute Köneürgenç in Turkmenistan. Nachdem der Amudaryo seinen Lauf veränderte, war eine Stadtneugründung unumgänglich. Als Handelszentrum des Khanates Xiva fungierte die neue Stadt Urganch etwa ab 1760. Das heutige Stadtbild ist sowjetisch geprägt, es gibt quasi keine historischen Gebäude mehr. Durchzogen wird die Stadt vom Shovot Kanal, in den Kinder gerne von Brücken aus reinspringen.

Verkehrsverbindungen

Uzbekistan Airways bietet täglich mind. einen **Flug** nach Toshkent an. Der Flughafen ist im Norden der Stadt. Von dort per Trolleybus, Marschrutka No.3 oder Taxi bis ins Zentrum (4Km).
Zwei **Züge** wöchentlich halten auf der Route Nukus-Toshkent (21 Stunden) in Urganch. Der Bahnhof ist im Süden der Stadt.
Der Fernbusbahnhof (Avto Shoh Bekati) ist 200m vom Bahnhof entfernt. **Busse** fahren mehrmals täglich nach Toshkent (19h), Buxoro (7h) und Nukus (2h).
zwischen Urganch und Xiva
Vor dem Urgancher Busbahnhof fahren tagsüber Marschrutkas bis zur Innenstadt (Ichan Qala) von Xiva. Alternativ findet man auch viele Marschrutkas am Zentralbasar im Zentrum von Urganch. Die Trolleybusse nach

Xiva sind kaum eine Alternative, da sie sehr langsam sind.

Urganch von A bis Z
Apotheken
Dori-Darmon
Pahlavon Mahmud Ko'ch. 5, Tel. 224 16 83

Einkaufen
Zentralbasar (Markaziy Dehqon Bozori) Jizzax Ko'ch.
Buchladen (Xorazm Kitob) O'zbekiston Ko'ch., Ecke Xudayberganov K.

Geldwechsel
Auf dem **Basar** oder **Xalq Bank**, Xudayberganov Ko'ch, Ecke P. Mahmud Ko'ch., **Milliy Bank**, P. Mahmud Ko'ch 150, Ecke Al Xorazmiy Ko'ch., Tel. 362-226 31 44

Hotels und Unterkünfte
Luxeriös
Hotel Khorezm Palace
Al Beruniy Ko'ch. 2, Tel. 224 99 99; Zentral gelegen aber überteuert, Wifi+Service langsam
Mittel
Hotel Fayz
Al Xorazmiy Ko'ch. 66, Tel. 226 29 99, derzeit das beste Hotel der Stadt, mit Friseur
Hotel Navro'z
Sherozy Ko'ch. 13, Tel. 228 49 11, sehr schlichte Zimmer, überteuert, aber verhandelbar
Günstig
Hotel Urganch
Al Xorazmiy Koch. 35, Tel. 226 20 24, renoviertes Sowjethotel, kleine einfachen Zimmer

Internet, E-Mail, Telefon
Xorazm Telekom Bosh Filiali ATS 4
Al Beruniy Ko'chasi 1

Krankenhaus
Kreiskrankenhaus (Xorazm Viloyati Shifoxonasi), Y. Bobojanov Ko'ch. Tel. 226 21 10

Post
Hauptpost (Pochta Bosh Bulimi) Pahlavon Mahmud Ko'ch. 23, 9-18 Uhr

Restaurants
Choyxonas nahe Basar oder Hotel Restaurants

Vorwahl
362

Xiva (Chiwa) 🏛 UNESCO
Wie ein Phönix aus der Asche erhob sich diese Stadt unzählige Male zu immer neuer Pracht, und heute können wir Xiva in seiner Schönheit bewundern, wie es nie zuvor bestand. Keine andere zentralasiatische Stadt konnte ihre alte Bausubstanz so gut in unsere Zeit retten wie Xiva. Das örtliche Kunsthandwerk zählt in allen Disziplinen zu den feinsten Zentralasiens, und noch heute kommen viele Restauratoren der Mausoleen und Moscheen des Landes aus Xiva. Daher sollte ein Besuch Xivas nie auf ihrer Reiseroute durch Usbekistan fehlen. Rechnen Sie für die Besichtigung der Stadt gut einen Tag, besser zwei Tage, denn bereits im Frühling sind die Temperaturen so hoch, dass man sich nur noch im Schatten aufhalten möchte.

Geschichte
Nach einer alten Legende wurde Xiva im Altertum von Sem, Sohn des biblischen/koranischen Propheten Noah begründet. Die Erbauer der Stadt gruben einen Brunnen und als sie auf besonders wohlschmeckendes Wasser stießen, riefen sie in ihrem damaligen Dialekt aus: „Chej-Voh!", was soviel wie „Welch eine Wohltat!" bedeutet. Daher der Name „Xiva".
In der Zeit des Herrschers Darius (521-425 v. Chr.) war Choresmien eine wohlhabende Provinz mit über 30 blühenden Metropolen im Bereich des Amudaryodeltas.
In den Überlieferungen Herodots (5.Jh. v. Chr.) wurden die Städte Choresmiens erwähnt, vom Heer Alexander des Großen aber nicht erobert.
Als 712 n. Chr. die Araber ganz Zentralasien überrannten und deren Städte zerstörten, fiel auch Xiva zunächst wieder zurück in Anarchie und Destruktion. Doch nur etwa 100 Jahre später entwickelte eine ganze Generation von Wissenschaftlern Grundlagen in der Mathematik, aber auch in der Astronomie und Geographie, wie beispielsweise Abu Raihan al-Beruni oder Abu Abdullah Muhammad ibn Muso Al Chorazmij. Er entwickelte die Gesetze der Algebra und die Algorithmen, die bis heute ihre Gültigkeit haben.
Ganz gleich ob Al Biruni oder Al Chorazmij, um nur die bekanntesten zu nennen, alle stammen aus Choresmien und viele aus Xiva.
Der arabische Geschichtsschreiber Al Maqdisi

beschreibt im 12.Jh. Xiva als große Handelsstadt am Rande der Wüste mit einer Freitagsmoschee, war jedoch selber nie dort.
Während die todbringenden Horden Dschingis Khans die damalige Hauptstadt Urganch (heute Köneürgench) 1221 gänzlich ausradierten, wurde Xiva als einzige Stadt Choresmiens zumindest teilweise verschont.
Nach der erneuten und endgültigen Zerstörung von Urganch durch Amir Temur 1388 wurde Xiva Hauptstadt und Sitz des Khans, doch schreckliche Seuchen und plündernde Armeen stießen die Stadt immer wieder weit zurück.
Unter Muhammad Amin Inoq wurde Choresmien wieder neu vereint und Xiva blühte durch Handel mit Sklaven und Handwerkskunst auf. Schon bald wuchs die Stadt über die alte Innenstadt hinaus, weshalb 1842 eine äußere Stadtmauer mit 10 Toren angelegt wurde. Diese äußere Stadt nennen die Einheimischen Dishan Qala, die Innenstadt Ichan Qala.
Innerhalb von 150 Jahren gab es mehrere oft verlustreiche Eroberungsversuche der Russen und erst 1873 fiel Xiva endgültig. Mit der kommunistischen Oktoberrevolution und der Ausrufung der Sowjetunion wurde Xiva als Hauptstadt in die Xorazmische Sowjetrepublik integriert, die jedoch schon 4 Jahre später in die usbekische Sowjetrepublik überging. So verlor Xiva zwar ihre Funktion als Hauptstadt an die neue Gebietshauptstadt Urganch , bleibt jedoch als Perle von Xorazm in den Herzen der Einheimischen tief verwurzelt.
Mit der systematischen Renovierung von Ichan Qala in den letzten 20 Jahren mauserte sich Xiva nun zu einer einzigartigen Touristenmetropole, die heute Teil der UNESCO Auswahl des Weltkulturerbes der Menschheit ist.
Gefahr für die vielen historischen Gebäude, aber auch für die einfachen Wohngebäude ging 2008 von Termiten aus, die sich hier plötzlich massenhaft vermehrten. Durch das auslegen von Ködern konnte auch diese Plage erfolgreich gebannt werden.

Eine Tour durch Ichan Qala

Der überwiegende Teil der Prachtbauten der Stadt zieht sich wie ein Gürtel quer durch die Innenstadt Ichan Qala, doch ist die Innenstadt mit ihrer Stadtmauer und den aus Lehm gebauten flachen Wohngebäuden als Ganzes sehenswert.
Die Innenstadt Xivas hat eine Fläche von 400x700m und ist umgeben von einer Stadtmauer aus ungebrannten Lehmziegeln, die permanent erneuert werden muß, da bei Regen immer Teile weggeschwemmt werden. Wir beginnen unsere Stadtbesichtigung am **Ota Tor** (Ota Darvoza), das neu aufgebaut wurde und sehr den meisten anderen Stadttoren ähnelt. Treten wir durch das Tor, sehen wir direkt vor uns den Stumpf des kurze **Minarett Kaltaminor** (Kaltaminor), dessen Bau unter Muhammad Aminxon 1851 initiiert wurde. Es sollte das höchste und schönste Minarett der Welt werden, doch der Erbauer fiel nur 4 Jahre später während einer Schlacht und so wurde das Projekt wieder eingestellt.
Die südlich davon befindliche **Medrese Muhammad Amin Khan** (Muhammad Aminxon Madrasasi) wurde ebenfalls von dem so glücklosen Khan erbaut. Die Medrese bot einst 260 Koranschülern Platz und war somit die größte Koranschule der Stadt. Während der Sowjetzeit wurde die Medrese zum Hotel Xiva umgebaut.
Gelangt man etwas weiter nördl. auf einen Platz, so führt das Tor an der Westseite des Platzes in den Palast des Khans, **Ko'hna Ark** (17.Jh.) genannt.
An die Mauer der Festung von Außen angebaut ist das **Gefängnis** (Zindon), in dem mit Puppen anschaulich die damaligen Foltermethoden gezeigt werden. Unmittelbar nach Eintreten durch das Tor gelangt man rechts in den Hof der **Sommermoschee** (Yozgi Masjid) mit einer von feinsten blau-weißenMajoliken verzierten Halle. Auffallend ist der über eine Treppe erreichbare Sitz des Vorbeters (Minbar). Durch eine schmale Pforte rechts der Halle der Sommermoschee gelangt man in die von vier Säulen getragene **Wintermoschee** (Qishgi Masjid). Diese enthält einige archäologische Funde des Palastes, ist jedoch häufig verschlossen. Gegenüber ist der **Raum des Schatzmeisters** (Xazinaxona), heute ein Museum historischer Banknoten. Wir verlassen den Moscheehof wieder und gehen in einen weiteren Hof, in dem sich ein rundes, gemauertes Podest befindet. Dies war der **Thron- und Gerichtssaal des Khans** (Ko'rinishxona /

Arzxona) in dem er Hof hielt und Urteile fällte. Auch diese Halle beeindruckt durch die feinen Pflanzenmotive der Majoliken, die sehr typisch für Xiva wurden. Auf dem Podest wurde eine Jurte aufgebaut, in der der Herrscher im Winter wohnte, da diese leichter beheizbar war. Wir verlassen diesen Hof wieder und betreten durch ein Loch den dunklen Aufgang zur **Festung Oq Shayx Bobo** (liebender Großvater oder liebender weißer Scheich) wie dieser älteste Teil des Ko'hna Ark genannt wird. Hier befand sich einst die Grabkammer des Erbauers der ersten Festung, die jedoch dem Schießpulverlager weichen mußte. Über drei Etagen erhebt sich der offene **Chordara Ko'shk**, ein über eine archaische Treppe im Innern der Festung zu erreichende Aussichtsplattform mit einem fantastischen Blick über die Stadt. So manche Schönheit der Stadt blieb den Augen des Khans von hier aus nicht mehr verborgen.

Im Nordteil der Festung war der **Harem** untergebracht. In seinem nur marginal renovierten Zustand entspricht er weitgehend dem Aussehen von damals. Er ist offiziell nicht für Besucher zugänglich, kann jedoch für ein Trinkgeld angeschaut werden.

Dem Ko'hna Ark gegenüber erhebt sich die ausgedehnte Anlage der **Medrese**, die nach **Muhammad Rahim Khan II** (Madrasasi Muhammad Rahimxon II., 19.Jh.) benannt wurde, welcher den vorrückenden russischen Truppen als letzter Khan noch einige Jahre die Stirn bot. Im Innern ist ein Museum eingerichtet, das dem dichtenden Khan gewidmet ist.

Vorbei an der **Scheich Muxtar Moschee** (Shayx Muxtar Masjidi) gehen wir zurück zur zentralen Pahlavon Mahmud Ko'chasi. Ein weiteres Beispiel sowjetischen „Kulturbolschewismus" wurde die Umwandlung der **Medrese Matniyoz Devonbegi** in ein Restaurant. Östlich davon, am Ende einer Gasse, das **Grab des Saiden Alovuddin** (Alovuddin Maqbarasi, 14.Jh.). Bemerkenswert ist die feine Majolika auf dem Grabmal in dem ansonsten schlichten, aber auch ältesten noch erhaltenen Gebäude der Stadt. Daneben die kleine **Qozykalon Medrese** (heute Museum für Musikinstrumente). Am Fuße des Minaretts betreten wir die einzigartige **Juma Moschee** (10.-18.Jh.), die Freitagsmoschee. Tritt man in die selbst im Sommer kühle Halle ein, so bekommt man den überwältigenden Anblick eines regelrechten Säulenwaldes zu sehen, der von zwei Lichthöfen durchbrochen wird. Der schwere Duft von Holz wabert durch die Halle. Wenn man bedenkt, dass keine der 212 Säulen des Raumes der anderen gleicht, kann man sich in etwa vorstellen, wieviel schöpferische Leistung in diesem Bauwerk steckt.

Südöstlich der Juma Moschee ragt das höchste und schönste Minarett der Stadt in den Himmel. Gemeinsam mit der angegliederten **Medrese Islomxo'ja** bietet das gleichnamige **Minarett** sicherlich einen der architektonischen Höhepunkte der Stadt. Die anstrengende Besteigung des 44,6 m hohen Minaretts wird belohnt mit einem Blick weit über die Stadt hinaus, auf die Felder der Umgebung und die Wüste am Horizont. Vollendet wurde das Ensemble 1910 als das letzte islamische Großbauwerk Zentralasiens vor der Ausrufung der Sowjetunion.

Heute ist in der Medrese ein interessantes Museum für Kunsthandwerk untergebracht. Wir folgen der schmalen Gasse, die vom Islomxo'ja Minarett nach Westen führt, um zur wohl heiligsten Stätte Xivas, dem **Mausoleum Pahlavon Mahmud** (Pahlavon Mahmud Maqbarasi) zu gelangen. Dieser von außen wie innen geradezu verschwenderisch mit feinster Majolika verzierte Grabbau ist namentlich dem Patron der Stadt, Pahlavon Mahmud (1247-1326), einem Poeten, gewidmet, der darüber hinaus auch durch seinen beispiellosen Mut und seine Tapferkeit weit über Xorazm hinaus bekannt wurde. Bestattet wurde er ursprünglich in seinem damaligen Haus aus ungebrannten Lehmziegeln. Zahlreiche weitere Khane fanden im Lauf der Jahrhunderte hier ihre Ruhestätte. Erst 1913 wurde die im persischen Stil abgeflachte Kuppel über seinem Grab errichtet. Beachten Sie insbesondere die Holztür des Südportals, in die feine Ornamente geschnitzt sind.

Wieder zurückgekehrt zur Juma Moschee, wenden wir uns nun nach Norden, um den **Tosh Hovli Palast** (Tosh Hovli Saroy, 19.Jh.) zu besichtigen. Ohne einen Führer kann man sich schnell in den unzähligen Gängen, Räumen, Arkaden und 8 Innenhöfen verirren,

Xiva wirkt wie eine Kulisse der Märchen aus Tausend und einer Nacht.

Der Wohnturm Chadra Hovli

Der „Säulenwald" in der Juma Moschee in Xiva.

Ayoz Qala bietet ein fantastisches Panorama der umgebenden Wüstenlandschaft.

ein regelrechtes Labyrinth.
Der größte Innenhof im Norden des Gebäudekomplexes war dem **Harem** vorbehalten. Er stellte eine Welt für sich dar, in der die Frauen des Khan's samt Sklavinnen und Eunuchen völlig abgeschirmt von der Außenwelt ihr Leben verbrachten.
Die kassettenartig angelegten Majolikafelder mit ihren abwechselnden Mustern werden hier geschickt von den Arkaden im zweiten Stock aufgelockert, durch die symmetrische Strenge der Anordnung jedoch wieder relativiert.
Im südwestlichen Teil des Palastes diente der **Gerichtshof** (Arzhovli) der Verkündung von Urteilen, oft denen zum Tode. Auch hier sehen Sie ein Podest, das wie im Ko'hna Ark einer Jurte für die Überwinterung diente. Östlich davon wurden im **Empfangshof** (Ishrathovli) vorwiegend opulente Festgelage und Empfänge abgehalten. Zügelloses Vergnügen und ewige Verdammnis lagen hier eben eng beieinander.
Durch eine enge Gasse zwischen dem Tosh Hovli Palast und der südlich angrenzenden **Medrese Qutlug' Murod Inoq** (19.Jh.), gelangen wir zu einem weiteren Gebäudekomplex, den beiden Kosh Medresen: Die eben genannte und die **Olloquli Khan Medrese** (19.Jh.). Den südlichen Abschluß bildet die **Weiße Moschee** (Oq Masjidi, 17.Jh.).
In Xiva wurde einst in 64 Medresen der Koran gelehrt, von denen heute jedoch keine mehr ihrem ursprünglichen Zweck dient.
Das **Handelszentrum** aus dem Jahr 1835 sollte dem Warenverkehr der Stadt neuen Aufschwung geben. So ließ Olloquli Khan neben einer **Karawanserei** zur Unterbringung von Handelsreisenden auch einen überkuppelten Markt (Tim), auch **Olloquli Khan Basar** genannt, errichten. Auch heute noch herrscht hier ein buntes Treiben. Insbesondere während des sonntäglichen Markttages häufen die Bauern der Region ihre Produkte auf dem weiten, sich östlich des Tim erstreckenden Marktgelände. In der Karawanserei ist heute ein Kaufhaus untergebracht.
Wir beenden unseren Spaziergang durch Ichan Qala am **Anusha Khan Badehaus** (Hammom Anushaxon, 1657). In seiner Bauart, Ausstattung, und Größe ist es ein typischer Vertreter zentralasiatischer Badehäuser, die der Allgemeinheit zur Verfügung stehen. Nach wie vor ist es in Betrieb, ein Besuch ist mit Sicherheit ein unvergessliches Erlebnis. Das gesamte Gebäude befindet sich unterirdisch, so dass nur die Kuppeln aus dem Boden ragen. Jeder der beiden abgetrennten Komplexe besteht aus einem heißen Saunaraum, einem Bassinraum, einem Duschraum und einem Umkleide- und Ruheraum, der verschließbar ist.
Wir verlassen die Innenstadt durch den länglichen Korridor des **Polvon Tores** (Darvoza Polvon,1806), in dem lange Zeit Händler ihre Waren anboten. Es ist das älteste der heute noch erhaltenen Stadttore, wenngleich es bereits stark renoviert wurde.

Weitere Sehenswürdigkeiten in Xiva
Wer den legendären **Cheyvak Brunnen** (Quduq Cheyvak) sehen möchte, kann ihn im Nordwesten der Innenstadt suchen. Er befindet sich im Innenhof des Hauses mit der Nummer 107 der Abdulla Boltaev Ko'chasi (+41°22'51.2", +60°21'33.7").
Von den vier Palastkomplexen jüngerer Zeit ist einer hervorzuheben. Der **Nurullaboy Palast** (Nurullaboy Saroyi, 1906), erbaut von Muhammad Rahim Khan II, besticht durch seine feinen Keramikverzierungen und der gelungenen Verschmelzung von alten Stilelementen und modernen Bauteilen wie Glasfenster. Neben einer kleinen Medrese ist auch die offizielle Empfangshalle von Khan Asfandiya sehenswert.
Die drei anderen Paläste **Said Mugrumjon** (1884), **Qibla Tozabog'** (1897) und **Tort Shovvoz Bobo** (1885) sind ebenfalls außerhalb von Ichan Qala zu finden.
Eine Sommerresidenz der besonderen Art ist der mehrstöckige Wohnturm **Chadra Hovli** (1871) 10Km westlich von Xiva an der Straße nach Bog'ot (+41°22'58", +60°29'0").

Verkehrsverbindungen
Nach Buxoro, Toshkent, Nukus
Uzbekistan Airways bietet täglich mind. einen **Flug** von Urganch nach Toshkent an. Der Flughafen von Urganch ist im Norden der Stadt. Von dort per Trolleybus, Marschrutka No.3 oder Taxi bis ins Zentrum (4Km).
Zwei **Züge** wöchentlich halten auf der Route Nukus-Toshkent (21 Stunden) in Urganch. Der

Bahnhof ist im Süden der Stadt.
Der Fernbusbahnhof (Avto Shoh Bekati) in Urganch ist 200m vom Bahnhof entfernt. Busse fahren mehrmals täglich nach Toshkent (19h), nach Buxoro (7h) und nach Nukus (2h).

Zwischen Urganch und Xiva
Vor dem Urgancher Busbahnhof fahren tagsüber Marschrutkas bis zur Innenstadt (Ichan Qala) von Xiva. Alternativ findet man auch viele Marschrutkas am Zentralbasar im Zentrum von Urganch. Die Trolleybusse nach Urgench (bis Flughafen) sind kaum eine Alternative, da sie sehr langsam sind. Spät am Abend fahren nur noch Taxis. Diese finden Sie an den Stadttoren.

Xiva von A bis Z

Apotheken
Dori-Darmon
Feruz Ko'ch. 107A, Tel. 375 34 08

Badehäuser
Anusha Khan Badehaus
nahe Polvon Tor, Männer und Frauen in abgeschlossenen Abteilen, 7-22 Uhr,

Bücher, Bildbände
Sie können Bücher/Bildbände von Xiva in der Juma Moschee und in den Museen erstehen.

Einkaufen
Auf dem Basar bekommen Sie alle Lebensmittel zur Selbstversorgung. Das Kaufhaus in der Olloquli Khan Karawanserei bietet neben dem üblichen Krimskrams auch preiswerte Souvenirs der Region, insbesondere Keramiken.

Geldwechsel
In den Hotels nachfragen.

Hotels und Restaurants
Luxeriös
Hotel Asia Xiva
Qodir Yaqubov Ko'ch. nahe Tosh Tor, Tel. 375 20 98, Reisegruppenhotel, Zimmer groß aber einfach, Pool, außerhalb der Altstadt
Mittel
Hotel Malika Kheivak
Islom Xo'ja Ko'ch.11, Tel. 375 77 87, von außen nicht so toll, innen schön und Top-Lage neben Juma Moschee, Zimmer u. Bad schlicht
Hotel Malika Khiva
Polvon Qori Ko'ch. 19A, Tel. 375 26 65, Reisegruppenhotel, einfache Zimmer, Bad schlicht, wenig Atmoshäre
Hotel Shaxrizoda (auch Shaherezade)
Islom Xo'ja Ko'ch. 35, Tel. 375 95 65, einfache Zimmer, günstige Lage, mit Frühstück, Aircon
Günstig
Meros B&B
A. Boltaev Ko'ch. 57, Tel. 375 76 42, schönes Lehmhaus, sehr beliebt, teils Aircon
Alibek Guest House
A. Raximov Ko'ch. 17, Tel. 437 96 73, überdachte Dachterrasse, Blick auf Stadtmauer, Zimmer schmucklos u. einfach
Mirzaboshi B&B
Pahlavon Mahmud Ko'ch. 1, Tel. 375 27 53, sehr einfache Zimmern, teils mit Aircon
Hotel Zafarbek und Islombek
Tashpulatov Ko'ch. 28 und 60, nahe Tosh Hovli Palast, Tel. 375 71 85, Zimmer landestypisch eingerichtet, Aircon, Frühstück

Internet, E-Mail
Touristenbüro gegenüber Ko'hna Ark
Internet Cafe gegenüber Post

Krankenhaus
Städt. Krankenhaus in Xiva (Xiva Shahri Tibbiy Zentr), Obvodnaya Ko'chasi, Ecke Feruz Ko'chasi
Kreiskrankenhaus (Xorazm Velayati Tibbiy Zentr), Babayanov Ko'chasi. 1, **Urganch**, Tel. 362-226 21 10

Kulturleben
Folkloretanz der Doston Bola-Bakshi Gruppe, Tosh Hovli Palast, in der Saison täglich 18 Uhr

Museen
Museum für Kunsthandwerk
Islomxo'ja Medrese, Ichan Qala
Musikinstrumenteausstellung
Qozikalon Medrese, Ichan Qala
Museum Muhammad Rahimxon II
Muhammad Rahim Khan Medrese, Ichan Qala
Münzsammlung
Ko'hna Ark, Ichan Qala
Gefängnis- und Foltermuseum
Zindon am Ko'hna Ark, Ichan Qala

Post und Telefon
Gebäude mit Uhrturm, Amir Temur Ko'ch.23
Geöffnet: Mo-Fr 8-18 Uhr

Restaurants
Khorezm Art Restaurant
schöne Deko, interessantes Menü, erste Wahl
Choyxona Orta Hovuz
direkt am See mit Tretbooten, lokale Küche
Choyxona Bir Gumbaz
schöne Aussicht, usb. Küche, Wasserpfeife
Choyxona Zarafshon
nahe Islomxo'dja Medrese, Küche eher mässig
Restaurant Silk Road
ehem. Mädchen-Medrese, Speisen mässig

Übersetzer
vermittelt das Touristenbüro gegenüber dem Ko'hna Ark

Vorwahl von Xiva
(3)62 bei siebenstelligen Nummern
(3)623 bei sechsstelligen Nummern

Bo'ston / Bostan
Dies ist ein kleiner, verschlafener Marktflecken inmitten von Feldern. Das örtliche **Museum** (Ellik Qala Tuman Olkashunolik Muzeyi), in der mit Pappeln bestandenen O'zbekiston Ko'chasi ist durchaus ein Besuch wert. Geöffnet: Mo-Fr 9-17 Uhr.
Bo'ston eignet sich als Ausgangspunkt zu den Ruinenstätten in der Qoraqalpog'ischen Wüste.
Die **Ruinenstätten** in der historischen Region Choresmien entstanden vorwiegend unter dem Einfluß griechischer und persischer Dynastien, waren aber selbständig. Charakteristisch für diese Anlagen sind die Wohnmauern, also in den Befestigungswall integrierte Häuser. Im Hof wurde in der Nacht das Vieh gehalten.

Hotels und Restaurants in Bo'ston
Günstig
Hotel Bo'ston
Sharaf Rashidov Ko'chasi, Tel. 615-85 17 13
Ayoz Qala Jurtencamp
neben der Festungsruine Ayoz Qala, in Jurten oder unter freiem Himmel, Kamelsafaries
Restaurant
Restaurant Bo'ston
usbekische Küche, neben Hotel Bo'ston

Ayoz Qala
Diese Festung besteht aus einer beeindruckenden Oberburg aus dem 4. und 3. Jh. v. Chr., der vorgelagerten und gut erhaltenen Festung (6.-8.Jh.) und der Unterburg aus dem 2. Jh. Die beindruckenden Ruinen dienten bereits als Filmkulisse und garantieren ein faszinierendes Wüstenpanorama.
Ein Jurtencamp 500m nord-westl. der Oberburg bietet Unterkunft und Kamelsafaris. Alternativ ist wildes Campen möglich.
Erreichbarkeit: Von der Kreuzung (+41°51'17", +60°54'10") nahe Bo'ston biegen wir bei einem schlanken Wasserturm nach Rechts ab, überqueren sofort einen Kanal und folgen der mit P 193 gekennzeichneten Asphaltstraße immer geradeaus bis die Straße nach 15Km einen Schwenk nach Norden macht. Nun ist die Festung bereits sichtbar (+42°0'39", +61°1'37"). Nur mit dem Taxi ab Bo'ston oder mit lokalen Reiseveranstaltern, z.B. ab Xiva.

Toprak Qala
Eine auf einem Hügel über der Ebene errichtete Stadtfestung aus dem 2.-3. Jh. Die stark verfallenen Lehmmauern weisen noch immer kreisrunde Schmuckelemente auf. Die Zitadelle barg unter anderem wertvolle Wandgemälde.
Erreichbarkeit: Bei der oben genannten Kreuzung mit Wasserturm links halten und 11Km folgen. Die Festung liegt rechts der Straße (+41°55'46", +60°49'13"). Nur mit dem Taxi ab Bo'ston oder mit lokalen Reiseveranstaltern.

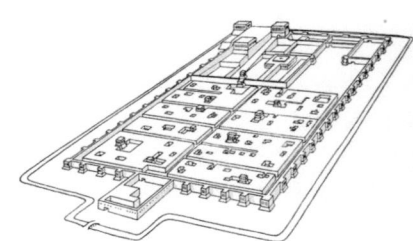

Rekonstruktion von Toprak Qala

Weitere Ruinenstätten im Überblick
Nachfolgend wird der derzeitige Zustand, die Lage und Erreichbarkeit der Ruinenstätten genannt. Leicht erreichbar bedeutet unmittelbar an einer Asphaltstraße gelegen, schwer erreichbar bedeutet, von einer Asphaltstraße aus weitere 1-2Km über Feldwege oder offroad, sehr schwer erreichbar bedeutet, mehr als 2Km meist offroad bis zur Ruinenstätte.

Qoj Qyrylg'an Qala (4.Jh. v. Chr.) +41°45'19", +61°7'1"
nur Grundmauern, in Feldern, schwer erreichbar
Janpyk Qala (9.Jh.) +42°01'35", +60°19'36"
sehr schöne Mauern, Geröllwüste, sehr schwer erreichbar
Gyaur Qala (4.Jh.) +42°04'50", +60°16'33"
nur eine 15m hohe Mauer, Geröllwüste, leicht erreichbar
Janbas Qala (1.Jh.) +41°51'48", +61°18'24"
gerippte Außenmauern, Sandwüste, schwer erreichbar
Kyrk Kyz Qala 1 (4.Jh.) +42°01'09", +61°06'07"
stark erodierte Reste, Saxaulsteppe, sehr schwer erreichbar
Qirq Qiz Qala 2 (3.Jh.) +42°00'45", +61°09'47"
stark erodierte Reste, Saxaulsteppe, leicht erreichbar
Qurgashin Qala (3.Jh. v. Chr.) +42°02'04", +61°19'34"
stark erodierte Reste, Saxaulsteppe, sehr schwer erreichbar
Qyzyl Qala (2.Jh.) +41°55'48", +60°47'03"
16m hohe Mauern, in Feldern, schwer erreichbar
Yakke Parsan (6.Jh.) +41°55'15", +61°01'07"
eher kleine Anlage, in Feldern, schwer erreichbar
Kazakl'i Yatkan (2.Jh. v. Chr.) +41°49'45", +60°43'05"
nur Fundamente, Sandwüste, schwer erreichbar
Gu'ldu'rsin Qala (12.Jh.) +41°41'33", +60°58'58"
gut erhaltene Außenmauern, in Feldern, leicht erreichbar
Angka Qala (1.-3.Jh.) +41°45'31", +61°09'04"
wenig spektakulär, in Feldern, leicht erreichbar

Shilpiq Dahma

Einzigartig in Qoraqalpog'iston ist diese Plattform auf einem Hügel nahe der Straße A380 nach Nukus. Ausgrabungen haben ergeben, dass es sich um einen Dahma, einen Turm des Schweigens handelt. Nach zoroastrischer Tradition wurden hier zwischen dem 1. und 7. Jh. die Toten aufgebahrt. Geier kreisten stets über dieser Stätte. Die Knochen wurden später in Tongefäßen aufbewahrt.

Erreichbarkeit:
Von der A380 bei +42°17'4", +60°4'58" einer Piste ca. 2,5Km Ri Südwest bis zum Shilpiq folgen. Der Dahma ist von der A380 aus zu sehen. Lage: +42°15'51", +60°04'11"

Nukus / No'kis

Die Hauptstadt der Republik Qoraqalpog'iston zählt 230.000 Einwohner und wurde erst 1932 gegründet. Überregional bekannt wurde Nukus durch das **Sawitski Kunstmuseum** (Savitskiy nomidagi Qoraqalpog'iston Respublikasi Davlat San'at Muzeyi). Das vom damaligen Direktor Igor Savitzkiy 1966 gegründete Museum zeigt neben einer ethnografischen Abteilung die größte Sammlung russischer Avantgarde Kunst. Um möglichst viele der über 82.000 Kunstwerke zeigen zu können, wurde 2013 ein Erweiterungsbau eingeweiht. Rzaev Ko'ch 127, Mo-Fr 9-13, 14-17 uhr, Sa, So 10-17 Uhr.

Das kunstvoll errichtete **Berdax Milliy Muzey** gibt Einblicke in das Leben und Werk des lokalen Dichters Berdimurat, welcher unter dem Pseudonym Berdax (1827-1900) schrieb. Erst Kuhhirte, dann Musikant erlangte er als Dichter besondere Fähigkeiten. Dosnazarov Ko'ch. Ecke Abdirov K'och. Auf dem Areal der Universität. Im **Museumshaus "Amet und Ayimkhan Shamuratov"** ist eine kleine Sammlung privater und ethnographischer Gegenstände aus Qoraqalpog'iston zusammengetragen worden. Sarayev Ko'ch. 29.

Verkehrsverbindungen

Uzbekistan Airways fliegt zweimal tägl. nach Toshkent. Zudem gibt es Flüge nach Moskau. Für **Eisenbahnreisende** gibt es Verbindungen nach Toshkent (22h) oder Samarqand (14h). Der Bahnhof ist südöstlich der Stadt, Marschrutka 1, 3, 4 oder 48 vom Dyxon Basar/Zentrum.
Vom Südbusbahnhof (Janubiy Avtobekati) am südöstl. Stadtrand (A380) fahren **Busse** nach Bo'ston (1,5h), Urganch (3h), Buxoro (7h) und Toshkent (20h). Vom Busbhf. nördl. des Dyxon Basars fahren Busse/Minibusse nach Xo'jayli, Kongirot und Mo'ynoq (4h). Ziele Richtung Xalkobod und Chimboy werden vom Nordbusbhf. (Shimoliy Avtobekati) an der A. Dosnazarov Ko'ch. bedient.

Hotels und Restaurants in Nukus

Luxeriös
Hotel Rahnamo
Qoraqalpog'iston Ko'ch. 4, Tel. 61-222 47 43, kleine, komfortable Zimmer, dafür überteuert
Mittel
Hotel Jipek Joli
Sayoshatshilar, Ecke Tatybaev Ko'ch. westl. Sawitski Museum, auch Tourbüro Ayimtour, beste Wahl in Nukus
Günstig
Hotel Nukus
Lumumbi Ko'ch. 4, Tel. 61-222 89 41, abgewetztes Sowjethotel, nur als letzte Möglichkeit
Restaurants
Restaurant Karakum
G'arezsilik, Ecke Tatybaev Ko'ch., einfache usbek. Küche, zentral gelegen
Restaurant Neo
gegenüber Rest. Karakum, Speisen passabel

Xo'jayli / Xojeli

Besiedelt über 10 Jahrhunderte war **Mazda** einst die zweitgrößte Stadt Xorazms. Übrig geblieben ist nicht viel: Ein **Hügel voller Gräber** (Mizdaxxan) und eine zusammengefallene **Lehmburg** (Gyaurkala). Es wird vermutet, dass Mazda einst das Zentrum der zoroastrischen Religion der Feueranbeter war. Zoroaster selbst, der Religionsstifter soll hier die ersten Verse des berühmten Awesta geschrieben haben. Das abrupte Ende kam in Person von Khan Juchi, einem Sohn Dschingis Khans, der 1220 hier einfiel.

Sehenswert sind das stark restaurierte **Mausoleum Myzlum Khan Sulu** (12.Jh) und der unter sieben Kuppel sich befindende **Grabbau Shamun Nabi** (12.Jh.). Die unzähligen Sagen, die noch heute praktizierten Riten der Pilger und der Anblick vieler tausend Graben machen aus Mizdaxxan einen magischen Ort.

Erreichbarkeit: Minibusse fahren in ca. 30min vom zentralen Dyxon Basar von Nukus bis zum Busbhf. und Basar in Xo'jayli. Mieten Sie hier ein Taxi, dass Sie die 6,5Km bis zum Eingang von Mizdaxxan bringt (Blechschild "Mizdaxxan"und blaues Tor). Von der Bergspitze sind es ca. 1,5km bis zu den Ausgrabungen von Gyaurqala.

Das Farg'ona Tal (Fergana Tal)

Es ist 240Km lang, 90Km breit und 11 Millionen Menschen leben hier. Das Farg'ona Tal erschien Herrschern wie ein Garten Eden. Chinesen, Griechen, Perser, Mongolen, alle wollten Sie diese fruchtbare Oase einnehmen, geschützt von zahllosen Drei- und Viertausendern und stets versorgt mit genügend Wasser.

Verkehrsverbindungen

Das Farg'ona Tal ist von Toshkent aus über den 2267m hohen **Kamchik Paß** erreichbar. Die ausgebaute Straße ermöglicht einen Zugang zum Farg'ona Tal ohne Passieren von Tadschikistan. Busse dürfen diesen Paß nicht befahren. Daher können Sie nur Marschrutkas oder ein Taxi benutzen. In Toshkent warten diese Taxis neben dem Quiloq Basar am Stadtrand. In der Gegenrichtung ist meist der Busbahnhof der jeweiligen Stadt Ausgangspunkt der Taxis und Marschrutkas nach Toshkent.

Der Zugang zum Farg'ona Tal über **Huçand** (Tadschikistan) erfordert entsprechende Visa und viel Zeit. Die Grenze bei Bekobod und Konibodom ist nur zu Fuß passierbar. Es verkehren keine Busse oder Züge mehr auf dieser Strecke.

Chust

Sehenswert ist hier das **Lutfilla Minarett** aus dem 16. Jh. im Park in der Ortsmitte.

Kosonsoy

Die Stadt ist bekannt durch seine **Festungsanlage Koson** oder **Mug Tepa** (8.Jh.). Hoch über dem Fluß thront die gewaltige Wehranlage aus ungebrannten Lehmziegeln etwa ein Kilometer nördlich der Stadt an der Straße Richtung Ala Buka. Im kleinen Park des Städtchens **Kosonsoy** steht ein riesiger Baum unter dem die Alten sitzen und genüßlich Tee trinkend die Geschichten von der Festung und diesem 600 jährigen Baum erzählen. Die örtliche **Moschee** bietet 8000 Gläubigen auf zwei Etagen Platz für das Gebet und ist mit feiner Malerei kunstvoll geschmückt.

Aksikent

Die einst das Farg'ona Tal beherrschende Stadt Aksikent (Axsikent) blühte trotz wiederholter Zerstörung durch Araber und Mongolen bis ins 17. Jh. Heutige Mauerreste geben einen guten Eindruck der Ausmaße der Stadt. Gebäude sind zwar keine mehr erhalten, der Ausblick zum nahen Sirdaryo und den angrenzenden Reisfeldern ist jedoch beeindruckend.

Erreichbarkeit: Am Nordufer des Syrdaryo, nahe Jomasho'y, westl. der Brücke über den Syrdaryo (+40°53'12", +71°27'4").

Namangan

Die zweitgrößte Stadt Usbekistans bietet einige reizvolle, aber wenig besuchte Sehenswürdigkeiten und einen belebten Straßenbasar. Von Yangiqorg'on kommend treffen wir zuerst auf die **Mullo Kyrgyz Medrese** (1912) mit einem sehr ungewöhnlichen, sechseckigen Grundriß. Auf dem nahegelegenen Hauptbasar bieten zwischen großen Zwiebelhaufen, Reissäcken und Obstpyramiden Frauen auf ihren Köpfen die traditionelle "Doppe" feil. Die weiß bestickten Käppchen der Männer, werden hier, wie auch das Kopftuch der Frauen, weit häufiger getragen wird als in Buxoro oder

Usbekistan - Stadtpläne Namangan und Andijon

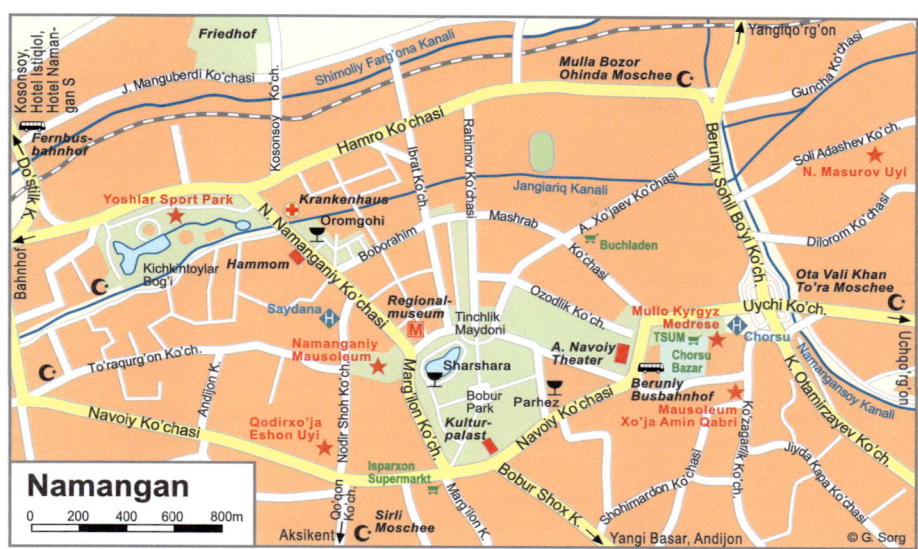

Namangan:
Xo'ja Amin Qabri Mausoleum

Die Mullo Kyrgyz Medrese in Namangan

Issyk non - ofenwarmes Brot wird überall auf dem Basar angeboten.

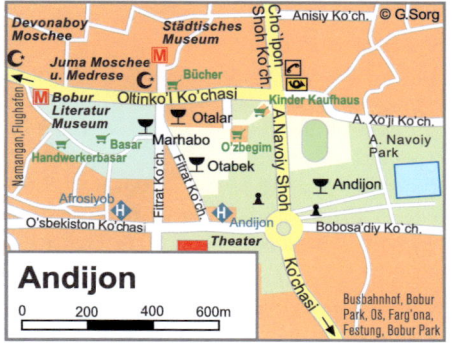

Usbekistan - Farg'ona Tal

Toshkent.
Nur wenige hundert Meter südlich, vorbei an einer **Schmiede**, in der man sehen kann wie Schaufeln und Nägel geschmiedet werden, überrascht uns die reichverzierte Fassade des **Mausoleums Xo'ja Amin Qabri** (Xo'ja Amin Qabri Maqbarasi, 18.Jh.). Die ungemein feinen Ornamente des Gebäudes sind ein Meisterstück der Künstler damaliger Zeiten. Noch vor etwa 100 Jahren zählte die Stadt 331 Moscheen zu der auch die mit einer ungewöhnlich flachen Kuppel ausgestattete **Ota Vali Khan To'ra Moschee** (Ota Valoxon To'ra Masjid) gehört, welche an der Ausfallstraße nach Uchqo'rgon zu finden ist. Das **Regionalmuseum** (O'lkashunoslik Muzeyi), N. Namangoniy Ko'ch 41, bietet einen guten Überblick sowohl der Vergangenheit als auch der Gegenwart der Region Namangan.

Verkehrsverbindungen
Flüge nach Toshkent gibt es 2-3 wöchentlich. Der Flughafen liegt an der Ausfallstraße nach To'raqo'rg'on westl. der Stadt.
Da im Farg'ona Tal fast ausschließlich mit **Sammeltaxen** (Marschrutka) gefahren wird, ist der Chorsu Basar auch das Transportdrehkreuz in alle Richtungen des Tales. Busse/Züge verkehren zu selten.

Hotels und Restaurants in Namangan
Mittel
Hotel Namangan S
Dostliq Ko'ch. 2, 2. Mikrorayon, Tel. 369-232 99 52, abgelegen am westl Stadtrand, passabel
Hotel Istiqlol (auch "Versal N" genannt)
Do'stliq Ko'ch. 22, 2. Mikrorayon, Tel. 369-232 00 42, pink, Zimmer passabel, aber teurer
Günstig
Hotel Saydana (ex-Orzu)
Nodira Ko'ch. 1, Tel. 369-233 00 17, sehr kleine Zimmer, aber renoviert, komfortabel
Hotel Chorsu
Uychi Ko'ch.10, Tel. 369-226 35 01, staatliches Hotel in zentraler Lage am Basar, laut
Restaurants
Oshxona Parhez und Sharshara
im Bobur Park sowie weitere im Basar

Andijon
Diese Stadt ist der Inbegriff für den typisch usbekischen Basar, in dem einfache Menschen in ihren kleinen Buden hocken und Nägel schmieden oder Drehteile für Kinderbettchen aus schwer duftendem Holz drechseln. Nebenan ruft eine dicke Marktfrau mit Kopftuch, um ihr Gemüse anzupreisen. Hier erleben Sie das echte Farg'ona Tal.
Die „Andjonliq", wie Sie genannt werden, sprechen Hochusbekisch und gelten als sehr sparsam. Der berühmteste Sohn der Stadt ist zweifellos Zahiruddin Bobur, Poet, Feldherr und Begründer der berühmten Moghul Dynastie in Indien. Daher befindet sich am westlichen Ende der Temirchilik-Straße das **Bobur Literatur Museum** (Bobur Adabiyot Muzeyi). Geöffnet: Di-So 9-16 Uhr.
Das **Regional Museum** (Andijon Vilojat Ulkashnoslik Muzeyi) ist ebenfalls sehenswert und neben der Juma Moschee zu finden. Geöffnet: Di - So 9-17 Uhr.
Die **Juma Medrese** (1890) ist mit ihren Ausmaßen die größte im Farg'ona Tal. Sie beherbert heute ein kleines **Literaturmuseum** (Adabiyot va San'at Muzeyi). Westlich davon ragt das 32m hohe **Minarett** der **Juma Moschee** (um 1870) in den Himmel. Die Anlage hat schon so manches Erdbeben überlebt, wurde aber in der Sowjetzeit zweckentfremded. Die Moschee ist mit reizvollen Deckenmalereien und Schnitzereien ausgestattet.
Zentrum der damaligen Neustadt war die **Festung** der żaristischen Armee. Diese liegt an der Alisher Navoiy Shox Ko'chasi im Süden der Stadt, fragen Sie nach dem "Krepost".
Sehr beliebt bei den Einheimischen ist der **Babur Park** (Bog'ishamol Istirohat Bog'i) mit dem **Bobur Museum** (schöne Wandgemälde), Vergnügungspark und einer Seilbahn über das Gelände. An der Ausfallstraße nach Südosten (A373), etwa 10km vom Stadtzentrum entfernt.

Verkehrsverbindungen
Uzbekistan Airways fliegt 2-3 mal wöchentlich von Toshkent aus. Der Flugplatz befindet sich am südwestlichen Stadtrand. Ticketverkauf im Terminal.
Marschrutkas und **Sammeltaxen** in alle Richtungen finden Sie beim Basar oder am Busbahnhof nahe dem Bahnhof im Süden der Stadt.

Hotels und Restaurants in Andijon
Mittel
Hotel Hamkor
Bobur Ko'ch. 53, Ecke Bobur Shoh Ko'ch., Tel. 374-150 30 20, das beste Haus der Stadt, komfortable Zimmer, guter Service in englisch
Hotel Afosiyob
O'zbekiston Ko'ch. 8, Tel. 374-141 01 01, schickes Hotel, zentral gelegen, pompöse "Luxe" Zimmer, auch eine gute Wahl
Hotel Elita
Bobur Shox Ko'ch. 13B, südl. des Bahnhofs, Tel. 374-224 69 47, einfache Zimmer mit Bad
Günstig
Hotel Andijon
Fitrat Ko'chasi 241, Tel. 374-225 53 00, sehr zentral gelegen, besser Pol-Lux nehmen
Restaurants
Choyxonas entlang der Fitrat Ko'chasi und im Park, gute und preiswerte usbekische Küche

Quva
Hier fand man bei Ausgrabungen 1979 eine Buddhafigur und Bodhisattva Darstellungen im dortigen Hügel der **Zitadelle**. Die neu aufgebaute **Stadtmauer** umschließt das noch immer sehr ergiebige Grabungsfeld. Funde lassen die Besiedelung bis auf das 4.Jh. v. Chr. zurückverfolgen. Probieren Sie die lokalen Granatäpfel die außergewöhnlich gut sind.

Marg'ilon
Als vor 1600 Jahren Alexander der Große mit seinem Heer ins Farg'ona-Becken einfiel, eilte ihm bereits seine Vorliebe für Geflügel voraus. Als ihm Hühnerschlegel in Brot von der Bevölkerung angeboten wurde, fragte er nach dem Namen des Gerichts: „Murginon" war die Antwort und wurde Namen dieser Stadt, so die Legende.
Schon seit Jahrhunderten ist Marg'ilon bekannt für seine feinen Seidenstoffe die über die Seidenstraße in den Westen gelangten. Heute werden dieser Stoffe industriell produziert. Ein Besuch der **Seidenfabriken** (Ipak Fabrikasi) Ipakchi OAO, Margiloni Ko'ch 32, Tel. 783-33 38 45 oder Khan-Atlas, Burhoneddin Ko'ch., lohnt sich. Fragen Sie einfach an der Pforte nach einer Führung oder vereinbaren Sie über einen lokalen Reiseveranstalter eine Werksführung. Alternativ bietet die kleinere Yodgorlik Seidenfabrik eine Führung, bei der alle Schritte der traditionellen Seidenproduktion erklärt werden. Imom Zahriddin Ko'ch. 138, südwestl. des Zentralbasars, Mo-Fr 8-16 Uhr, Tel. 373-33 88 24, Lage: +40°28'35.4", +71°43'4"
Eine hervorragende Auswahl an Seidenstoffen finden Sie im weitläufigen **Qumtepa Basar** (Do, So), im gleichnamigen Vorort südwestl. von Margilon. Lage: +40°27'20", +71°39'56"

Farg'ona
Farg'ona ist im Vergleich zu anderen Städten des Farg'ona-Beckens wesentlich kleiner und auch viel jünger als beispielsweise das benachbarte Marg'ilon. Die Stadtgründung geht auf die russische Kolonialisierung zurück und wurde zunächst als Neu-Margilan bezeichnet. Farg'ona ist eine sehr grüne Stadt mit vielen Alleen und Parks. Sehenswert ist der **Al Farg'oni Park** (Al Farg'oni Bog'i) mit zahlreichen Baumarten aus der ganzen Welt. Auch ein Besuch des bereits 1894 eingerichteten **Regionalmuseums** (Viloyat O'lkashunoslik Muzeyi) lohnt sich.

Verkehrsverbindungen
Uzbekistan Airways fliegt 2-3 mal wöchentlich nach Toshkent und umgekehrt. Tickets bekommen Sie am Flughafenschalter, Geöffnet: tägl. 8-12 Und 13-19 Uhr.
In Farg'ona befindet sich der **Fernbusbahnhof** (Shox Bekati) nördlich dem Basar an der Tadbirkorlar Ko'chasi. Von hier aus fahren häufig Busse und Marschrutkas zu allen Zielen im Farg'ona Tal. Südlich des Barsars, an der Dodxoh Ko'ch. finden Sie im **Städtischen Busbahnhof** (Shahri Bekati) Busse und Marschrutkas, die in Farg'ona und Marg'ilon feste Routen befahren.
Ein weiterer **Busbahnhof** (Yormozor Shox Bekati) zwischen Marg'ilon und Farg'ona ist erstes Ziel vieler eintreffender **Fernbusse**.
Der kleine **Busbahnhof von Marg'ilon** bietet Verbindungen nach Farg'ona (alle 15 Minuten), Quva (4x tägl.) und Qo'qon (alle 45 Minuten). Auf der Ring-Bahnlinie im Farg'ona Tal wurde der Passagierverkehr eingestellt.

Marg'ilon / Farg'ona von A bis Z
Badehäuser
Hammom, Rahimov Ko'chasi, Farg'ona, nahe Hauptbasar

Usbekistan - Farg'ona Tal

Bücher, Bildbände
Univermag, Mustaqillik Ko'chasi, Farg'ona
Uzkitob, Mustaqillik Ko'ch, Ecke B. Margiloniy Ko'ch. (zentraler Platz), Margilon

Einkaufen
Farg'ona
Hauptbasar (Bosh Bozori), Q. Rahimov Ko'ch., Lebensmittel, Bekleidung, Haushalt
Univermag Kaufhaus, Mustaqillik Ko'ch., Querbeet, auch Keramik und Seide.
Marg'ilon
Stadtbasar (Shahar Bozori), nahe Kreuzung von B. Marg'iloniy und Mustaqillik Ko'chasi
Univermag Kaufhaus, Burhoneddin Marg'iloniy Ko'ch., Ecke Mustaqillik Ko'ch.

Geldwechsel
Usbekische Nationalbank, Al Farg'oni Ko'chasi 69, Farg'ona. Mo-Fr 9-17 Uhr
Im **Hotel Asia** an der Rezeption, Farg'ona.

Hotels und Unterkünfte (Auswahl)
Mittel
Hotel Taj Mahal
Marifat Ko'ch. 38, Ecke Kambarov Ko'ch., Tel. 373-224 45 25, Zimmer komfortabel
Hotel Club 777
Pushkin Ko'ch. 7, Farg'ona, Tel. 373-224 03 07, etwas abgelegen, einfache Zimmer, Pool
Hotel Asia
Navoi Ko'chasi 26, Farg'ona, Tel. 373-24 52 21 etwas zu teuer, zentrumsnah, harte Betten
Günstig
Sonia's B&B
Ohunboboev Ko'ch 49, nahe Turon Ko'ch., Tel. 373-224 64 31, 224 03 25, 5 Zimmer

Internet/E-Mail
Internet-Cafe Saytex
Ma'rifat Ko'ch. 49, schnelle Verbindung

Museen
Regionalmuseum (Farg'ona Viloyat O'lkashunoslik Muzeyi), U. Hojaev Ko'chasi 26 , Di - Sa 10-17 Uhr, Mo 9-16 Uhr.

Post
Mustaqillik Ko'chasi 35, Ecke B. Marg'iloniy Ko'chasi, Farg'ona.

Restaurants
Restaurant Ostrov Sokrowischtsch
Marifat Ko'ch 45, Ecke T.Qambarov Ko'ch. toller Name, usbekische Küche, Pizza, Sushi
Choyxona Qo'qon
Zentralbasar, Farg'ona
Eiscafe Pingvin, Fußgängerzone, Farg'ona
Choyxonas und Oshxonas
B. Marg'iloniy Ko'chasi, Marg'ilon.

Übersetzer
Fremdsprachenschule, Usmon Hojaev Ko'chasi, Ecke Turon Ko'chasi, Farg'ona.
Deutscher Lesesaal, Ma'rifat Ko'ch. 31a, Farg'ona, Mo-Fr 13-17 Uhr

Vorwahl von Marg'ilon und Farg'ona
(3)732 bei sechsstelligen Nummern

Shohimardon
Einen Besuch dieser kühlen Bergoase, an den Hängen des ganzjährig schneebedeckten Trans Ili Alatoo Gebirges gelegen, ist bei gutem Wetter wirklich lohnenswert.
Bitte Beachten: Da die Straße nach Shohimardon kirgisisches Gebiet durchquert, ist offiziell ein kirgisisches Visum notwendig, ebenso ein weiteres usbekisches Visum zur Wiedereinreise. Dies würde den Trip in diese Bergoase leider sehr aufwändig machen. Alternativ können Sie einen öffentlichen Bus benutzen, der in der Regel nicht kontrolliert wird, oder Sie zahlen eine kleine „Grenzgebühr".
Gerade im Sommer ist die Ankunft hier oben eine besondere Wohltat, wenn man von der drückenden Hitze des Talkessels in die frische, kühle Bergluft fliehen kann. Sattes Grün umgibt einen, und immer wieder schweift der Blick zu den weiß bepuderten Gipfeln in der Ferne. Direkt über dem Dorf Shohimardon auf einer Anhöhe erblicken Sie die **Pilgerstätte Hazrat Ali**. Viele Gläubige sehen in ihm einen direkten Verwandten des Propheten Mohammed. Vom Ort Shohimardon aus bietet sich eine Wanderung zu den schön gelegenen Bergseen **Kôl-i Kubbon** und **Kôk-Ssuu Kôl**, dem himmelblauen und dem grünen See. Dazu verlassen wir den Ort und folgen der Fahrstraße in den östlichen (linken) Taleinschnitt etwa 4,5 km. Wer von dort aus mit der Seilbahn hochfährt kann dies in 13 Minuten tun, der Fahrpreis ist Verhandlungssache. Ansonsten führt ein Wanderpfad weitere 2-3 km steil hinauf zum ersten See. Oben angekommen weitet sich der Blick zu einem einzigartigen Bergpanorama. Der untere, in 1740 m Höhe gelegene See entstand vor

Usbekistan - Stadtpläne Farg'ona und Qo'qon

Industrielle Produktion von Atlas-Seide

Xudoyor Khan's Palast in Qo'qon

Rishdon ist bekannt für seine Keramik

Reiche Auswahl herrscht in den Basaren des fruchtbaren Farg'ona Tals.

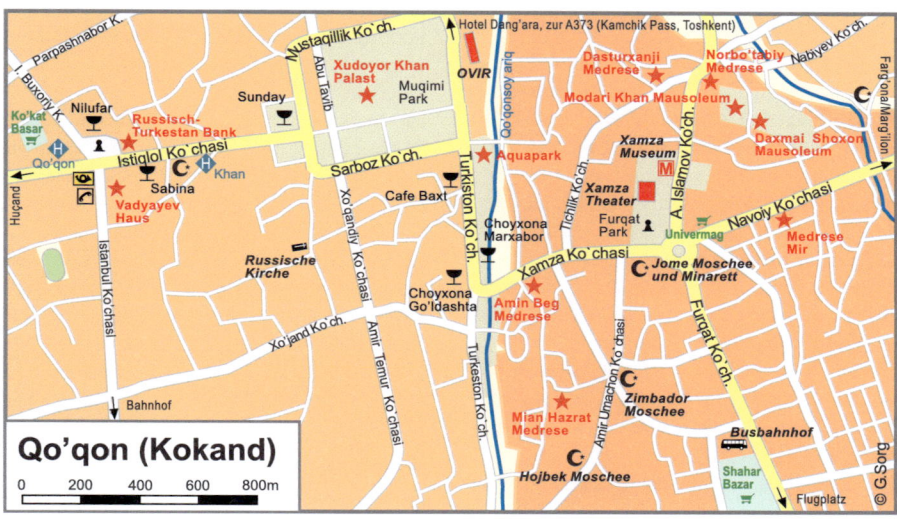

tausenden von Jahren durch einen gewaltigen Bergrutsch, der dem Flüßchen Kök-Ssuu den Weg ins Tal versperrt. Nach 30 Minuten Gehzeit erreicht man über ein Schotterfeld den oberen See Kök-Ssuu Kôl.
In der Hochsaison sind die „Tourbasa" und „Alplager" Feriencamps gut gefüllt. Dort ist preiswerte Unterkunft zu finden.
Erreichbarkeit: Wir verlassen Farg'ona auf der Mustaqillik Ko'chasi nach Süden, um nach 35km in das kleine Örtchen Vuadil zu gelangen. Sehenswert ist hier eine gewaltige Platane, deren Stamm 800 Jahre alt sein soll und einen Umfang von Sage und Schreibe 27,5 m hat ! Nach Vuadil durchquert die Straße kirgisisches Territorium.
Nun windet sich die Straße durch ein schmales Tal, immer dem rauschenden Shohimardon Fluß folgend.
Tägl. fahren mehrere Busse vom Busbahnhof Farg'ona aus in 2 Stunden nach Shahimardon. Taxis werden kontrolliert.

Rishton

Seit jeher ist dieses Dorf bekannt für seine **Keramikwerkstätten** (Sopolchilik), in denen die typische blau-weiße Gebrauchs- und Zierkeramik hergestellt wird. Verschiedene Werkstätten geben gerne Einblick in deren Arbeit und Werke:
Alisher Nazirov, B. Ar-Rishdoni Ko'ch.149, Tel. (3)7345-21 20 5, 21 50 9
Rustam Usmanov, B. Ar-Rishdoni Ko'ch. 230, Tel. (3)7345-37 34 5

Qo'qon (Kokand)

Machtkämpfe wurden hier viele ausgetragen, im Palast des letzten Khans Xudoyor. Ewige Erzrivalen waren das Khanat Buxoro und später die Armeen des russischen Zaren.
Viel ist vom einstigen Glanz des Khanats und der Geschichte, die hier geschrieben wurde, leider nicht mehr zu sehen.
Vieles fiel dem Zahn der Zeit zum Opfer, vieles aber auch den Säuberungsaktionen der Kommunisten während der Sowjetzeit.
Der erst kurz vor der Eroberung durch die zaristischen Truppen, im Jahr 1873 fertiggestellte **Palastes von Xudoyor Khan** (Saroyi Xudoyorxon) ist wirklich ein Besuch wert.
Hier ist ein Museum für Natur und Geschichte der Region untergebracht. Gleich rechts vom Eingangsportal betritt man das Büro des damaligen Kriegsministers, eine Tür weiter war der Chefsekretär untergebracht. Nachdem man den großen Innenhof, der durch eine Wand getrennt ist, durchschritten hat, gelangt man in den Thronsaal des Khans, der eine Ausstellung verschiedener zeitgenössischer Musikinstrumente, Schmuck und alte Samoware beherbergt.
Durch einen kleinen Zwischenraum betritt man schließlich das Schlafgemach des Khans, ein Platz der Lüste und Triebe, so die Geschichtsschreiber.
Der hintere Teil des Palastes mit dem Harem fiel einem Feuer zum Opfer und wurde seitdem nicht wieder aufgebaut. Geöffnet: Di-Sa 9-17 Uhr.
Ebenfalls sehenswert ist die **Jome Moschee** (Jome Masjidi, 1814), die auf Geheiß von Umar Khan mit 98 Säulen aus indischem Holz errichtet wurde.
Weitere Zeugnisse der großen Vergangenheit dieser Stadt finden Sie nahe der **Norbo'tabiy Medrese** (Norbo'tabiy Madrasasi, 1799). In unmittelbarer Nähe befinden sich auf einem alten Friedhof die kleinen Mausoleen **Modari Khan** (Modarixon Maqbarasi, 1825) und **Daxmai Shoxon** (Daxmai Shoxon Maqbarasi, 1830). Ersteres ist das Familiengrab der Frauen, das Zweite jenes der Männer der Sippe um Muhammad Umar Khan (reg. 1809-1822).
Eine weitere Sehenswürdigkeit der Stadt ist das **Xamza Museum** (Xamza Hakimzoda Niyozyi Muzeyi) neben dem gleichnamigen Dramen Theater, das dem Poeten Xamza gewidmet ist. Geöffnet: Di-So 9-17 Uhr.
Ein gut sortiertes **Souvenirgeschäft** (Badiy Savdo Korgazmasi) finden Sie in der ehemaligen **Amin Beg Medrese** gegenüber dem Hochhaus der Nationalbank. Hamza Ko'ch.
Ein Kleinod besonderer Art findet sich in der Istiqlol Ko'chasi. Eingeklemmt zwischen einem Handyladen und einer Apotheke lugt dort das schmale **Portal einer Moschee,** mit bunter Keramik verziert, hervor.
Das Gebäude der **Russisch-Turkestan Bank,** Istiqlol Ko'chasi nahe Hotel Qo'qon ist ebenfalls sehenswert.

Verkehrsverbindungen

Da es keine **Flüge** nach Qo'qon gibt, kann

die Stadt nur per **Sammeltaxi** oder **Bus** erreicht werden. Qo'qon's Busbahnhof neben dem Hauptbasar an der Furqat Ko'chasi bietet Verbindungen nach Farg'ona (alle 27 Minuten), Marg'ilon (alle 36 Minuten) und Rishton (stündlich). Private Taxis fahren in kurzen Abständen über den Kamchik Paß (Kamchik Dovoni) nach Toshkent.
Wer weiter ins tadschikische Huçand gelangen möchte, nimmt ein Marschrutka bis Beshariq, dann einen weiteren Minibus bis zur Grenze. Die Grenze ist nur zu Fuß passierbar. Dort warten wiederum Minibusse nach Huçand.
In der Stadt pendeln **Marschrutkas** zwischen dem Busbahnhof und dem Hotel Qo'qon sowie zwischen dem Busbahnhof und der Norbo'tabiy Medrese.

Hotels und Restaurants
Mittel
Hotel Khan
Istiqlol Ko'ch. 31, Tel. 91-152 11 88, 552 22 44, günstig gelegen, usbekisch moderne Zimmern
Hotel Dang'ara
Toshkent Ko'ch.70, Tel. 37357-21193, 21985, Siedlung Dang'ara, 5km nördl. Stadtzentrum Qo'qon an der A373 Richtung Toshkent, helle Zimmer, Bowlingbahn im Keller
Günstig
Hotel Qo'qon
I. Buxoriy Ko'ch. 1, Tel. 558 18 81, 542 00 42, vorne die Kreuzung, hinten der Basar: laut
Restaurants
Choyxonas gibt es an der Turkeston Ko'ch, Ecke Xamza Ko'chasi und nahe dem Palast.

Reiseziele in Turkmenistan

Die Region Ahal
Umrissen wird diese Region vom Köpetdag Gebirge im Süden und der Garagum Wüste im Norden. Die Oase entlang des Garagumkanals ist das "Herz" Turkmenistans und traditionell Heimat des Stammes der Tekke. In der Sprache der Teppichmuster ist es das bekannteste und wird auf der Turkmenischen Flagge ganz oben dargestellt.

Aşgabat
Wenn Sie vor 150 Jahren dort wo heute Aşgabat liegt einem Turkmenen auf seinem Pferd gesagt hätten, dass an dieser Stelle einmal der pompöse Präsidentenpalast und etwas weiter die größte Moschee Asiens existieren wird, er hätte die Seßhaften wohl vollends für verrückt erklärt und wäre kopfschüttelnd zurück zu seiner Jurte geritten.
Doch genau das ist Turkmenistan. Und am extremsten erleben Sie es in der Hauptstadt Aşgabat - tiefe Verwurzelung in nomadische Traditionen einerseits und modernste Architektur andererseits.

Geschichte
Hervorgehend aus einer kleinen Siedlung namens Konjikala nahe der damaligen Hauptstadt des Partherreiches spielte Aşgabat keine große Rolle in der Weltgeschichte. Die Mongolen zerstörten es und ein starkes Erdbeben gab ihr den Rest.
Erst als 1869 Russische Soldaten ein kleines Militärlager nahe diesem Dorf errichteten, gewann Aşgabat an Bedeutung. Die Sicherheit, die diese Soldaten vermittelten, zog Händler und Volk an. Bis 1881 blieb dieser Landstrich Teil Persiens. Erst mit der Eroberung des nahegelegenen Gökdepe war die Annexion des persischen Kwarazm vollzogen. Die Stadt blühte als europäisch-russische Siedlung auf.
Der Übergang vom Zarenreich in die Sowjetära war von einem Zwischenspiel durch Tsaristen und Menschewiki 1918 geprägt. Aus Aşgabat wurde bis 1927 Poltoratsk. Mit der Ausrufung der Turkmenischen Sowjetrepublik im selben Jahr wurde dieser Name jedoch wieder gegen den Alten ausgetauscht. Das russische Aschchabad verfügte nun bereits seit 1886 über einen Bahnanschluß an die Linie Krasnowodsk (heute Turkmenbaşy) - Toshkent.
Der vor allem industrielle Aufschwung der Stadt wurde jedoch 1948 jäh durch ein Erdbeben der Stärke 7,3 unterbrochen. Zwei Drittel der Bevölkerung starben. Der Friedhof an der Baba Ýapbarow Köçesi zeugt noch heute davon.
Die heute ältesten Häuser der Stadt aus der Stalinzeit findet man nördlich des Bahnhofs. Südwestlich des Bahnhofs entstand in den 60er und 70er Jahren das moderne Regierungszentrum.
Nach der Unabhängigkeit 1991 wurde nach Überwindung der wirtschaftlichen Depression

zunächst einzelne Neubauten, zu denen einige Hotels und 1997 der zweite Präsidentenpalast zählte, errichtet. Dies war auch der Startschuß für die Weiterentwicklung der Stadt nach Süden hin. Der Stadtteil Berzengi blieb nicht lange eine ferne Insel an den Hängen des Köpetdag. Die breiten Boulevards und weißen Marmorblöcke fraßen sich immer weiter vor, verschlungen auch nicht wenige ältere Stadtviertel, deren Hausbesitzer ersatzlos ihr Dach über dem Kopf verloren.

Insbesondere die Stadtbevölkerung Aşgabats lebt heute in der Traumwelt des "Goldenen Jahrhunderts" (Altyn Asyr) und glaubt an die Inhalte des "Buches der Seele" (Ruhnama), welches ihr ehemaliger Präsident sich ausgedacht hat.

Zwei Stadttouren durch Aşgabat

Die Sehenswürdigkeiten Aşgabats können in drei Perioden unterteilt werden: Die Sowjetische Periode von 1948 bis 1991, die Niýazow Ära von 1991 bis 2006 und die Zeit danach.

Wir starten unseren Rundgang (2,8Km Länge) am Mittelpunkt des **sowjetischen Aşgabat**, dem **russischen Basar** (Merkezi Bazar). Noch heute trifft man hier auf weiße Kittel und Häubchen des Verkaufspersonals, wie Sie einst Sowjet- Standard waren.
Der Azady Köçesi nach Osten folgend, treffen wir auf das Gebäude des **Zentralkomitees** der ehemaligen KP. Wenige Meter weiter die Azady Köçesi folgend sehen wir die **Skulpturenfassade** des Archives der KP, gestaltet von Ernst Neizvestny, einem für seine Monumentalskulpturen bekannter Bildhauer. Gegenüber dieser Fassade steht, etwas verlassen, der letzte **Lenin** der Stadt auf einem Sockel mit Teppichmustern. Der Schatten der modernen Zeiten in Form des neuen **Magtymguly Dramen Theaters** (Magtymguly adyndaky Milli Sazly Drama Teatry) fällt heute auf ihn. Unmittelbar daneben, an der Görogly Köçesi die schlichte Büste von Taras Şevçenko. Der Puşkin Köçesi nach Süden folgend, treffen wir auf eine Parkanlage mit schattenspendenden Bäumen, die **ehemalige Allee der Helden**. Die Vormals sich dort befindlichen Denkmäler zum Erdbeben von 1948 sowie für die Gefallenen des 2. Weltkrieges befinden sich nun weit ausserhalb der Stadt (siehe Stadtplan). Wir beenden daher unseren ersten Stadtrundgang beim **ersten Präsidentenpalast** (Prezidentyn Köşgi), damals Sitz des Vorsitzenden des Obersten Sowjets der Sowjetrepublik Turkmenistan. Diese Palast markiert den Übergang vom Sowjetgebilde zum Nationalstaat, denn hier war auch der Sitz des ersten Präsidenten Turkmenistans.

Die zweite Tour durch das **neue Aşgabat** (29Km Länge) ist wegen der Entfernung besser mit einem Taxi zu bewältigen.

Ausgangspunkt ist der **zweite Präsidentenpalast** (Prezidentyn Köşgi) der von Niýazow ab 1997 bis zu seinem Tod 2006 bewohnt wurde. Davor ist ein Aufmarschplatz mit VIP Tribüne zu sehen.

Auf der gegenüberliegenden Seite der Galkynyş Köçesi ragt der gewaltige **Ruhyýet Palast** (Ruhyýet Köşgi) auf. Sein Zweck beschränkt sich auf seltene Feiern und Ausstellungen. Er ist mit einem 14x21m großen Riesenteppich ausgelegt.

Den **dritten Präsidentenpalast** (Prezidentyn Köşgi) einige Meter der Galkynyş Köçesi nach Osten folgend, bezog der amtierende Präsident 2011. Beachten Sie die Straßenlaternen und die Bordsteine aus weißem Marmor.

Zurückgekehrt zum Ruhyýet Palast folgen wir der Garaşsyzlyk Şaýoly nach Süden, entlang des **Parkes zum 10. Staatsjubiläum** (10Ýyl Garaşsyzlyk Seýilgähi) und vorbei am **Parlament** (Meýlis) linker Hand, das jedoch kaum an der politischen Gestaltung mitwirkt. Ziel ist das **Teppichmuseum** (Türkmen Halysynyň Milli Muzeýi) mit einer wirklich sehenswerten Ausstellung dieses prägenden Kunsthandwerkes.

Weiter der Garaşsyzlyk Şaýoly nach Süden folgend passieren wir nun den **Kinderpark** (Ertekiler Dunyasi), in dem Sie sich ganz einfach unter das Volk mischen können. Nahe dem Eingang befindet sich auch das **Puppentheater** (Gurjak Teatry), einer alten turkmenischen Tradition der Unterhaltung folgend.

Vorbei am riesigen **Hockeyzentrum** kommen wir zum bei den Aşgabater Bürger beliebten, vollklimatisierten **Einkaufszentrum Ýimpaş** an der Sapamyrat Turkmenbaşy Şaýoly, Ecke Oguzhan Köçesi.

Den **großen Kanal** (Büyik Kanali), der viele

Turkmenistan - Stadtplan Aşgabat

Turkmenistan - Bildimpressionen Aşgabat

Telefonieren auf Turkmenisch

Unabhängigkeitsturm mit Skulpturen Spallier

Glückspalast bei Nacht

Größter turkmenischer Teppich der Welt

Klimatisierte Bushaltestelle in Aşgabat

Lenin grüßt die Turkmenen

Sowjet-Skulptur an der Fassade des Staatsarchives

Brunnen der Stadt versorgt, überqueren wir, wenn wir auf der Sapamyrat Turkmenbaşy Şaýoly weiter nach Süden fahren. Nächste Station an diesem Boulevard ist das **Olympia Stadion** (Olimpiýa Stadiony). Erbaut wurde es 2003. Nur elf Jahre später wurde es jedoch abgerissen und noch großartiger an gleicher Stelle neu errichtet. Olympische Spiele haben hier noch nie stattgefunden. In unmittelbarer Umgebung gibt es auch ein **Olympisches Dorf** mit zahlreichen Sportstätten aller Art.

Links beginnt nun der fast 2km lange **Unabhängigkeitspark** (Garaşsyzlyk Seýilgähi) mit dem sich Abends öffnenden **Ruhnama Riesenbuch**.

Bereits von weitem sichtbar ist der 118m hohe **Unabhängigkeitsturm** (Mizemez Türkmen Binasy), welcher flankiert wird von zahlreichen Großstatuen geschichtlicher Persönlichkeiten der Turkmenen und einer goldenen Statue des Turkmenbaşy. Eine Aussichtsplattform und eine Ausstellungshalle sind in dem Turm integriert.

Auf der gegenüberliegenden Seite der Arçabil Köçesi thront das **Nationale Kulturzentrum** (Milli Medeniýet Merkezi), bestehend aus einer Bibliothek, einem Musikzentrum und einem Museum, welches das Leben Sapamyrat Niýazows nachzeichnet.

Der Arçabil Köçesi folgen wir nun nach Westen, vorbei an zahlreichen kleinen und großen Hotels zum **Nationalmuseum** (Medeniýet Merkezinin Döwlet Muzeýi). Diese Sammlung gibt einen guten Überblick über die Geschichte und Ethnographie des Landes. Besondere Ausstellungsstücke sind die Rython (2.Jh. v. Chr.), fein verzierte Elfenbeinhörner für zoroastrische Trinkrituale, die im nahegelgenen Nisa gefunden wurden. Der **Flaggenmast** vor dem Museum mißt 133m und war bei seiner Errichtung der höchste der Welt.

Entlang der Arçabil Köçesi weiter nach Westen ist schon bald der **Neutralitätsturm** (Bitaraplyk Arkasy) zu sehen. Er hat in seiner kurzen Existenz bereits selbst Geschichte geschrieben. Ursprünglich 1998 im Stadtzentrum Aşgabats errichtet, war die Aussichtsplattform einerseits ein beliebtes Ziel der Bevölkerung, andererseits aber auch der maximale Ausdruck des Personenkults um Sapamyrat Niýazov. Dessen vergoldete 12m Statue in "Herr der Welt" Körperhaltung drehte sich damals immer mit der Sonne. Sein Nachfolger ließ den Turm samt Türkmenbaşy 2011 am äußersten Stadtrand aufbauen. Er dreht sich nun auch nicht mehr.

Ebenfalls an der Arçabil Köçesi gelegen ist der **Turm der Verfassung** (Konstitusiýa Binasy), ebenfalls ausgestattet mit einem Lift der zu einer Plattform führt.

Optisch absolut spektakulär ist das nahegelegene **Riesenrad** (Älem Medeni Dynç Alyş Merkezi) aus Marmor. Man könnte es auch für die Requisite eines Science Fiction Films halten. Leider ist die Sicht aus den Kabinen im Innern eher gering. Weitere Attraktionen für Kinder befinden sich im Gebäude darunter.

Am Ende unserer Stadttour durch das moderne Aşgabat erreichen wir den Ausgangspunkt zu zwei Wanderwegen der besonderen Art. Der **Gesundheitspfad** (Serdar Ýolu) führt einmal entlang eines Bergrückens 8km nach Norden und einmal 23km nach Süden vorbei am Fernsehturm und der Talstation der **Kabinenbahn** (Teleferik) bis zur Çandybil Şaýoly. Der Pfad aus weißem Marmor hat etwas von einer chinesischen Mauer und bietet sehr schöne Panoramablicke auf Stadt und Gebirge.

Weitere Sehenswürdigkeiten

Im alten Teil der Stadt sind der ufoartige **Zirkus** (Döwlet Sirki) und das **Bahnhofsgebäude** (Demir Ýol Menzili) interessant. Wobei dieser die "Aufwertung" der neuen Zeit weniger gut verkraftet hat, wie der Zirkus.

Da den Turkmenen das Pferd sehr am Herzen liegt, gibt es auch diverse **Gestüte**. Zu finden sind diese bei den **Pferderennbahnen** (Hippodrom). Einmal die alte Anlage im Osten der Stadt an der Kulyev Köçesi, das neue Hippodrom nahe dem Vorort Perwomaýskiy (+37° 49' 46", +58° 25' 14") sowie das **Pferdezuchtzentrum** gegenüber dem neuen Zoo.

Neben einer kleinen **iranischen Moschee** im Westen der Stadt unterscheidet sich auch die **Türkische Moschee** (Ertogrul Gazy Metjidi), durch ihren ottomanischen Aufbau vom landestypischen Stil. Der Wärter führt interessierte Touristen gerne durch das Gotteshauses. Das einzig turkmenische sind übrigens die Teppiche auf dem Boden.

Turkmenistan - Region Ahal

Vor wenigen Jahren entstand auf einer Anhöhe über der Stadt eine großzügige Sportanlage, die Hotelkomplexe Aşgabat und Ýyldyz sowie der **Glückspalast** (Bagt Köşgi) in dem Hochzeiten stattfinden. Den Beginn des Personenkultes um der amtierenden Präsident Berdimuhamedow manifestiert das **Arkadag Monument** mit dem goldenen Präsidenten auf einem Pferd auf einem Marmorsockel.

Wer den ersten Stadtrundgang durch das sowjetische Aşgabat vervollständigen möchte, kann den neu angelegten **Halk Hakydasy Monumenten Park** im Westen der Stadt besichtigen. Dorthin wurden das Denkmal für die Erdbebenopfer von 1948, das der Kämpfer um das Heimatland (Gökdepe Schlacht) und das Gefallenendenkmal des 2. Weltkrieges aus Sowjetzeiten gebracht, die sich ursprünglich im sowjetischen Stadtzentrum befanden.

Verkehrsverbindungen

Von Aşgabat aus fliegt **Turkmenistan Airlines** derzeit mindestens einmal täglich nach Daşoguz, Mary, Balkanabad, Turkmenbaşy und Turkmenabat. Der Hauptstadt-Flughafen wird derzeit umgebaut und ist daher bis 2016 im alten Terminal am Bulvar Kosmonavtov untergebracht. Inlandsflüge sind extrem Subventioniert und daher zwar preiswert aber schon lange im Vorraus ausgebucht. Internationale Einreisegebühr 12$; Intern. Abreisegebühr: 25$; Nationale Abreisegebühr 5$; (nur in US Dollar bar zahlbar, keine Wechselmöglichkeit im Terminal).

Vom Bahnhof (Demir Ýol Menzili) fahren langsame **Züge** nach Daşoguz (19h), Turkmenabat (18h) via Mary (9h), Atamyrat (20h), Sarahs (9,5h) und Turkmenbaşy (16h). Es gibt wegen Spurweitendifferenz keine direkten Züge nach Mašhad (Iran). Die Trans-Garagum-Linie von Aşgabat über Derweze nach Daşoguz (17h) ist seit 2006 in Betrieb. Bahnreisen sind zwar sehr preisgünstig, aber Sammeltaxis kosten kaum mehr, brauchen für die gleiche Strecke aber nur die Hälfte der Zeit.

Sammeltaxen, Minibusse und Busse sind eine bessere Variante. Sammeltaxen sind am schnellsten, komfortabelsten und teuersten. Busse sind sehr günstig. Vom Bahnhof werden die östlichen Regionen angefahren: Mary (5h), Turkmenabat (9,5h), usw. Vom alten Flughafen werden Ziele wie Balkanabat (5h) und Turkmenbaşy (9h) angefahren. Fahrten mit dem Ziel Daşoguz (8h) starten vom neuen Busterminal (Aşgabat säherindäki halkara ýolagçy awtomenzili) weit im Norden der Stadt Richtung Altyn Asyr Basar. Von hier aus werden auch Bokurdak (1,5h), Yerbent (2,5h) und Archman angefahren.

Zur **iranischen Grenze** (Howdan) fahren Sie mit dem Taxi ca. 20km bis zum turkmenischen Vorposten (Paßkontrolle). Ein relativ teures Sammeltaxi bringt Sie durch das Kopetdag Gebirge bis zur turkmenischen Grenzstation Howdan. Von dort fahren Sie in einem weiteren Kleinbus bis zum iranischen Grenzposten durch das "Niemandsland". Vom Iranischen Grenzposten fährt ein weiterer Bus bis zum ersten iranischen Dorf Bajgiran.

Verkehrsmittel in Aşgabat

Prinzipiell können Sie jedes **Auto** anwinken und die Fahrer, die halten, bieten ihren Dienst an. Sie einigen sich zunächst auf das Ziel und dann den Preis.

Die **Stadtbusse** fahren auf allen Hauptstraßen in kurzen Zeitabständen. Die Haltestellen sind teilweise klimatisiert und mit Linienplänen ausgestattet. Fahrschein beim Fahrer kaufen und im Bus entwerten.

Aşgabat von A bis Z

Apotheken
Dermanhana No. 1
Galkynyş Köçesi, Ecke Magtymguly Şaýoly
Dermanhana No. 4
Azady Köçesi, Ecke Liebknecht Köçesi

Bibliotheken
Nationalbibliothek (Milli Kitaphana)
Arçabil Şaýoly, nahe Unabhängigkeitsturm

Botschaften
Afghanische Botschaft
Bitaraplyk Şaýoly 4/4, Mo-Fr 9:30-12:30 Uhr, 15:30-16:00 Uhr Annahme, Tel. 48 07 57
Aserbaidschanische Botschaft
Ata Gowşudow Köçesi 112, Mo-Fr 10-13 und 16-18 Uhr, Tel. 39 11 02, 39 14 47
Iranische Botschaft
Tehran Köçesi 3, Mo-Fr 9:30-12:30 Uhr, Tel. 35 02 36, 35 03 37

Kasachische Botschaft
Garaşsyzlik Şaýoly 11/13, Di-Fr 9-12, 17-18 Uhr Annahme, Tel. 48 04 52, 48 04 69
Usbekische Botschaft
Görogly Köçesi 50a, Mo, Mi, Fr 10-13 Uhr, Tel. 34 23 34, 33 10 62
Deutsche Botschaft
Hotel Ak Altyn, Magtymguly Şaýoly 141/1, Mo-Fr 9-12 Uhr, Tel. 36 35 15, 36 35 17

(Die Schweiz und Österreich unterhalten derzeit keine Vertetung in Turkmenistan. Schweizer wenden sich an die Vertretung in Baku (Aserbaidschan). Österreicher wenden sich an die Vertretung in Astana (Kasachstan).
Rufen Sie in echten Notfällen die Deutsche Botschaft an, Tel. 30 25 22 (24h)

Bücher, Bildbände
Mira Kitapler
Türmenbaşy Şaýoly 29, großes Angebot Turkmenische Bücher und Turkmenbaşy Fanartikel, auch vom neuen Präsidenten

Einkaufen
Basare
Merkezi Basar (auch Russ. Basar), täglich;
Tekke Basar (auch Tikinsky Basar), täglich;
Altyn Asyr Gündogar Basar (Wochenmarkt), Samstag, Hauptzeit Sonntag morgens.
Kaufhäuser
Turkmenistan Söwda Merkezi
Magtymguly Şaýoly östl. Puşkin Köçesi
Yimpaş Supermarkt
Turkmenbaşy Şaýoly 54
Berkarar Söwda we Dynç Alyş Merkezi
Atatürk Köçesi 80
Teppichgeschäfte (mit Turkmenhaly Zertifikat)
Altyn Gol
Altyn Asyr Center, Görogly Köçesi 77, Tel. 39 21 56
Türkmen Haly
Magtymguly Şaýoly 110, Tel. 39 16 67
Haly
Görogly Köçesi 5, Tel. 35 25 50
Altyn Çitimler
Kemine Köçesi 95, Tel. 35 51 50

Geldwechsel
2009 wurden neue Manat-Noten eingeführt. Dabei entspricht ein neuer Manat 5000 alten Manat. Es ist nicht lohnenswert, Geld auf dem Schwarzmarkt zu wechseln. Harte Strafen sollen davor abschrecken. Geldautomaten sind kaum verbreitet, ebenso Kreditkarten. US-Dollar sind am besten zu wechseln. Flugtickets können nur mit offiziell gewechselten Manat erworben werden. Beachten Sie, dass Eintrittsgelder und Gebühren von Ausländern häufig in US $ bar bezahlt werden müssen. Im Umlauf sind derzeit 1, 5, 10, 20, 50 und 100 Manat Banknoten.

Hotels und Unterkünfte
Die Hotelpreise der Mittelklasse und darunter sind sehr von Ihrem Verhandlungsgeschick abhängig. In dieser Auswahl sind nur lizenzierte Hotels genannt, die auch die Registration übernehmen. Zimmer werden meist abgehört.
Luxeriös
Hotel President
Arçabil Şaýoly 54, Tel. 40 00 00, mit großem Abstand das edelste Haus der Stadt
Hotel Sofitel Oguzkent
Bitaraplyk Şaýoly 231, Tel. 44 95 00, Nobelhotel der französischen Hotelkette Sofitel
Hotel Ýyldyz
Bagtyyarlik Köçesi 517, Tel. 39 09 00, beste Panoramaaussicht, Design wie in Dubai
Hotel Ak-Altyn
Hydyra Derýaew Köçesi, Tel. 36 37 00, hier logieren Sie neben der Deutschen Botschaft
Mittel
Hotel Nissa
Atabaew Köçesi 18, Tel. 42 10 25, bestes Hotel der gehobenen Mittelklasse
Hotel Ahal, Independent und Gara Altyn
Alle Arçabil Köçesi , Berzengy, etwas besser gepflegt, aber recht abgelegen im Süden
Günstig
Hotel Paýtagt (Ex-Aşgabat)
Magtymguly Şaýoly 74, Tel. 35 74 05, Pol-Lux Zimmer sind einigermaßen OK, zentral
Hotel Çandybil
Arçabil Köçesi , Berzengy, Tel. 51 81 47, sehr einfach mit keinerlei Service oder Komfort

Internet, E-Mail
Internetcafes der Turkmentelekom
Garaşsyzlyk Şaýoly 18, Zweigstelle ATS 48 Magymguly Şaýoly 98/1, Kino "Parahat"
Yunus Emre Köçesi 59, Mir Basar, ATS 46
Turkmenbaşy Şaý. 54, Yimpaş Superm. 3.OG

H. Derýaew Köçesi 8, Zweigstelle ATS 36
Einige **Hotels** bieten WLAN in der Lobby an.

Krankenhäuser
Poliklinik No. 1 (Poliklinka No.1)
Yunus Emre Köçesi, Ecke N. Andalip Köç.
Zahnklinik (Diş Klinika),
Seýdi Köçesi , Ecke A. Niýazow Köçesi
Gesundheitszentrum (Saglyk Markasi)
Çandybil Şaýoly, Tel. 51 90 06, 51 90 08

Kreditkarten
Turkmenen zahlen in bar. Kreditkarten (nur Visa) werden in teuren Hotels, bei einigen Banken und einigen wenigen Geschäften akzeptiert. Die Abrechnung erfolgt nach dem ungünstigen, offiziellen Wechselkurs.

Kulturleben
Magtumguly Opern und Ballett Theater (Magtymguly adyndaky Milli Sazly Drama Teatry)
Şevçenko Köçesi, Turkmenische Musikdarbietungen, meist am Wochenende 19 Uhr
Mollanepes Theater (Mollanepes adyndaky Talyplar Teatry)
Magtymguly Şaýoly, Ecke Puşkin Köçesi, turkm. Dramen, Gesang, Arien
Baş Dramen Theater (Türkmenbaşy Adyndaky Baş Drama Teatry)
Magtymguly Şaýoly, Ecke Puşkin Köçesi, moderne und klassische Dramen
Puppen Theater (Gurjak Teatry)
Garaşsyzlyk Şaýoly, Ecke Oguzhan Köçesi, interessante Puppenspiele nicht nur für Kinder

Kulturzentren, Stiftungen, Kirchen
Nationales Kulturzentrum (Milli Medeniýet Merkezi), Arçabil Köçesi, gegenüber Unabhängigkeitsturm
Russische Kirche, nördl. Ende Ataturk Köç.

Museen
Nationalmuseum (Medeniýet Merkezinin Döwlet Muzeýi) südl. Ende Garaşsyzlyk Şaýoly, Mi-Mo 10-17 Uhr, Archäologische Fundes des Landes von besonderer Bedeutung, ethnographische Ausstellung des Landes
Museum für Teppichkunst (Türkmen Halysynyň Milli Muzeýi),
A. Niýazow Köçesi, Mo-Fr 10-18 Uhr,
Die schönste Sammlung von Teppichen des Landes, unbedingt sehenswert !
Museum der feinen Künste (Şekillendiriş Sungaty Muzeýi)
Bitarap Turkmenistan Köçesi Ecke Kemine Köçesi, Mo-Fr 10-17 Uhr Gemälden lokaler wie auch internationaler Künstler, Funde von diversen Ausgrabungen der Region Ahal sowie traditionelle Bekleidung

Post, Paketdienste
Hauptpost
Prof. Mäti Kösäýew Köçesi 16, Ecke Asydalyk Köçesi; Alle weltweit operierenden **Paketdienste** wurde 2005 geschlossen. Nur Türkmenpoçta liefert Briefe und Pakete aus.

Registrierung
Touristenvisum
Die 1. Registrierung erfolgt bei Einreise. Unbedingt Quittung (12 $) aufbewahren. Die 2. Registrierung muß innerhalb von 72h erfolgen. Dies erledigt die einladende Reiseagentur für Sie. Die Übernachtung ist nur in lizenzierten Hotels möglich. Theoretisch müsste man sich auch abmelden. Das wird aber kaum praktiziert.
Transitvisum
Eine Registrierung ist normalerweise nicht notwendig. Erkundigen Sie sich bei der Botschaft über die aktuellen Bestimmungen.

Reiseveranstalter in Aşgabat
Ayan Travel
DAG Syyahat
Atlaz Travel Company
Latif Travel
Owadan Tourism
Travelnotoria
Stantours
Zehin Travel Company

Restaurants (Auswahl)
International
Restaurant Sim Sim
Andalip Köçesi 50/1, Mir 1, Kebap, Schaschlik, Salate, Pizza, eher russisch geprägt
Restaurant Eýforiýa
Kuliew Köçesi 33, nahe Hotel Nissa, etwas plüschig, "echt" europäisch, immenses Menü
Restaurant Coffee House
Turkmenbaşy Şaýoly 15A, Kein guter Kaffee, aber gute indische Gerichte, Käsekuchen, etc.
Restaurant Ayna
Kemine Köçesi 156A, Fischrestaurant, beliebt
Restaurant Asuda Nusay
Görogly Köçesi 36, Etwas versteckt, gute

Steaks, türkische und fernöstliche Gerichte
Türkisch/Turkmenisch
Restaurant Merdem
9. Mikrorayon, +37°54'49", +58°24'32"
Dachterasse, Jurten, Supermarkt, Spielplatz
Restaurant Çeşme
Lahuti Köçesi 1, beliebtes Lokal in Kellergewölbe, leckere Salate, später auch Disco
Italienisch
Restaurant Pizza House
Magtymguly Şaýoly 72, neben Hotel Paýtaht, gute Pasta und Pizza in rustikalem Ambiente

Sicherheit
Ab 23 Uhr ist verstärkt mit Polizeikontrollen zu rechnen. Bitte machen Sie insbesondere gegenüber Turkmenen keine Witze über die beiden Präsidenten oder Ruhnama. Es kann diese Menschen verletzen oder in große Probleme bringen.

Telefon, SIM-Karten
Int. Telefonzentralen (Türkmen Telekom) Asudalyk Köçesi 36 und A. Niýazow Köç. 10 (gegenüber Magazin Sumbar), tägl. 8-20 Uhr.
Prepaid SIM Karten gibt es bei MTS, Niýazow Köçesi 85 und 104 oder bei Türkmen Telekom (Siehe oben und bei Internet, E-Mail)

Vorwahl von Aşgabat
12

Übersetzer
Fremdsprachenschule Nr. 27, Oguzhan Köç. 2

Sehenswertes in der Region Ahal

Altyn Asyr Basar und Gurtly See
Der 2011 eingeweihte Komplex (Altyn Asyr Gündogar Bazary) am Rande der Wüste Garagum ist geformt wie ein gigantisches Teppichmuster. Er ersetzt den alten Tolkuçka Basar, auf dem noch recht archaisch vom LKW herunter verkauft wurde. Auch der neue Basar bietet auf 154ha Fläche ein gewaltiges Angebot an Teppichen, Vieh, Lebensmitteln, Ersatzteilen und Bekleidung.
Der Bazar ist an jedem Wochenende, jedoch besonders Sonntagvormittag in vollem Gang.
Erreichbarkeit: Zunächst über die N. Andalyp Köçesi nach Norden aus der Stadt, über den Garagum Kanal, weiter auf der Straße nach Köneürgenç durch den Vorort Çoganly, ca. 12Km.
Ganz in der Nähe des Altyn Asyr Basars ist der künstliche Gurtly See (Gurtly Köl) ein Anziehungspunkt für Angler und Badetouristen. Am schönsten ist das teils mit Schilf bewachsene Nordufer mit Blick auf den Köpetdag.
Erreichbarkeit: Vom Altyn Asyr Basar der Straße Richtung Köneürgenç folgen, durch das Stadttor 2,6Km bis zu einer Kreuzung (+38°03'43", +58°23'39), dann auf einer Piste ca. 2km bis zum See.

Köpetdag Kabinenbahn
Einen herrlichen Panoramablick genießt man von der Bergstation (1293m) der 3Km langen Seilbahn (Teleferik, Asma Ýoly) hoch über der Stadt in den Bergen des Köpetdag Gebirges. Mo geschlossen.
Erreichbarkeit: Vom Unabhängigkeitsturm in Berzengy der Turkmenbaşy Şaýoly nach Süden folgen bis zur ersten großen Kreuzung. Dort nach Westen abbiegen und die erste Möglichkeit wieder nach Norden (+37°52'06", +58°19'34). Diese Straße führt nach ca. 11Km zur Talstation.

Zoo
Der 2011 eröffnete Zoo (Janly Tebigatyň Milli Muzeýi) gab vielen Tieren eine neue Heimat, die es noch nie zuvor in Turkmenistan gab. Giraffen, Nashörner oder Krokodile sowie Meerestiere in Aquarien bevölkern neben der heimischen Fauna die Gehege. Es gibt ein Museum der Evolution sowie ein unregelmässig geöffnetes Kiosk und Cafe. Der Eingang ist an der Ostseite nahe dem Parkplatz. Verpflegung besser selbst mitbringen.
Erreichbarkeit: Wir folgen der Görogly Köçesi nach Westen, passieren das Stadttor und die Siedlung Bagyr. Bei drei Kreisverkehren halten wir uns immer geradeaus und erreichen nach ca. 26Km den Zoo.

Arçabil und Çuli Tal
Die meist etwas kühleren Täler des Köpetdag sind ein beliebtes Ausflugsziel der Stadtbevölkerung. Landschaftlich sehr schön ist das untere **Arçabil Tal**, welches nahe der Siedlung Jülge aus dem Gebirge austritt. Im Tal ist das schön angelegte **Restaurant Maral** ein beson-

derer Anziehungspunkt. Der Abschnitt bis zur Wasserfabrik von Arçabil (Suw Zawody) ist im Gegensatz zum oberen Tal noch nicht mit Resorts zugebaut worden.

Natur pur finden Sie auch im obersten Bereich des Çuli Tales. Der tief eingeschnitte **"Leoparden Canyon"** kann durch einen schmalen Pfad entlang des Steilabfalles erwandert werden.

Erreichbarkeit: Startpunkt ist der Kreisverkehr vor dem letzten Resort. Dieses kann nördlich entlang der Mauer umgangen werden. Dann der Schlucht 1Km folgen. Bei +37°57'13", +58°00'40" beginnt ein Pfad steil nach Nordwest anzusteigen. Es ist ratsam, entweder einen ortskunden Führer zu haben, oder sich den Wegverlauf in Google™ Earth genau anzuschauen. Nach rund 2Km erreicht man die ersten spektakulären Panoramablicke.

Alt-Nisa, Neu-Nisa (Nusaý) 🏛 UNESCO

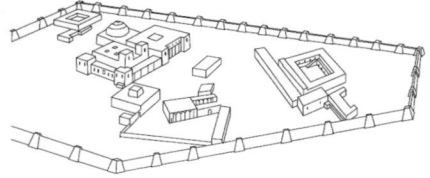

Rekonstruktion von Alt-Nisa

Vor etwa 2300 Jahren entstand hier der **Hauptsitz der Könige der Parther**. Dieses Volk beherrschte seinerzeit insbesondere unter dem König Mithridates II. ein Gebiet, dass sich vom Euphrat bis zum Indus erstreckte. Es war zudem der östliche Gegner der Römer. In seiner ursprünglichen Form umgab die Königsresidenz von **Alt-Nisa** eine Befestigungsmauer mit 42 Türmen. Innerhalb der Mauern befanden sich Repräsentationsbauten wie Zoroastrische Tempel, Paläste, das Schatzhaus und ein Handwerkerviertel. Die Gebäude waren mit Farben und Ornamenten geschmückt. Die Mongolen zerstörten die Stadt im 13. Jahrhundert worauf hin eine neue Siedlung - **Neu-Nisa**, etwa 2Km nordwestlich gebaut wurde, die heute jedoch wenig Interessantes bietet. Die ausgegrabenen Schätze von Alt-Nisa wie die elfenbeinernen Rython, Statuen oder die kleine Sphinx können im Staatlichen Museum in Aşgabat besichtigt werden. Mehrere Ausgrabungskampagnen wurden von lokalen und italienischen Archäologen aus Turin ausgeführt. Teile der Gebäude wurden rekonstruiert.

Zwischen Alt- und Neu-Nisa ist das **Mausoleum** (12. Jh.) zu Ehren von Ali Abu Dakkaga, alias **Scheich Alov** erhalten. Nahe dem Gebäude sind eine heilige Quellen und "Wunschbäume" zu finden.

Erreichbarkeit: Der Görogly Köçesi aus Aşgabat heraus nach Westen folgen, vorbei am Stadttor bis zum Dorf Bagir. Am dortigen Kreisverkehr nach Südosten orientieren und am Ortsende einer Asphaltstraße nach Südwesten folgen bis zu den Ausgrabungen von Alt-Nisa: +37°57'1", +58°12'48", Neu-Nisa: +37°58'4", +58°12'10", Mausoleum Scheich Alov: +37°57'25", +58°11'53". Nur per Taxi erreichbar.

Änew

Etwa 12 Kilometer südöstlich von Aşgabat entfernt liegt die Provinzhauptstadt **Änew** (Anau). Hier lebten Menschen bereits 3000 Jahre v. Chr. wie man anhand eines Siegelfundes herausfand. Die prachtvolle **Seýitjemeteddin Moschee** mit einer flachen Kuppel, bunt verziertem Portal, flankiert von schlanken Minaretten, ein Juwel der spät-timuridischen Baukunst. Dies war eines von zahlreichen markanten Bauwerken die diese blühende Stadt ihr eigen nannte. Das historische Änew in unseren Tagen stellt sich derweil eher trostlos dar. Die genannte Moschee ist ein Trümmerhaufen. Sie fiel dem starken Erdbeben 1948 zum Opfer, die stolze **Zitadelle** ist nur noch ein großer Lehmhaufen. In der nahegelegenen neuen Stadt ist das ungewöhnliche **Museum Ak Bugdaý** dem Weizenanbau der Region gewidmet.

Erreichbarkeit: Änew liegt südlich der M37 Richtung Mary. Der Abzweig zur Neustadt mit dem Weizenmuseum ist unmittelbar nach der großen Kreuzung mit der Straße nach Köneürgenç. Das historische Änew liegt in den Feldern östlich der Neustadt. Abzweig von der M37 bei +37°54'12", +58°33'08", und 1km bis zur Zitadelle.

Abiverd

Diese mittelalterliche Ruinenstadt aus dem 8.Jh. wurde durch Seljuken erbaut. Erhalten sind unzählige Lehmmauern und die mit Türmen

bewehrte Stadtbefestigung. Die Stätte ist bisher Archäologisch kaum erforscht worden.
Erreichbarkeit: An der M37 Aşgabat-Mary, westlich von Kaka. Es gibt dort keine Versorgungsmöglichkeiten.

Ulugdepe
Hoch oben auf einem einzel stehenden Hügel südlich des Dorfes Duşak erhob sich im 4.-1. Jh. v. Chr. die Siedlung Ulugdepe. Französische Archäologen haben die Zitadelle freigelegt. Die Funde geben Auskunft über die Handelsbeziehungen dieser Region, sowie die Lebensweise im frühen Bronzezeitalter. Diese sind im Ak Bugdaý Museum in Änew zu sehen.
Erreichbarkeit: Bei +37°12'41", +60°00'38" zweigt von der M37 die Straße nach Duşak ab. Nach Überqueren der Bahnlinie links halten. Bei der nächsten Möglichkeit rechts und wieder links. Dieser Straße nach Osten folgen und die 6. Straße nach rechts aus dem Dorf fahren. Bei +37°10'28", +60°02'41" an der Kreuzung rechts halten. Von der M37 sind es 8,6Km bis zu dieser Stätte.

Gypjak
Im Geburtsort von Saparmyrat Niýazow wurde die derzeit größte Moschee Zentralasiens errichtet. Die **Ruhy Moschee** fasst 10.000 Betende. Sie ist 100x100m groß und die goldene Kuppel 55m hoch. Die Minarette reichen 91m in den Himmel. Der ausgelegte Superteppich ist handgeknüpft und 215m^2 groß. Auf dem Eingangsportal wird sein Buch Ruhnama dem Koran gleichgestellt. Auch die Minarette zieren Ruhnama Verse, weshalb die Moschee von Moslems eher gemieden wird. Neben der Moschee befindet sich das **Familiengrab** der Niýazows. Dort liegt in der Mitte Turkmenbaşy, seine Mutter Gurbansoltan, Vater Atamýrat und seine beiden Brüder. Das Mausoleum ist ein Geschenk von Martin Bouygues, Chef der gleichnamigen französischen Baufirma, die viele Gebäude in Aşgabat errichtete.
Erreichbarkeit: An der Ausfallstraße (M37) nach Turkmenbaşy, ca. 15km nordwestlich von Aşgabat.

Gökdepe
Schon von der Fernstraße M37 aus ist die riesige Saparmyrat Hajy Moschee sichtbar. Umgeben ist sie von den Lehmmauern der Turkmenen-Festung **Dengildepe**. Hier wurde turkmenische Geschichte geschrieben, denn Dengildepe war die letzte Bastion, welche die Tekke Nomaden eisern gegen die einfallenden Russen im Jahr 1881 verteidigten. 18 000 Turkmenen vom Stamm der Tekke ließen bei dem Kampf gegen einen übermächtigen Feind ihr Leben. Russland stand zu dieser Zeit unter starkem Erfolgsdruck. Auch die Briten, die bereits Persien beherrschten, wollten Ihren Machtbereich noch weiter ausdehnen und so rückten die Armeen unter Michail Skobelew bis zum Köpetdag Gebirge vor.
Neben der **Saparmyrat Hajy Moschee**, 1995 fertiggestellt, wurde der Komplex 2008 um ein **Museum** und ein **Besuchszentrum** für Pilger erweitert. Ein Besuch ist außerhalb der Gebetszeiten problemlos möglich.
In dem Museum ist neben einer guten ethnographischen Sammlung des Ahal Tekke Stammes auch etwas über die Festung zu erfahren.
Erreichbarkeit: Entweder von der M37 die Fußgängerbrücke am Bahnhof nutzen oder östlich des Ortes die Brücke über die Bahngleise nehmen. Marschrutkas sind am Bahnhof zu finden.

Köv Ata Höhlensee
Hier ist Badespaß angesagt, und zwar in 60 Meter Tiefe ! Eine Thermalquelle versorgt hier den ausgedehnten unterirdischen **Höhlensee Köv Ata** mit ziemlich konstant 32-37,5°C warmem Wasser. Eine Treppe führt zunächst auf eine Plattform mit Umkleidekabinen und schließlich zum See mit bis zu 14m Wassertiefe, je nach Wasserstand. Man kann ein ganzes Stück in den Höhlengang hinein schwimmen, doch nimmt dort die Beleuchtung und der Mut rapide ab.
Erreichbarkeit: Der Abzweig (+38°19'42", +57°34'59") ist mit einem Schild Köv-Ata angeschrieben und befindet sich zwischen Gökdepe und Baharly nahe dem Dorf Akdepe. Von der M37 bis zum Eingang der Höhle am Fuße des Köpetdag sind es 7Km. Geöffnet: 9-18 Uhr

Içoguz (vormals Derweze)
Mitten in der Garagum Wüste, an der Straße von Aşgabat nach Daşoguz lag ein kleines, 350 Seelen Dorf namens Derweze. Die der Umgebung entsprechende ärmliche Erscheinung störte jedoch den Präsidenten und so

wurde das Dorf 2003 abgerissen. Übrig geblieben ist nur ein Kontrollposten an der Provinzgrenze und die kleine Bahnstation Içoguz. Hauptattraktion sind die Gaskrater. Resultierend aus Gasbohrungen 1971, brachen die Gaskammern ein. Da unkontrolliert Gas austrat, entzündete man das Gas. Das Loch wird auch als "Tor zur Hölle" (Jähenneme Açylan Gapy) bezeichnet wird. Es hat einen Durchmesser von ca. 60m und eine Tiefe von ca. 20m. Die Abbruchkante ist nicht gesichert. Der aktuelle Präsident bat 2010 das Loch zuzuschütten. Es gibt keinerlei Versorgungsmöglichkeiten.

Erreichbarkeit: Von Aşgabat aus kommend, ist der mit einem See gefüllte, blubbernde Krater bei +40°02'42", +58°25'42" nur 150m von der Straße entfernt zu sehen. Der größte Krater mit grauem Schlamm gefüllt, liegt bei +40°10'05", +58°24'38" etwa 270m von der Straße entfernt. Um zum brennenden Krater zu gelangen, führt ab +40°11'38", +58°24'42" eine teils sandige Piste ca. 7km zum Krater in der Wüste (+40°15'09", +58°26'22").

Die Regionen Lebap und Mary

Der Osten Turkmenistans umfasst insbesondere die Margiana Oase, welche historisch vom Fluß Murgap bewässert wird, und die Felder entlang des Amyderýa. Entlang des Murgap leben vorwiegend Saryk Turkmenen, während die Ärsary in der Gegend um Atamyrat traditionell vorherrschen. Die Saryk werden durch das mittlere, die Ärsary durch das unterste Teppichmuster auf der turkmenischen Flagge repräsentiert.

Turkmenabat

Aus vier Richtungen, treffen hier wichtige Handelsrouten aufeinander, weshalb die Stadt seit dem Mittelalter bis 1999 den persischen Namen Çärjew (Vier Wege) hatte. Turkmenabat ist durch eine überwiegend usbekische Bevölkerung geprägt und zeichnet sich weniger durch historische Bauten, also vielmehr durch die großen Basare aus. Tatsächlich befand sich damals noch nahe dem Amyderýa die **Festung Amul**. Leider sind davon nur noch spärliche Reste im Süden der Stadt erhalten (+38°01'06", +63°35'29"). Sehenswert ist der riesige **Weltbasar** (Dünýa Bazar) an der M37 ganz im Süden der Stadt. Er ist ähnlich dem Altyn Asyr Basar in Aşgabat wie ein Teppichmuster angelegt. Turkmenabat war immer ein bedeutender **Verkehrsknotenpunkt** und ist es auch bis heute geblieben. Fähren brachten die Karawanen der Seidenstraße über diesen so unberechenbaren Strom. Jahrzehntelang gab es hier nur eine schwankende Pontonbrücke. Die wurde 2016 durch die erste feste Straßenbrücke ersetzt. Das **Regionalmuseum** (Taryhy we Ülkäni Öwreniş Muzeýi) gegenüber dem Bahnhof gibt interessante Einblicke in die Geschichte der Stadt am Amyderýa. Beliebte Flaniermeile mit Schaschlikständen ist die **Aleya** entlang der Bitarap Turkmenistan Şaýoly .

Verkehrsverbindungen

Vom neuen Flughafen südlich der Stadt gibt es täglich **Flüge** nach Aşgabat sowie Montags einen Flug nach Daşoguz. Tickets bekommt man am Flughafenschalter.

Der Bahnhof befindet sich etwas nördlich des Zentrums an der Niýazow Şaýoly. **Züge** gibt es Richtung Aşgabat und Atamyrat. Die Verbindung nach Daşoguz wurde eingestellt.

Taxis und Marschrutkas in alle Richtungen findet man am Bahnhof, am Gök Basar und vor dem Dünýa Basar.

Innerhalb der Stadt pendeln **Busse** auf der Hauptverbindungsstraße, der Niýazow Şaýoly zwischen dem Bahnhof, Gök Basar und Dünýa Basar.

Der **Grenzverkehr mit Usbekistan** beschränkt sich auf Minibusse, die vom Bahnhof nach Farap und weiter zur Grenze (Turkm.: Serhet) fahren. Die Entfernung zwischen den Grenzposten beträgt ca. 2Km und ist nur zu Fuß passierbar. Die Grenze öffnet von 9-13 und 14-18 Uhr.

Hotels/Restaurants in Turkmenabat

(nur lizenzierte Hotels die auch registrieren)
Mittel
Hotel Jeýhun
Bitarap Turkmenistan Şaýoly 106, Tel. 422-21041, 2009 erbaut, Aircon
Hotel Türkmenabat
Magtymguly Şaýoly 51, Tel. 422-38185, renovierte komfortable Zimmer, Restaurant
Günstig
Hotel Lebapgurluşyk
Magtymguly Şaýoly 51a, Richt. Flughafen, Tel. 422-44420, große Zimmer, Aircon, renoviert

Hotel Amyderýa
Niýazow Şaýoly 14, nahe dem Bahnhof, Tel. 422-22434, große Zimmer, Aircon, renoviert
Restaurants
Restaurant Lebap
Niýazow Şaýoly 54 Ecke Puşkin Köçesi , gute Turkmenische Küche
Restaurant Traktir
Ärsarybaba Köçesi 14, russ. Küche, "Erlebnisrestaurant" der turkmenischen Art
Kafe Gülalek
Şaýdakov Köçesi neben Kaufhaus Söwda Merkezi

Geldwechsel
Auch nach der Umstellung auf den neuen Manat 2009 gibt es einen florierenden Schwarzmarkt in Turkmenistan. Der Kurs ist auf dem Basar wesentlich günstiger als nahe der Grenze und es kann an folgenden Stellen gewechselt werden:
Gök Basar
Niýazow Şaýoly südl. der Puşkin Köçesi
Dünýa Bazar
Südl. Stadtrand an der M37
oder offiziell (z.B. für Flugtickets)
Turkmen Bank,
Niýazow Şaýoly, südl. der Şaýdakov Köçesi,

Karawanserei Daýahatyn
Malerisch am Talrand des Amyderýa gelegen, vermittelt das aus gebrannten Ziegeln gebaute Gebäude (6.-7.Jh.) einen recht guten Eindruck vom damaligen Seidenstraßenverkehr.
Erreichbarkeit: Etwa 167km nordwestlich von Turkmenabat in Richtung Gazojak, mit Marschrutka, Taxi oder gelegentlichen Bussen erreichbar. Lage: +40° 4' 30", +62° 23' 50"

Wüstenforschungsstation Repetek
In der 1928 gegründeten Station trifft man immer nette, hilfsbereite Leute die auch ein paar Brocken englisch sprechen. Wissenschaftler aus den verschiedensten Ländern kommen hierher, um ihre Studien zu betreiben. Ein Museum mit Herbarium und ausgestopften Tieren bietet einen guten Einblick in Fauna und Flora der Garagum Wüste. Die Station ist immer besetzt und bietet auf Anfrage ein Bett im klimatisierten Gästehaus.
Erreichbarkeit: Zwischen Turkmenabat und Mary ca. 1,5Km von der Hauptstraße M37 an der Bahnlinie gelegen. Ein Schild weist von Mary aus gesehen darauf hin (+38°34'35", +63°10'08").

Merw UNESCO
Auf einem 6 x 7 km umfassenden Gelände erstrecken sich heute die Überreste von Merw, das im frühen Mittelalter neben Bagdad als die bedeutendste Metropole des Orients galt. Wer die Ruinen der insgesamt 5 befestigten Städte aus verschieden Epochen besichtigen möchte, sollte mindestens zwei Tage einrechnen, denn im Sommer erschwert die Hitze und das grelle Licht bis etwa 16 Uhr den Besuch und das Fotografieren ganz erheblich.

Geschichte
Dort wo heute das Wasser des Murgap im heißen Sand der Wüste versickert, dort lassen sich in der frühen Bronze Ära die ersten Menschen nieder. Bedeutende Städte wie Gonur Depe oder Togolok deuten auf anspruchsvolle Bautechnik bereits vor 4000 Jahren hin. Die Ausgrabungskampagnen von Viktor Sarianidi weisen nach, dass zu den alt bekannten Zentren früher Hochkulturen auch die Marguş Oase gezählt werde kann.
Vermutlich bedingt durch Kriegsbrand, verschiebt sich das Besiedlungszentrum zwischen dem 6. und 5.Jh. v. Chr. flußaufwärts nach Merw.
In Texten des Darius dem Großen (522-486 v. Chr.), König über das Achämenidische Imperium wird die Region Margiana erstmals erwähnt. Zu diesem Zeitpunkt ist Erk-Gala das Zentrum dieses Margiana, eine gewaltige Schutzbastion aus Lehmziegeln.
Ob Alexander der Große oder einer seiner Generäle diese Festung 300 Jahre später besiegt, ist umstritten. Doch man weiß, dass die Stadt sich damals schon stark ausgeweitet und vier Stadttore hatte (Antiochia Margiana / Gäwür Gala).
Den Seleukiden folgen die Parther und denen die Sassaniden. Es entsteht eine multireligiöse Gesellschaft aus Buddhisten, Christen und Zoroastriern. Die Tempel der Christengemeinde und der Kopf einer Buddhastatue wurde bei Ausgrabungen gefunden. Den Sassaniden schließen sich im 6.-7.Jh n.Chr. verschiedene Feudalherrscher an.
In dieser Zeit entstehen die noch erhaltenen

Paläste, großes und kleines Mädchenschloß genannt, in denen reiche Kaufleute lebten. Mitte des 7Jh. wird Merw Teil eines arabischen Kalifats und verselbständigt sich im 9Jh. für kurze Zeit. Während der Regentschaft von Sultan Sandjar (1118-1157) erreicht die jetzt etwas weiter westlich gelegene Stadt Soltan Gala ihren Höhepunkt und ist nach Bagdad die größte Stadt der islamischen Welt. Astronomen, Philosophen und Geschichtsforscher legen zahllose Grundsteine unseres heutigen Wissens. Weltberühmte Bibliotheken mit Zehntausenden Bänden sind der Schatz dieser Metropole. Die Seidenstraße, die zu diesem Zeitpunkt bereits 1300 Jahre durch Merw und seine Vorgängersiedlungen führt, trägt ganz entscheidend zu diesem Kultur-und Wissenschaftsaustausch bei. Merw al-şahijan, das königliche Merw ist wohl auch die Inspiration für die Märchen aus Tausend und einer Nacht der Şeherassade.

Der Madjan Kanal durchquert Soltan Gala von Nord nach Süd und versorgte die Stadt mit frischem Wasser. Im nordöstlichen Teil von Soltan Gala befindet sich der Şähriar Ark, die Residenz des Sultans. Überreste des Regierungsgebäudes sind noch zu sehen. Um 1140 entsteht dann das Mausoleum Sultan Sanjar, in dem der Herrscher 1157 zu Grabe getragen wird.

Doch dann kommen die Mongolen. Sieben Tage reiten Sie um die Stadt und suchen die schwächste Stelle in der Befestigungsanlage. In der Hoffnung verschont zu werden, öffnet man schließlich die Tore. Alles Leben der Stadt wird jedoch ausradiert und das Blut von einigen hunderttausend Menschen tränkt den Boden. Es muß ein grausiges Abschlachten gewesen sein.

Erst im 15Jh. wird wieder eine neue Stadt, Abdullahan Gala, südlich von Soltan Gala gegründet. Die Timuriden errichteten auch die heute noch erhaltenen Kuppeln, die als Schneespeicher benutzt werden. Zuletzt kommt im 18.Jh. noch Baýramalyhan Gala dazu, welche das vorhandene Abdullahan Gala nach Westen hin ausweitet.

Doch bereits 1795 wird sie von Buxoro's Emir schon wieder dem Erdboden gleich gemacht. 1890 erobern die Russen auch Merw oder was davon noch übrig ist und machten es zum Teil ihres Russischen- später Sowjetischen Reiches. Mit der Eisenbahn kommen nun die ersten Archäologen und beginnen das auszugraben was über Jahrtausende aufgebaut und wieder eingeebnet wurde.

Eine Tour durch Merw

Innerhalb des Gebietes von Merw sind die meisten Bauten leicht durch eine schmale Asphaltstraße zugänglich. Einige wenige jedoch nur zu Fuß. Hier ist es unerlässlich lange Hosen und feste Schuhe zu tragen, da man sonst nicht nur von allerlei dornigem Gesträuch, sonder auch von diversem Getier gepeinigt werden kann.

Nach Passieren des Eingangstores und der Kasse halten wir uns bei der nächsten Möglichkeit rechts um so zu den ersten Bauwerken von Merw zu gelangen.

Chahar Tak nennt man die Bauart des **Mausoleums Gyz Bibi** (Gyz Bibi Mawzoleýi) in dem Turkan Hatun bestattet wurde, so vermutet es jedenfalls ein Archäologe. Turkan Hatun hieß die Frau des Sultans Sanjar, dem großen Seljuken Herrscher, dessen Mausoleum wir später noch sehen werden.

Unweit davor erhebt sich ein massiver Kasten aus Lehmziegeln. **Großes Mädchenschloß** (Uly Gyzgala), wird dieser Palast eines Feudalherrschers des 6./7. Jh. vom Volksmund genannt. Doch der Name verbindet sich wohl mehr mit einer Legende als den tatsächlichen Bewohnern und diese besagt, dass damalige Herrscher hier so manche sündige Orgie mit unzähligen Sklavinnen gefeiert haben sollen. Das Innere des Palastes stelle man sich als Innenhof vor, um den sich überkuppelte Räume in zwei Stockwerken reihten. Nur etwa Hundert Meter weiter steht ein wesentlich kleinerer Lehmbau - **Kleines Mädchenschloß** (Kiçi Gyzgala). Die charakteristische Säulenstruktur der Außenwände ist hier nur noch auf einer Seite auszumachen. Im Innern ist in der Südost Ecke eine Wendeltreppe erkennbar die auf das Dach führte.

Blickt man von hier aus nach Süden, so erkennt man in der Ferne Bauten die an aufgeschlagene Frühstückseier erinnern. Diese verstreut anzutreffenden **Eishäuser** (Buzhana), so unvorstellbar das auch klingt, sind die Kühlschränke der Timuriden und Seljuken gewesen. Wenn im

Turkmenistan - Lageplan Merw

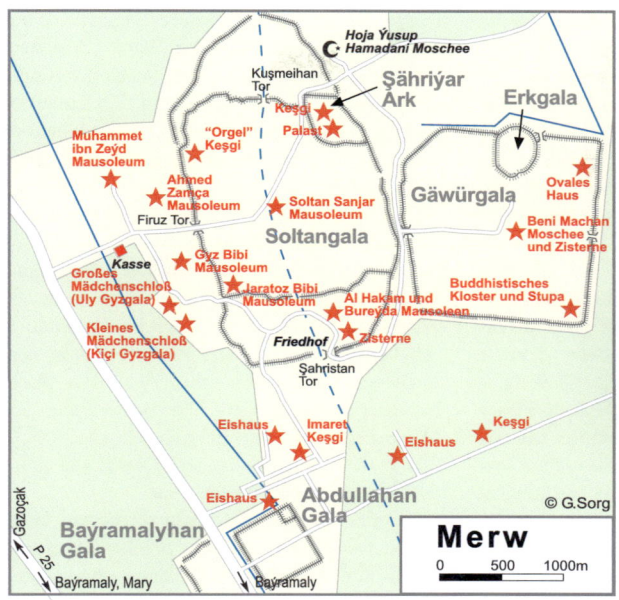

Verfallene Lehmmauern bestimmen heute das Bild der einstigen Handelsmetropole Merw

Typisches Grabgebäude des 19. Jh. in Lehmziegelbauweise nahe Merw.

Die Medresenanlage Kyrk Gumbez.

Der Palast im Şähriýar Ark von Merw.

Winter Schnee fiel, packte man diesen in die Kuppeln, stapfte ihn fest und hatte so lange in den Sommer frische, kühle Wasserreserven.

Nun passieren wir die Stadtmauer von **Soltangala**, genauer, den südlichen Vorort davon. Sowohl im Norden wie hier im Süden mußte der Ausdehnung der Stadt Rechnung getragen werden in dem man auch diese Häuser mit einer Mauer umgab.

Bald fallen dem Besucher die vielen Gräber neuerer Zeit auf. Bei den **Mausoleen Al Hakam ibn Amr al Gifari** und **Bureýda ibn al Huseýn** (Sahabalaryn Guburhanalary) handelt es sich um Grabstätten enger Weggefährten des Propheten Mohammed. Verständlich, dass viele Gläubige gern in deren Nähe bestattet werden wollten. Im Innern der kleinen Häuschen sehen Sie die fein verzierten Grabplatten aus schwarzem Marmor.

Gleich vor den Mausoleen ist eine **Zisterne** (Sardaba) im Boden eingelassen. In dieser Ausgemauerten Kuppel sammelt sich das Grundwasser und trug somit ebenfalls zur Wasserversorgung bei.

Die Maueröffnung passierend, wo einst das **Şahristan Tor** (Şähristan Dervezesi) zu finden war, fahren wir einem grünen Tal gleich zwischen den beiden Wällen von Soltangala (links) und Gäwürgala (rechts) hindurch. Bei der nächsten Kreuzung biegen wir links ab und gelangen so über den riesigen Wall von **Gäwürgala** hinein in die Stadt der Seleukiden Zeit. Heute nicht mehr erkennbar, war die Stadt durch zwei in kreuzform angelegte Hauptstraßen in vier Bezirke eingeteilt. An einem kleinen Platz in der Mitte von Gäwürgala wollen wir kurz verweilen und unseren Blick schweifen lassen. Das Innere dieser Stadt ist keinesfalls eben, den dort wo einst die Wohnhäuser besonders dicht gebaut waren, hat sich eine Erhöhung gebildet, die zu den Ecken der Festung abnimmt, leicht am stärkeren Bewuchs dort erkennbar. In der Südost Ecke ist 1950 ein **buddhistischer Tempel** mit zwei Stupas ausgegraben worden. Doch die Mauern sind bereits so zerfallen dass man nichts mehr erkennen kann. In der nordöstlichen Ecke wurde das so genannte **ovale Haus** entdeckt, dessen Zweck man allerdings nicht kennt. Nur wenige Meter von unserem Standpunkt entfernt sehen wir eine ausgegrabene **Zisterne**, einst versorgte sie die seldschukische Freitags- oder **Beni Mahan Moschee** mit Wasser. Mit den Grundmaßen 56,5m x 36m bestand sie aus einem Platz mit angrenzenden Säulenhallen entlang der Außenmauern. Auch ein Minarett wurde gefunden, doch sichtbar ist beides nicht mehr.

Blicken wir nach Norden so baut sich vor uns die stolze Zitadelle **Erkgala** auf.

Wir folgen also der Straße abwärts und erklimmen den hohen Ringwall. Es scheint als hätte er keinen Eingang gehabt, doch ist dieser heute lediglich verschüttet. Der höchste Punkt des Walls war ein Aussichtsturm. Von dort oben hat man eine gute Sicht über weite Teile von Merw. Im Innern von Erkgala fällt die südlich Hälfte als deutlich höher auf. Dieser Teil stellt die Überreste der **Zitadelle** dar.

Wir verlassen nun Gäwürgala wieder auf dem selben Weg, halten uns aber bei der Kreuzung rechts und folgen dem Sträßchen nordwärts bis wir auf eine breitere Fahrstraße treffen die wir queren. Die **Hoja Ýusup Hamadani Moschee** (Hoja Ýusup Metjidi), umgeben von einem Friedhof, ist einem aus der Iranischen Stadt Hamadan stammenden Derwisch gewidmete. Das ursprüngliche Gebäude aus der Timuriden Zeit, bedeckt mit feiner Majolika ist schon lange verschwunden. Das heutige Gebäude ist ein Nachbau einer Moschee des 19. Jh.

Zurück auf der Fahrstraße orientieren wir uns nach Westen um nach kurzer Fahrt die Mauern der nördlichen Vorstadt von Soltangala zu passieren. Wie stellen das Fahrzeug ab und erklimmen an einer geeigneten Stelle die Mauer des eigentlichen Soltangala Stadtgebietes südlich der Straße.

Der **Şähriýar Ark**, in dem wir jetzt stehen, war das Regierungszentrum der Seldschuken. Der **Regierungspalast**, ein Durcheinander aus Mauernresten, ist erst im letzten Jahrhundert stark zerfallen. Auf frühen Photographien erkennt man den Palast als ein im Atriumstil gebautes, zweistöckiges Gebäude mit vier Hallen (Ivan), an jeder Seite einer.

Etwas weiter nördlich ist ein gut erhaltener **Keşgi** zu sehen und man nimmt an, dass dieser Bau einmal als Bibliothek oder Verwaltungsgebäude diente. Er könnte jedoch auch ein Taubenhaus für die damals üblichen

Brieftauben gewesen sein.
Setzen wir unseren Weg fort, fahren wir nun mitten durch Soltangala hindurch bis zum erhabenen **Soltan Sanjar Mausoleum** (Soltan Sanjar Mawzoleýi). Dieser monumentale Bau ist keinesfalls immer so isoliert gewesen, vielmehr war er Teil eines ganzen Komplexes aus Gebäuden. Die rekonstruierten Fundamente veranschaulichen gut die Ausmaße. Eine Freitags-Moschee befand sich unmittelbar neben dem Mausoleum wie auch der Geldwechsler Basar oder die Manufakturen der Juweliere, Schreiner und Schmiede. Die Kuppel wurde weitgehend nachgebaut und war einstmals völlig von türkisfarbenen Kacheln bedeckt. Man wundert sich verständlicherweise, warum gerade dieses Mausoleum von allen Heerscharen verschont blieb, wo doch alles umliegende völlig zerstört wurde. Möglicherweise liegt es an den drei Meter dicken Mauern des Mausoleums und den tiefen Fundamenten, die bisher selbst stärksten Erdbeben standhalten konnten.

Etwas abgelegen und nur zu Fuß erreichbar ist der **„Orgel" Keşgi**. Dieser Palast erhielt diesen Namen, da seine erodierten Aussenrippen wie Orgelpfeifen erscheinen.

Wir verlassen nun Soltangala durch das **Firuz Tor** (Firuz Dervezesi) und fahren in Richtung Eingangstor. Kurz davor biegt eine weitere Asphaltstraße nach Norden ab, die uns zum malerisch in einer Senke gelegenen **Muhammet ibn Zaýd Mausoleum** (Muhammet ibn Zeýd Mawzoleýi) führt. Umgeben von alten Saxaulbüschen ist dieser aus dem frühen 12 Jh. stammende Komplex auch ein Ziel von Pilgern, die hier des öfteren anzutreffen sind.

Auf unserem Rückweg nach Baýramaly machen wir nochmals kurz halt, um die gut erhaltene Stadtmauer von **Abdullahan Gala**, umgeben von einem Wassergraben, zu sehen. Sonntag morgens findet hier ein besuchenswerter Basar statt, bei dem lautstark Kamele, Pferde und Ziegen gehandelt werden. Die Mauern von **Baýramalyhan Gala** auf der gegenüberliegenden Seite der Straße sind dagegen weitestgehend zerstört und nur noch schemenhaft erkennbar.

Erreichbareit: Um das Ausgrabungsfeld von Merw zu besichtigen, greift man am besten auf ein Taxi oder Privat Pkw mit Fahrer zurück. Diese bieten ihre Dienste am Busbahnhof von Baýramaly an, der sich nördlich des Bahnhofs befindet. Kalkulieren Sie mit 4 Stunden für eine kurze Besichtigung und 2x4h für eine etwas eingehendere Tour. Von Baýramaly aus pendeln halbstündig Busse nach Mary (30km), von 6:50 -17:30, danach nur noch Taxis.

Gonurdepe und Togolok

Entstanden in der Bronzezeit, zählten diese Städte zu den 5 großen Hochkulturen der damaligen Zeit. In Zoroastrischen Tempeln wurde dem Feuer gehuldigt, die Bevölkerung bestellte bewässerte Felder, es gab weitreichende Handelsbeziehungen.

Gonurdepe teilt sich auf in einen südlichen und einen nördlichen Teil. Beide Komplexe ähneln sich im Aufbau und der Größe, da sie um einen zentralen Palast oder Tempel gebaut und stark befestigt waren.

Togolok ist ebenfalls vom Aufbau ähnlich, jedoch wesentlich kleiner. Es war eines von ca. 9 befestigten Kleinsiedlungen der damaligen Marguş Oasenkultur.

Erreichbarkeit: Leider sind beide historischen Städten touristisch noch nicht erschlossen und somit nur mit größerem Aufwand über staubige Pisten und Feldwege zu erreichen (von Mary ca. 2h, 60Km, teils 4WD nötig).

Lage Gonurdepe: +38°12'43", +62°02'13"
Lage Togolok: +38°06'15", +61°59'37"

Mary

Die 1884 von den Russen als Garnison gegründete Stadt liegt direkt am Fluß Murgap, etwa 30km vom historischen Merw entfernt. Die Region Mary entwickelte sich zu einem wichtigen Baumwollanbaugebiet zu dem heute auch die Gasförderung als Einnahmequelle hinzukommt. Das Zentrum Marys ist westlich des Murgap eher sowjetisch geprägt, das moderne postsowjetische Zentrum ist östlich des Murgap zu finden. Besonders sehenswert ist das **Basargelände** (Merkezi Bazar) mit einem hübschen Tor und das **Mollanepes Denkmal** gegenüber. Vor letzterem können Sie fast täglich, aber vor allem Samstags Hochzeitsgesellschaften beim Fototermin sehen, bei der die Braut noch immer den traditionellen Silberschmuck trägt. Aus dem Jahr 2009 stammt die **Gurbanguly Hajy Moschee**, deren Baustil sich an die arabischen Golfemirate anlehnt. Südlich davon das sehenswerte **Regional Museum**

(Taryhy we Ülkäni Öwreniş Muzeýi). Neben Rekonstruktionen der alten Marguş Oasenstädte Gonur Depe und Togolok sind auch Funde aus Merw sowie Ethnographisches zu sehen. Besonders ominös sind die Gebeine einer Priesterin, von der ein Fluch aus gehen soll, so zumindest der Aberglaube der Museumsangestellten. Geöffnet: Di - So 10-13 und 14-17 Uhr. Auch Mary hat einen sonntäglichen **Großbasar** (Tekke Bazar). Er befindet sich wenige Autominuten nördlich des Stadtzentrums.

Verkehrsverbindungen
Turkmenistan Airlines fliegt mindestens dreimal täglich nach Aşgabat. Do und So gibt es Flüge nach Daşoguz und Fr nach Turkmenbaşy. Der Kleinflughafen befindet sich an der M37 Richtung Baýramaly.
Wer gerne mit der **Eisenbahn** unterwegs ist, kann unter drei Züge täglich nach Aşgabat (8h), und zwei Zügen täglich nach Turkmenabat (7h) wählen. Der Grenzübergang zum Iran über Sarahs ist ebenfalls per Bahn erreichbar. An der Grenze muß jedoch wegen unterschiedlicher Spurweiten umgestiegen werden.
Vom **Busbahnhof**, den man östlich des Bahnhofsgebäudes findet, fahren Fernbusse frühmorgens 3x täglich nach Aşgabat, 2 x täglich nach Şerhetabat und Tagtabazar sowie täglich ein Bus nach Sarahs an der iranischen Grenze.

Hotels und Restaurants in Mary
(nur lizenzierte Hotels die auch registrieren)
Luxeriös
Hotel Mary Myhmanhanasy
Mollanepes Köçesi, gegenüber Merkezi Basar, 2014 eröffnet, bestes Haus der Stadt, Pool
Mittel
Hotel Marguş
Gowşuthan Köçesi 20, Tel. 522-53976, Aircon, große Zimmer, neben dem Regionalmuseum
Hotel Yrsgal
Ata Kopek Mergen Köçesi 2, Tel. 522-53 97 6, einfache Zimmer, Aircon, nahe Univermag
Hotel Rahat
Şerhetabat Köçesi 15, Tel. 522-64204, einfaches Fernfahrer Hotel an der A388 Richtung Şerhetabat, Lage: +37°34'11", +61°50'04"
Restaurants
Restaurant Lezzet
Aşgabat Köçesi, östlich dem Sagaldyş Merkezi, türkischer Kebap und Dürüm
Kafe Altyn Asyr
Turkmenistan Şaýoly, Ecke Gurbansoltan Eye Köçesi, nahe Hotel Yrsgal, guter Schaschlik

Medrese Kyrk Gumbez
Die malerisch von Saxaulbüschen umgebene Anlage Vierzig Kuppeln 35km südöstlich Mary bei Talhatan-Baba besteht aus einer Medrese, einer Moschee und einem Minarett. Sie wurde vor 250 Jahren vom Gelehrten Hojageldy Ahun gegründet, der hier begraben liegt.
Erreichbarkeit: Direkt an der A388 nach Şerhetabat am Abzweig nach Kulja, Lage: +37°24'41", +62°10'7"

Tagtabazar/Ýekedeşik
Das Ýekedeşik Höhlensystem verteilen sich über zwei Ebenen, wobei von einem zentralen Korridor insgesamt 44 Räume abzweigen. Die Anlage hat nur einen Zugang. Es wird vermutet, dass es zeitweise ein Kloster war, es gibt jedoch keine Erkenntnisse, welcher Religion und aus welcher Zeit. Die Höhlen zu besichtigen lohnt nur dann, wenn man hier auf der Durchreise ist. Den Schlüssel kann man im Rathaus (Hakimat) erfragen.
Erreichbarkeit: Gelegentlich fährt ein Bus die 200km von Mary hierher, ansonsten mit dem Taxi. Tagtabazar liegt in der Grenzzone mit Afghanistan, daher muss das Dorf im Touristenvisum vermerkt sein, oder man hat einen lokalen Guide, der das regelt. Die Höhle ist 3Km nördlich von Tagtabazar in den Hügeln. Lage: +35° 58' 37", +62° 54' 22"

Die Region Balkan
Hier sind insbesondere die Yomud Turkmenen heimisch. Dieser Stamm wird mit dem zweiten Teppichmuster von oben auf der Turkmenischen Flagge repräsentiert. Es zeigt Anker und erinnert an die Nähe zum Kaspischen Meer.

Serdar (Gyzylarbat)/Dorf Parau
Nahe dem Dorf Parau befindet sich das wichtigste Pilgerziel turkmenischer Frauen, der **Parau Bibi Schrein**. Die Sage erzählt von Parau Bibi, die als strenggläubige Muslima vor der Eifersucht Ihrer Geschlechtsgenossinnen in diesen Felsen floh, der sich vor Ihr öffnete

um sie aufzunehmen.
Erreichbarkeit: Verlassen Sie Serdar in Richtung Turkmenbaşy. Nach ca. 16Km (+39°3'36", +56°6'18") biegt eine Straße nach Südwesten ab. Dieser folgen bis zum Dorf Parau. Der Schrein liegt 2Km vom Dorf entfernt an einem Berghang (+39°1'20", +56°2'32").

Balkanabat (früher Nebitdag)

Nahe der 1933 gegründete Hauptstadt der Region Balkan sind bereits 1874 Ölvorkommen bekannt geworden. Obwohl die Ausbeute anfangs eher klein war, hat sich die Region zu einem profitablen Ölfeld entwickelt. Die schachbrettartig angelegte Wüstenstadt wird überragt vom bis zu 1880m hohen großen **Balkan Gebirge** im Nordosten. Mittelpunkt der Stadt ist der großzügige **Stadtpark** (Seýilgähi) mit der **Stadtbibliothek** (Kitaphanasy), dem **Glückspalast** (Bagt Köşgi) und schräg gegenüber das **Regionalmuseum** (Taryhy we Ülkäni Öwreniş Muzeýi). Zu den Besonderheiten der Stadt zählen der 3km lange **Gesundheitspfad** (Serdar Ýolu) am Fuße der nördlich angrenzenden Berge, das fotogene **Kamelmonument** am westl. Ende der Magymguly Şaýoly das sowie die kurios wirkende **russische Kirche** (Chram). Einkaufsmöglichkeiten: Jennet Basar im Stadtzentrum und der Gündogar Basar in Form eines Teppichmusters Richtung Jebel.

Verkehrsverbindungen

Turkmenistan Airlines bietet jeweils einen **Flug** am Di, Do, Fr nach Aşgabat und Mo nach Daşoguz an. Tickets bekommt man auch im Bahnhof.
Wer mit dem Eisenbahn unterwegs ist, kann mit den **Züge** 603 und 605 bis Aşgabat (7h) und mit dem 606 bis Turkmenbaşy (3,5h) fahren. Bahnhof und Busbahnhof sind wenige Meter südlich der Beýik Ýüpek Ýolu (M37) zu finden. Vom Busbahnhof (Awto Menzili) neben dem Bahnhof fahren die **Fernbusse und Marschrutkas** mehrmals täglich nach Turkmenbaşy oder Aşgabat.

Hotels und Restaurants in Balkanabat

(nur lizenzierte Hotels die auch registrieren)
Luxeriös
Hotel Nebiçi
Kwartal 198, Tel. 222-45335, Aircon und alle Annehmlichkeiten der Ölscheich-Preisklasse
Günstig
Hotel Balkan (Ex-Nebitdag)
Kwartal 225, Tel. 222-43293, exakt das Gegenteil des Nebiçi, und daher kaum bewohnbar
Restaurants
Cafe Viktoria
Kwartal 197, europäische Küche
Hotelrestaurant Nebiçi
Kwartal 198, qualitativ hochwertige Gerichte

Ýangigala

Es ist keine von Menschenhand geschaffene Festung, auch wenn der Name dies so vermuten lässt. Die Erosion hat aus unzähligen Gesteinsschichten verschiedener Farbe fantastische Gebilde geschaffen. In der Abendsonne leuchtet der Steilabfall des Akgyr Plateaus, daher auch der Name "Flammende Berge". Auf dem Plateau ist es sehr windig bis stürmisch. Es gibt keinerlei Versorgungsmöglichkeiten.
Erreichbarkeit: Von Jebel sind es ca. 160Km, von Turkmenbaşy etwa 180km bis Ýangigala. Die Straße führt weiter bis Gyzylgáya. Bei +40°29'41", +54°45'00" biegt eine Piste nach Westen ab, die 6Km bis zur Spitze des Steilabhanges oberhalb von Ýangigala führt.

Turkmenbaşy

Das ehemalige Krasnovodsk am Kaspischen Meer wurde 1869 von General Skobelev als russische Garnison gegründet und nach den im Abendrot glühenden Kliffs entlang der Steilküste benannt. Krasnovodsk diente damals als Brückenkopf der Transkaspischen Eisenbahn die in den 70er und 80er Jahren des 19. Jahrhunderts von hier aus durch die Wüste gebaut wurde.
Nach wie vor hat Turkmenbaşy eine starke Azeri Minderheit und ist von der russischen Gründerzeit geprägt.
Sehenswert in Turkmenbaşy ist das **Bahnhofsgebäude** (Wokzal) im Zuckerbäckerstil sowie das moderne **Verwaltungsgebäude der Schifffahrtsgesellschaft** südlich des Bahnhofs, welches ein Schiff darstellt. In starkem Kontrast zu den rostigen Schiffswracks im Hafen sticht der rosafarbene **Hochzeitspalast** (Bagt Köşgi) wie eine Sahnetorte ins Auge.
Das **Museum für Stadtgeschichte** (Taryhy we Ülkäni Owreniş Muzeýi) ist selten zu den

regulären Zeiten geöffnet: Di-So von 9-13 und 14-18 Uhr. Der gesellschaftliche Mittelpunkt ist der **Bagtygul Basar**, an der Magtymguly Şaýoly.

Verkehrsverbindungen

Es werden keine **Flüge** zwischen Baku und Turkmenbaşy angeboten. Es gibt täglich bis zu 3 Flüge nach Aşgabat. Di, Mi, Fr, u. Sa Flüge nach Daşoguz. Der Flugplatz liegt etwa 7Km nördlich der Stadt. Das Turkmenistan Airlines Büro ist im Gebäude des Hotels Hazar beim Bahnhof.

Vom Bahnhof im Stadtzentrum fährt der **Nachtzug** 605 bis Aşgabat (16h).

Vor dem Bahnhof warten **Sammeltaxis** und **Marschrutkas** auf Fahrgäste nach Aşgabat sowie nach Žaŋaôzen (Kasachstan, 7h).

Zum Fährenterminal, dem Flughafen und nach Awaza kommen Sie per **Taxi**, ebenfalls vom Bahnhof aus oder per Privatauto (winken).

Die **Frachtfähren** nach Baku (Aserbaidschan) sind nach wie vor ein Abenteuer. Es gibt keinen Fahrplan, die Schiffe fahren jedoch fast täglich. Häufig machen die Schiffe mal "Pause" auf dem Meer. Die Toiletten sind schmutzig, sämtliche Verpflegung sollte man mitnehmen. Tragen Sie sich zunächst in das Registrationsbuch (Registrazija) am Hafen ein. Am Ticketschalter erhalten Sie einen Kupon. Mit dem Kupon und Pass bei der Grenzpolizei registrieren lassen. Es folgt die Grenzkontrolle mit Ausreisestempel. Auf dem Schiff zahlt man die Tickets. Der Preis enthält eine Kabine. Erwarten Sie aber keinen Komfort oder Sauberkeit. Oder man schläft auf dem Oberdeck mit Isomatte und Schlafsack. Fahrdauer: mind. 12 bis zu 75h.

Der **Grenzübergang Keden/Temirbaba** nach Kasachstan ist nur über die sehr schlechte Straße, bzw. Piste P-18 erreichbar. Die Grenzorte sind Bekdaş in Turkmenistan und Žaŋaôzen in Kasachstan.

Hotels, Restaurants in Turkmenbaşy

(nur lizenzierte Hotels die auch registrieren)
Luxeriös
Hotel Çarlak
Şagadam Köçesi, Tel. 243-21362, modernes Hotel mit allem Komfort, näher zum Zentrum

Hotel Turkmenbaşy
Şagadam Köçesi, Tel. 243-21314, etwas älter als Çarlak, aber vergleichbarer Komfort
Mittel
Hotel Hazar
Azadlyk Köçesi, nahe Bahnhof, Tel. 43-24633, teils renovierte Zimmer mit Aircom
Restaurants
Restaurant Altyn Balik
Puşkin Köçesi, russ. Küche und Pizza
Kafe Altyn Asyr
Atamyrat Niýazow Köçesi, nahe Bahnhof, russ. Küche, Schaschlik

Awaza Touristen Resort

Seit einigen Jahren wird an der Küste nahe Turkmenbaşy die Ferienanlage Awaza aus dem Boden gestampft. Dafür mußte das Dorf Yauzy weichen. Neben zahlreichen Hotels mit gehobenem Komfort entstanden auch weitläufige Parks und ein 7Km langer Kanal auf dem kleine Ausflugsboote pendeln. Die Wassertemperatur am Strand steigt allerdings auch im Sommer kaum über 20°Celsius.

Verkehrsverbindungen

Der nächstgelegene Flughafen ist 50 min mit dem Taxi nahe Turkmenbaşy erreichbar. Bisher gibt es **Flugverbindung** nach Aşgabat, Daşoguz und Mary. Der Transfer vom und zum Flughafen wird nur per **Taxi** abgewickelt. Bis Turkmenbaşy sind es ca.17Km.

Hotels in Awaza (Auswahl)

(nur lizenzierte Hotels die auch registrieren)
Mittel
Hotel Kuwwat
Tel. 243-70335, Hotel des Ministeriums für Industrie und Energie
Hotel Kerwen
Tel. 243-70360
Hotel Nebitçi
Tel. 243-70280, Ruhnama Raum, Gurbansoltan Eje Museum
Hotel Serdar
Tel. 243-70181, Seebrücke, Tennis, Umtausch
Hotel Hazyna
Tel. 243-70226,
Hotel Watançy
Tel. 243-70348, Amphitheater, Hotel des Verteidigungsministeriums

Alle Hotels sind preislich fast gleich und beinhalten alle Mahlzeiten. Alle Häuser haben einen Außen- und Innenpool, Internet, Restaurant, Bar, Spa, Sportanlagen, Aircon, etc..

Garabogazgol

Die Meeresbucht Garabogazgol Aýlangy ist eine 18.000km² große Salzsiedepfanne. Durch die geringe Wassertiefe verdunstet so viel Wasser, dass dieses ständig aus dem Kaspischen Meer nachströmt. Im Spätsommer kann der Höhenunterschied so groß werden, dass Stromschnellen entstehen. Die Salzkonzentration beträgt 34% und ist damit sogar etwas höher als im Toten Meer. Zeitunglesen auf dem Wasser ist hier also auch möglich. Fische, die durch den Zufluß in die Bucht gerissen werden, können durch den Auftrieb nicht mehr schwimmen.
Erreichbarkeit: 134Km von Turkmenbaşy, mit dem Taxi oder Minibussen Richtung Garabogazgol (Bekdaş) oder Kasachstan.

Die Region Daşoguz

Der turkmenische Anteil an der Oase Choresmien ist die größte zusammenhängende landwirtschaftliche Fläche des Landes. Neben den hier vorherrschenden Çowdur Turkmenen gibt es auch einen hohen usbekischen Bevölkerungsanteil. Die Region wird durch das zweituntereste Teppichmuster auf der turkmenischen Flagge dargestellt. Für den Besuch dieser Region ist eine besondere Genehmigung erforderlich, die durch die lokalen Reiseveranstalter organisiert wird.

Daşoguz

Während des Khanates Chiwa spielte die Stadt eine eher untergeordnete Rolle als Seidenstraßenstation mit einer Karawanserei. Der Name Daşhowuz, den die Stadt bis 1999 trug, leitet sich von der Bezeichnung "Steinerner Brunnen" ab. Der heutige Name ist eine Idee des ehemaligen Präsidenten Niýazow, der die Bedeutung der Oghusen als Volksursprung betonen soll.
Entlang der Görogly Şaýoly reihen sich die **Moschee** (Büýik Mejit), der **Ruhyýet Palast** (Ruhyýet Köşgy) und das Andalyp **Dramen Theater** (Andalyp Drama Teatry) aneinander. Etwas nördlich davon das sehr schöne **Regionalmuseum** (Taryhy we Ülkäni Owreniş Muzeýi), ein 100m hoher **Flaggenmast** und die moderne **Bibliothek** (Kitaphanasy). Aus einer ganz anderen Epoche stammt das **Weltkriegsmonument**, welches jedoch nach wie vor gut gepflegt wird.
Statt auf dem als Teppichmuster nachempfundenen **Dunýa Basar** pulsiert das Leben vorallem auf den **Basaren Ak, Baý** und **Nygmat** innerhalb des Stadgebietes. Touristen dient Daşoguz häufig als Ausgangspunkt für die Besichtigung von Köneürgenç.

Verkehrsverbindungen

Trotz mindestens drei **Flügen** täglich nach Aşgabat ist es schwierig ein Ticket zu bekommen. Weitere Flüge gehen nach Turkmenbaşy (Di,Mi,Fr,Sa), nach Balkanabat (Mo), nach Mary (Do,So) und nach Turkmenabat (So). Der Flughafen ist 13Km südwestlich der Stadt zu finden. Tickets können im Büro von Turkmenistan Airlines nahe dem alten Hotel Daşoguz erworben werden. Frühzeitiger Check-in ist ratsam.
Die Fahrt mit der **Bahn** auf der Trans-Garagum Stecke nach Aşgabat dauert 12-17h, je nachdem ob es durch Sandverwehungen zu Verzögerungen kommt.
Der Busbahnhof westlich des Baý Basar bietet mit **Bussen**, **Taxis** und **Marschrutkas** Verbindungen nach Aşgabat (12h, schlechte Straße) und nach Köneürgenç (2h).

Hotels und Restauants in Daşoguz

(nur lizenzierte Hotels die auch registrieren)
Luxeriös
Hotel Daşoguz Myhmanhanasy (neu)
Azatlyk Köçesi 88, Tel. 322-21340, bestes Haus der Stadt mit allem Komfort der Oberklasse
Mittel
Hotel Daşoguz (alt)
Turkmenbaşy Şaýoly 5, Tel. 322-53785, Aircon, renoviertes Sowjethotel, zentral gelegen
Hotel Diýarbekir
Turkmenbaşy Şaýoly, Tel. 322-59037, großzügige Zimmer, ansonsten vergleichbar mit Uzboý
Hotel Uzboý
Turkmenbaşy Şaýoly 19/1, Tel. 322-27015, kleine Zimmer, Frühstücksbuffet im Preis inklusive

Restaurants
Kafe Marat
Turkmenbaşy Şaýoly 15, europ. u. russ. Küche
Restaurant Şaguty
Al Horesmy Köçesi 6, beliebtes Restaurant mit russische Küche, nahe Hotel Diýarbekir

Izmukşir/Zamakşar
Diese mittelalterliche Siedlung hat seine Ursprünge im 3. Jh. n. Chr. und beeindruckt mit noch immer hohen Stadtmauern und Toren. Berühmtester Sohn der Stadt war Az Zamakshari, Dichter und Poet, der seine größte Schaffenszeit jedoch im mehr städtischen Köneürgenç erlebte. Ein neuzeitliches Mausoleum erinnert an ihn.
Erreichbarkeit: Wir folgen der Straße zum Flughafen von Daşoguz und vom dortigen Kreisverkehr weitere gut 2Km, biegen nach Süden ab bis zum Dorf Ýagtylyk, halten uns dort Richtung Boýunbaş und erreichen südwestlich davon die Ruinenstadt (+41°43'44",+59°43'06").

Köneürgenç UNESCO
Schreitet man heute über die salzverkrustete Erde zwischen den verstreut erhaltenen Bauten der Stadt, so kann man sich nur schwer vorstellen, wie hier das Leben einstmals pulste.
Wie einem Fluch gleich, rafft der völlig versalzte Boden auch die letzten Reste dieser Metropole in Choresmien dahin, allen Restaurierungsversuchen zum Trotz.
Dennoch, oder gerade deswegen ist Köneürgenç (russ. Kunya Urgenč) einen Besuch wert, denn wer weiß, wie lange hier noch das höchste historische Minarett Zentralasiens zu bestaunen ist. Beachten Sie, dass für den Besuch der Region Daşoguz eine Erlaubnis benötigt wird.

Verkehrsverbindungen
Der nächstgelegene **Flughafen** ist in Daşoguz.
Taxis und **Marschrutkas** starten vom Basar nahe dem Zentrum in alle Richtungen. Nach Daşoguz sind es ca. 100Km oder 1,5h.
Von und nach Usbekistan: Vom usbekischen Xo'jayli bis zur turkmenischen Grenze sind es etwa 17 km. Danach nochmals 13 km durch Baumwollfelder bis Köneürgenç. Ein usbekisches Visum ermöglichst **nicht** die Einreise nach Köneürgenç. Sie erreichen die turkmenische Grenze per Taxi vom Busbahnhof Xo'jayli aus. An der Grenze wartet dann mit etwas Glück ein turkmenisches Auto. Die Grenze muß zu Fuß passiert werden (ca. 400m).

Hotels und Restaurants in Köneürgenç
In Köneürgenç direkt gibt es derzeit kein akzeptables Hotel. Für Unterkünfte, siehe Daşoguz.
Restaurants
Restaurant Sveta
koreanische Küche, Şaýdaj Köçesi 3, Zentrum
Restaurant Mekan
russische Küche, Lenin Köçesi, nahe Basar
Döwletly Kafe
turkmenische Küche, Atabaýew Köçesi, Ecke Turkmenistan Köçesi
Den **Basar** in Köneürgenç mit den üblichen Schaschlikständen finden Sie in der Lenin Köçesi nahe dem Zentrum.

Geschichte
In der berühmten Legende Behistun des Königs Darius dem Ersten 600 Jahre vor unserer Zeitrechnung wurde bereits von dieser sagenhaften Stadt am Unterlauf des Oxus berichtet. Tatsächlich wurde etwa im 4.Jh.v.Chr. der **Hügel Kyrkmolla** besiedelt. Im ersten Jahrhundert n. Chr. wurde der Handelsplatz in den Chroniken der Han-Dynastie Chinas mit dem Namen Yüe-gan benannt, das im mongolischen Ürgenç, heute Köneürgenç (Altes Ürgenç) bedeutet.
Nach der Vereinigung Choresmiens unter Mamun ibn Mohammed im Jahr 995 wurde Ürgenç Hauptstadt und Sitz der Choresm Schah Dynastie. Damals lag die **Zitadelle Akgala** direkt am Amyderýa, ihr vorgelagert das vormongolische **Daşgala**, von dem nur noch kleine Erdhügel der Befestigungsmauern übrig sind.
Gerade als diese Stadt in ihrer vollen Blüte stand, kam es zu einem tragischen Zwischenfall. Ein etwas zu ehrgeiziger Provinzverwalter des damaligen Choresmischen Reiches löste nach einem diplomatischen Debakel mit Gesandten Dschingis Khans die wohl grauenhaftesten Feldzüge aus, die man sich vorstellen kann. Dass die Horden Dschingis Khans mit der Hauptstadt Choresms nicht zimperlich umgehen würden, war vorauszusehen.
Trotz diese Katastrophe im April 1221 wurde die Stadt wieder aufgebaut, diesmal von der

Turkmenistan - Lageplan Köneürgenç 99

Das Mausoleum Soltan Tekeş mit Grableitern Verstorbener.

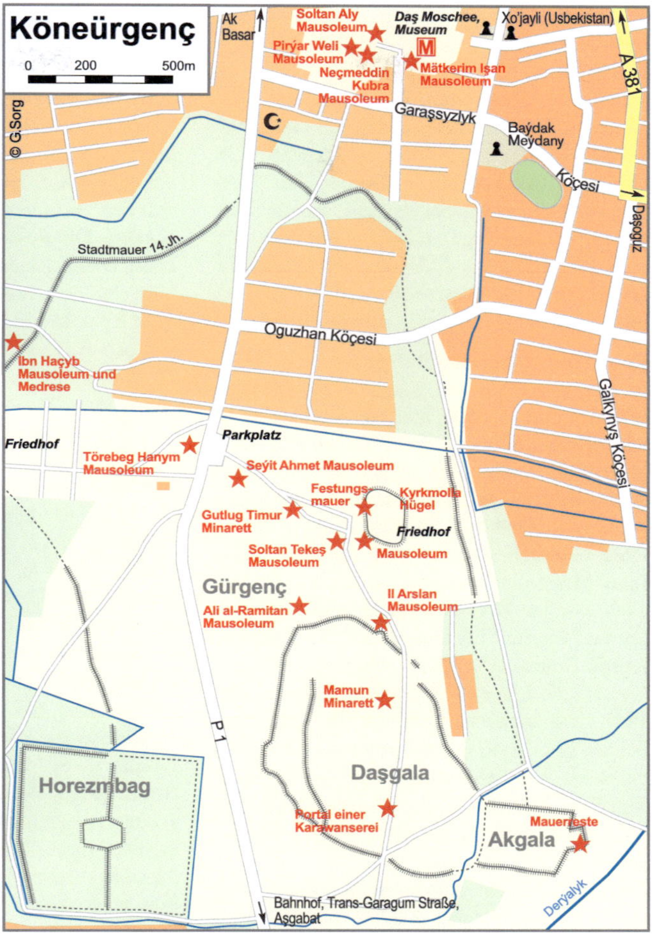

Das Gutlug Timur Minarett erinnert eher an einen Schornstein.

Sonnenuntergang hinter den malerischen Mausoleen Neçmeddin Kubra und Soltan Aly.

Festungen Akgala im Süden bis fast an die Grenzen der heutigen Siedlung Köneürgenç. Doch Amir Temur, der große Feldherr aus Samarqand, setzte diesem Treiben ein jähes Ende und vernichtete die Stadt zwischen 1372-88 in mehreren Feldzügen. Als schließlich der in das Kaspische Meer fliesende Uzboý, ein Seitenarm des Amyderýa versiegte, war der Stadt die Lebensgrundlage endgültig entzogen. Mit dem Bau des Khan-Yab Bewässerungskanals änderte sich dies nochmals, und es entstand **Horezmbag**, eine befestigte Stadt im Süden.

Eine Tour durch Köneürgenç

In der Ortsmitte des heutigen Köneürgenç befindet sich eine kleine Ansammlung alter, windschiefer Mausoleen, die Teil einer ganzen Nekropole waren. Die beiden schmucklosen Gebäude, die **Daş Moschee**, in der das lokale **Museum** (Geöffnet Mi-Do 8-13 u. 14-16 Uhr) untergebracht ist, und das **Mätkerim Işan Mausoleum** bilden die Vorhut für das altehrwürdige Kosch-Ensemble des **Mausoleums Neçmeddin Kubra** und des **Mausoleums Soltan Aly**. Das südliche Mausoleum Neçmeddin Kubra wird zurückdatiert auf das 14.Jh. und ist diesem mutigen Kämpfer und Poeten gewidmet, der während der Mongoleninvasion sein Leben im Kampf um die Stadt ließ. Erst 200 Jahre später entstand das Soltan Aly Mausoleum mit seinem recht unorthodoxen Grundriß.

Die Reste der eigentlichen Stadt Köneürgenç, also Alt-Ürgenç (Akgala bis Horezmbag), finden Sie an der Straße Richtung Aşgabat, welche das ehemalige Stadtgebiet in zwei Teile teilt. Westlich der Straße fällt das **Törebeg Hanym Mausoleum** (1370) auf. Erbaut wurde der innen noch vollständig orginal erhaltene Grabbau für die Frau des mongolischen Gouverneurs von Ürgenç, Gutlug Timur. Eine Besonderheit stellt das Innere des Mausoleums dar, das wie ein Kalender aufgebaut ist. Die Kuppel besteht aus 365 Segmenten. Darunter sind die 24 Stunden eines Tages durch kleine Spitzbogen symbolisiert, 12 davon als Fensterdurchbrüche. Die 12 größeren Spitzbogen noch weiter unten stehen für die Monate im Jahr, während die 4 Fensterdurchbrüche in den Seitenwänden für die 4 Jahreszeiten stehen.

Das **Gutlug Timur Minarett** ist mit seinen 62m das bestimmende Element der Stadt und das höchste historische Bauwerk Zentralasiens. Zwar wird es Gutlug Timur zugeschrieben, muß aber älter sein und damit aus vor-Mongolischer Zeit (11.-12.Jh.) stammen Dass das Minarett heute noch steht, ist ein Wunder der Statik, denn nach mehreren Erdbeben hat sich der Turm bereits bedenklich nach Westen geneigt. Die damals angegliederte Moschee ist leider verschwunden.

Nun sind die rekonstruierten Mauern der Zitadelle **Kyrk Molla** zu sehen. Archäologen glauben hier die Keimzelle von Ürgenç identifiziert zu haben. Die Funde werden auf das 5.Jh. v. Chr. datiert. Heute ist dieser Hügel Friedhof und Pilgerstätte zugleich. Junge Frauen rollen sich den Hang hinab, in der Hoffnung bald Kinder zu bekommen.

Wir folgen dem Fußweg zum nächsten Gebäude, dem **Soltan Tekeş Mausoleum** (1194). Tekeş Schah war einer der Choresm Schahs, der Choresm durch seine Feldzüge reich machte. Im Innern sind zahlreiche Funde des Ruinenfeldes gelagert. Die Leitern auf dem Boden nahe dem Mausoleum stammen aus unserer Zeit. Sie dienten dem Transport des Leichnams vom Wohnhaus zum Grab.

Bereits in Sichtweite ist nun das **Il Arslan Mausoleum**, das auch als Fahr-ed-Din Mausoleum bezeichnet wird. Seine zwölfseitige, kegelförmige Doppelschalenkuppel ist mit Mustern türkis-blauer Kacheln verziert. Ob das Mausoleum nun Il Arslan Schah, dem Vater von Tekeş Schah oder Fahr-ed-Din Rasi, einem überregional bekannten geistlichen Gelehrten zugerechnet werden soll, ist unter den Archäologen umstritten.

Nach Ausgrabungen etwas weiter südlich wurden die Fundamente der **Mamun Moschee** entdeckt. Der Sockel des Minaretts wurde völlig neu rekonstruiert. Hier tritt das größte Problem der Archäologen deutlich zu Tage. Wegen des hohen Grundwasserspiegels ist der Boden sehr salzig. Dadurch zerfallen die Scherben und Ziegel unmittelbar nach dem sie an die Luft gelangen zu Staub.

Etwas weiter entfernt sehen Sie das stark renovierte **Portal einer Karawanserei** (14.Jh.).

Die Reste der Lehmziegelmauern von **Akgala** und **Daşgala** sind nur noch schlecht erhalten und nur aus der Luft eindeutig zu erkennen.

Reiseziele in Tadschikistan

Die Region Nohijahoi Tobei Çumhurj

Der etwas sperrige Name dieser Region um die Hauptstadt Dušanbe bedeutet "Die der Republik unterstellten Gebiete". Hervorgegangen ist die Region 1955 aus den Gebieten Dušanbe und Garm. Die Garmis galten den Sowjets als Revoluzzer und Unterstützer der Basmatschi, welche die Bolschewiki teils schwer bedrängten. Auch im Bürgerkrieg 1992-1997 waren die Garmis Opposition gegen die regierenden Eliten.

Dušanbe Душанбе

Die tadschikische Hauptstadt erscheint dem Reisenden wie ein zu groß geratenes Dorf inmitten von hohen Bergen, am Varzob Fluß gelegen. Es geht hier eher langsam zu, verglichen mit anderen Hauptstädten der Region und die Frauen kleiden sich noch traditionell mit langen Kleidern. Im Sommer genießt man den Schatten der großen Alleebäume und im Winter verwandelt der Schnee die Stadt in ein Wintermärchen. Doch der Wandel hat auch hier begonnen. Alte Wohnquartiere müssen großzügigen Gebäuden und Parks weichen. Die Stadt verwandelt sich - langsam.

Geschichte

Montags fand hier immer der große Basartag statt. Das war vor gut 90 Jahren in dieser Kleinstadt, die Dušanbe, also eben ‚Montag' heißt. Dies erklärt auch das Fehlen älterer Gebäude. Tatsächlich begann die Geschichte Dušanbe's erst 1920, als die russischen Bolschewiki diese Kleinstadt eroberten, da der gebietende Khan von Buxoro hier Zuflucht gesucht hatte. Bereits zwei Jahr später besetzten jedoch nationale Kräfte die Stadt, unterstützt von der schillernden Figur des Türken Enver Pascha. Nur kurz freilich, denn die Tadschiken trauten dem Türken nicht über den Weg. Enver Pascha starb wenig später nahe Obigarm und der Widerstand brach schnell zusammen. 1929 wurde die Tadschikische Sowjetrepublik ausgerufen und die russische Garnison Dušanbe Hauptstadt. Im darauf folgenden Jahr wurde der Anschluß an die ‚Transkaspische Eisenbahn' geschaffen. Nun hieß die Stadt Stalinabad. Erst 1961 verlieh Chrustschow der Stadt wieder den alten Namen. In dieser Zeit war Dušanbe bereits mächtig gewachsen, denn ethnische Tadschiken aus Buxoro und Samarqand sowie viele andere Ethnien der Sowjetunion hatte die neue Stadt mit aufgebaut. Dank einer gewissen Industrialisierung wuchs auch der Wohlstand bis es 1990 zu Straßenschlachten kam. Ressentiments zwischen den Volksgruppen und eine geplante Ansiedlung von Armenischen Flüchtlingen waren die Auslöser. Im Frühjahr 1992 fand eine Großdemonstration gegen das unfähige Regime Nabievs statt. Dieser mobilisierte einfache Leute aus Kūlob und gab Waffen aus. Der Bürgerkrieg begann. Zwar kontrollierte Imomali Rahmonov schon bald die Hauptstadt, der Krieg wurde jedoch durch Abdullah Nuri und dessen islamische Partei bis zu einem Friedensabkommen 1997 weitergeführt. Heute ist Dušanbe eine friedliche Stadt die sich zusehends herausputzt.

Eine Stadttour durch Dušanbe

Die Hauptstadt Tadschikistans entstand um den **Hauptbahnhof** (Vokzal) der Stadt, als 1930 hier ein Gleis der Transkaspischen Eisenbahn ankam. Das Bahnhofsgebäude aus den 60er Jahren zeigt interessante sowjetische Glasbilder in der Wartehalle. Die Bahnverbindungen beschränken sich heute auf wenige Fernzüge nach Russland und in den Süden des Landes.
Wir folgen nun dem breiten Boulevard nach Norden zum Aini Majdoni. Auf dem Platz steht ein **Denkmal des Schriftstellers Sadriddin Aini** (Hajkali S. Ainī) der hier gedanklich mit Szenen des Kampfes der Bolschewiki gegen die Basmatschi in Verbindung gebracht wird. Aini (1878-1954) dokumentierte den Übergang der Khanate zur Sowjetrepublik im Sinne der Sowjets.
Unser nächstes Ziel ist der größte Basar der Innenstadt, der **Basar Šohmansur** (Bozori Šohmansur). Er liegt an der Ecke der Husrav Dehlavi Kūčai und der Lohuti Kūčai. Ein typischer Basar mit allem was das Herz begehrt, engen überdachten Gassen und einem zunächst chaotisch erscheinenden Warensortiment. Doch schnell bemerkt man eine gewisse Ordnung. Nun folgen wir der Nissor Muhammad Kūčai nach Westen und treffen schon bald auf den Park, der das **Aini Opern und Ballett Theater** (Teatri Opera va Baleti nomi S. Ainī) umgibt.

Tadschikistan - Stadtplan Dušanbe

Teehaus Rohat in Dušanbe

Festung Hisor nahe Dušanbe

Heute erstrahlt das renovierte Theater, erbaut 1935 als Geschenk von Stalin, wieder ganz im Stile des damaligen Neoklassizismus.

Durchquert man den Park hinter dem Aini Theater, stößt man auf die Behzod Kučai, von der wir nach Links in die Mirzo Tursunzoda Kučai abbiegen. Nach wenigen Metern sehen wir auf der linke Seite das **Bactria Kulturzentrum** (Markazi Farhangii Bohtar), in dem es regelmäßig zahlreiche kulturelle Ausstellungen und Einkaufsmöglichkeiten von Pamiri Handwerkskunst gibt. Das Projekt wird von der französischen Hilfsorganisation ACTED gefördert.

Gegenüber dem Aini Theater beginnt die Akademik Račaboho Kūčai, die uns nach ca. 150 Metern zum **Museum für Nationale Antiquitäten** (Osorhonai Milli Bostoni) führt. Hier sehen Sie das Orginal des teilrekonstruierten 14m langen Buddha im Nirvana (7.Jh.). Er wurde in den 60er Jahren im Tempelkomplex Ajina Teppa nahe der Stadt Ķūrġonteppa ausgegraben. Jahrzehnte lang in der Eremitage unter Verschluß gehalten, wurde er nach der Unabhängigkeit nach Dušanbe gebracht. Er gilt als der größte Buddha Zentralasiens. Die zweite Besonderheit des Museums ist ein Tympanum (8.Jh), ein großes halbrundes Holz Panel das einst den Eingang zum Thronsaal des Palastes von Bundjikath zierte. Es zeigt in filigraner Arbeit figürliche Szenen und dekorative Ornamente. Im **Ethnographischen Museum** (Osorhonai Mardumšinosī) mit dem Eingang oben an der Aussentreppe, werden sämtliche Handwerkskünste Tadschikistans aufwendig präsentiert.

Zurück auf dem Rūdakī Hiëboni folgen wir diesem nach Norden bis zu den etwas merkwürdigen Zwillingstürmen des Dušanbe Plaza. Hinter den Türmen beginnt die Bohtar Kūčai die wir entlang gehen bis zur Šota Rustaveli Kūčai. An der nordöstlichen Kreuzungsecke befindet sich das private **Gurminç Museum** (Osorhonai Asbobhoi Musikij Gurminç Zavķibekov) in dem eine sagenhafte Kollektion traditioneller Musikinstrumente, insbesondere aus dem Pamir, ausgestellt ist.

Wir orientieren uns nun wieder nach Westen, vorbei am **Parlament** (Madžlisi Oli), einem roten Gebäude mit weißen Säulen und überqueren den Rūdakī Hiëboni. Durch das weiße Portal betreten wir den **Rūdakī Park** (Boġi Ustod Rūdakī) mit zahlreichen Wasserspielen und dem **Rūdakī Monument**. Ihm angeschlossen, aber nicht zugänglich, beherbergt der **Palast der Nationen** (Ķasri Millat), heute das Büro des Präsidenten und verschiedene Ministerien.

Südlich davon das monumentale **Somoni Monument**. König Ismail Somoni ist hier dargestellt. Er gilt als Gründer der Somoniden Dynastie, die vor gut 1100 Jahren ein großes Reich in Zentralasien beherrschten. Die Ausdehnung des Reiches können Sie auf einer Karte hinter dem Standbild sehen.

Flankiert werden die dahinter befindlichen Brunnenanlagen von der **Nationalbibliothek** (Kitobhonai Milli). Sie besteht aus 25 Lesesälen und einem Skriptorium mit historischen tadschikisch-persischen Schriftstücken.

Am Ende der Anlage ragt die barocke **Wappenstele** auf. Sie erinnert sehr an den Baustil im turkmenischen Aşgabat.

Vorbei am Palast der Nationen steuern wir auf den unübersehbaren **Flaggenmast** zu. Mit 165m ist er derzeit (2016) der zweithöchste der Welt. Umgeben ist der Flaggenmast vom **Park der Nationalflagge** (Boġi Parčami Milli) mit einem See zum flanieren und einigen Sonnensegeln.

Das **Nationalmuseum** (Osorhonai Milli) nördlich des Parksees zeigt auf 4 Etagen und in 22 Hallen die Sammlungen des Landes. Das Untergeschoß ist hierbei der Geographie und Flora gewidmet. Im Erdgeschoß und ersten Stock wird die Landesgeschichte einschließlich einer Kopie des 14m langen Buddha im Nirvana (7.Jh.) gezeigt. Im zweiten Stock sind Gemälde aus allen Epochen ausgestellt. Das Gebäude ist großzügig und modern ausgestattet und ergibt somit einen würdigen Rahmen für die lange Geschichte des tadschikischen Volkes.

Auf der gegenüberliegenden Seite des Ismail Somoni Hiëboni ist das **Amphitheater** (Amfiteatr) Bühne für zahlreiche Kultur- und Musikveranstaltungen. Etwas weiter östlich, aber auf der gleichen Straßenseite beeindruckt das Wandrelief des **Hauses der Schriftsteller** (Binoi Immifoķi Nabisandagoni Toçikiston). Es zeigt die Dichter und Schriftsteller der persischen Kultur: (von Links) Tursunzoda und Lohutī, Čomī, Haīëm, oben stehen Ibn Sino, Rūdakī, Firdavsī und rechts die beiden Poeten aus der Stadt Shiraz Saadi und Hafizi Sherozi, Aini und von den Russen wurde Maxim Gorki reingeschmuggelt der eigentlich gar keinen Bezug dazu hat.

Am östlichen Ende des Ismail Somoni Hiëboni treffen wir auf den **ehemalige Präsidentenpalast** (Ḳasri Prezident) aus sowjetischen Tagen. Südlich davon ist das international bekannte **Majakovski Dramentheater** (Theatri Dramaviī nomi Majakovskij) mit einem Repertoir aus lokalen und russischen Stücken zu sehen. Was gerade gespielt wird, ist vorn angeschrieben.

Zum Ausklang unserer Stadtbesichtigung genießen wir den Ausblick von der Empore des berühmtesten Teehauses des Landes, dem **Rohat** (Čoīhonai Rohat). Das Teehaus ist ein beliebter und belebter Treffpunkt der lokalen Bevölkerung und bietet auch eine kleine Kunstgalerie im Untergeschoß.

Wer nun wieder Lust und Energie verspürt, kann die Erkundung der Stadt entweder nach Norden entlang des Rūdakī Hiëboni fortsetzen, oder jenseits der Brücke über den Dušanbinka Fluß auf dem **Çabonon See** (Kūli Çabonon, früher Komsomol See) Tretboot fahren oder das architektonisch interessante **Ismaili Kulturzentrum** des Aga Khan (Markazi Ismoilijai) besuchen.

Unmittelbar neben dem Teehaus Rohat steht das größte Theater der Stadt. Im **Lohutī Dramen Theater** (Teatri Dramaviī Lohutī) werden orientalische Stücke gezeigt. So können Sie beispielsweise das Leben Rūdakīs als Theaterstück erleben.

Wenige Meter weiter nach Norden liegt links, am Ende einer Seitenstraße die neu erbaute **Hauptmoschee und Medrese Haji Yakoub** (Masčidi va Madrasa Haçi Yakoub), die im Bürgerkrieg als Basis der Antikommunistischen Bewegung diente. Von hier nehmen wir ein Taxi bis zum **Botanischen Garten** (Boği Botanikī). Der Park wurde 1933 von einem Deutschen gegründet und bietet heute mit großen Bäumen, einer Orangerie und gestreuten Pavillions im landestypischen Stil einen erholsamen Ort inmitten der Stadt.

Weitere Sehenswürdigkeiten

Der **Siegespark** (Park Pobedy) liegt östlich der Innenstadt auf den angrenzenden Hügeln. Vom dortigen Weltkriegsmonument hat man einen schönen Blick auf die Stadt und die Ausläufer der Hissor Berge. Die Seilbahn dort hinauf ist leider seit Jahren außer Betrieb.

Ein idealer Spielplatz für Kinder ist der **"Dolfin" Aquapark** (Akvaparki Dolfin) mit zahlreichen Schwimmbecken auch für die Kleinsten und einem **Erlebnispark** mit Riesenrad und Achterbahn. Die Anlage ist dem **Pojtaht Park** (Boği Pojtaht) angegliedert.

Die im landestypischen Stil entstehende **Zentralmoschee** (Markazii Masçid) ist über eine Säulenkolonade verbunden mit dem vorgelagerten religiös ausgerichteten Versammlungszentrum. In dessen Mitte erhebt sich ein Spiralminarett. Der Bau begann 2011 und wird vorraussichtlich 2016 abgeschlossen sein. Dann wird dies die drittgrößte Moschee der Welt, nach Mekka und Medina.

Unbedingt sehenswert ist das **Puppentheater** (Teatri Lūhtak), dessen Front mit einem farbenfrohen Mosaik verziert ist. Es werden Puppenstücke sowohl für Kinder, als auch für Erwachsene gezeigt.

Verkehrsverbindungen

Der **Flughafen** (Furudgoh) ist recht nah am Zentrum (5Km vom Somoni Denkmal). Es gibt zwei Terminals. Das größere, moderne Gebäude ist für internationale Verbindungen.

Dušanbe bedient derzeit regelmäßig folgende internationale Ziele: Moskau, Sankt Petersburg sowie zahlreichen weiteren russischen Städte, Biškek, Almaty, Urumchi, Teheran, Maschhad, Dubai, Baku, Kabul, Frankfurt (Samstags mit Somon Air) und Istanbul als Flugziele. Die nationalen Ziele umfassen: Huçand (tägl. mit Somon Air) und Horuġ (Saisonal, Tajik Air). Flugtickets bekommt man in der Nissor Muhammad, Ecke Lohuti Kūčai in zahlreichen Agenturen.

Der **Fernbusbahnhof** (Istgohi Avtobus) liegt am Abuali Ibn Sino Hiëboni im Westen der Stadt. Er bietet regelmäßige Verbindungen in den Süden des Landes Richtung Ḳūrgonteppa, Kūlob, Dūsti, Šahritus (A384).

Sammeltaxis suchen Fahrgäste Richtung Huçand (M34) nahe der Zementfabrik (Zement Zavod) am nördlichen Ende des Rūdakī Hiëboni und dem **Varzob Basar**.

Der ehemalige **Zarnisor Basar** ist Ausgangspunkt für Marschrutkas und Taxis Richtung Hisor, Tursunzoda sowie zur usbekischen Grenze (M41).

Wer Richtung Vahdat, ins Garm Tal bis Çirgatol (A372) reisen möchte, kann nahe der Trolleybus Endstation Obshoron (Linie 9,10) Minibusse und Taxis finden.

In den Pamir (M41) gelangen Sie vom **Nazaršoev Busbahnhof** nahe der Bahnunterführung an der Ahmad Doniš Kūčai Richtung Flughafen.

Die **Bahn** ist wegen schmutzige Züge und langen Reisezeiten nicht empfehlenswert.

Verkehrsmittel in Dušanbe

Ein beliebtes Verkehrsmittel innerhalb der Stadt sind die **Trolleybusse**. Hier die wichtigsten Linien:

Nr.1 *Wokzal (Bahnhof) - Severniy (Rūdakī Hiëboni hoch und runter)*
Nr. 2: *Mikrorajon 102 (Ausfallstraße Ri. Hisor M41) - TSUM (Rūdakī Hiëboni)*
Nr.3: *Furudgoh/A.Doniš (Flughafen) - Polytechnikum (hält am Nazaršoev Busbhf. und Aini Majdoni)*
Nr.8: *Wozal (Bahnhof) - Kalinina (hält auch am Fernbusbahnhof)*
Nr.10: *Obshoron (Ausfallstraße Ri. Pamir M41) - Gostinitza Dušanbe (Sipar Majdoni)*
Nr.11: *Zementniy Zavod (Ausfallstraße Ri. Huçand M34) - Severniy (Rūdakī Hiëboni)*

Marschrutkas sind schneller und flexibler als Busse. Bezahlt wird nach Fahrtantritt beim Fahrer.

Dušanbe von A bis Z

Apotheken
Kalima-i Fito
Rūdakī Hiëboni 30, Tel. 223 05 32
Kalima No. 1
I. Somoni Hiëboni 6, Tel. 224 03 90
Kalima-i Šifo
Rūdakī Hiëboni 85, Tel. 221 73 69

Bibliotheken
Nationalbibliothek (Kitobhonai Milli) im Rūdakī Park

Botschaften
Afghanische Botschaft
I. Somoni Kūč. 59/1, neben der Deutschen Botschaft, Mo-Fr 9-12 u. 14-16 Uhr, Tel. 221 67 35
Chinesische Botschaft
Rūdakī Hiëboni 143, Mo, Mi, Fr 9-11:30 Uhr, Tel. 224 21 88
Kirgisische Botschaft
Said Nosirov Kūčai 56a, Mo-Fr 9-12 u. 14-18 Uhr, Sa 9-12 Uhr, Tel. 224 26 11
Usbekische Botschaft
Sanoi Kūčai (südl. Med Inst.), Mo-Fr 9:30-12 Uhr, Tel. 224 76 57
Deutsche Botschaft
I. Somoni Kūčai (nicht Hiëboni) 59/1, am Ende der Varzob Kūčai westl. des Varzob Basars, Mo-Fr 8-12 Uhr, Tel. 43-377 30 00 (zu den Bürozeiten); 907-727 583 (in Notfällen)
Schweizer Konsular Agentur
Tolstoj Kūč. 3, am südl. Ende des Botanischen Gartens, Mo-Fr 9-11 Uhr, Tel. 224 73 16

Österreichische Bürger wenden sich an das Honorarkonsulat in Almaty oder die Botschaft in Astana, beides in Kasachstan.

Bücher und Bildbände
Komus Kanzelar
Rūdakī Hiëboni 91, Mo-Sa 10-18Uhr, Schreibwaren, Stadtpläne, Wandkarten
Khirad Kitoblar
Rūdakī Hiëboni 57, Mo-Sa 9-17 Uhr, russ. Literatur, Kinderbücher, Postkarten, engl. Bücher
Kumod Kitoblar
Rūdakī Hiëboni 55, Mo-Sa 7-19 Uhr, russ. Literatur, Kinderbücher, wenige engl. Bücher

Einkaufen
Basare
Basar Šohmansur (auch Zelonij Basar)
Ecke Husrav Dehlavi Kūčai, Lohuti Kūčai, großer, zentraler Basar für alles denkbare
Korvon Basar
Südl. Stadtrand, Ausfallstraße Ri. Kūrġonteppa (A384), Trolleybus Nr.4 Richtung Avtozentr, dann zu Fuß, größter Basar des Landes
Kaufhäuser, Supermärkte
TSUM
Rūdakī Hiëboni 83 Ecke Fatek Niëzi Kūčai, Mo-Sa 9-17 Uhr, allerlei Nützliches und Souvenirs auf drei Etagen

Orima Supermärkte
Rūdakī Hiëboni 92 und 30, Karabaeva Kūč. 7, Lebensmittel, Drogierieartikel, Konserven
Souvenirs
Tillo Teppe Traditional Handicraft
im Bacria Kulturzentrum, Mo-Fr 9-12, 13-18 Uhr, alle Arten Souvenirs
Modigliani Kunstsalon
Nissor Muhammad Kūčai 4a, Mo-Fr 10-18 Uhr, Sa 10-17 Uhr
Silk Road Souvenirs
Šotemur Kūčai 32, Mo-Sa 9-18 Uhr, spezialisiert auf Steinkunst

Geldwechsel
An zahlreichen Wechselstuben in der Stadt, Geldautomaten gibt es im Hotel Avesto, Hotel Toçikiston, Orien Bank, TSUM und Flughafen

Hotels und Unterkünfte (Auswahl)
Luxeriös
Hotel Serena
Rūdakī Hiëboni 14, Tel. 48-701 40 00, Echte 5 Sterne, Ethno-Ambiente, Pool mit Bergblick
Hotel Hyatt Regency
Ismail Somoni Hiëboni 26/1, Tel. 43-373 12 34, kein WLAN inkl., etwas abgelegen
Marian's Gästehaus
Šohtemur Kūčai 67, Tel. 223 01 91, Kleinhotel mit familiärer Atmosphäre, schöner Garten
Mittel
Hotel Vahš
Rūdakī Hiëboni 24, Tel. 221 05 10, 227 81 88, Zuckerbäckerstil, Etagenfrau, Gebetsraum
Hotel Pojtaht
Rūdakī Hiëboni 7, Tel. 221 23 57, typisches Sowjethotel, wenig Erwarten, dann gehts
Hotel Avesto
Rūdakī Hiëb.105/1, Tel. 221 23 57, abgelebtes Touristenhotel im Sowjetstil, überteuert
Günstig
Yeti Hostel
Ġafurov Hiëboni 34/1, 3. Aufgang, 6. OG, Tel. +992987360004, +38°34'45",+68°44'22", 16 Betten in 3 Zimmern, Küche, Bad, modern
Hotel Tajikmatlubot
Rūdakī Hiëboni 137, Tel. 224 64 87, 11 gute Zimmer zu einem moderaten Preis

Die lokalen Reiseagenturen oder das Bactria Kulturzentrum vermitteln **Gästezimmer** in der Preisklasse *Günstig* bis *Mittel*.

Internet, E-Mail
Plazma
Rūdakī Hiëb. 84, nahe Azadi Majdoni
Interkom
Rūdakī Hiëb. 81, nahe Azadi Majdoni
Shahzoda
Rūdakī Hiëboni gegenüber Firdavsi Bibliothek

Krankenhäuser
Int. Klinik Ibn Sino (Bemoristoni Ibn Sino)
F. Niyozī Kūčai 34, Tel. 640 01 01, Zentrum
Dušanbe Prospekt Klinik
Sanoi Kūčai 33, Ibn Sino Nohijahi, Microrajon 103, Tel. 224 30 92, im Westen der Stadt

Kreditkarten
Visa, Mastercard werden bei Agroinvest Bank und Orien Bank akzeptiert. Darüberhinaus in einigen Boutiquen und den Top-Hotels.

Kulturleben
klassisch
Aini Opern und Ballett Theater (Teatri Opera va Baleti nomi S. Ainī)
Rūdakī Hiëboni 28, Tel. 214 422, schönstes Theater der Stadt (Innen/Außen) von 1935
Majakovski Dramentheater (Theatri Dramaviī nomi Majakovskij)
Rūdakī Hiëboni 76, Tel. 213 132, vorwiegend klassische Stücke russischer Herkunft
Lohutī Dramen Theater (Teatri Dramaviī Lohutī)
Rūdakī Hiëboni 86, Tel. 213 751, tadschikisches Repertoir, oft auch neue Stücke
Puppentheater (Teatri Lūhtak)
Šohtemur Kūčai 54/1, Tel. 221 66 58, sehr schönes Gebäude, interessante Aufführungen
Disco
Port Said, Vastan (Mo geschl.), Dior, People

Kulturzentren, Stiftungen, Kirchen
Bactria Kulturzentrum
M. Tursunzoda Kūčai 12, Tel. 227 05 54 Konzerte, Sprachkurse, Diskussionsclubs, ...
Aga Khan Ismaili Kulturzentrum
Ismail Somoni Hiëboni, Tel. 236 48 88, Bildungszentrum, Bibliothek, Moschee
Boulder Internetcafe und Kulturzentrum
Žomi Hiëboni nahe Dužba Narodov Park
Deutsches Sprachlernzentrum, DAAD
Sovietī Kūčai 107 (Deutsches Haus), Tel. 227 40 02, Sprachkurse, Kulturprojekte, Dolmetscher, Bibliothek

Röm.-Katholische Kirche
Titov Kūčai, Projezd 21, Haus 10, nahe Flughafen, Gottesdienste Sa 18 Uhr in Englisch
Ev.-Lutherische Gemeinde
Majakovskij Kūčai 71/3-59, Tel. 233 72 70, Pastorin Irina Balko
Russ.-Orthodoxe Kirche St. Nikolas
Dūsti Halķar Kūčai 58

Museen
Nationalmuseum (Osorhonai Milli)
Ismail Somoni Hiëboni, moderne Ausstellung zur Fauna, Geschichte und Kunst mit Medienzentrum, Replika des liegenden Buddha. Geöffnet: Mo-So 10-12 Uhr, 13-17 Uhr
Nationalmuseum für Antiquitäten (Osorhonai Milli Bostoni)
Akad. Račaboho Hiëboni 7, zeigt die Ausgrabungsfunde des Landes und den berühmten Buddha im Nirvana, Beschriftung auch in Englisch, Geöffnet: Mo-Fr 9-17 Uhr, Sa 9-16 Uhr, So 10-14 Uhr, Mittagspause 12-13 Uhr
Ethnographisches Museum (Osorhonai Mardumšinosī)
Akad. Račaboho Hiëboni 5, eine sehr gute Übersicht der handwerklichen Künste der Regionen von Susani Stickereien bis Musikinstrumente, auch Pamiri Kunst, Öffnungszeiten wie das Antiquitätenmuseum
Gurminç Museum (Osorhonai Asbobhoi Musikij Gurminç Zavķibekov)
Bohtar Kūčai 23, private Sammlung sämtlicher Musikinstrumente des Landes. Geführt wird das Museum von Iqbol Zavķibekov. Er leitet auch die beliebte Musikgruppe Šams. Keine geregelten Öffnungszeiten. Tel. 223 32 10
Sūhrob Kunstgallerie (Namoišgohi Sūrhob)
Rūdakī Hiëboni 89 Ecke I. Somoni Hiëboni, Die Gallerie der Künstlervereinigung zeigt vorwiegend Gemälde und etwas Handwerkskunst.

Weitere Museen in der Stadt sind das dem Poeten Aini gewidmete **Aini Museum**, Hakimzoda Kūčai und das **Tursunzoda Museum** des gleichnamigen Schriftstellers, L. Šerali Kūč.79.

Post, Paketdienste
Hauptpostamt (Pochta)
Buhoro Kūčai 47, Mo-Sa 9-18 Uhr
DHL
Družba Narodov Kūčai 62, Geöffnet: Mo-Fr 9-18, Sa 9-12 Uhr, Mittagspause 12-13 Uhr
UPS
Aini Kūčai 13, Geöffnet: Mo-Fr 9-18 Uhr, Mittagspause 12-13 Uhr

Registrierung
Touristenvisum: Bei einem Aufenthalt von bis zu 30 Tagen ist keine Registrierung notwendig. Bei längeren Aufenthalten: Siehe Gästevisum.
Gästevisum: Dafür benötigen Sie die Adresse eines tadschikischen Bürgers oder einer Organisation die für Sie die Verantwortung übernimmt. Der Gastgeber muß bei der Beantragung oder der Abholung persönl. anwesen sein. OVIR, Karabaev Kūč. 67 Ecke Šestapavlov Kūč.; Geöffnet: Mo-Fr 8:30-17 Uhr, Sa 9-13 Uhr, Prozess: 1. Formular (Zajavlenije Anketa) ausfüllen, Kopien anfertigen, 2. Gebühr zahlen an der Kasse im Gebäude der Steuerinspektion (Noziroti Andozi), 3. Paß+Quittung+Antrag an Schalter 9 abgeben, 4. Abholung am nächsten Tag am Schalter 9.

Reiseveranstalter (in Dušanbe)
Hamsafar Travel
Pamir-Adventure
Pamir Highway Adventure Tours
Pamir Peaks
Pamir Travel
Tajikaviatour
Tajikintourservice
traveltajikistan.tj
PECTA, META und TDC arbeiten nicht als Reiseveranstalter, sondern vermitteln nur.

Restaurants (Auswahl)
Tadschikisch
Čoīhonai Rohat
Rūdakī Hiëboni 80, mässiges Essen, bekannte Sowjet-Čoīhona mit Kult Status, entspannend
Restaurant Aziya
Tursunzoda Kūč. 21a, schöne, fast etwas kitschige Deko, live Musik, weitgefächertes Menü
Bar Galaba
Bergstation der Seilbahn, schattige Plätzchen die teils afrikanisch anmuten, Panoramablick
Café Omar Hajyam
Buchoro Kūč. 78, geschmackvolle orientalische Deko, für einen romantischen Abend
Koreanisch
Restaurant Arirang
Rūdakī Hiëboni 96, authentisch koreanisch, schöne Deko, die Preise sind moderat

Arabisch
Restaurant Al-Sham
Ak. Račaboho Kūč. 11, sehr gute libanesische Spezialitäten, Bauchtanz mit zu lauter Musik
Indisch
Restaurant Salaam Namaste
Rūdakī Hiëboni 81, sehr gutes Essen, aufmerksamer Service, Deko angenehm, etwas eng
Restaurant Delhi Darbor
Rūdakī Hiëboni 88, Essen eher durchschnittlich, etwas preiswerter als Salaam Namaste
Georgisch
Restaurant Tiflis
Behzod Kūč. 2, gute georgisch/armenische Gerichte und Weine, gepflegte Atmosphäre
International
Restaurant Marco Polo
Tursunzoda Kūč. 80, afghanisches Menü, künstliche Höhle, besonderes Erlebnis, Service
Restaurant La Grand Dame
Buhoro Kūč., Ecke Ševčenko Kūč., franz. Haute cuisine, guter Service, beliebt bei Expats
Fast Food und Café
Café Merve
Rūdakī Hiëboni 92, türkischer Kebab, Pizza, Burger, Frühstück, sehr beliebt und meistens ziemlich voll, alles auch zum mitnehmen
Café Segafredo Zanetti
Rūdakī Hiëboni 70, ein echtes Café mit ital. Kaffee, Kuchen, Frühstück, Pasta, free WIFI

Telefon und SIM Karten für Handys
mit eigenem Handy:
Prepaid SIM von Tcell (ehem. Indigo/Somoncom), Beeline, Babilon Mobile, MLT Reisepaß und Registrierung notwendig
öffentliche Einrichtungen:
Tajiktelecom
Rūdakī Hiëboni 55-57, Mo-Fr 9-18 Uhr Ferngespräch (Daroz Masofa Zang Zadang)

Vorwahl von Dušanbe
37 für Festnetzanschlüsse
43, 44, 48, 91 für Handy Nummern

Übersetzer
siehe Kulturzentren

Sehnswertes in der Region Nohijahoi Tobei Çumhurj

Pilgerstätte Mavlono Yaḳubi Čarki
Маҳбараи Мавлоно Яҥуби Чаркӣ
Diese ist eine der wenigen Pilgerstätten (Maḳbarai Mavlono Yaḳubi Čarki) der Hauptstadt, bestehend aus einer Moschee mit Minarett, einem Mausoleum und einer Medrese. Umgeben von alten Bäumen ist sie dem Sufi Theologen gleichen Namens gewidmet, welcher im 15 Jh. den Koran ins Persische übersetzte und hier begraben liegt.
Erreichbarkeit: Der Aini Kūčai stadtauswärts nach Osten Richtung Vahdat folgen. Vor dem Poligrafkombinat nach Süden abbiegend. Die Stätte liegt im Vorort Guliston (Jamoat Guliston). Marschrutka 9 oder 10 bis zum Abzweig oder Taxi. Lage: +38°32'34", +68°51'56"

Varzob Tal Водии Варзоб
Der Rūdakī Hiëboni führt im Nordern der Stadt am Varzob Basar und der Zementfabrik vorbei. Diese wird durch eine Mauer von der Straße getrennt auf der Sie viele Meter lang die **Bilder der Geschichte Tadschikistans** auf glasierten Kacheln vorbeiziehen lassen können. Schon bald erreicht man den **Varzob Badesee**. Mit Čoīhona's und Restaurants ein beliebtes Ausflugsziel der Städter. Nach dem Vorort Čorbog verengt sich das Tal zu einer **Schlucht**, der Varzob wird zum Gebirgsbach. Entlang der Straße reihen sich Datschen, ehemalige Pionierlager und Restaurants. Das Tal weitet sich wieder etwas und einige Kilometer nach dem Dorf Varzob taucht in einer langen Schleife das Dorf Pugus auf. Hier ließ der Präsident seine riesige Datscha über den Fluß bauen.

Takob Tal Водии Такоб
Unmittelbar vor dem Dorf Pugus zweigt eine beschilderte Straße nach Takob ab. Vorbei an einem Wasserfall mit kleinen Brückchen erreicht man Takob nach etwa 9km. In den nachfolgenden Dörfern Pošum, Safedorak, und Zuman spricht man noch heute die alte **Sprache der Sogdier**. Die Sogdier beherrschten diese Region schon zu Zeiten Alexander des Großen. Dessen Frau Roxane soll eine sogdische Prinzessin gewesen sein. Doch nur hier, weit ab in den Bergen hat sich diese archaische Sprache als Jaghnobi Dialekt erhalten. Safe-

dorak ist am besten erreichbar, da sich hier auch ein **Skigebiet** mit Schlepplift aus Sowjetzeiten befindet. Landschaftlich am schönsten liegt das Dörfen Zuman auf einem Bergplateau.
Erreichbarkeit: Per Marschrutka bis Pugus und von dort 17km bis Safedorak per Anhalter oder direkt mit einem Taxi von Dušanbe (Varzob Basar) aus.

Anzob Pass   Агбаи Анзоб
Bei dem Dorf Maičura südl. des Passes teilt sich die M 34. Die schlechte Straße nach Rechts führt über die 3372m hohe Passhöhe mit herrlichen Ausblicken auf das Dorf Kalon an der Südrampe. An der Nordseite passiert man das Dorf Anzob mit dem **Anzob Minarett**, einem Felsbrocken auf einer Erdsäule. Die gute Asphaltstraße nach Links führt zum 5Km langen **Anzob Tunnel** (Siehe auch S. 116).

Hisor   Хисор
Diese im 11 Jh. gegründete Stadt ist wunderbar gelegen nahe dem Hanaka Fluß und den angrenzenden Hügeln. Die heute noch sichtbaren Reste der Stadt sind jedoch deutlich jünger. Das zu der **Zitadelle** gehörende **Haupttor** wurde rekonstruiert und umschließt mit einer Lehmmauer den ehemaligen Palast des Abgesandten des Emirates Buhoro. Vom Festungshügel haben Sie einen guten Blick auf die ganze Anlage. Unmittelbar vor dem Haupttor sehen Sie einen alten, abgestorbenen Maulbeerbaum. Daneben tritt eine Quelle zu Tage. Der ganze Platz gilt bei den Einheimischen als heilig und sagenumwoben (Ali Legende).
Die Fundamentreste gegenüber der Festung gehen auf die **Karawanserei Chištin** (16. Jh.) zurück. Daneben die **alte Koranschule** (Madrasah-i Kuhna). Hier wurde bis 1921 der Koran gelehrt. Heute ist in den Zellen der Studenten ein Museum untergebracht. Auf der anderen Straßenseite die **neue Koranschule** (Madrasah-i Nou) welche weitgehend rekonstruiert wurde. Weitere Gebäude der alten Stadt sind das südl. der alten Medrese gelegene **Mausoleum von Mahdum-i Azam** mit Fundamenten aus dem 10. Jahhundert, die **Chašma-i Mohiën Quelle** mit einer neuzeitlichen Moschee und der schlichte Bau der **Sangin Moschee** (8.Jh.).
Erreichbarkeit: Mit Marschrutka 2 oder 11 ab I. Somoni Hiëboni bis Zarnisor Basar, von dort mit dem Bus oder Marschrutka bis zur Stadt Hisor. Bis zur Festung sind es weitere 6km mit dem Taxi (fragen Sie nach Krepost oder Kala).

Norak   Норак
Mit 300m ist der **Norak Staudamm** (Nerūgohi obi Norak) seit 1980 der höchste der Welt. Er staut in der ursprünglich etwa 8m breiten Pol-i Sangin Klamm den Vahš Fluß auf ein Volumen von max. 10 Milliarden m³ auf. Die Kleinstadt Norak am Fuße des Dammes veranschaulicht das Ideal des Sowjetischen Städtebaus sehr gut. Auch **Lenin** hat noch immer seinen Stammplatz. Vom Stadtzentrum bis zur **Aussichtsplattform** des Dammes sind es etwa 3km. Vom Lenindenkmal führt ein kleiner Park zum **Denkmal der Erbauer** mit Blick auf den Vahš. Im gepflegten Hotel Sayora.S *(Günstig)* nahe dem Lenindenkmal kann man gut übernachten. Der Basar befindet sich zwischen dem Busbahnhof und dem Stadtzentrum.
Erreichbarkeit: Die Straße nach Norak zweigt von der A385 durch einen Torbogen ab. Bis zum Busbahnhof von Norak sind es 6Km und weitere 1,3Km bis zum Stadtzentrum. Busse und Marschrutkas von Dušanbe nach Dangara oder Kulob halten nicht unbedingt am Busbahnhof Norak. Erfragen Sie dies vor Fahrtantritt.

Ob-i Garm   Об-и Гарм
Übersetzen kann man dies mit „heißes Wasser" und bezieht sich auf die lokalen heißen Quellen.
Von Ob-i Garm führt eine Straße nach Rogun. Dort soll, nur etwa 50Km Luftlinie flußaufwärts von Norak, ein zweiter Damm, der **Rogun-Staudamm** entstehen. Doch dessen Bau ist wegen fehlender Finanzen mehr als fraglich.
Etwas weiter auf der M 41 Richtung Tavildara passiert man den kleinen **Bergsee Kabud Hauz** nahe dem Dorf Efuč. Er bietet einen schönen Picknickplatz auf dem Weg nach Darvoz. Die **Moschee von Čildara** fällt durch die interessanten Zwiebeltürmchen auf.

Tavildara   Тавилдара
Über dieses ländliche Gebietszentrum ragt der 2488m hohe Sandsteinklotz Hazretihojaishaud Berg in den Himmel. Das malerisch gelegene Dorf wir dabei eingeklemmt von drei Flüssen,

dem breiten Obihingob, dem Obizagora und dem Karanai. Eine Hängebrücke führt von der M-41 ins Dorf hinüber. Minimale Versorgungsmöglichkeiten.

Die Region Suġd

Diese Region im Norden des Landes hat ihren Namen von der historischen Region Sogdien und ist sowohl ethnisch als auch kulturell eher den Usbeken zuzuordnen. Heute erwirtschaftet die Region Suġd mehr als der gesamte Rest der Republik Tadschikistan.

Huçand   Хучанд

Seit 2500 Jahren bewacht Huçand den Zugang zum Farġona Tal, jener fruchtbaren Oase die zu den am dichtesten besiedelten Gebieten Zentralasiens zählt.

Auch wenn von der langen Geschichte der Stadt heute nur noch wenig zu sehen ist, so ist sie dennoch eine attraktive, besuchenswerte Stadt.

Geschichte

Die strategische Lage Huçands erkannte bereits Alexander der Große als er im Jahr 329 v. Chr. hier mit seinen Heerscharen ankam. Wie wichtig diese Stadt war, zeigen die heftigen Straßenkämpfe die sich Alexander und der dort herrschende Kyreschata lieferten. Die dabei völlig verwüstete Stadt wurde in den folgenden Jahren neu aufgebaut und Alexandria Eschate (die Ferne) genannt. Die Stadt Huçand, wie sie in einem sogdischen Text erstmals erwähnt wird, blühte dank des regen Handels der Seidenstraße auf. Poeten und Dichter erwähnten die Stadt im Zusammenhang mit den hellen, farbenfrohen Seidenstoffe die hier gewoben und gehandelt wurden.

Mit der Eroberung im Jahr 711n. Chr. durch die Araber änderte sich da nicht viel. Von nun an bestimmten jedoch prächtige Moscheen und Medresen das Bild.

Huçand fiel 1220 der Eroberung Dschingis Khans zum Opfer, wie auch Tausende seiner Bewohner. Von dieser Zerstörung erholte sich die Seidenstraßen Metropole nie mehr, wurde bald im Schatten des mächtigen Qo'qon (russ. Kokand) unbedeutend.

Von 1924 bis 1929 war Tadschikistan integraler Teil der Usbekischen SSR. Dies mißfiel jedoch Stalin, der aus strategischen Gründen Tadschikistan zur selbständigen Sowjetrepublik aufgewertet sehen wollte. Doch im tadschikischen Gebirgsland lebten nur wenige verstreute Bergbauern, nicht genug Tadschiken um die erforderliche Mindest-Bevölkerungszahl einer Sowjetrepublik zu erreichen. So entschloss man sich zu einem Kunstgriff. Den Tadschiken hatte man die traditionell tadschikischen Städte Buxoro und Samarqand abgenommen. So erklärte man das ebenso traditionell usbekische Huçand und noch einige umgebende Berge als Ausgleichsmasse und erreichte damit die erforderliche Bevölkerungszahl.

Abgetrennt durch hohe Gebirge vom restlichen Land, blieb Huçand vom Bürgerkrieg weitgehend verschont. Selbst separatistische Tendenzen wurden laut. Wer heute Huçand besucht, erlebt dort eine modernere und wirtschaftlich aktivere Gesellschaft als in der Hauptstadt.

Eine Stadttour durch Huçand

Es ist nur wenig übrig geblieben vom einstigen Glanz der Stadt. Nahe dem Syrdarjo, westlich des Hotels Leninabad erhebt sich der noch immer beeindruckende Hügel der damaligen **Zitadelle**. Etwa 1200 Jahre Geschichte stecken in ihm. Im rekonstruierten Ecktor wurde das **Regionalmuseum** (Osorhonai Tarihiy Viloyati Suġd) eingerichtet. Absolut sehenswert ist die Alexander Halle, eine prachtvolle Pietra Dura Arbeit. Geöffnet: Di-So 8-16 Uhr. Unweit davon befindet sich das **Museum der Archäologie und des Festungsbaus** (Osorhonai Arheologiya va Fortifikacia), Geöffnet: Mo-Fr 8-17, Sa+So 9-16Uhr. Obwohl es etwas verstaubt ist, zeigt es zahlreiche alte Photographien und Zeichnungen, die das alte Huçand erfahrbar machen. Vom Dach des Museums kann man einen Blick auf das Militärlager im Innern der Zitadelle werfen.

Der umgebende **Huçandi Park** wird im Sommer gerne vom verliebten Teil der Bevölkerung frequentiert.

Auf der gegenüberliegenden Flußseite wachte bis 2011 ein einsam gewordenen **Lenin** über eine Stadt, die Ihren Namen Leninabad nach der Unabhängigkeit schnell wieder gegen den alten Namen eintauschte. Er war mit 12m der

Tadschikistan - Stadtplan Huçand

Huçand Museum

Landschaft nördlich von Čorkūh

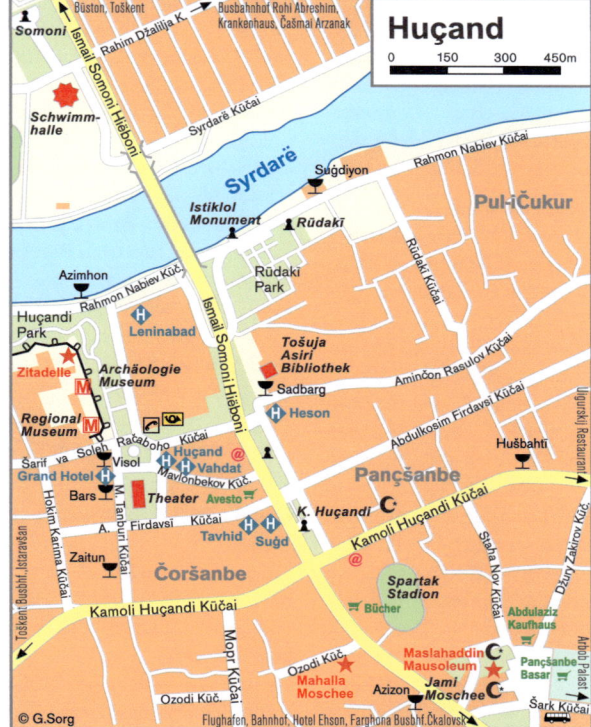

Türkis schimmert der Iskanderkūl

Tavildara am Obihingob Fluß

wohl größte Lenin, den es in Zentralasien noch gab. Jetzt steht dort **Ismoil Somoni** in etwa gleicher Größe.
Weiter im Süden schlägt das eigentliche Herz der Stadt, der **Majdoni Pançšanbe**. Um diesen weiten Platz gruppieren sich das religiöse Zentrum, ein Kaufhaus und der größte Basar der Stadt. Die neu errichtete **Moschee** mit dem **Minarett** (1865) wird immer von vielen Tauben bevölkert. Gleich daneben die **Grabstätte des Scheich Maslahaddin** (1385). Traditionell ist auch in Huçand der Islam sehr konservativ ausgeprägt, dies zeigt sich in der großen Zahl Studenten, die hier die Koranschule besuchen. Im ehemaligen Museum ist heute ein Kaufhaus mit Uhrturm zu finden. Insbesondere der Schmuckbasar im Obergeschoß ist sehenswert. Der überdachte **Pançšanbe Basar** bietet vorwiegend Lebensmittel und Bekleidung.

Sehenswertes nahe Huçand

Einen schönen Blick über die Stadt haben Sie von den Ruinen der **Čašmai Arzanak**. Dies ist eine gefasste Quelle die mit Mausoleen umgeben wurde.
Erreichbarkeit: Vom Pančšanbe Basar wählen Sie ein Marschrutka bis zum Busbhf. Rohi Abreshim. Von dort ein Taxi zum Vorort Čašma. Čašmai Arzanak befindet sich oberhalb dieser Siedlung etwa 1,3Km über eine Piste erreichbar. Lage: +40°19'47", +69°38'12"
Ein Schloß für die Kolchosenverwaltung? Auch das gibt es. Der Kolchosverwalter Ūrunhoçaev wollte mit der Voroshilov Kolchose einen sowjetischen Musterbetrieb aufbauen und hat sich dabei wohl vom zaristischen Prunk des Peterhofes leiten lassen. Immer wieder war der **Arbob Palast** Schauplatz wichtiger Ereignisse wie die Unabhängigkeitserklärung Tadschikistans 1992 und die Friedensgespräche zur Beendigung des Bürgerkrieges einige Jahre später. Neben einem **Theater** ist auch ein **Museum**, zu besichtigen. Geöffnet: tägl. 8-16 Uhr.
Erreichbarkeit: Nehmen Sie ein Taxi beim Pançanbe Basar. Von dort der Šark Kūčai 4Km nach Osten folgen, dann nach rechts in die Lenin Kūčai abbiegen. Bis zum Palast sind es nochmals 2Km.

Verkehrsverbindungen

Von Huçand aus fliegt Somonair täglich nach Dušanbe. Der **Flughafen** ist 10km südöstlich in Čkalovsk. Die Busse Nr. 34 und 2 sowie Marschrutka Nr. 80 fahren in die Stadt.
Südl. des **Pançšanbe Basars** finden Sie Marschrutkas in alle Teile der Stadt und zu allen Busbahnhöfen.
Vom **Farġona Busbahnhof** (Istgohi Farġona) an der Ausfallstraße nach Čkalovsk fahren Busse und Marschrutkas nach Konibodom und Isfara. Vom **Toškent Busbahnhof** (Istgohi Toškent oder Kuhna) an der Kamoli Huçandi Kūčai Ecke Radiševa Kūč. fahren Marschrutkas bis Istaravšan. Hier finden Sie auch Fahrzeuge, die weiter nach Süden bis Dušanbe fahren.
Vom **Busbahnhof Rohi Abreshim** und dem 300m südlich davon befindlichen **Marschrutkaplatz** gibt es Verbindungen in den Norden (Tabošar, Būston).
Grenzübergänge nach Usbekistan:
Nach **Qo'qon** zunächst mit einem Marschrutka bis Konibodom, dann ein Taxi bis zur Grenze. Von dort per Taxi nach Beshariq und weiter bis Qo'qon mit einem Minibus.
Nach **Toshkent** mit dem Marschrutka bis Būston. Mit einem Taxi 13Km bis zum Grenzübergang Oybek. Zu Fuß 600m bis zur Hauptstraße Richtung Bo'ka und weiter nach To'ytepa und Toshkent mit allem was fährt. Der Übergang bei Bekobod ist für Ausländer geschlossen.

Hotels und Restaurants in Huçand

Mittel
Huçand Grand Hotel
M. Tanburi Kūčai 20, Tel. 3422-6 05 99, Restaurant, große Zimmer, WIFI u. Frühstück inkl.
Hotel Tavhid
Firdavsi Kūčai 117, Tel. 3422-6 77 66, Aircon, Frühstück inklusive, netter Service
Hotel Suġd
Ismail Somoni Hiëboni 179, Tel. 3422-4 11 88, schlichte Zimmer, Servicequalität schwankt
Hotel Vahdat
Mavlonbekov Kūčai 3, Tel. 6 51 01, Aircon, große Zimmer, sauber, zentral gelegen
Günstig
Hotel Leninabad
Rahmon Nabiev Kūčai 51, Tel. 6 71 00, heruntergekommen, zweifelhaft, schöne Aussicht
Hotel Ehson (nicht Hotel Heson)
Ismail Somoni Hiëboni 171, Tel. 6 69 84, Aus-

sicht prima, abgelegen und ziemlich abgelebt
Restaurants
Čoīhonai Azizon
Ismail Somoni Hiëboni, echte tadschikische Küche, günstig, nahe Pançšanbe Basar
Restaurant Zaitun
M. Tanburi Kūčai 30, gute trad. tadschikische Küche, schöne Deko, Tapchan
Restaurant Visol (Ex-Piramid)
M. Tanburi Kūčai 1, internationale u. europäische Küche, nur Abends geöffnet
Uigurskij Restaurant
Gagarin Kūčai, Ecke K. Huçandi Kūčai, beliebtes Lokal, einfach, scharf gewürzt
Čoīhonai Sadbarg
Ismail Somoni Hiëboni, neben der T. Asiri Bibliothek, netter Platz zum Ausruhen

Konibodom   Конибодом
Diese Stadt am Eingang zum Farġona Tal ist seit ca. 550 Jahren namentlich bekannt. Konibodom bedeutet übersetzt „Mandelkönig". Hauptsehenswürdigkeit ist die **Mir Radšib Dohdo Medrese**. Sie ist um 1660 entstanden und zeichnet sich heute durch den guten Erhaltungszustand und das gut ausgestattete städtische Heimatmuseum aus. Die **Oim Medrese** (17. Jh.) wiederum ist eine der sehr wenigen Koranschulen für Frauen in Zentralasien. Jedoch wird sie heute nicht mehr als solche genutzt, denn die Koranschülerinnen werden jetzt in der neuzeitlichen Sarf Moschee unterrichtet. Eine weitere Sehenswürdigkeit der Stadt ist das **Norčaboj Minarett**, die Stiftung eines angesehenen Bürgers an die Stadt im Guliston Park direkt im Zentrum. Der nahegelegene **Basar** mit seinem schönen Eingangsportal ist ebenfalls einen Besuch wert.

Mir Radšib Dohdo Medrese/Museum
Sh. Bohirov Kūčai 15, nördl. vom Basar, Geöffnet: Di-So 8-12 ; 13-16 Uhr
Oim Medrese
Ali Hoči Kūčai, in einer Seitenstraße der Ainī Kūč., die zum Chlopsavod (Baumwollfabrik) führt.
Erreichbarkeit: Der Busbahnhof liegt direkt an der A376 am südöstl. Ortsrand, 2,5Km vom Zentrum. Die Sehenswürdigkeiten erreichen Sie von dort mit einem Taxi. Mehrmals tägl. Minibusse nach Huçand und bis zur Grenze.

Isfara   Исфара
Gelegen in einem fruchtbaren Talkessel am rauschenden Isfara Fluß und umgeben von Aprikosenplantagen ist diese Kleinstadt vor allem bekannt für die zahlreichen bunt dekorierten **Teehäuser**. Nahe dem Basar und Busbahnhof gibt es die **Čoīhonai Orien** und **Orom**, beide mit sehr schön bemalten Decken. Ebenfalls mit schönen Deckenmalereien versehen ist die **Hočiën Moschee** (18.Jh.) mit einem neuzeitlichen Minarett. Vom Basar aus ist die Moschee 800m in nordöstl. Richtung. Lage: +40°07'45", +70°37'39".
Im östlichen Vorort Navgilem ist die renovierte **Abdullahon Medrese** (16.Jh.) sehenswert. Besonders schön ist das Storchennest auf dem kleinen Minarett im Hof.
Unterkunft bietet das einfache **Hotel Isfara**, Lenin Kūčai 36, Tel. 3462-21405 *(Günstig)*.
Am Fuße der flammenden Berge ist der **Kal'ai Mazor** (auch Kalačai Mazor) gelegen. Es ist ein beliebtes Ausflugsziel mit einer Čoīhona und einem herrlichen Panorama. Das ehemalige Pionierlager ist beim Örtchen Pirwe Maja etwa 4Km nördlich von Isfara zu finden. Lage: +40°09'22", +70°36'18"
Wer sich auf den Weg nach Čorkūh macht, kommt am Sanatorium Zumrad vorbei. Hier kann man die aus der Sowjetzeit stammende **Čoīhonai Sino** bestaunen. Diese ist auch auf dem 50 Somoni Schein abgebildet.
Erreichbarkeit: Der **Busbahnhof** von Isfara ist direkt im Zentrum. Der Basar ist unmittelbar daneben. Busse und Marschrutkas verbinden Isfara mit Konibodom (34Km) als auch mit Čorkūh (20Km).

Čorkūh   Чоркӯх
Der beschwerliche Weg über schlechte Landstraßen wird entlohnt durch die bezaubernde Landschaft des Isfara Tales. Ziel ist das eher unscheinbaren Städtchen am äußersten Zipfel Tadschikistan. Es beherbergt einen der größten Schätze des Landes: Das hölzerne **Mausoleum des Hazrat-i Bobo** (10. Jh.). Die verbliebene Dachkonstruktion auf Säulen ist verziert mit rätselhaften Eulen und Kufi-Schriften. Vorislamische Kunst vermischt sich hier mit der damals noch jungen Religion. Es ist jedoch völlig unklar, welcher Heilige hier begraben sein soll, denn Harzrat-i Bobo ist nur ein

Titel. Das „Mausoleum" befindet sich in den Gebäuden der Moschee (18.Jh.) mit einem kleinen Minarett. Fragen Sie im Ort nach Maqbara Hazrat-i Bobo im Ortsteil Mahallah Langar.
Erreichbarkeit: Von Isfara aus fahren Marschrutkas und Sammeltaxis mehrmals täglich nach Čorkūh.

Istaravšan Истаравшан
Als Zentrum des sogdischen Fürstentums Ustrushana wurde Kuruškada vom persischen König Kuruš (auch Kyros der Große 580-529 v.Chr.) zu einer starken Festung ausgebaut. 329 v.Chr. überlistete Alexander der Große die Bewohner. Sie fiel und wurde daraufhin Kyropol genannt. Nach weiteren 600 Jahren erstürmten die Araber die Stadt und nannten Sie Istaravšan. Ab dem 14. Jh. schließlich beherrschten die Timuriden die nun Uroteppa (Hinter den Hügeln) genannte Siedlung. Sie unterstand dabei dem usbekischen Khanat Qo'qon.
Erst im Jahr 1866 bebten wieder ihre Mauern. Diesmal waren es die russischen Kanonen.

Sehenswertes in Istaravšan
Das Zentrum der Macht war dabei immer der Hügel **Mug Teppa**. Sichtbar sind heute bescheidene Reste der alten **Zitadelle** (16. Jh.) und ein **rekonstruiertes Stadttor**. Ein mässig interessantes **Stadtmuseum** befindet sich in der Oli Osmon Kūčai unterhalb der Festung.
Die **Altstadt** (Šahr-i Kuhna) mit ihren engen Gassen und Lehmhäusern ist an sich schon eine Besonderheit. Doch die wunderschönen Deckenmalereien sind hier herausragend.
Sichtbar wird diese Kunst in der **Mavlono Usmoni Čarhī Moschee.** Die beblümte Decke soll vermutlich das Paradies darstellen. Zu finden ist die Moschee 1Km südwestl. des Basars.
Auch die **Hauz-i Sangin Moschee** (19.Jh.) mit einem Wasserbecken ist besuchenswert. Einige Decken wurden bereits aufgefrischt, schöner sind jedoch die älteren Segmente.
Ganz auffällig ist die timuridische **Sulton Abdulatif Medrese** (16.Jh.) mit einer blauen Kuppel. Sie wird deswegen auch Kok Gumbaz genannt. Erbaut wurde die Medrese von Abdulatif, dem Sohn Ulug Bek's, der seinen Vater offenbar umbrachte. Sie beherbergt heute wieder eine Koranschule .

Ein Kleinod der besonderen Art ist der **Chor Gumbaz Mazor** (19.Jh.). Man betritt den Mazor durch eine Vorhalle. Im vierfach überkuppelten Hauptraum trägt eine Zentralsäule die Kassetendecke, welche sich jeweils in einer kunstvoll bemalten Kuppel erweitert. Rot und Gold beherrschen das Farbbild. Der Mazor befindet sich am nordwestl. Rand der Altstadt an der Būston Kūčai.
Ganz am Rand der Altstadt steht die **Moschee Namozgoh** (18.Jh.) mit einem schönen neuzeitlichen Minarett. Ihr sind auch zwei Mausoleen angeschlossen: Das **Hudoër-i Valmj** (17.Jh.) und das **Hazrat-i Šoh Mausoleum** (10.Jh.). Letzteres besteht aus zwei Kuppel mit dem eigentlichen Grab (Gurhona) und einem kleinen Vorraum (Zijorathona). Der Quelle davor werden heilende Kräfte zugesprochen. Der **Park Gulbog** (Blütengarten) unmittelbar neben dem Moschee-Komplex ist den Dichtern und Literaten Tadschikistans gewidmet.
Im Südwesten der Stadt versteckt sich das lauschige **Sary Mazor Ensemble** zwischen uralten Platanen. Die Moschee (16.Jh.) zeichnet sich durch feine Malerei aus. Die beiden Mausoleen Hazraji Mehdoni Azam (15.Jh.) und Ačina Hona (16.Jh.) sind Innen schlicht, am Portal jedoch mit bunten Kacheln, teils mit Kufi Inschriften verziert.
Auch in Istaravšan ist der **Basar** der tägliche Mittelpunkt der Bevölkerung. Er besteht aus zwei Teilen. Nördl. des Univermag werden Lebensmittel, südlich davon Bekleidung angeboten. Ergänzt wird er von **Handwerksbetrieben**, insbesondere Schmieden, die die alten Traditionen lebendig halten. Die Werkstätten sind gegenüber dem Lebensmittel Basar.

Verkehrsverbindungen
Vom Marschrutkaplatz etwa 300m südl. des Basars fahren **Minibusse** und **Sammeltaxis** in alle Richtungen. **Busse** starten ab dem Hauptbusbahnhof (Terminali) nahe dem 2. Kreiskehr etwa 4,5Km nördl. vom Stadtzentrum aber nur nach Norden.

Hotels und Restaurants in Istaravšan
Mittel
Hotel Sadbarg
Rūdakī Kūčai 105, Tel. 919-88 70 48, einfach eingerichtet, große Zimmer, sauberes Bad, 2010 eingeweiht, Service ausbaufähig

Tadschikistan - Stadtplan Istaravšan

Das „Minarett" über dem Dorf Anzob ist ein Fels auf einer Geröllsäule

Die Sulton Abdulatif Moschee im Herzen der Altstadt von Istaravšan

Die Nordrampe des Šahriston Passes

Hotel Istaravšan
Rūdakī Kūčai 80, große Zimmer, teils mit renoviertem Bad, Service ähnlich wie Sadbarg
Günstig
Homestay Zafar Rajabov
Holiķ Rajibov Kūč.6, Tel. 3454-2 04 05, saubere Zimmer, familiär, sehr schöner Garten
Restaurants
Die zuverlässigste Quelle für lokale Speisen ist der **Hauptbasar** und die umliegenden **Teehäuser**.

Šahriston   Шахристон
Die frühmittelalterliche **Burg Ķala-i Ķah Ķaha** war die zentrale Passfestung und Hauptstadt Bunčikat des Reiches Ustrushana gegen die nahen Turkestan Berge, deren Übergänge von hier aus kontrolliert wurden. Heute sichtbar sind 3 verschiedene Anlagen: Ķala-i Ķah Ķaha 1 erstreckt sich über ein langes Bergplateau, das zum Flußtal abfällt. Es besteht aus einem Festungsberg mit Wehrtürmen und einem Palast. Dieser brannte im 9. Jh. durch die arabische Invasion ab und wurde aufgegeben. Zurück blieben schöne Wandmalereien und ein verkohltes Holzpanel mit sehr feinen Schnitzereien, heute im Museum für Archäologie in Dušanbe ausgestellt.
Abgeteilt durch ein kleines Tal liegt das quadratische Ķala-i Ķah Ķaha 2 direkt südlich. Im Talgrund, heute vom modernen Ort Šahriston weitgehend überbaut, befindet sich Ķala-i Ķah Ķaha 3 aus der Samanidenzeit (9.-11. Jh). Die Ausgrabungen wurden vom Seminar für orientalische Archäologie und Kunst in Halle durchgeführt.
Erreichbarkeit: Die M34 führt um Šahriston herum, so dass man gezielt die Stadt ansteuern muß. Von der zentralen Flußbrücke ca. 1km Flußaufwärts erhebt sich die Festung gut sichtbar. Mit Marschrutkas 25Km von Istaravšan aus.

Anzob und Šahriston Pass / Tunnel
Ағбаи / Наķби Анзоб ва Шахристон
Der landschaftlich reizvolle **Anzob Pass** (3372m) windet sich in weiten Kehren und bietet herrliche Ausblicke. Eine gefasste **Mineralquelle** lädt zu einer Pause ein. Im alten **Dorf Anzob** am Fuß der Nordrampe sind Felsen auf Geröllsäulen zu sehen. Die größte wird **"Minarett von Anzob"** genannt.
Die Südrampe des **Šahriston Passes** (3378m) führt durch graues Schiefergestein und ist wenig attraktiv. Nahe der Passhöhe ist die usbekische Grenze zum greifen nah. Im nördlichen Teil führt die Passstraße durch schönen Wacholderbewuchs. Am Abzweig in das Ohtangi Tal (Lage: +39°43'47", +68°46'7") wurde eine Stehle mit der **Skulptur einer Wölfin** (Modargurg) die zwei Kinder nährt, aufgestellt. Die Szene stammt von einem Wandgemälde das man in Ķala-i Ķah Ķaha (Šahriston) fand. Ein Abstecher in das **Ohtangi Tal** mit einem rauschenden Wildbach, Wacholder, Ferienanlagen und dem malerischen **Mondsee** (Oykūl) am Ende des Tales ist absolut lohnenswert.
Straßenzustand
Anzob Pass: Höhe 3372m, Nord- und Südrampe schlechter Asphalt oder Piste, wird nicht geräumt und kaum unterhalten. Ende 2012 gab es einen Bergrutsch, die Straße war damals zeitweise unpassierbar.
Anzob Tunnel: Länge 5Km, wenig bis gar nicht beleuchtet, sehr schlechte Fahrbahn mit vielen tiefen Wasserlöchern, Gegenverkehr.
Šahriston Pass: Höhe 3378m, schlechter Asphalt oder staubige Piste, kein Winterdienst.
Šahriston Tunnel: Länge 5Km, gut beleuchtet, gute und meist trockene Fahrbahn, Gegenverkehr.

Ainī   Айнй
Im Zerafšon Tal gelegen, ist Ainī die einzige größere Siedlung zwischen den beiden Bergpässen Anzob und Šahriston. Zudem zweigt hier die Straße (A377) nach Pančakent ab. Sehenswert ist das **Minarett Varz-i Minor** (10.Jh.) und daneben die neuzeitliche **Çamaladin Moschee**.
Als Unterkunft bieten sich diese **Gästehäuser** an: **Gästehaus des Bürgermeisters**, Tutamurodov Kūč.; **Gästehaus Varz**, Rūdakī Kūč.; **Gästehaus Nuri Rahmon**, Mastcho Kūč..
Erreichbarkeit: Der gesamte Verkehr zwischen dem Norden (Huçand), dem Zerafšon Tal (Pančakent) und Dušanbe fließt durch Ainī. Dennoch muß man Glück haben, einen freien Platz in einem **Auto** oder **Minibus** zu bekommen, da kaum jemand in Ainī aussteigt. Haltestelle ist der Kreisverkehr nahe der Brücke.

Iskandarkūl See Искандаркӯл

Ausgangspunkt für die Fahrt zum Iskanderkūl ist die Industriesiedlung Zerafšon 2 an der M34. Der Abzweig ist beschildert. Hier mündet der vom See kommende Iskandardarë in den Fandarë. Bei Dižik wechselt die hier gute Asphaltstraße die Talseite. Nun windet sich die Straße weiter auf einen Paß hinauf, der Ausblicke zu fantastischen Gesteinsformationen bietet. Am Ausfluß des **Iskandarkūl** führt die Straße vorbei an der Hütte des Naturparkwächters und einem nahezu verlassen Ferienlager aus Sowjetzeiten (Geöffnet: Mai bis Oktober). Oberhalb davon der mit Schilf umgebene **Schlangensee** (Serimadarunkūl). Die Asphaltstraße geht hier in eine gute Schotterpiste über, welche entlang des Sees zu einer **Datscha des Präsidenten** führt. Dieser kommt aber selten, so das die Anlage etwas verunkrautet ist. Kurz nach dem Zufluß des Saratog Gebirgsbaches windet sich die Piste in steilen Serpentinen hinauf zum **Dörfchen Kanžož**. Nach weiteren 3Km erreicht man die letzte **Ansiedlung Saratog**. Etwa 18km entfernt von hier kann man den mit 4643m höchsten Berg Usbekistan, den **Xazrat Sultan** erklimmen. Für Trekkingtouren lohnenswerter ist jedoch die **Hazormeç Schlucht** am südöstl. Ende des Iskandarkūl mit dem darüber liegende **Obisafed Hochtal** und einer weiten Gletscherkulisse am Talende. Lokale Reiseagenturen wie Pamir Travel, ZTB, TDC oder Alaya-Reisen (Nürnberg) und weitere bieten ein umfangreiches Tourenprogramm im Fan Gebirge an.

Unterkünfte am Iskandarkūl

Ferienlager, am Nordufer des Sees
Gästehaus Asliddin Sirogidinov, am Westufer des Sees, über lokale Reiseagenturen buchen
Gästehaus Shezok, am Ablauf des Sees, komfortabelste Unterkunft am Seeufer
Gästehaus Dilovar Davlatova, Sarytag
Gästehaus Shahboz, im Dorf Sarytag
Gästehaus Iqbol, im Dorf Sarytag

Oberes Zerafšon Tal
Водии Зарафшон - Кӯҳистони Мастчох

Der obere Talabschnitt ist ca. 200Km lang und teilt sich wiederum in einen eher engeren unteren Teil und einen weiten oberen Teil auf. Bis 2015 wurden hier deutsche Entwicklungsprojekte für den Aufbau einer Tourismusinfrastruktur durchgeführt. Mehrere Familien in dem sehr abgelegenen Tal haben ihr Haus für Gäste geöffnet.

Vešhab Вешаб

Das Dorf liegt am Beginn eines Seitentals auf einer steilen Anhöhe. Zahlreiche Bäume sollen sowohl Hangrutschungen vermeiden als auch Grundwasser halten. Neben dem **Bewässerungssystem** und einer alten **Mühle** ist auch das **Mausoleum des Philosphen und Lehrers Šamseddin Tabresi** interessant. In Vešab, das auch Wašab genannt wird, gibt es drei Gästehäuser. Fragen Sie nach Umar Atoev, Hussein Sultanov oder Šarofiddin Hojiev.
Erreichbarkeit: Die Straße ist ab Ainī etwa 50Km teils asphaltiert, danach nur noch staubige Piste. Die Fahrt von Ainī bis Vešab dauert etwa 2 Stunden.

Langar, Mehron, Dehisor
Лангар, Мехрон, Дехисор

In dem hier etwa 1Km breiten Tal mäandriert der Zarafšon weit aus. Die umgebenden Gipfel sind alle zwischen 3000-4000m hoch. Die völlige Abgeschiedenheit und Gastfreundlichkeit der Menschen ist hier intensiv erlebbar. Unterkünft bieten Fayzulloh Holov und Mirzo Akbar an (Strom meist vorhanden). Einige Kilometer talaufwärts befindet sich das Dorf Mehron (früher Madruškat oder Mastčoh, russ. Matča). Es ist die "Bezirkshauptstadt" des Gebietes Kūhistoni Mastčoh. Bis zum letzten Dorf Dehisor sind es von hier immer noch ca. 70Km und weitere 24Km bis zum Beginn des Zarafšon Gletschers. In Dehisor lädt Mullah Abdullah in sein Haus ein. Die Piste endet etwas oberhalb von Dehisor bei einem Militärposten.
Erreichbarkeit: Für die ca. 70Km von Vešab bis Langar benötigt man ca. 3 Stunden.

Unteres Zerafšon Tal
Водии Зарафшон - Панчакент

Das untere Zarafšon Tal ist insbesondere kulturhistorisch von Bedeutung, wie die Ausgrabungen von Sarazm und Pançakent bestätigen. Ebenfalls reizvoll sind die traumhaft schönen Bergseen um den 5489m hohen Čimtarga im Fan Gebirge.

Pançrūd Панчрӯд

Abū Abdullohi Rūdakī (859-941) gilt als einer der bedeutendsten Dichter der neupersischen Literatur. Er wirkte viele Jahre am Hof von Samanidenkönig Amir Nasr bin Ahmad in Buhoro. Dort spielte er die Harfe und gelangte durch seine Posie zu Ruhm. Vermutlich die kritischen Fabeln ließen ihn jedoch in der Gunst des Königs wieder fallen. Er starb arm und blind in hohem Alter in seinem Heimatdorf. Das **Rūdakī Mausoleum** wurde 1958 neu aufgebaut und enthält nachweislich die Gebeine des Poeten.
Erreichbarkeit: Im Dorf Šurča, ca. 38Km von Pançakent oder 57Km von Ainī zweigt die Straße nach Pançrūd ab (+39°27'59", +68°1'14"). Die Asphaltstraße führt zunächst nach Husanabad und schließlich nach Pançrūd.

Čimtarga Gebiet Чимтарга

Diese malerische Landschaft aus kahlen Felsbergen, uralten Wacholderbäume und den türkisfarbene Bergseen ist das beliebteste Bergwander- und Klettergebiet in Zentralasien. Die **Gipfel des Čimtarga, Energia, Čapdara, Moskva und Ganza** sind alle über 5000m hoch und anspruchsvolle Kletterziele. Für Trekkingtouren sind die **Bergseen Čukurdak, Ziërat, Großer** und **Oberer Allo, Kūl-i Kalon, Bibiždonat, Dušaha, Čandara** (früher Alaudin), **Piala,** und **Alaudin** (früher Mutnye) ideale Etappen. Da es zwischen den Seen meist über Pässe geht, ist auch dies eine alpine Herausforderung.
Erreichbarkeit: Die einfachsten Ausgangspunkte sind die beiden Berghütten Artuč und Vertikal Alaudin. Die **Berghütte Artuč** liegt am Ende eines Fahrweges von Šurča über Pançrūd, 7,4Km oberhalb des Dorfes Artuč. Die **Berghütte Vertikal Alaudin** wiederum erreicht man, in dem man die M34 bei Sarvoda (zwischen Zerafšon 2 und Ainī) verlässt und dem Pasrūd Tal vorbei an Pasrūd und Marguzor auf einem Fahrweg bis zur Hütte folgt. Auch eine Trekkingtour, die von den Sieben Seen aus startet und bei einer der Berghütten endet, wird häufig angeboten.

Unterkünfte im Čimtarga Gebiet

Neben den genannten Berghütten bieten folgende lokalen Gästehäuser Unterkunft und Verpflegung:
Im Arčamajdon Tal
Dorf Zimtut (Salohiddin Holmuradov)
Dorf Gujtan (Hassan Odinaev)
Dorf Gazza (Iskander Iskandarov)
Im Pasrūd Tal
Dorf Marguzor (Mahmut Jumaev)
Dorf Alaudin (Rahmatullo Inoyatov), 3,7Km unterhalb der Berghütte Vertikal Alaudin

Mazor-i Šarif Мазор-и Шариф

Umgeben von Aprikosenbäumen und uralten Wacholder Büschen liegt das **Muhammad Bašoro Mausoleum** malerisch nahe dem Dorf Mazor-i Šarif. Das Gebäude, welches eventuell auch mal eine Moschee (wegen dem Mihrab) war, stammt ursprünglich aus dem 11. Jh.. Das reich verzierte Portal ist jedoch jünger (14.Jh.). Der alte Wacholderstamm in der Haupthalle soll, so die Sage, der Stab Bašoro's sein.
Erreichbarkeit: Von Pançakent gibt es Minibusse die bis Mazor-i Šarif fahren (ca. 34Km).

Sieben Seen Кӯл-и Мурагазор

Durch zahlreiche Hangrutschungen entstanden die sieben Seen (Kūl-i Muragazor), die einer Kaskade gleich durch den rauschenden Šing Gebirgsbach verbunden sind. Die Seen schimmern in den unterschiedlichsten Türkistönen und sind meist glasklar. Zwischen der See, im engen Talboden ducken sich archaische Bergdörfer, an denen die Errungenschaften der Sowjetunion scheinbar spurlos vorübergingen. Oberhalb des **Dorfes Rašna** erreicht man den untersten See, als **Kūl-i Nežigok** bekannt. Es folgen mit zunehmender Länge der **Kūl-i Soja, Kūl-i Gušor** und der **Kūl-i Nofin**. Nahe dem **Bergdorf Padrūd** liegt der kleine **Kūl-i Churdak**. Am wesentlich größeren **Kūl-i Marguzor** endet die Piste. Den **Kūl-i Azorčašma** auf 2900m Höhe kann man nur noch zu Fuß erreichen. Von hier aus gibt es Trekking Möglichkeiten in das Azorčašma und das Čatdara-Tal, welche zu den Gletschern des Hisorhauptkammes mit Gipfeln um 4000m führen.
Erreichbarkeit: Vom östl. Stadttor von Pançakent aus 4,8Km beim Dorf Kaško nach Süden abbiegen. Bis Šing sind es von dort aus ca. 28Km vorbei an der Goldmine Taror und anschließend durch eine tiefe Schlucht. Marschrutkas fahren bis Šing.

Pançakent Панчакент

Hinweise auf des tatsächliche Alter von Pandschekanth gab es, als Hirten 1933 in einer Höhle auf Tonscherben geritze Schriftzeichen entdeckten. Anhand des Textes fanden Archäologen die wahrscheinliche Zeitepoche heraus in der die Stadt bereits existierte, das 5. Jh.. Zu dieser Zeit durchlebte die kleine aber reiche Stadt bereits seine Glanzzeit als wichtigen Handelsposten und Hauptstadt der dortigen sogdischen Provinz. Mit dem Einfall der Araber im 8. Jh. verwischen sich die Spuren der Stadt jedoch.

In einer der ausführlichsten russischen Ausgrabungskampagnen wurden bereits weite Teile der Zitadelle, Paläste, der Wohnhäuser und des Friedhofs freigelegt. Zahllose Wandmalereien, Wasserleitungen in Tonröhren, Schriftfunde und Schmuck deuten auf einen hohen Entwicklungsstand von Kunst und Technik der Stadtbevölkerung hin.

Sehenswertes in Pançakent

Die Ruinen der Stadt erschließen sich am besten, wenn man zuerst das **Historische Museum** (Osorhonai Rūdakī) in der Rūdakī Kūčai, nahe dem Rūdakī Monument besucht. Dort gibt es Rekonstruktionszeichnungen und Abbildungen der gefundenen Wandgemälde, die diese sogdische Stadt so bemerkenswert machen. Geöffnet: tägl. 8-17 Uhr

Die **Ausgrabungen** teilen sich auf in die **Wohnstadt** (Šachriston) und den hohen **Festungshügel** (Ark). Beide Teile werden durch ein kleines Tal getrennt. Einst gab es hier eine Brücke. Die oft mehrstöckigen Wohngebäude scharten sich um die beiden **Feuertempel**. Weitere Informationen zu den Ausgrabungen bekommen Sie beim Seminar für orientalische Archäologie und Kunstgeschichte, Sonderforschungsbereich 586/D6 in Halle/Saale, Prof. Dr. Markus Mode.

Südöstl. der Ausgrabungen gibt es ein kleines **Museum** mit Funden. Die schönsten Stücke sind jedoch in der Eremitage in Sankt Petersburg. Auf **Hinweistafeln** bei den Ausgrabungen werden sowohl der Aufbau der Stadt als auch die Konstruktion von Stadtmauer, Tempel und Wohnhaus anschaulich erklärt. Zu finden sind die Ausgrabungen östl. des Flugplatzes, wobei sich die Zufahrt nahe dem südlichen Ende der Landebahn befindet. Ca. 4Km vom Historischen Museum aus.

Auch die Kleinstadt Pançakent bietet einige Kleinode. Das runde **Basargebäude** ist sehr fotogen, gegenüber liegt eine ehemalige **Medrese** (18.Jh.) in der heute Geschäfte und auch eine Metzgerei (Gusht) eingezogen sind. Dahinter die neuzeitliche **Olimi Dodho Moschee** mit einem ägyptisch anmutenden Minarett.

Verkehrsverbindungen

Der Grenzübergang nach Usbekistan (Samarqand) ist seit 2010 geschlossen.

Es finden nur im Winter sporadisch **Flüge** nach Dušanbe statt.

Vom Busbahnhof am östl. Ende der Stadt fahren **Minibusse** und/oder **Sammeltaxis** (PKW) nach Ainī, Huçand, Dušanbe, Šing, Artuč, Zimtut, Pançrūd, Sohibnazor (Dorf nahe usb. Grenze) und zum Iskandarkūl (selten). Alle Straßen in diesem Gebiet sind schlecht. Die 7 Seen sind nur mit **Geländefahrzeugen** zu erreichen, der Iskandarkūl See mit jedem Straßen-Pkw (Asphalt).

Hotels und Restaurants in Pançakent

Günstig
Hotel Dodo
Devastič Kūčai 34, Tel. 92-752 52 55, einfache, saubere Zimmer, Aircon, Fitnessraum, 250m nordwestl. dem Rathaus (Hukumat)
Gästehaus Elina
Rūdakī Kūčai 22, Tel. 3475 -5 31 34, Gästehaus von Pamir Travel, Service ausbaubar, nahe dem Devastič Monument
Hotel Pançakent
Borbadi Marvazi Kūčai 22, Tel. 3475-5 45 09, kleine Bungalows um einen Teich, sehr einfach, am nördl. Ende des Flugplatzes
Restaurants
Čoĭhonai Mehr
Rūdakī Kūčai 25, nahe dem Devastič Monument, einfache lokale Küche

Reiseveranstalter (in Pançakent)

Pamir Travel Ltd.
Zerafshan Tourism Development Association
Panjakent-intour

Sehenswertes nahe Pançakent

Sarazm Саразм UNESCO

Als 1976 ein Bewohner des Dorfes Avazali eine

bronzene Axt fand, wurden Archäologen auf diese **neolithische Siedlung** aufmerksam. Die Funde bezeugen, dass Sarazm vor ca. 5.500 Jahren als ein bedeutender Verhüttungsplatz von Metallen entstand und damit zu gewissem Reichtum gelangte. Die gefundenen Gebäudereste befinden sich heute teilweise unter einem schützenden Dach und sind in einem guten Zustand. Seit 2010 ist Sarazm UNESCO Weltkulturerbe.
Erreichbarkeit: Von Pançakent gibt es Sammeltaxis bis Sohibnazor (ca. 16Km). Bei +39°30'11", +67°27'34" biegt ein Feldweg von der A377 nach Norden ab. Von dort zu Fuß 500m. (Fragen Sie nach Bostonschinosi Vajronaho Sarazm).

Die Region Hatlon (Süd-Tadschikistan)

Weite Baumwollfelder, 44 Quellen, brütende Sommerhitze, zwangsumgesiedelte Bergbewohner (Garmis), der Kūlob-Klan. Alle diese Begriffe umreißen den Süden des Landes. Hatlon wird von Touristen wenig besucht und hat dennoch, wie das südliche Usbekistan, vieles an Interessantem zu bieten.

Kūlob Кӯлоб

In Tadschikistans Süden ist Kūlob sicher die interessanteste Stadt. Ab etwa 1500 wurde sie vom Emir in Buhoro aus verwaltet bis sie 1921 von russischen Truppen eingenommen wurde. Im Jahr 2006 feierte man das 2700 jährige Bestehen. Kūlob ist die Heimatstadt von Präsident Rahmon. Entsprechend einflußreich ist der Kūlob-Klan.
Hauptsehenswürdigkeit ist das **Mausoleum des Poeten und Philosophen Mir Said Ali Hamadoni**. Mit ihm sind auch weitere Verwandte hier begraben. Das Gebäude in einem blumenreichen Park wird von Pilgern stark frequentiert. Beachten Sie das Schild mit dem "schlauen" Spruch in Englisch vor dem Mausoleum. Rechts neben dem Eingangstor zum Mausoleum befindet sich das kleine **Hamadoni Museum** mit Werken des Schriftstellers. (Geöffnet tägl. 8-17 Uhr). Gegenüber dem Museum steht die sehr schöne **Čoīhonai Istaravšan,** in der man gemütlich Tee schlürfen kann. Etwa 1,2Km südwestl. entlang der Hauptverkehrsachse der Stadt, dem Ismail Somoni Hiëboni ragt das große **Denkmal zum 2700 jährigen Stadtjubiläum** auf. Unmittelbar daneben das prachtvolle, halbrunde **Regionalmuseum** (Muassisai Davlati Muçtamai Çumhuri Osorhonahon Kūlob), mit Gemälden und archäologischen Funden der Region. Geöffnet tägl. 8-17 Uhr.

Hotels und Restaurants in Kūlob
Günstig
Hotel Hamkoron
Ismail Somoni Hiëboni 21, Tel. 3322- 2 25 22, realtiv neues, kleines Hotel
Hotel Hatlon
Ismail Somoni Hiëboni 4, Tel. 3322-2 50 04, neben Regionalmuseum, zentrumsnah, mit großzügigen Zimmern
Hotel Sano
Hamgaron Kūčai, Tel. 3322-2 32 30, rechts hinter dem Hotel Hatlon, mit schönem Garten
Restaurants
Čoīhonai Istaravšan
I. Somoni Hiëboni , einfache nationale Küche.

Im **Basar** (Bozori Markazī) gegenüber dem Hotel Hatlon gibt es frisches Obst und die üblichen Schaschlikgrills.

Verkehrsverbindungen
Flug- und Bahnverbindungen nach Kūlob sind zu unregelmäßig, als dass sie planbar wären.
Der **Busbahnhof** ist etwa 200m südl. des Basars. Von hier aus gibt es Verbindungen nach Dušanbe, Vose, Ķūrbonšait und nach Ķalai Humb (Pamir) über Šūrobod.

Čilduhtaron Чилдухтарон
Einer alten Legende zufolge wurden vierzig ehrenwerte Jungfrauen von marodierenden mongolischen Truppen bedrängt. Sie beteten zu Gott, er möge sie erlösen und sie erstarrten allesamt zu Stein. Geformt aus Konglomeratschichten erheben sich nordöstl. dem Dorf Childuhtaron zahlreiche Kliffs. Die Mühsame Anreise auf Pisten und durch Flussbetten von Mūminobod (24Km, früher Leningradskij) aus lohnt sich.
Erreichbarkeit: Von Kūlob mit Minibus 40km bis Mūminobod. Von dort mit einem geländegängigen Taxi 24Km bis zum Dorf Child-

uhtaron. Lokale Reiseagenturen in Dušanbe sind bei der Organisation hilfreich. Die Gegend ist touristisch nicht erschlossen. Lage der Felsgruppe: +38°18'43", +70°9'46"

Ķurbonšahit Қӯрбоншаҳит

Dieses unscheinbare Dorf steht auf den Fundamenten der einstmals viertgrößten Stadt Zentralasiens. Vor ca. 950 Jahren brannte die samanidische **Stadt Hulbuk** nieder. Sie wurde nie mehr aufgebaut. Ab 1952 begannen russische Archäologen die **Zitadelle** auszugraben und fanden eine bemerkenswerte Infrastruktur vor. Weite Teile des **Palastes** waren mit Fußbodenheizung ausgestattet, es gab ein großes Bad (Hammom), einen Harem und eine Bühne für Aufführungen samt Musikergraben. Neben Münzen wurden auch gut erhaltene Schachfiguren aus Elfenbein gefunden. Zwischen 2006 und 2010 rekonstruierten Experten Teile der Umfassungsmauer der Festung und das Ergebnis ist wirklich beeindruckend. Gegenüber den Ausgrabungen veranschaulicht das sehr gute **Museum** die Funde und Ausgrabungen. Geöffnet: Di-So 8-16 Uhr.

Etwa 5Km südöstlich von Ķurbonšait erhebt sich ein riesiger einzelstehender Berg, der 1334m hohe **Kūh-i Hoča Mumin**. Er besteht zum überwiegenden Teil aus Steinsalz. Wissenschaftler bestimmten die Menge auf ca. 30 Milliarden Tonnen. Er ist damit der zweitgrößte Salzberg der Welt, nach dem Kūh-i Namak im Iran. Marco Polo, der diesen Berg sah, meinte, das Salz würde wohl bis zum Weltende reichen.

Erreichbarkeit: Mit Marschrutkas bis Vose. Dann per Taxi 9Km in südwestl. Richtung. Lage: +37°46'39", +69°33'22". Den Berg Hoča Mumin erreicht man am besten von Vose aus, vorbei am Weiler Ibrat.

Ķūrġonteppa Қӯрғонтеппа

Sie ist die Hauptstadt der Region Hatlon und drittgrößte Stadt des Landes. Zu sehen gibt es zwei Museen. Im eher mäßigen **Bibi Honim Museum** (Osorhonai Bibī Honym), Geöffnet, Mo-Sa 8-17 Uhr, in einem minarettähnlichen Bau auf einem Hügel am Vahdat Hiëboni ist eine etwas angestaubte Ausstellung zur Stadtgeschichte zu sehen. Besser ist das neue **Regional Museum** (Osorhonai Hatlon Vilojat), Borbad Kūčai 10, Geöffnet: Mo-Fr 8-18Uhr, Sa 9-16 Uhr. Es zeigt von Naturkunde, über Geschichte bis zu lokaler Handwerkskunst auf zwei Etagen eine reichhaltige Ausstellung.

Die Ausgrabungsstätte **Ačina Teppa** ist der Fundort des großen **Buddha im Nirvana**, welcher heute im Museum für Antiquitäten in Dušanbe zu sehen ist.

Erreichbarkeit: Die Ausgrabungen finden Sie, in dem Sie die Ausfallstraße Richtung Sarband nehmen. Biegen Sie 200m vor dem Abzweig zum Flughafen von Ķūrġonteppa nach Süden ab. Durchqueren Sie die Sovchose Kirova vollständig nach Südwesten bis Sie auf eine Kreuzung stoßen. Hier der Straße nach Südosten folgen bis Ačina Teppa. Die Struktur des Klosters ist recht gut erkennbar, der Buddha wurde im nordöstl. Teil gefunden: (+37°47'53", +68°51'16").

Hotels u. Restaurants in Ķūrġonteppa

Mittel
Hotel Ramz
Aini Kūčai 51A, Tel. 3222-23463, relativ neues Hotel mit angenehmem Service, nette Zimmer
Hotel Asia
Norinov Kūčai, Tel. 918-591617, günstig nahe dem Basar gelegen, mit Restaurant
Restaurant
Čoīhonai Tanjina
Vahdat Hiëboni, gegenüber dem kronenähnlichen Vahdat Monument, unweit dem Busbhf., beliebtes Teehaus der Einheimischen

Verkehrsverbindungen

Der Busbahnhof ist am nordwestl. Stadtrand an der Ausfallstraße (A384) Richtung Dušanbe. Wenige **Busse**, jedoch zahlreiche **Marschrutkas** und **Sammeltaxis** fahren bis Dušanbe oder Šahritus.

Šahritus Шаҳритус

Wer nach Šahritus kommt, kommt wegen der Quellen hierher. Genauer, den **44 Quellen** von Čilučor Čašma. Es gibt wohl im ganzen Land keinen beliebteren Picknickplatz, also genau der richtige Ort, um Leute zu treffen. Die romantisch unter Bäumen gelegenen Quellen treten am Fuße eines kleinen Hügels hervor. Es gibt eine kleine Moschee, eine Čoīhona und das „tschechische Gästehaus". Hier kann man sehr spartanisch übernachten.

Erreichbarkeit: Von Šahritus in den westl. Nachbarort Parišskaja Kommuna, an der Hauptkreuzung nach Norden, mehrere Kilometer über eine kahle Hügelkette, wieder durch Felder, die zweite Möglichkeit durch den Torbogen links abbiegen bis zum Parkplatz (+37°17'38", +68°2'18").
Eine weitere Sehenswürdigkeit nahe Šahritus ist das **Pilgerziel Hoča Mašad**. Hoča Mašad war ein wohlhabender Missionar, vermutlich aus dem Iran. Er ließ hier eine Koranschule mit Moschee errichten. Später wurde er hier auch begraben. Die östl. Kuppel ist etwas älter als die etwa 100 Jahre später erbaute zweite Kuppel und heute stark renoviert. Verbunden sind beide mit einem übermauerten Durchgang der von Resten eines verzierten Torbogens (Eiwon) flankiert wird.
Erreichbarkeit: Verlassen Sie Šahritus in südl. Richtung bis zum Dorf Sajot. Im Dorf die 2. Straße nach Norden, welche an einem Tor endet. Hinter dem Tor ist die Anlage. (+37°13'12", +68°08'53").

Taht-i Sangin   Тахт-и Сангин

Am Zusammenfluß von Panč und Vahš, die ab hier den Amu-Darë, den Fluß Oxus der Antike bilden, entstand noch zu Lebzeiten Alexanders des Großen einer der bedeutensten Feuertempel des Baktrischen Reiches. Umfangreiche **Ausgrabungen** führten zu der Annahme, dass der berühmte **Oxus Schatz**, heute im Britischen Museum, hier von Grabräubern gefunden wurde. Das 51 x 45m große Gebäude bestand aus vier Baukörpern, die eine äußere und eine innere Säulenhalle mit Altären bildeten. Umgeben war der Tempel von einer hohen Lehmmauer. Leider ist die Erreichbarkeit erschwert, da die Ausgrabungen im Grenzgebiet zu Afghanistan liegen.
Erreichbarkeit: Bei Šahritus überquert man zunächst den Fluß Kofarnihon und gelangt über die Dörfer Kurot und Čirik nach Tešiktoš. Folgen Sie der Straße nach dem Ort weiter nach Süden bis eine Piste sich in die kahlen Hügel über einen Paß windet. Am Ufer des Amu-Darë angekommen muß man sich erst beim Militärposten im Süden melden. Von hier sind es ca. 5 Km nach Norden zum Tempel (+37°05'55", +68°17'5").

Die Region Kūhistoni Badahšon (Pamir Region) 🏛 UNESCO

Die Pamir Region zu erkunden ist auch heute noch ein Abenteuer. Wer abgelegene Hochgebirgsregionen schätzt, ist hier genau richtig. Und es ist heute einfacher als jemals zuvor, das legendäre "GBAO" überhaupt zu bereisen.

Von Ķalai Humb nach Horuġ
Рохи Қалъаи Хумб - Хоруғ

Die nachfolgende Wegbeschreibung durch den Pamir empfiehlt sich wegen der langsameren Höhenanpassung in dieser Richtung. Der Höhenunterschied zwischen Ķalai Humb und dem Oķbajtal Pass beträgt 3.455m.
Entweder erreicht man Ķalai Humb über den kargen **Saġirdašt Pass** (3252m) oder von Kūlob aus entlang des Panč. Häufig ist **Ķalai Humb** ein Zwischenstop. Es gibt drei *Unterkünfte:* Abdumaċid Aka direkt am Ufer des reißenden Panč (blaues Tor: +38°27'1.8", +70°47'23.6"), Bahrom Sangakov oder Hudo Rahmati. Fragen Sie sich durch, hier kennt Jeder Jeden. Die schön gelegene Čoīhona ist die einzige Versorgungsmöglichkeit. Das Klima in Ķalai Humb ist relativ mild, es wachsen hier sogar kleine Feigen. Am Ortsende passieren wir die **Moschee** des Ortes im lokalen Baustil. Nach ca. 4Km ereicht man die **Grenzbrücke** nach Afghanistan. Dieser Grenzübergang ist nicht für Ausländer passierbar.
Auf guter Asphaltstraße durchfährt man eine abwechselungsreiche Landschaft. Wir passieren das breite, fruchtbare **Vanç Tal**, an dessen Ende die Zunge des **Gletschers** benannt nach der **Geografischen Gesellschaft der Sowjetunion** mündet. Im Dorf **Poi Mazor** am Talende finden Sie Unterkunft bei Jafar Holov. Das Dorf kann als Ausgangspunkt für alpine Touren zum **Fedčenko Gletschergebiet** dienen.
Bei **Rūšon** (auch Vomar) wird das Tal weit und grün, im Ort weist ein Schild auf die dortige **Festung** hin. Es ist aus sorgfältig geschichteten Natursteinen erbaut wie viele Festungen im Panč Tal. Von hier aus bietet sich ein Abstecher zum **Sarez See** an (ca. 130Km). Es gibt eine einfache Unterkunft bei Nurmuhammad Roziķ in Barčadev. Die Piste durch das **Bartang Tal** ist sehr rauh und kann jederzeit unpassierbar sein. Furten sind nötig. Die Fahrt weiter zum Kara-Kūl See ist ab **Ġudhara** eine teils

Tadschikistan - Stadtpläne Horuġ und Murġob

Einzigartiger Blick ins Panç Tal von der Stupa über Vrang

Alte Holztüre in Vrang

Hier wird getroschen wie zu Großvaters Zeiten

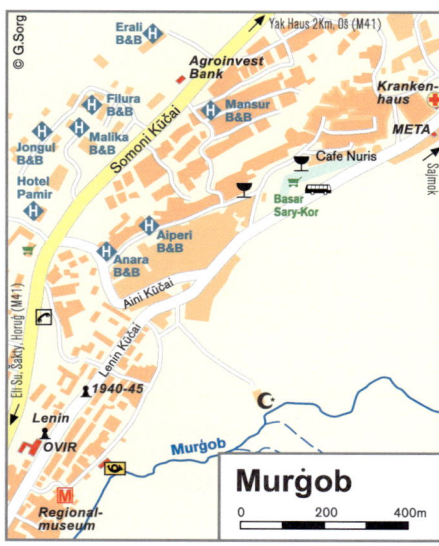

Grasende Yaks am Bulunkūl See

schmale Piste, die eher zu Fuß als mit einem Geländewagen bewältigt werden kann.
Nahe dem kleinen Ort Tem sehen wir eine weitere **Grenzbrücke nach Afghanistan**. Dieser Grenzübergang ist auch für Ausländer geöffnet (Mo-Fr 9-12 u. 13-16 Uhr). Der Grenzort auf afghanischer Seite heißt Shegnan Bazaar. Gut 2Km weiter wird der kleine **Flugplatz** von Horuġ sichtbar.

Horuġ   Хоруг

Horuġ ist die „Hauptstadt des Pamir" und hat einige Besonderheiten zu bieten. Beispielsweise den zweithöchsten **botanischen Garten** (Boġi Botanikī) der Welt (nach einem höheren in der chinesischen Provinz Yunnan). Ein wahres Pflanzenparadies mit einem schönen Blick auf die Stadt. Zu finden ist er am Ortsausgang Richtung Roštkala. Auch das interessante **Regionalmuseum** (Osorhona) ist einen Besuch wert Geöffnet Mo-Sa 8-17 Uhr. Unweit davon ist der gepflegte **Aga Khan Park** mit der **Touristeninformation** (PECTA) und einem **Souvenirladen** (De Pamiri) in der Dubronov Kūčai. Und noch ein Überraschung: im **Kulturzentrum Deutsch-Badachschaner Freundschaft** (Markozi Madaniī Dustiī Olmonu Badahšon) in der Bolničnaja Kūč. 6 können Sie mit den Einheimischen auf Deutsch reden. Zudem gibt es noch ein kurioses **Denkmal**: Das **erste Auto**, das 1931 Horuġ erreichte. Der Oldtimer-LKW steht am Ortsausgang Richtung Murġob.

Verkehrsverbindungen

Flüge mit Tajik Air nach Dušanbe gibt es bei sehr gutem Wetter mehrmals wöchentlich, aber nur wenn genügend Passagiere zusammen kommen. Den Flughafen findet man ca. 4Km westl. des Zentrums. Buchungen nur im Flughafen wenn ein Flugzeug angekommen ist.
Der Busbahnhof ist nahe dem Basar. Hier findet man **Minibusse** und **Sammeltaxis** (PKW) nach Dušanbe (16h), ins Šohdara Tal (Roštkala, 1,5h), den Panç talaufwärts (Iškošim, 3h) oder talabwärts (Rošan, 1,5h) und entlang der M41 (Pamir Highway) nach Murġob (7h). Es gibt keinen fahrplanmässigen Busverkehr. In der Stadt sind Marschrutkas und Taxis vor allem Abends schwer zu finden.

Hotels und Restaurants in Horuġ
Luxeriös
Hotel Serena Inn
nahe Afghanistan-Brücke, ca. 7Km vom Zentrum, Tel. 93-511 44 74, Flußblick, außen schlicht, innen schick, Aga Khan Hotel
Mittel
Hotel La'l Inn
Azizbek Kūčai 5/1, Tel. 93-500 69 96, zentral gelegen, auch Handarbeiten, Minizoo
Hotel Parinen Inn
Lenin Kūčai 193, Tel. 50- 2 37 50, Flußblick im OG, nette Gastleute, relativ preiswert
Hotel Dehli Durbar
Azizbek Kūč. 2, vier einfache Zimmer mit Bad, Internet, Waschservice, Restaurant
Günstig
Homestay Laalmo Muborakkadamova
Bandaliev Kūčai 61/1, Tel. 3522-2 69 99, sehr familiäre Unterkunft mit schönem Garten
Homestay Umriniso
Dubronov Kūčai 14, Tel. 93-500 69 42, sehr netet Gastgeberin, Lage nahe Park
Pamir Lodge
Bandaliev Kūčai 46, Tel. 3522-2 65 45, beliebter Treffpunkt der Rucksacktouristen, preiswert, schlafen im Zimmer oder Veranda
Restaurants
Restaurant Dehli Durbar
Azizbek Kūčai 2, leckere indische Küche, lesenswerte Speisekarte, netter Service
Restaurant Chor Bogh
Azizbek Kūčai 4, öst. des Aga Khan Parks, int. Gerichte, Essen mäßig, direkt am Gunt Fluß
Čoīhonai Murġob
nahe Basar, lokale Gerichte, schöne Aussicht auf Gunt Fluß, weitere Lokale in der Nähe
Čoīhonai Kurotob
Ainī Kūč., Ecke Lenin Kūč., beliebt bei Backpacker, trad. Teehaus, günstige Mahlzeiten

Reiseveranstalter in Horuġ
Pamir Mount Tour
Pamir Silk Travel
Ibex Pamir Tourism

Touristen Information
PECTA ist das für den Westpamir zuständige unabhängige Infobüro. Es vermittelt Fahrer, Unterkünfte und berät bei der Reise- und Routenplanung. Zudem kann dort Outdoor

Ausrüstung gemietet werden. Geöffnet: Mai - Oktober. Dubronov Kūčai., Tel. 93-442 55 55

Krankenhaus in Horuġ
Vilojati Kasalhona
Bolničnaja Kūč. 25, Tel. 3522-2974, bestes Krankenhaus in Kūhistoni Badahšon.

Von Horuġ bis zum Harguš Pass
Рохи Хоруг - Агбаи Харгуш
Diese spektakuläre Route nördl. des Hindukusch führt zunächst nach Süden zum **Geysir** von **Ġarm Čašma**. Das heiße, stark mineralhaltige Wasser hat hier eine wundersam weiße Landschaft wie aus Zuckerguß gebildet. Es gibt zwei Badehäuser (M/F) und einen offenen Pool (M). Eine Čoïhona ist gegenüber. Unterkunft finden Sie bei Fr. Čaman Šogunbekova. Die Quelle ist über eine gute Teerstraße ab Anderob erreichbar.

Kūh-i Lal ist eine seit historischer Zeit tätige Mine für Spinel (dem Rubin ähnliche Edelsteine) höchster Reinheit. Die **Minen** von Kūh-i Lal sind in einem Seitental oberalb des gleichnamigen Dorfes zu sehen. Nehmen Sie nach Anderob den 2. Abzweig nach Osten.

In Avč gibt es ein **Sanatorium** ebenfalls mit heißen Quellen (37°) und kurz nach Sist eine stark **eisenhaltige Quelle** (trinkbar) direkt an der Straße.

Etwa 4Km vor Iškošim führt ein weiterer **int. Grenzübergang** nach Afghanistan. Er ist Mo-Sa von 9-11:30 und von 14-16 Uhr geöffnet. Jenseits der Brücke liegt das afghanische Dorf Eškašem.

Angekommen im tadschikischen **Iškošim** kann man mit etwas Glück den wöchentlichen **Afghanenbasar** besuchen. Unterkunftsmöglichkeit bietet Hani's Homestay von Sanobar Honjonov am westl. Rand von Iškošim südl. der Hauptstraße etwas zurückgesetzt (ein recht großes, weißes Haus). Im Zentrum gibt es einen täglichen Basar.

Die **Festung Ḳala-i Ḳah'ḳa** (6.Jh) bei Namadgut Poyon ist zwar von der Straße aus zu sehen, da Sie aber von Grenzsoldaten besetzt ist, sollte man vorsichtig sein. Etwas weiter östlich steht das kleine **Feuerheiligtum Ziarat Hazrat Šoh-i Mardon**. Er wird von einem alten Mann bewacht der gerne die Legende zur Stätte erzählt. Nur wenige Meter östlich ist das **Museum von Namadgut**. Hier sehen Sie z.B. Gefäße aus Rinde der lokalen Bevölkerung. Gerne spielt der Museumschef auf der Rūbab einige Klänge.

Sowohl in Daršai als auch in Šitharv, wie in vielen Dörfern hier, sieht man an der Straße **Schreine** (Oston), verziert mit vielen Hörnern der Marco Polo Schafe und einer Vertiefung in der Wand. Einheimische strecken die Hand hinein und erbeten Schutz im Alltag. Der Islam und die alte Naturreligion sind noch immer eng verwoben.

In **Daršai** lohnt es sich, die dortige Festung zu erklimmen. Sie heißt **Kafir Ḳala** (7.Jh) und erhebt sich über der engen Klamm des Daršai Flußes. Als Homestay bietet sich hier das Haus von Munawar Alidodov an. Er ist auch der ideale Guide für lokale Sehnswürdigkeiten und Wildbeobachtungen. Da es in Daršai keinen Basar oder Laden gibt, sollte man selber etwas mitbringen.

Kurz vor Zumudg fährt man an **Dünen** aus Flußsand vorbei. Hier wächst Ysirik, dessen Rauch böse Geister vertreiben soll. Der **Solarkalender von Zumudg** ist sehr unscheinbar. Besser zu sehen ist jener von Yamg. Noch vor Yamg biegen wir beim Weiler **Tuggoz** durch einen Torbogen mit dem Wappen von Tadschikistan von der Hauptstraße ab. Es geht 7Km auf steiler Piste in vielen Serpentinen hinauf zur Zitadelle der **Festung Yamčun** oder auch **Zamr-i Atiš Parast**, was so viel wie „Burg der Feueranbeter" bedeutet. Sowohl entlang der Piste als auch direkt bei der Zitadelle gibt es Homestays mit herrlichem Panorama. Die Zitadelle aus groben Kieseln ist nur ein Fragment der Festung mit gewaltiger Ausdehnung. Die Mauer verläuft Hangabwärts über 700 Meter und umschließt dort einen weiteren Festungsbereich. Sie kontrollierte den Warenhandel im Tal und wurde bereits im 3. Jh. in der Kuschan Periode erbaut. Die heutigen Ruinen stammen aus dem Mittelalter. Am unteren Ende der Festung Zamr-i Atiš Parast befindet sich auf einem Felsen im Yamčun Tal, die kleinere **Burg Zulhomar**. Sie ist schon sehr erodiert.

Wer richtig heiß baden will, kann der Piste zur Zitadelle weiter folgen und erreicht nach ca. 2Km die **Thermalquellen** von **Bibi Fotima**. In einer engen, dampferfüllten Felsspalte schießt heißes Wasser (40-42°) aus dem Berg.

Wieder im Tal, erreicht man nun bald das Dorf **Yamg**. Hier steht auf dem Dorfplatz ein **Sonnenkalender**, mit dem früher das Navruz Fest bestimmt wurde. Am gleichen Platz gibt es auch das **Dorfmuseum** in einem typischen Pamirihaus und in dessen Garten ein kleines Häuschen (Čillahona), in dem man sich 40 Tage zum Meditieren einschließen ließ. Die Gassen den Dorfes sind unbedingt sehenswert, es gibt vieles zu entdecken. Wer hier Übernachten möchte: Fragen Sie nach Fr. Nikbachmo Ourousmamadova oder Fr. Mirzoeva Navruzbeka.

Ein weiteres Highlight des Panç Tales sehen wir in **Vrang**. Die **stufenförmige Pyramide** könnte ein Feuerheiligtum gewesen sein, oder eine buddhistische Stupa. Der Legende nach zeigt der seltsam eingeprägte Stein auf der Spitze einen Fußabdruck Buddhas. Umgeben ist das Bauwerk von Mauerresten, vermutlich einstmals eine Wehranlage. Im dahinterliegenden Berg sind **Höhlen** zu erkennen, die von Mönchen bewohnt wurden. Der Blick von der Pyramide ist grandios. Unterkunft bietet hier Fr. Jahonbegim Zevarova, Fr. Rano Tolibshoeva oder Hr. Zohir Ķodirov.

Die hier sichtbaren Gipfel des **Hindukusch** bilden bereits die Grenze zu Pakistan. Der sogenannte Wachan-Korridor Afghanistans umfasst an dieser Stelle nur die nördl. Bergflanken des Hindukusch.

Gegenüber dem Dorf Zugvand kommen auf Afghanischer Seite die **Ruinen von Qal'é-ye Pangé** in Sicht. Einstmals eine stattliche Stadt. Das enge Tal nördl. von Zugvand führt direkt zum Gipfel des 6723m hohen **Pik Karl-Marx**. Nur 4Km Luftlinie weiter schiebt sich der **Pik Engels** mit 6507m in den Himmel. Er ist am besten durch das Kištidžarob Tal von Zong aus erreichbar. Beide Gipfel sind vom Panç Tal aus nicht zu sehen.

Das letzte oder erste Dorf im Panç Tal ist **Zong**. Hoch über dem Dorf erheben sich majestätisch die Ruinen der mittelalterlichen Burg **Abrešim Ķala**, auch Višim Ķala genannt. Bezeichnenderweise bedeutet dies „Seiden-Festung", was auf den kontrollierten Seidenhandel schließen lässt. Von hier geniesst man einen hervorragenden **Panoramablick.** Hier weitet sich das Tal zu einem Dreieck, in dem der kleinere Pomir Fluß auf den größeren Wachan Fluß aus Afghanistan trifft und damit den Panç Fluß bilden. Ein Bett finden Sie hier bei Fr. Mavluda Baharieva.

In **Langar** erreichen wir die letzten Unterkunftsmöglichkeiten im Tal. Zum einen das Haus von Jodgor und Gultschechra Molloev. Es ist das östlichste Haus im ganzen Ort. Eine Alternative ist das Gästehaus beim **Mazor Šoh Kambar-i Oftob**. Dieser Mazor ist einem Heiligen gewidmet, der vermutlich noch dem Sonnenkult huldigte. Er verbirgt sich hinter einem kleinen, blau umrandeten Torbogen. Die **bronzezeitlichen Felsgravuren** von Langar sind durch moderne Gravuren leider stark beschädigt. Dennoch lohnt der halbstündige Aufstieg wegen der schönen **Aussicht**.

Kurz nach Langar sieht man die **Grenzbrücke** über den Pomir Fluß. Dieser Grenzübergang ist derzeit offiziell für Ausländer nicht offen. Auf einem kleinen Hochplateau liegt die Siedlung **Ratm**. Ganz in der Nähe, auf einer hohen Felsnase über der Pomir Schlucht befindet sich das **Ratm Fort**, das bereits im 3Jh. n. Chr. erstmals errichtet wurde. Die 500m zu Fuß dorthin führen über Felder und entlang von kleinen Kanälen.

Nun führt die Piste immer am **Pomir Fluß** entlang, der schon bald seine tiefe Schlucht verlässt und gut sichtbar als kleiner Gebirgsbach zu Tal rauscht. Beim Abzweig zum Mats-Pass passieren wir einige Hausruinen und einige Kilometer weiter einen sehr alten **Mazor** auf der afghanischen Seite. Immer wieder sind hier auch Kamele zu sehen. **Harguš** ist kein Dorf, sondern nur ein **Militärcamp**. An diesem Militärposten werden alle Fahrzeuge kontrolliert. Eine Weiterfahrt Richtung Zorkūl ist ohne Ausnahmegenehmigung durch die Tadschikischen Behörden nicht möglich. Der See Zorkūl, auch Viktoria See genannt, ist das Zentrum des Pomir-i Kalon (Großer Pamir) und Ursprung des Pomir Flußes. Als Pomir (Pamir) werden glazial gebildete Hochflächen dieser Region bezeichnet, ähnlich der Alm oder Alpe in den Alpen.

Vom Militärcamp Harguš aus steigt die gute Piste zum **Harguš Pass** langsam ca. 400 Höhenmeter an. Von hier aus lohnt ein Blick zurück auf die Berge des afghanischen **Wachan**

Gebirges mit dem **Kuh-e Pamir** (6320m).Wir passieren den von der Straße aus sichtbaren **Salzsee Kūl-i Harguš** und kurz darauf die Passhöhe (4344m). Die Nordrampe ist wesentlich steiler und steiniger. Bald kommt ein weiterer Salzsee in Sicht, der leblose **Čūkurkūl**, umgeben von grauen Schotterhalden. Schon bald trifft die Piste auf die asphaltierte Pamirmagistrale M41, mit einem beeindruckenden Panoramablick auf den Aličur Pamir.

Bulunkūl und Jašilkūl Bergseen
Булункўл ва Яашилкўл

Kaum eine Gegend in ganz Berg-Badachschan vermittelt so eindrücklich das harte Leben auf diesem Hochplateau. Das Dorf **Bulunkūl** mit dem gleichnamigen See daneben besteht aus ca. 12 Familien die das ganze Jahr hier leben. Eine kleine **Wetterstation** aus Sowjetzeiten schickt seit 1950 bis heute die Daten nach Horuġ. Die Temperaturen bewegen sich hier zwischen -30°C im Winter und +10°C im Sommer. Es fallen ca. 50cm Schnee. **Yaks** grasen auf den grünen Weiden am See. Im **Homestay Mahbuba** (Fr. Munira Nièzbekova) kann man getrocknetes Yakfleisch probieren.
Von hier aus bietet sich ein Ausflug zum **Yašilkūl See** (Grüner See) an. Er ist ähnlich wie der Kūl-i Sarez durch einen Erdrutsch entstanden. Laut einer kirgisischen Legende lebt in ihm das große Wasserkamel (Tjuja-Suu). Am östl. Ende des Sees baden die Einheimischen gerne in den **heißen Quellen** von Issykbulok, direkt am Aličur Fluß gelegen.
Nahe dem Siedlungsplatz Surmantaš sind verfallene **Lehmkuppeln** zu sehen (+37°46'15", +72°58'02"). Die am besten erhaltene wird einem Bekbulat zugerechnet. Solch ein Mazor zählt zu den wenigen noch erhaltenen festen Bauwerken der Kirgisen dieser Zeit. Auf einer Terrasse oberhalb der Mündung des Kalon Mardžonai Flußes am Nordufer des Yašilkūl Sees findet man drei **Steinkreise,** welche der Bronzezeit zugeordnet werden. Als Funktion vermutet man in Ihnen eine Kultstätte oder eine Sonnenuhr. Es macht Sinn, den östl. gelegenen Berghang zu erklimmen, um eine Draufsicht zu erhalten (+37°47'8" +72°52'17").
Folgt man dem Aličur Fluß einige Kilometer stromaufwärts erreicht man einen Kaltwasser **Geysir**. Er wirft etwa alle 3 Minuten einen ca. 1m hohen Wasserschwall aus (+37°44'35.40", +73°04'7.64").

Aličur Pamir
Аличур Помир

Der Aličur Pamir erstreckt sich auf einer Länge von ca. 55Km und reicht von den Salzseen **Tuz-Kūl** (salziger See) und **Sasik-Kūl** (stinkender See) bis zum Dorf Bošgumbez. Das Dörfchen **Aličur** kann als Etappenziel dienen. *Unterkünfte und Verpflegung in Aličur* : **Homestay Marco Polo,** Hr. Tagaibek Patandaev, Tel. 906 554 388 und **Homestay Šohrona** Fr. Rahima Doronšoeva, Tel. 908 482 612. Weite Teile der Aličur Ebene sind sumpfig, was man nahe dem tiefblauen **Ok Baliķ-Kūl** direkt an der M41 gut sehen kann. Hier gibt es auch ein **Jurtencamp** als Unterkunftsmöglichkeit. Von hier bieten sich Ausflüge nach Norden zur mittelalterlichen **Minenstadt Bazar Dara** und den **Felsgravuren** von **Ok Žilga** an. Eine weitere Sehenswürdigkeit ist der gut erhaltene und sehr schön gelegene **Mazor Bošgumbez** beim gleichnamigen Dorf. Die weiße Kuppel im Dorf war eine **Radarstation** der Roten Armee zur Luftraumüberwachung.

Murġob Мурғоб *Stadtplan auf Seite 123*
Während der Annexion des Pamir Gebietes durch die Russen wollten diese gegenüber Briten, Afghanen und auch Chinesen ein Zeichen setzen. Sie bauten im Juli 1893 die erste permanente Siedlung „Pamirskij Post" an der Stelle des heutigen Murġob auf. Bereits 1894 kam der erste „Tourist" vorbei: der Schwede Sven Hedin.
Traditionell ist die Gegend um Murġob von Kirgisen besiedelt und so ist es heute noch. Seit jedoch Horuġ im Jahre 1925 die Hauptstadt von Berg-Badachschan wurde, fiel Murġob in der Entwicklung weit zurück. Heute ist sie eine wenig attraktive, staubige Ansammlung ärmlicher Gebäude mit einem kleinen **Basar**. Es gibt ein **Museum**, das jedoch meistens geschlossen ist. An einem Seitenarm des Murġob Fluß ist die neuzeitliche **Moschee** zu sehen. Unmittelbar daneben der örtliche **Waschplatz** für Kleider, Teppiche, Autos, etc. Die Stromversorgung ist hier sehr schwach, teils auch ganz abgeschaltet. *Für ärztliche Notfälle:* Das **Krankenhaus** (Kasalhona) nordöstl. des

Basars ist einfach eingerichtet, aber die einzige Wahl.

Verkehrsverbindungen
Marschrutkas und Taxis nach Oš (13h) oder Horuġ (8h) fahren ab dem Basar, wenn genügend Passagiere da sind. Preise sind verhandelbar.

Geldwechsel
Agroinvest Bank
Somoni Kūč., wechselt $ und € in bar in TJS

Hotels und Restaurants in Murġob
Mittel
Hotel Pamir
Somoni Kūč., Tel. 3554-21462, einziges Hotel der Stadt, 2013 renoviertes Sowjethotel, WC
Malika Gästehaus
Somoni Kūč., Tel. 3554-21653, Veranda mit schöner Aussicht, nette Leute, auch eine Jurte
Erali Gästehaus
Frau Apal Doskulieva, Somoni Kūč., Tel. 3554-21618, sehr schöne Aussicht, abgelegen
Aiperi Gästehaus
Frau Gulfia Ibragimova, Tel. 3554-21509, zentral gelegen, beliebte Unterkunft
Filura Gästehaus
Frau Zarifa Ismailiova, Tel. 3554-21637, sehr sauberes Haus mit Wassertoiletten
Taalai Gästehaus
Frau Irysbobo Toktobekova, Tel. 3554-21288, wird über Ihre Kochkünste gelobt

Es gibt einfachste **Restaurants** nahe dem Basar mit lokaler Küche (z.B Laghman Suppe) und dubioser Hygiene. Das beste Essen gibt es in den Gästehäusern. **Selbstverpflegung** ist nur sehr eingeschränkt möglich, da es auf dem Basar nur eine kleine Auswahl an Lebensmitteln gibt (Kartoffel, Zwiebel, Reis, Mehl, Eier, Zucker, Salz, Öl). Fertigprodukte mitbringen.

Krankenhaus in Murġob
Murġob Nohiyai Kasalhona
2004 renoviert, einfachste Ausstattung

Touristen Information
META (Murġob Ecotourism Association) ist ein **Infobüro** in Murġob, das Gästehäuser, Fahrer und weitere Infos vermittelt (Tel. 934 652 005, 935 181 808). Es ist östl. des Basars an der Oš Kūč. 102 zu finden.
Das **Yak Haus**, ist am nordöstl. Ortsende an der M41 Richtung Ķarakūl in einem jurtenähnlichen Gebäude zu finden. Hier können lokale Souvenirs erworben werden.

Reiseveranstalter in Murġob
Pamir Guides
Pamir Highway Adventure

Sehenswertes nahe Murġob

Šakty Höhle Гори Шакты
Diese Grotte wurde wohl schon in der Altsteinzeit (Paläolithikum) mit Bären und Jägern bemalt. Die Grotte liegt abseits der Piste von Murġob nach Češteppa. Sie wird von META geschützt, weshalb hier keine GPS Daten angegeben werden. Bitte Fragen Sie bei META nach, die Fahrer bringen Sie gerne dort hin.

Eli Suu Thermalquellen
Оби Гарм Эли Суу
Den Murġob Fluß stromabwärts gibt es am kleinen Seitenfluß Eli Su einige heiße Quellen (Obi Garm Eli Suu). Hier kann man entweder in einem Badehaus oder im Naturpool baden. Eine Piste führt das Madian Tal hinab bis zu einem ehemaligen Geologen Camp. Von hier sind es bis zur Quelle ca. 1,5Km.

Von Murġob bis Šajmok
Роҳи Мурғоб - Шаймок
Wir verlassen Murġob auf der Oš Kūčai nach Osten und erreichen bald Kona-Ķūrġon mit einem **Friedhof** der lokalen Kirgisen. Ab Suubašj folgt die Piste dem verschlungenen **Oķsu Fluß**. Am westl. Ende der Talenge kann man in der Ferne den **Krater eines Meteoriteneinschlages** erkennen. Er liegt direkt am Fuße der Berge (+38°05'38", +74°16'57"). Die weite Ebene die nun folgt, ist der Košagyl Pamir. Bald kommt der Abzweig zum **Kulma Pass** in Sicht. Von hier führt eine gute Asphaltstraße bis zur chinesischen Grenze. Dieser Übergang ist seit 2012 ganzjährig auch für Touristen geöffnet. Er verbindet die Pamir Region mit dem Karakorum Highway in China.
Beim Dorf **Tohtamiš** überqueren wir die Brücke über den Oķsu und gelangen nach ca. 300 Metern zu Lehmmauern, den Überresten einer **Karawanserei**. Davor ist ein kreuzförmiges **Steinmuster**, vermutlich aus der Saka Periode, auf dem Boden zu erkennen. Wir folgen dem Oķsu Tal aufwärts bis ein dominan-

ter Berg immer höher aufragt: Der 5265m hohe **Oḳtoš** (zum Vergleich: Mont Blanc 4808m). An seinem Fuße das Dorf Šaymok mit einer pittoresken **Moschee** und **Thermalquellen** gleich dahinter.
Unterkunft: **Homestay Alipbek**, Hr. Alipbek Akžolbekov gleich neben der Moschee.
Nun sind es nur noch wenige Kilometer bis zum wirklichen „Ende der Welt" - Gefühl.
In diesem Fall der **Militärposten** von **Ḳyzylrabot**. Etwas südl. davon die **heißen Quellen** mit dem unvergleichlichen Bergpanorama des Sarykol-Gebirges und der Dreiländerspitze des **Pik Povalo-Šveikovski** (5543m). Hier treffen Tadschikistan, China und Afghanistan zusammen. Vor dem Aufsuchen der Quellen sollte man jedoch beim nahen Militärposten um Erlaubnis fragen.

Von Murġob bis zum Kyzyl-Art Pass
Рохи Мурғоб - Ағбаи Кызыл-Арт

Hier wird die Strecke in Richtung der kirgisischen Stadt Oš beschrieben. Aus der Stadt Murġob verläuft die gut asphaltierte M-41 bis zur Kreuzung, an der die Piste zum **Rangkūl Pamir** abzweigt. Die dortigen **Salzseen** und Ihre Umgebung sind ebenfalls einen Abstecher Wert, insbesondere wegen der Weite und Stille dort.
Wir setzen jedoch unsere Route nach Norden fort und sehen bald einen **Stacheldrahtzaun** östl. der Straße. Dies ist nicht der Verlauf der Grenze zu China, sondern nur ein Grenzvorzaun den die russischen Grenztruppen errichteten. Bald erreichen wir die Nordrampe des **Oḳbajtal Passes**. Etwa ab dem Hinweisschild (machen Sie hier ihr Bild, oben gibt es kein Schild) wird die Straße zur Piste. Bei der Passhöhe gibt es **Aussichtsberge** mit herrlichem Panorama. Der Oḳbajtal ist mit 4655m der höchste Pass entlang des Pamir-Highway. Sowohl südl. als auch nördl. des Passes gibt es eine „Straßenmeisterei". Die nördliche wird von netten Kirgisen bewohnt, die gerne auch eine einfache Unterkunft gewähren.
Nach passieren der Ruine des Mazor Oḳsaly erreicht man schon bald den gewaltigen **Ḳarakūl See**. Dieser rätselhafte See wurde durch einen Meteoriteneinschlag verursacht und hat daher zwar mehrere Zuflüsse, aber keinen Abfluß. Durch die permanente Verdunstung ist der See salzhaltig, gefriert dennoch im Winter zu. Es leben keine Fische im See. Zudem ist der Niederschlag hier der Geringste im gesamten Pamir (20mm/Jahr). Im **Dorf Ḳarakūl** gibt es folgende *Unterkünfte:* **Homestay Tilldahon,** Fr. Tilldahon Kozubekova, Tel. 906 554 831, nahe der M41 im Süden des Dorfes, **Homestay Saadat**, Fr. Saadat Kasimbekova, Tel. 906 553 626, am nördl. Ende des Dorfes und gleich gegenüber **Homestay Aigerim**, Frau Aimhan Šaidellaeva, Tel. 906 553 609. Ein kleiner Basar und zwei Shops bieten sehr eingeschränkte Versorgungsmöglichkeiten. Es gibt zudem ein Krankenhaus nahe der Moschee.
Direkt am Weiler **Ḳaraart** biegt nach Nordwest eine Piste ab, die nach wenigen hundert Metern zu einigen weiß markierten Steinen führt. Hier sind **Steinmuster** aus der Saka Periode zu sehen. Ganz in der Nähe wurden **Kurgane** ausgegraben, deren Grabbeigaben auf diese Kultur hinweisen. Ein gutes **Panorama** des gesamten Ḳarakūl Sees hat man von einem Hügel nördl. des Sees mit der Position +39°10'17", +73°26'30"
Nach dem unspektakulären **Ujbuloḳ Pass** kommt zunächst eine Senke mit einem periodischen See westl. der Straße und danach das **Markansu Tal**. Die tadschikische Grenzkontrolle findet etwas unterhalb der **Ḳyzyl-Art Passhöhe** statt.
(Info zu Süd-Kirgisistan auf Seite 149)

Reiserouten durch Kirgisistan
Die Region Čùj

Landschaftlich ist die nördlichste Region des Landes in drei Bereiche unterteilbar: Die landwirtschaftlich geprägte Tiefebene um die Hauptstadt Biškek, den mittleren Bereich der Kyrgyz Alatoo Gebirgskette sowie das Hochplateau Suusamyr.

Biškek Бишкек

„Wer Biškek einmal besucht hat, wird gerne wieder kommen", sagte mir ein Bewohner der Hauptstadt Kirgisistans. Und er hat durchaus recht. Denn Biškek ist nicht nur eine sehr grüne und im Sommer schattige Stadt. Sie ist auch reizvoll am Fuße des Kyrgyz Gebirges gelegen. Bemerkenswert ist die etwas dörfliche Atmosphäre der Stadt, denn man bemerkt schnell die Offenheit und Freundlichkeit der Menschen die einem hier begegnen.

Geschichte

Biškek an sich kann, wie das benachbarte Almaty, auf keine besonders lange Geschichte zurückblicken, wenn gleich hier einst die Seidenstraße vorbei führte. Doch bewegt war sie allemal.

Um 1820 dehnte das Khanat Kokand (Qo'qon) seinen Machtbereich weit in das heutige Kirgisistan aus. Bis dahin zogen hier nur nomadisierende Viehhirten durch die Ebenen und Bergtäler, es gab keinerlei urbane Bevölkerung. Um dieses gewaltige Gebiet besser kontrollieren zu können, ließ der Khan insbesondere entlang der Handelsstraße vom Ysyk-Kôl See kommend, zahlreiche Befestigungsanlagen errichten - darunter auch Pišpek.

Die 1825 gegründete Anlage war keineswegs herausragend oder von besonderer Bedeutung, entwickelte sich jedoch dank der günstigen Lage sehr schnell zur wichtigsten Stadt des Cùj-Tals.

Den Russen, die bereits in Verny (heute Almaty) ein Fort hatten, entging diese Entwicklung nicht. General Zimmerman's Truppe, 600 an der Zahl, benötigten eine Woche und 4 Tonnen Schießpulver, um die Festung einzunehmen.

Doch die Truppen Kokand's errichteten sie bald wieder, diesmal noch massiver. Wegen hoher Zölle und Steuern wuchs die Unzufriedenheit unter den freiheitsliebenden Kirgisen und Kasachen stetig an. 1862 gelang es zwei kirgisischen Stämmen mit Hilfe der russischen Truppen das Fort zu erobern und damit das umgebene Territorium Qo'qon streitig zu machen. Ein Kuhhandel wie sich bald herausstellte.

Schon bald kamen zahlreiche Siedler aus dem großen russischen Reich ins Cùj-Tal, um hier die fruchtbaren Böden zu nutzen. Die Kirgisen mussten ihr Land teilen oder wurden gar zu Knechten der Russen.

1878 bekam Pišpek die Stadtrechte zugesprochen und wuchs nun unaufhörlich an. Doch am wilden Leben hier änderte das nichts. Staubige Straßen, angefüllt mit dem Gestank verwesenden Mülls, Mückenschwärme aus den nahegelegenen Sümpfen und ein Bahnhof, 500km entfernt, charakterisieren die ‚Stadt' treffend.

Ein Großteil der Einwohner waren natürlich Slawen, doch auch Usbeken und später Chinesen, von den Russen „Dungan" genannt, lebten hier. Es entstand sogar ein kleines Chinesenviertel, noch heute sind einige Häuser davon erhalten.

In den Revolutionsjahren 1916/17 kam es zu einem Aufstand der unterdrückten Kirgisen. Zu groß waren die Repressalien und der Verlust ihres Stolzes, nicht mehr als freie Nomaden leben zu können. Die Besatzer schlugen erbarmungslos zurück, tausende Kirgisen flohen über die Berge nach Sinkiang im heutigen China.

Erst mit der Ausrufung des ersten Fünfjahresplans kam wieder etwas Ruhe in die Stadt, die mittlerweile zur Hauptstadt des Kara-Kirgisischen Gebietes innerhalb Russisch-Turkestans ernannt wurde. Zwei Jahre später kam die Umbenennung Pišpeks in Frunze, benannt nach dem russischen Bürgerkriegs-Kommandanten Michael Vasilievich Frunze.

Das einzigartige Intergel'po Programm, bei dem Lenin Sozialisten aus Europa aufrief, das Land des Sozialismus zu entwickeln, verliehen der Stadt ein neues Aussehen. Die charakteristische Kreissiedlung Rabočnij Gorodok im Südwesten der Stadt wurde das Arbeiterviertel der angereisten Tschechen, Ungarn und Deutschen.

Mit dem Zweiten Weltkrieg setzte sich dieser wirtschaftliche Aufschwung fort, viel Industrie wurde aus dem europäischen Russland hierher evakuiert.

Nach einer Zeit der Stagnation in den 70er und 80er Jahren kriselte die Wirtschaft. Vor allem an Wohnraum fehlte es allenthalben. Das Kirgisisch-Usbekische Massaker in Oš 1991 und Demonstrationen in Biškek brachten an den Tag, was viele schon längst wussten. Die Partei war am Ende, sie hatte sich verbraucht. In einer

Fernsehansprache wendete sich der neue Mann Kirgisistans, Askar Akajev zu Wort; das wieder umbenannte Biškek wurde Hauptstadt eines neuen und souveränen, nie zuvor existierenden Staates. Alles schien sich zu ändern, Satellitenfernsehen, Shoppingtouren ins Ausland, Westautos, Fastfood. Und dennoch blieb Biškek zumindest äußerlich nahezu unverändert. Neue Hoffnung auf ein Ende der politischen Stagnation verhieß der Aufstand im Jahr 2005. Die Kirgisen zeigten Mut, jagten den etablierten Akajev fort, denn er half nur noch seinem Clan. Bakiev, sein Nachfolger, machte es kaum besser und floh 2010 ins Exil nach Weißrussland.

Heute ist Kirgisistan eine parlamentarische Republik mit derzeit fünf Parteien im obersten Rat, dem Žogorku Keņeš.

Eine Stadttour durch Biškek

Das Zentrum der Stadt und Ausgangspunkt unserer Tour durch Biškek ist der **Ala-Too Platz** (Ala-Too Ajanty). Interessant ist die Wachablösung unter dem **Flaggenmast**, bei dem die Ehrensoldaten mit Stechschritt paradieren. Auf einem hohen Podest reitet heute der Nationalheld Manas. Zuvor zierte die elegante Freiheitsstatue Erkindik und noch früher **Lenin** diesen prominenten Platz. Die **Erkindik** galt 2011 als verflucht, Lenin fiel in historische Ungnade. Abbilder der Zeiten. Auch im weißen Kasten dahinter, dem **Staatliche Museum für Geschichte** (Mamlekettik Taryh Muzeji) wird Geschichte erzählt. Auf drei Etagen sehen Sie in die Vergangenheit des Landes. Eine ethnographische Sammlung sowie eine Ausstellung zu Ehren Lenins ergänzen die Exponate. Am anderen Ende des Platzes steht das Denkmal für **Čyŋgyz Ajtmatov** (1928-2008), dem berühmtesten kirgisischen Schriftsteller der Neuzeit. Dem Čùj Prospekti gen Westen folgend, kommt das gewaltige **Weiße Haus** (Žogorku Keņeš) ins Blickfeld. Das 1985 errichtete Gebäude ist das Parlament des Landes. Das Gebäude wurde während der Tulpenrevolution 2005 wie auch bei der Vertreibung Bakievs 2010 von Demonstranten gestürmt.

Unmittelbar hinter dem Weißen Haus ist der **Panfilov Park** zu sehen. Bereits 1879 wurde hier der erste Stadtgarten angepflanzt. Nach einem starken Frost 1918 entstand an dessen Stelle der sternförmige Vergnügungspark mit dem Spartak Stadion daneben. Der Frunze Kôčôsù folgen wir nun bis zum **Frunze Museum** (Frunze Üj Muzeji), dem Namensgeber der Stadt für 65 Jahre. Michael Vasilievich Frunze wurde hier in Pišpek, möglicherweise sogar in diesem Haus 1885 geboren. Seine steile Karriere vom Moskauer Aufständler zum Nachfolger Trotzkies als Kriegsminister der jungen Sowjetunion verdankt er vor allem seinem militärischen Geschick, dass er auf Eroberungszüge gegen Buchara und Chiwa bewies.

An der Abdymomunov Kôčôsù, Ecke Erkindik Bulvary sehen Sie ein weißes zweistöckiges Haus. In den frühen Tagen Pišpek's war dies das **erste Rathaus**, in dem Bürgermeister Ilja Terentev die Stadt verwaltete. Inmitten des **Eichenparks** (Emen Park) wurde 1929 das Edison Kino, erste Vergnügungsstätte der Stadt, eröffnet. Ebenfalls in diesem abwechselungsreich gestalteten Park ist das Denkmal für **Kurmanžan Datka** (1811-1907), einer hochgeachteten Führerin der Kirgisen, die 14 Jahre als Herrscherin des Alay galt, bevor die Russen das Gebiet besetzten. Die Straßenkilometer in Kirgisistan werden vom wenige Meter südlich befindlichen **Nullpunkt** aus gemessen. Und auch **Marx und Engels** sitzen hier im Park einträchtig zusammen.

Etwas weiter östlich gelegen, besuchen wir das **Museum für angewandte Kunst** (Kol Önör Muzeji). Hier können Sie ausgiebig die Handwerkskunst der Kirgisen betrachten, angefangen von Teppichen über Schmuck bis hin zu Gemälden kirgisischer Künstler verschiedener Epochen und Einflüsse. Charakteristisch für die Ornamentik der kirgisischen Nomadenstämme sind die groben, meist Pflanzen nachempfundenen Muster.

Schräg gegenüber, auf der anderen Seite der Abdrahmanov Kôčôsù ist die Säulenkollonade des **Maldybaev Opern- und Ballett Theaters** zu erblicken. Der Pomp des Äußeren setzt sich im Inneren fort. Auch Opern in kirgisischer Sprache wie Aycürek stehen hier auf dem Spielplan. Nun sind es nur noch wenige Meter nach Osten zum **Siegesplatz** (Galaba Ayanty) mit der ewigen Flamme und einer symbolischen Jurte zu Ehren der Gefallenen des Zweiten Weltkrieges.

Kirgisistan - Stadtplan Biškek

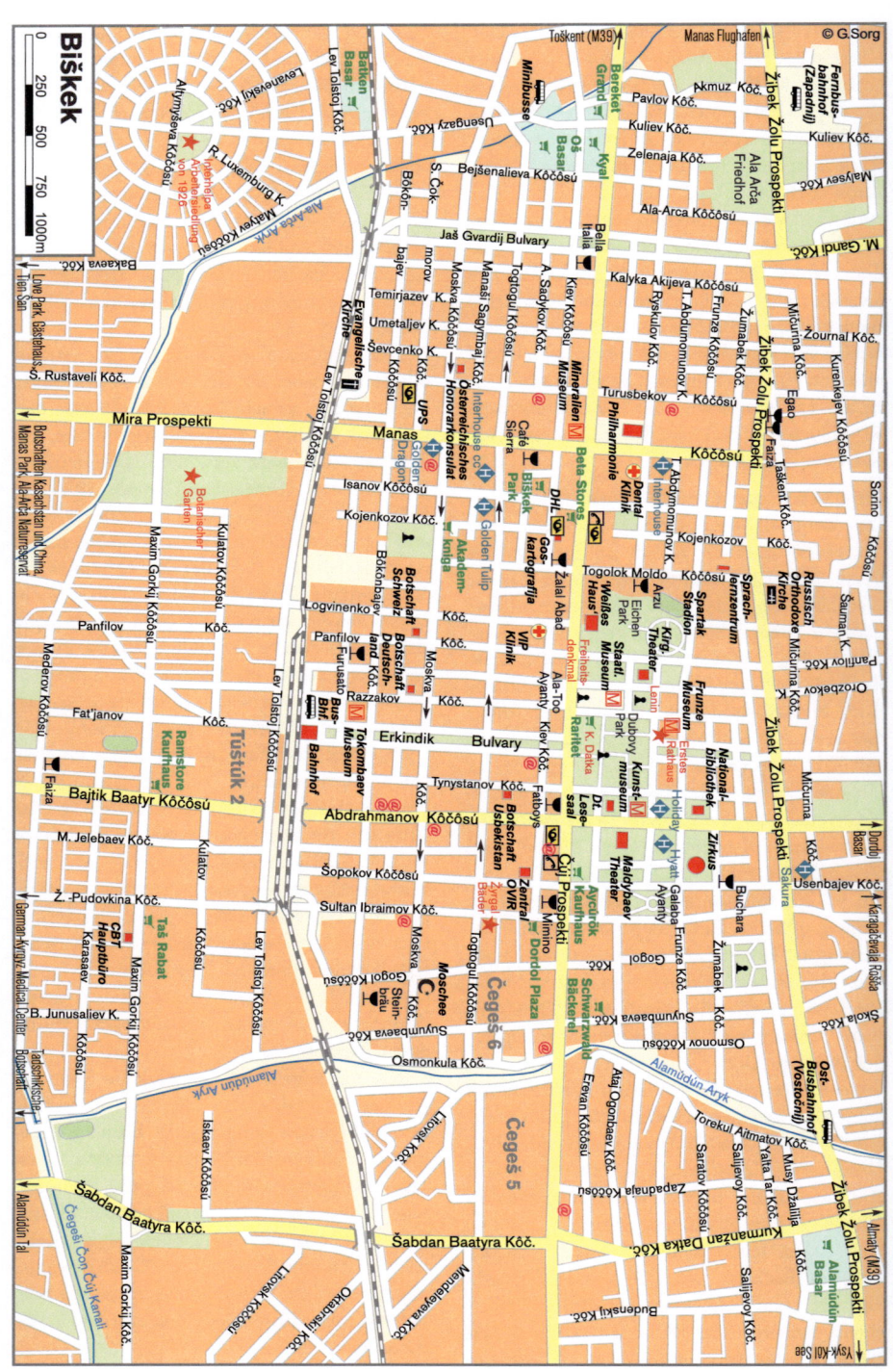

Weitere Sehenswürdigkeiten

Etwas versteckt in einem Häuserblock nahe dem Erkindik Bulvary befindet sich das **Aaly Tokombaev Museum**. Er gilt, wenn auch weniger bekannt, als der Goethe Kirgisistans. In seiner Schaffenszeit als Schriftsteller und Poet beeinflußte er die Kirgisische Sprache im kyrillischen Alphabet, übersetzte zudem zahlreiche literarisch Weltwerke in seine Muttersprache.

Es ist auch in Biškek nicht so einfach, die Freundin mit nach Hause zu bringen. Abhilfe bietet der **Love Park** (Makabbat Park), mit romantischen Tapchans, Spaziergewegen um einen See und Parkbänken. Der gar nicht anzügliche Park liegt an der Bakaeva Kôĉôsù, Ecke Suhomlinova Kôĉôsù.

Bis zur Revolution hatte Pišpek mehrere russische Kirchen, doch diese wurden in der Sowjetzeit entweder ganz abgerissen oder zweckentfremdet. Die derzeit einzige tätige **Russisch-Orthodoxe Kirche** (Voskresenskij Sobor) entstand erst nach dem 2. Weltkrieg, und ist ein lohnenswerter Abstecher. Das Gotteshaus ist nördlich des Žibek Žolu Prospekti, an der Togolok Moldo Kôĉôsù zu finden.

Ganz ausgefallen ist der **Manas Park** weit im Süden der Stadt. Er ist ein Mischung aus kirgisischem Kinderpark und Architekturexperiment. Definitiv sehenswert. Mira Prospekti, hinter dem Hotel Ysyk Köl, Lage: +42°48'28", +74°34'48".

Der **Oš Basar** ist der dem Stadtzentrum nächstgelegene Basar und unbedingt an einem Sonntagmorgen sehenswert. Der täglich geöffnete Markt ersetzte den alten Basar nahe dem Zentrum, heute der Siegesplatz. Es gibt hier günstige Gelegenheiten eine Filzmütze (Kalpak) oder Filzteppiche (Šyrdak) mit den für Kirgisistan typischen Ornamentmustern zu erstehen.

Einige Nummern größer ist jedoch der **Dordoj Basar** im Norden der Stadt. Er ist eine Stadt in der Stadt mit 10 Bezirken. Der Basar ist 2km lang und 1Km breit. Viele chinesische Waren gehen hier über den Tisch.

Der riesige **Gebrauchtwagenmarkt** (Avtorynok Azamat) mit tausenden von Fahrzeugen aller Art am westl. Stadtrand, an der M39 ist eigentlich auch schon eine Sehenswürdigkeit.

Ein besonderes Erlebnis ist ein Besuch des **Žyrgal Badehauses**. Die beiden igluförmigen Kuppeln sind Innen in verschiedenen Blautönen gestaltet und vermitteln ein sagenhaftes Raumgefühl. Dampfbad, Massage und weitere Wellnessangebote bieten Ruhe und Entspannung. Es herrscht Geschlechtertrennung. Togtogul Kôĉôsù, Ecke Sultan Ibraimov Kôĉôsù.

Verkehrsverbindungen

Behalten Sie Ihre Bordkarte mit den Gepäckaufklebern bis zum Verlassen des Flughafengebäudes. Diese werden kontrolliert. Von Biškek aus operieren derzeit folgende Luftfahrtgesellschaften (Änderungen möglich). Lediglich Air Manas hat die Erlaubnis nach Europa zu fliegen. Nachfolgend geordnet nach Flottengröße:

Air Manas (Pegasus Airlines)
Maldybaev Kôĉ. 75, Tel. 56 40 40
Inland: Oš
International: Basel, Berlin, Köln, Dresden, Düsseldorf, Frankfurt/M., Genf, Hamburg, Leipzig, Nürnberg, München, Wien, Zürich, Urumči, türk. Städte, russ. Städte, weitere Ziele

Avia Traffic Company
Panfilov Kôĉ. 26, Tel. 54 47 88
Inland: Oš, Žalalabat, Isfana
International: Dušanbe, russ. Städte

Air Kyrgyzstan
Manas Kôĉôsù 12a, Tel. 31 30 26
Inland: Oš
International: russ. Städte, Toškent, Urumči

Air Bishkek
Manas Kôĉ. 95, Ecke Abdumomunov Kôĉ., Tel. 29 82 13
Inland: Oš
International: russ. Städte, Urumči

Vom Fernbusbahnhof (Zapadni Avtovoksal) im Westen des Žibek Žolu Prospekti fahren **Busse** Richtung Ysyk-Köl See (Balykčy, Čolpon-Ata, Karakol, Bokonbaev) und Richtung Naryn (Kočkor, Naryn, At Bašy). **Fernbusse** fahren auch bis Almaty (kirgisisch: Almata) und Taschkent (kirgisisch: Tašken). Tickets bekommt man im Terminal. Fernbusse sind keine gute Wahl. Schneller und besser sind die seitlich des Terminals stehenden **Kleinbusse** (Sprinter, Transit).

Am aufdringlichsten und teuersten sind die Fahrer der **Sammeltaxen**. Die Routen entsprechen weitgehend denen der Kleinbusse. Sam-

134 Kirgisistan - Bildimpressionen

Die kirgisische Nordseite des mächtigen Lenin Čokusu

Am Südufer des Ysyk Kôl See jagen bis heute Falkner, die den Zusatznamen"Kutuldu" führen

Illustration einer traditionellen kirgisischen Hochzeitsgesellschaft

Mausoleum nahe Talas, welches dem Nationalhelden Manas gewidmet wurde

Die roten Felsen von Žeti Ôgùz

Kirgisistan - Region Čùj

meltaxen (PKW) sind allerdings die einzigen, die auch über die Pässe in den Süden (Žalalabat, Kara-Suu, Oš) fahren dürfen.Vergleichen und Verhandeln ist obligatorisch. Südwestl. des Oš Basars ist ein kleiner "Busbahnhof". Von hier fahren **Minibuss**e nach Westen und Süden (Sokuluk, Kara-Balta, Kaška-Suu). Im Osten des Žibek Žolu Prospekti fahren vom Ost-Busbahnhof (Vostočni Avtovoksal) **Kurzstrecken-Busse** nach Tokmok, Kant, zum Kurort Isyk-Ata und Krasnaja Rečka.

Verkehrsmittel in Biškek

www.bus.kg; Langsam und voll, aber berechenbar sind **Trolleybusse**. Sie fahren von 6-21 Uhr. Bezahlt wird bei Verlassen des Busses.

Nr.4: *Kožzavod (Dordoj Basar) - Mjasokomb. (Oš Basar); fährt über Abdrahmonov - Moskva*
Nr.9: *Mikrorajon Alamùdùn-1 (im Nordosten) - Inst. Zemledelja (im Südwesten); fährt über Čùj - Kiev -Oš Basar*
Nr.11: *Vostočni Avtovoksal - Mikrorajon 6 (im Süden); fährt über Žibek Žolu - Manas/Tynčtyk*

Ebenfalls voll, aber sehr preiswert sind auch **Stadtbusse**. Hier die wichtigsten Linien:
35: *Fernbusbhf. (West) - Oš Basar - Bhf. - Busbhf. (Ost)*
153: *Stary Aeroport - Tynčtyk/Manas - Philharmonie*
160, 169, 177: *Oš Basar - Kaška Suu*
365: *Oš Basar - Ala Arča Parkeingang*

Schneller, aber eng und voll sind **Marschrutkas**. Diese fahren auch Nachts, aber seltener.
48: *Fernbusbhf (West) - Moskva Kôč. - Bhf. - Moskva Kôč. - Busbhf. (Ost)*
113,114: *Fernbusbhf (West) - Alamüdün Basar*
325: *Flughafen Manas - Oš Basar*

Für kurze Strecken, Nachts oder wer es bequemer haben möchte, nimmt ein **Taxi**. Offizielle Taxis sind entsprechend markiert. Diese kann man auch telefonisch bestellen. Viele Fahrer von Privat-PKW halten aber auch an, wenn Sie an der Straße winken.

Biškek von A bis Z
Apotheken
Darekana Neman
Bajtik Batyr Kôč. 57, Tel. 54 28 14

Darekana Zentral
Frunze Kôč. 340, Tel. 68 10 05

Autovermietung
Naniko Car Rental
Orozova Kôč. 116a, Tel. 570/10 49 52; Kia Picanto, Kia Rio, Hyundai Sonata, Lada Niva, Nissan X-Trail, Hyundai Santa Fe, Toyota Prad
Iron Horse Nomads
Turusbekov Kôč. 49, Tel. 555/80 02 78; Mercedes Vito, Ford Ranger Pickup, Jeep Grand Cherokee, Renault Duster, Renault Sandero, UAZ, Lada Niva, Motorräder

Badehäuser
Žyrgal Badehaus (Žyrgal Hammomy/Banja)
Togtogul Kôč., Ecke Sultan Ibraimov Kôč., Sauna, Dampf, Massage, etc., tägl. 7-21 Uhr

Bibliotheken
Nationalbibliothek (Uluttuk Kitaphanasy)
Abdarahmanov Kôč. 208

Botschaften
Chinesische Botschaft
Mira Prospekti 299/7, Tel.59 74 83, Geöffnet: Mo, Mi, Fr 9:30-11:30 Uhr, seit 2013 keine chinesischen Visa für ausländische Staatsbürger
Kasachische Botschaft
Mira Prospekti 95a, Tel. 69 20 89,Geöffnet: Mi zu, sonst 9-12 Uhr, früh dort sein, da Einzahlungen nur bei Kazkommertsbank
Tadschikische Botschaft
Karadarinskaja Kôč. 36 , Tel. 51 16 37, Geöffnet: Mo-Fr 9-13, 14-17 Uhr
Usbekische Botschaft
Tynystanov Kôč. 213, Tel. 66 30 78, Geöffnet: Di-Fr 10-13 Uhr, nur mit Termin, telefonisch vereinbaren zwischen 14-17 Uhr

Österreichisches Honorarkonsulat
Moskva Kôč. 187, Eingang hinten im Hof, Büro Nr. 4, Tel. 35 30 30, Geöffnet: Mo-Fr 9-13, 14-18 Uhr
Schweizer Botschaft
Erkindik Bulvary 21, Tel. 30 10 36, Geöffnet: Mo-Fr 8:30-12:30 und 13:30-17:30 Uhr
Deutsche Botschaft
Razzakov Kôč. 28, Tel. 90 50 00, Notfalltelefon: 00996 772 54 11 13, Geöffnet: Mo-Do 8:00-17:15 Uhr und Fr 8-14 Uhr

Bücher, Bildbände, Karten und Pläne
Goskartografija, Kiev Kôčôsù 107, Zimmer

504, Geöffnet: Mo-Fr 9.30 -12.30 Uhr und 13.30-16.30 Uhr, Karten und Stadtpläne
Akademkniga, Moskva Kôčôsù 141, großes Buchsortiment
Raritet, Puškin Kôčôsù 78, Bücher , Karten

Einkaufen
Basare
Oš Basar
Bejšenalieva Kôčôsù, Ecke Čùj Prospekti, Weststadt
Alamùdùn Basar,
Žibek Žolu Prospekti, Ecke Kurmanžan Datka Kôčôsù
Dordoj Basar
Aul Kôčôsù, Nordstadt
Kaufhäuser
Beta Stores
Čùj Prospekti 150a, Ecke Isanov Kôčôsù
Ayčùrök (TSUM)
Čùj Prospekti 155, Ecke Šopokov Kôčôsù
Dordoi Plaza
Sultan Ibraimov Kôčôsù 115a
Biškek Park
Kiev Kôčôsù 148

Geldwechsel/Geldautomaten
Nahe der Kreuzung von Moskva und Abdyrahmanov Kôč. gibt es viele Wechselstuben. Aber vergleichen Sie die Kurse, sie variieren stark.
Geldautomaten der Kazkommertzbank akzeptieren teilweise EC/Maestro und Visa, Demir Kyrgyz Bank akzeptiert Visa.

Hotels und Unterkünfte (Auswahl)
Luxeriös
Hotel Hyatt Regency
Abdrahmanov Kôčôsù 191, Tel. 66 12 34, modernes Bussineshotel, zentral
Hotel Golden Tulip
Isanov Kôčôsù 37, Tel. 61 07 07, moderne, etwas kühle Einrichtung, Laminatboden
Hotel Holiday
Abdrahmanov Kôčôsù 204, Tel. 97 61 61, beliebt, zentral, Restaurant mit Bergblick
Mittel
Apartment Hotel Golden Dragon
Medorov Kôčôsù 48b, Tel. 90 27 71, 32 schicke Apartments mit Küche, Spielplatz, Parkplatz
Gästehaus Tien Šan
Bakinskiy Čolok Kôčôsù 3/1, Tel. 49 01 80

WIFI, Aircon, 10 Zimmer, Frühstück inkl., Lage: +42°50'45", +74°34'30"
Günstig
InterHouse City Center
Toktogul Kôčôsù 170a, Tel. (552) 31 30 09, Apt. 1, mod. Zimmer, Gemeinschaftsküche, WIFI, Frühstück inkl.
InterHouse
Manas Prospekti 91/1, Tel. (705) 12 34 56, wie InterHouse City Center
Gästehaus Sakura
Mičurina Kôč. 38, Tel. 38 02 09, sehr einfach, Gemeinschaftsküche, WIFI, Waschmaschine

Internet, E-Mail
Valley Net, Abdrahmanov Kôč. 146
Šmel' No. 1, Abdrahmanov Kôč. 129
Soyuz, S. Ibraimov Kôč. 57
ABC, Moskva Kôč. 162
Neoplanet, Abdurahmanov Kôč. 145

Krankenhäuser
VIP Klinik
Kiev Kôč. 110, Ecke Logvienko Kôč., Tel. 51 27 97
German-Kyrgyz Medical Center
Isy Ahunbaev Kôč. 92a, Ecke Pudovkina K., in der Onkologischen Klinik, Tel. 51 21 97
Kairos Dental Klinik
Ryskulov Kôč. 10, Tel. 61 23 02

Kreditkarten
Bei der Demir Kyrgyz Bank und den gehobenen Hotels wird zumindest Visa akzeptiert.

Kulturleben
Opern und Ballett Theater A. Maldybaev
Abdrahmonov Kôč. 167, lohnenswerte Aufführungen in einem sehr schönen Saal.
Philharmonie
Čùj Prospekti 253, Ecke Belinskij Kôčôsù, Empfehlenswerte Konzerte, meist klassische europäische oder kirgisische Musik
Kirgisisches Dramen Theater
Panfilov Kôč. 273, Ecke Abdymomunov Kôč. nahe Panfilov Park, meist kirgisische Stücke
Discos: Soho, Apple, Arbat, Coco Cabana, Daytona, Promzona, Retro-Metro, Sweet 60s, Zeppelin, The Manchester, The Ambassador. Die Clubs kommen und gehen, fragen Sie Einheimische nach den aktuellen In's.

Kulturzentren, Stiftungen, Kirchen
Friedrich-Ebert-Stiftung (FES)
Moskva Kôč. 154, Whg. 19, Tel. 62 42 37
Hanns-Seidel-Stiftung (HSS)
Panfilov Kôč. 237, Zi. 101-104, Tel. 66 24 86
Bishkek Resource Center/Soros Found.
Logvienko Kôč. 55a, Tel. 66 34 75
Deutscher Stammtisch
Jeden 2. Donnerstag im Monat, 19 Uhr im Restaurant Dolce Vita (Siehe Restaurants)
Evang.-Lutherische Kirche
Ilmenskaja Kôč. 40, Tel. 46 26 70, Bischof Alfred Eichholz
Römisch-Katholische Kirche
Vasilijeva Kôč. 197, Tel. 37 67 05, Bischof Nikolaus Messmer

Museen
Staatliches Museum für Geschichte
(Mamlekettik Taryh Muzeji), Ala-Too Ajanty, Geöffnet: Di-So 9-13 und 14-18 Uhr
Frunze Museum (Frunze Üj Muzeji)
Frunze Kôčôsù 346, Ecke Erkindik Bulvary, Geöffnet: Di-Fr 10-17Uhr, Sa-So 10-16 Uhr
Museum für angewandte Kunst
(Kol Önör Muzeji), Abdrahmonov Kôčôsù nahe Dubovy Park, Geöffnet: Di-So 9-17 Uhr
Aaly Tokombaev Museum (Aaly Tokombaev Üj Muzeji), Čujkov Kôčôsù 109, zwischen Erkindik Bulv. und Razzakov Kôč. , Geöffnet: Mo-Fr 9-17 und Sa 9-14 Uhr
Mineralien Museum (Kazilma Muzeji)
Čùj Prospekti 164, Geöffnet: Mo-Fr 9-15.30 Uhr

Post, Paketdienste
Hauptpost
Abdrahmonov Kôčôsù, Ecke Čùj Prospekti Geöffnet: Mo-Sa 7-19 Uhr
UPS
Čokmorov Kôč. 240, 3. Stock, Tel. 97 97 13
Fedex
Moskva Kôčôsù 217, Tel. 35 31 11
DHL
Kiev Kôč. 107, Tel. 61 11 11, Mo-Fr 8-18 Uhr, Sa 9-16 Uhr

Registrierung
Für Deutsche, Schweizer und Österreicher ist **keine** Registrierung notwendig (bis 60 Tage). Bei Aufenthalten länger als 60 Tage, Registrierung bei OVIR, Kiev Kôčôsù 58, linker Eingang, auch Visaverlängerungen.

Reiseveranstalter in Biškek
Advantour
Ak Sai Travel
Asia Mountains ITC
Community Based Tourism Kyrgyzstan
Celestrial Mountains Tour Company
Ecotour Kyrgyzstan
Edelweiss Bishkek
ITMC Kyrgyzstan
Kyrgyz Concept
Kyrgyz Travel Agency
Kyrgyzstan Trekking Union
Novinomad
Tien Shan Travel
Top Asia Travel

Restaurants (Auswahl)
Kirgisisch
Restaurant Faiza
Mederova Kôč. 159, Ecke Tynystanov Kôč., Tel. 66 47 37 und Žibek Žolu Prospekti 555, Tel. 32 33 58,, beliebtes Lokal bei Einheimischen, gutes Essen, Preise günstig, das südliche Restaurant ist etwas hübscher
Restaurant Arzu Style
Togolok Moldo Kôčôsù 7, Tel. 69 66 97, Nichtraucherzimmer, gute kirgisische Speisen
Restaurant Žalal-Abad Čajchanasy
Togolok Moldo Kôčôsù 30, Ecke Kiev Kôč., Tel. 61 00 83, trad. Teehausgebäude, Tapchan
Restaurant Supara
Vorort Kök-Žar, Šabdan Baatyra Kôč. nahe dem Stausee Alamùdùn Suu Saktagyč, Tel. 46 50 51, Ethno- Erlebnisrestaurant, Jurten, Trachten, Laghman, sehr sehr kirgisisch
Usbekisch
Restaurant Buchara Čajchanasy
Šopokov Kôčôsù 126, Ecke Žumabek Kôč., nördl. Zirkus, Tel. 62 01 66, schön eingerichtetes Lokal, nicht nur usbekische Gerichte
Japanisch
Restaurant Furusato
Bokonbaev Kôčôsù 132, Tel. (554) 40 06 33, authentische jap. Küche und Gastlichkeit, Menü in Englisch
Restaurant Egao
Žibek Žolu Prospekti 557, Tel 32 39 59, etwas schlichter als Furusato, beliebt bei Expats

Kirgisistan - Region Čùj

Georgisch
Restaurant Mimino
Kiev Kôč. 27, Ecke Ibraimov Kôč., Tel. 66 13 75, georgisches Flair, Einrichtung gediegen, Speisen weitgehend auth., Service langsam
Deutsch
Bierhalle Steinbräu
A. Gerzena Kôč. 5, Tel. 43 22 53, eigene dtsch. Brauerei, Brotzeit, führen auch eine Metzgerei in der Moskva Kôč. 58, Qualität u. Preise hoch
Bäckerei Schwarzwald
Filiale 1: A. Suyumbaeva Kôč. 142/2, Bishkek City Supermakt, Filiale 2: Tabaldiev Kôč. 89, gegenüber "Keramin", Filiale 3: B. Yunusaliev Prospekti, Pyatačok Market, 7. Mikrorajon; Beste Adresse für Frankfurter Kranz, Schwarz. Kirschtorte, Brezeln und deutsche Brotsorten
Italienisch
Restaurant Bella Italia
Čùj Prospekti, Ecke Kalyka Akijeva Kôč., Tel. 39 20 69, echt italienische Küche, Deko der Speisen sehr sparsam (Petersilie), recht teuer
Café Sierra
Manas Köč 57/1, Tel. 31 15 06, schickes, teures Cafe, WIFI, sprechen Englisch
Restaurant Dolce Vita
Achunbaev Kôč. 116a, Tel. 54 39 84, Pizza knusprig und dünn, Stühle aber hart, schlicht

Telefon und SIM Karten für Handys

mit eigenem Handy:
Beeline und Katel Prepaid SIM Karten: Verkaufsstellen z.B. in den Kaufhäusern, Reisepaß und Registrierung nicht notwendig
mit öffentlichen Einrichtungen:
Zentrales Internationales Telefongebäude
Soviet Kôčôsù, Ecke Čùj Prospekti (Post)
Internationales Telefongebäude
Čùj Prospekti, Ecke Isanov Kôčôsù
Telefon Avtomat (Telefonzelle) in den Straßen, mit Prepaid-Telefonkarten, die in Kiosken und Supermärkten erhältlich sind.

Touristeninformation
Comunity Based Tourism (CBT)
Hauptbüro, Gorky Kôčôsù 58, Tel. 54 00 69, 44 33 31

Vorwahl von Biškek
312

Übersetzer
Sprachlernzentrum des Goethe Instituts
(Nemezkij Jazikovoj Obrazovatel'nij Zentr)
Togolok Moldo Kôčôsù 60a, Tel. 32 50 28
Goethe Gymnasium
Žibek Žolu Prospekti 281, Tel. 48 20 30
Kirgisischer Deutschlehrerverband
Fr. Kunduz Namyrova, Turusbekov Kôč. 116 Tel. 34 07 49
Österreich-Bibliothek
Staatl. Uni., Fremdspacheninst., Abt. Deutsch Razzakov Kôč. 51, Tel. 66 33 21

Sehenswertes in der Region Čùj

Ala-Arča Naturreservat Ала-Арча Коругу
Eine alpin anmutende Landschaft erschließt sich dem Wanderer bereits 35 km südlich des Stadtzentrums von Biškek in diesem Naturschutzgebiet.
Eine empfehlenswerte Tagestour führt vom Alplager ins **Ak-Saj Tal** zur Gletscherzunge des **Ak-Saj Gletschers** und zurück zum Alplager. Wer weiter hinauf zum Korona Massiv möchte, der Übernachtet am besten in der Schutzhütte Prijut Razeka unterhalb des Eisfalls. Von hier aus ist es ein anstrengender Aufstieg über den Gletscher zum felsigen Gipfel des **Korona Gipfels** (4691m) für den Sie hin und zurück einen weiteren Tag benötigen. Der anspruchsvollere **Semënov Tijan Šan Gipfel** (4895m) erfordert weiteres Biwakieren im Zelt. Ab der Prijut Razeka sind ganzjährig Steigeisen, Eispikkel und alpine Erfahrung im Eis erforderlich! Geführte Touren durch die lokalen Reiseveranstalter.
Das **Ala-Arča Haupttal** führt 18Km entlang des gleichnamigen Bergbaches bis zur einfachen Berghütte Oberes Ala-Arča. Dort münden der **Togtogul, Großer Ala-Arča, Manas und die beiden Kleinen Ala-Arča Gletscher** in das Tal ein.
Erreichbarkeit: Marschrutka 365 fährt ab Biškek (Oš Basar) bis Kaška Suu oder Parkeingang. Von Kaška Suu 7Km bis Parkeingang mit Kasse. Die Asphaltstraße endet nach weiteren 10km bei einer Schranke und dem Hotel Alplager (2100m Höhe). Für den Rückweg Taxi telefonisch bestellen oder zuvor organisieren.

Hotels und Berghütten in Ala-Arča
Hotel und Cottage Alplager
Tel. 0543-91 60 48, Restaurant, Hotel *(Mittel,*

Cottage *(Günstig)*, ganzjährig geöffnet.
Berghütte Razeka (Prijut Razeka, 3470m) 2008 renoviert, Küche, 2 Schlafsäle, ganzjährig geöffnet, unbewirtschaftet.
Berghütte Oberes Ala-Arča (Verchnaja Ala-Arča, 3350m), unrenoviert, Matratzenlager, ganzjährig geöffnet, unbewirtschaftet

Skigebiet Oruu Saj Оруу Сай Шаңғы Тоо
Das der Hauptstadt nächstgelegene Skigebiet oberhalb von Kaška Suu ist mit drei Liften und eher moderaten Pisten ausgestattet.
Erreichbarkeit: Beim Wasserkraftwerk am südl. Ende der Siedlung Kaška Suu von der Straße Richtung Ala-Arča abbiegen und dem Ala-Arča auf der linken Seite südwärts folgen. Nur per Taxi oder Anhalter.

Golubinij Wasserfall Голубиний Шаркыратма
Etwas weiter östlich in einem westlichen Seitental des Alamùdùn Tals befindet sich der malerische Golubinij Wasserfall.
Erreichkbarkeit: Richtung Koi Taš. Dort abiegen zur Siedlung Tatyr. Am Ende der Streusiedlung bei einer Ferienanlage einer Piste bergauf folgen. Nach der ersten Doppelkehre führt ein Fußweg nach Westen zum Wasserfall. Erreichbar über den Schluchtenrand. Tatyr ist nur mit dem Taxi erreichbar. Lage: +42°40'11", +74°38'13"

Alamùdùn Tal Аламүдүн Өрөөнү
Südlich von Biškek, vorbei am Ausflugslokal "Supara" führt die Straße bis zu den **heißen Quellen von Toplye Kluči**, einem kleinen Sanatorium aus Sowjetzeiten. Die beeindruckend schöne **Berglandschaft** beginnt danach. Durch Wacholderweiden führt ein gemütlicher Wanderweg durch ein weites Tal, begrenzt von Schneebergen.
Erreichbarkeit: Das etwa 40km von Biškek entfernte Sanatorium ist mit dem Bus Nr. 145 nur bis zum Dorf Koj-Taš und 14km Fußmarsch erreichbar. Besser Sie nehmen gleich ein Taxi.

Balasagun und Burana Turm Баласагун Шаар жана Бурана Мунара
Die bekannteste Ruinenstadt des Landes ist Balasagun mit dem Stumpf des **Burana Minaretts**. Im 11.Jh war sie Hauptstadt des Karachanidischen Reiches. Die gut erkennbaren Ausmaße der Stadt werden durch den umgebenden Erdwall gekennzeichnet. Betritt man die Stadt vom Parkplatz aus, bemerkt man zunächst drei rekonstruierte Fundamente von Mausoleen aus der späten Karachanidischen Epoche. Der 25m hohe Stumpf des einst 47m messenden Minaretts aus gebrannten Ziegeln ist das anschaulichste Bauwerk. Der große Hügel in der Mitte der Stadt war die Zitadelle. Eine aus zwei Komplexen bestehende Anlage. Etwas weiter östlich sind Balbal, seltsame kleine Steinfiguren mit deutlich chinesischen, bzw. mongolischen Gesichtszügen aufgestellt. Fast alle haben einen Gegenstand in der Hand. Über die im ganzen Siebenstromland, also südlich des Balchas Sees, verbreiteten Figuren rätseln die Forscher noch heute. Man weiß wohl um Ihr Alter (6./7.Jh.) und ihre Herkunft (Türkische Landfürsten), doch die Bedeutung ist schleierhaft. Gegenüber das gut ausgestattete Museum. (tägl. von 9-17 Uhr geöffnet).
Erreichbarkeit: Von Tokmok Basar südlich durch den Ortsteil Čùj. An der mit Burana beschilderten Kreuzung nach Westen erreicht man das Areal nach 13Km. Nur mit dem Taxi von Tokmok aus. +42°44'48",+75°15'09"

Ak Bešim Ак Бешим
Ak Bešim oder Suyab wurde 2014 als Teil des UNESCO Titels "Seidenstraße" in das Welterbe aufgenommen. Die stark verwitterten Lehmmauern enttäuschen den Besucher. Doch mit ihrer multireligiösen Ausprägung (buddhistisch, nestorianisch) sowie Resten einer chinesischen Festung und türkischen Balbals ist diese sogdische Handelsstadt repräsentativ für viele Stationen entlang der Seidenstraße. Sie verfiel nachdem Balasagun im 11.Jh. das Herrschaftszentrum wurde.
Erreichbarkeit: Von Tokmak zum Ortsteil Čùj, dann nach Westen durch Ak Bešim und weiter südwestl. über die Bahngleise. Vom Tokmok Basar aus sind es 12Km. Nur Taxi. Lage: +42°48'12",+75°12'17"

Nevaket/Navekat Невакет
Ähnlich wie Ak Bešim zeichnet sich auch Nevaket durch Funde eines 8m langen, liegenden Buddhas, einem zoroastrischen Feuertempel und einer nestorianischen Kirche aus. Die heute unspektakulären Reste der Stadt waren im 10Jh. eine prosperierende Seidenstraßenmetropole.
Erreichbarkeit: 500m nach dem Ortsende von

Krasnaja Rečka nach Norden durch eine Kolchose auf einer Erdpiste bis nach 2Km die Zitadelle sichtbar wird. Lage: +41°54'54", +75°00'31"

Čong Kemin Tal   Чоң Кемин Өрөөнү
Dieses langezogene Seitental im Kùngôj Alatoo Gebirge nördlich des Ysyk-Kôl Sees bietet wunderschöne Almen (Jailoo) und Tannenwälder oberhalb des letzten Dorfes Tegirmenty. Im Dorf Kalmak Ašuu gibt es das einfache Gästehaus Ašuu (*Mittel*) mit Vollpension.
Erreichbarkeit: Von Biškek aus bei Kemin in das Tal nach Norden abzweigen. Marschrutka oder Taxi von Biškek oder Tokmok aus.

Die Region Naryn
Die größte Region des Landes ist geprägt durch eine geringe Bevölkerungsdichte, Viehzucht und eine Kombination aus Hochtälern und Gebirgszügen. Es ist, wenn man so will, die "kirgisischste" Gegend und daher für das Erleben der lokalen Nomadenkultur das beste Ziel.

Naryn   Нарын
Eingebettet in zerfurchte, kahle Berge zieht sich das Verwaltungszentrum der Region Naryn entlang des Naryn Flußes. Das Klima ist hier kühl, auch im Sommer wird es kaum wärmer als 20°C, bedingt durch die Lage auf 2.000m Höhe.
Naryn ist eine Garnisonsstadt, gegründet 1868, mit dörflichem Charakter und einer fantastischen Landschaft in ihrer Umgebung.
Sehenswert ist die neuzeitlichen **Moschee**, die sehr konsequent mit kirgisischen Mustern dekoriert wurde. Auf dem zentralen Platz wurde die Lenin Statue durch das **Freiheits-Monument**, ein Paar, das einen Adler hält, ersetzt. Daneben ein kleines **Kunstmuseum**.
Nahe der östlichen Brücke über den Naryn sind im **Regionalmuseum** neben den unvermeidlichen Tierpräparaten auch schöne, regionale Šyrdak - Filzteppiche zu sehen.
Darüber hinaus gibt es den **Zentral-Basar** an der Sagynbay Orozdak Uulu Kôč., westl. des Stadions, ein **Krankenhaus** (Kasalhana) nahe dem Regionalmuseum und diverse **Banken** im Zentrum.

Hotels und Restaurants in Naryn
Mittel
Gästehaus CMGH
Razzakov Kôč. 42, Tel. 3522-50412, sehr schlichte Zimmer, Übernachtung auch in Jurten, Gästehaus der Reisefirma Celestrial Mountains
Günstig
Hotel Khan Tengri
Jusupova Kôč. 2, Tel. 3522-54946, das neuste, beste Hotel in Naryn bietet 10 saubere, einfache Zimmer mit TV, Badezimmer, Frühstück
Satar Jurten Camp
einfaches Jurtencamp, beheizt, relativ preiswert
Restaurants
Restaurant Korona
Kulumbaeva Kôč., Ecke Lenin Kôč., chinesisch-russisch-kirgisisch, etwas gehoben
Kafe Ajna
S. Orozdak Uulu Kôč., nördl. Hotel Ala-Too, meistens geöffnet, große Menü-Bandbreite
Restaurant Khan Tengri
gegenüber Hotel Khan Tengri, gute Speisen
Kafe Anarkul Apa
Seitenstraße der S. Orozdak Uluu, nahe dem zentralen Platz, Menü in English, einfache lokale und russische Gerichte, hübsches Haus

Touristeninformation
Community Based Tourism (CBT)
lokales CBT Büro, Lenin Kôčôsù 33, Wohnung Nr. 8, Tel. 3522-50895, Fr. Kenjekaraeva vermittelt Homestays, Touren, Guides, Transport

Verkehrsverbindungen
Entlang der Lenin Kôčôsu zwischen der östl. und westl. Naryn Brücke pendeln tagsüber **Trolleybusse**!
Busse fahren vom Naryn Busbhf. an der Lenin Kôčôsù nach At Bašy (3 x tägl., 1h), in der selben Richtung bis zu den Dörfern Kyzyl-Tuu, Kara-Suu u. Kara-Bulun (1x tägl.), Kazarman über Baetov (Di u. Fr, 7h), Baetov (1 x tägl, 3h), nach Taš Bašat (2x tägl., 1h) und Eki-Naryn (Mo,Mi,Fr, 2h). Alle Ziele in Richtung Torugart Pass, auch die Karawanserai Taš Rabat, können nur mit einem **Taxi** erreicht werden. Es ist einfacher, über CBT einen Fahrer zu suchen. **Minibusse** und **Sammeltaxis** fahren über Kočkor nach Biškek (7h) sowie zu vielen der oben genannten Ziele.

Um Hochweiden (Jailoo) zu erreichen, empfielt sich ein **Pferd**. Fragen Sie im CBT Büro.

Song Kôl See Сон Көл
Umgeben von Sommerweiden mit Jurten und Hirten auf Ihren Pferden ist dieser wunderschöne Bergsee auf 3000m Höhe genau das, was wir uns unter Kirgisistan vorstellen. Die schneebedeckten Berge der Umgebung geben den perfekten Hintergrund für dieses Bild.
Das CBT Büro in Naryn vermittelt Fahrer, Unterkunft in Jurten und Ausritte am See.
Erreichbarkeit: Es gibt drei Zufahrtsstraßen zum Song Kôl: 1. Von Baš-Kuugandy nahe Čaek über die Kara Kiči Schlucht und eine Kohlemine zum See. 2. Von Sary Bulak am Töluk Fluß entlang durch Keng Suu und über den 3446m hohen Pass Kalmak Ašuu zum See. 3. Von Ak-Tal vorbei am Dorf Žani Talap/Kurtka entlang dem Kurtka Fluß über den Moldo Ašuu Pass zum See. Nur individuell mit dem Taxi erreichbar.

Kočkor Кочкор
Das kleine Dorf ist ein wichtiger Verkehrsknotenpunkt zwischen Naryn, Suusamyr und dem Ysyk-Kôl See. Optisch eher unspektakulär, bietet Kočkor zumindest eine Kuriosität: eine waschechte **Türkische Moschee**, wie man sie wohl eher in Anatolien vermuten würde. Sie steht an der Iskaeev Kôčôsù nahe dem Stadion. Das vitale CBT Büro bieten Ausritte, Unterbringung in Kočkor oder in Jurten und Jeeptouren an. Ziele: Das **Ùkôk Tal** mit der **Terstôr Hochweide**, dem größeren **Kôlùkôk Bergsee** und dem kleinen **Kôltôr Gletschersee** unterhalb eines 4365m hohen Gipfels des westl. Terskey Alatoo Gebirges.
CBT, Pionierskaja Kôč. 22a, Tel. 3535-51114. Der Weg dorthin: Vom Basar in der Ortsmitte folgt man der Orozbekova Kôč. (Hauptstraße) etwa 200m nach Nordost bis zur ersten Kreuzung. Hier biegt die Pionierskaja Kôčôsù nach Norden ab.
Erreichbarkeit: Nach Biškek (3,5h) fahren täglich mehrmals Marschrutkas, ebenso nach Naryn (3h) und Balykčy (1h). Unregelmässiger sind die Verbindungen nach Čaek (2h) und Ming Kuš. Direkte Verbindungen bis Suusamyr gibt es derzeit nicht. Basar und Busbhf. liegen sich gegenüber.

At Bašy Ат Башы
Dieser kleine Grenzort im kirgisischen Hochland bietet mit einigen Läden und dem Basar Versorgungsmöglichkeiten. Der Ort liegt einige Kilometer abseits der Hauptstraße zum Torugart Paß. Im Zentrum steht heute ein **Manas Monument**, ein alter Kirgise mit Adler auf der Schulter. Unweit davon das Telekomgebäude mit langsamer Internetverbindung.
Erreichbarkeit: Vom östlich des Zentrums gelegenen Busbahnhof fahren **Busse** und **Sammeltaxen** nach Naryn (1h) und zu den umgebenden Dörfern. **Taxis** stehen eher vor dem Basar, direkt an der Hauptstraße im Ort.
Als **Unterkunft** bietet Frau Tursan Akayeva ihr geräumiges Gästehaus unterhalb des Friedhofes nördl. des Zentrums an.

Košoy Kurgan Кошоы Курган
Wie in Ôzgôn und Balasagun existierte auch hier eine **Karahaniden Stadt**. Heute noch recht gut sichtbar ist die Zitadelle und die stark erodierte Umgebungsmauer.
Erreichbarkeit: Die Ruinenstadt ist etwa 1,5km südöstl. vom Dorf Kara Suu entfernt (+41°7'23.97", +75°41'53.39"). Mit dem Bus von At Bašy (einmal tägl.) und zu Fuß oder individuell mit dem Taxi.

Taš Rabat Таш Рабат
Einst als Kloster nestorianischer Christen im 10.Jh. gegründet, wurde die Anlage ab dem 15. Jh. als **Karawanserei** genutzt. Sie ist vollständig aus Bruchsteinen gebaut. Das Gebäude liegt einsam in einem schmalen Wiesental und ist ein lohnendes Ziel. Eine Zugangs-Genehmigung ist für Taš Rabat nicht notwendig. Im Sommer gibt es hier Jurten zum Übernachten. In unmittelbarer Nähe befindet sich zudem ein Gehöft.
Erreichbarkeit: Von der Asphaltstraße zum Torugart Paß aus führt eine Piste ca. 10Km in ein Tal (+40°52'4" +75°16'31").

Torugart Pass Торугарт Ашуусу
Dieser 3752m hohe Paß ist bei vielen Reisenden begehrt. Insbesondere die Schwierigkeiten wie Wetter, Schnee, Straßenverhältnisse, Abgelegenheit und die bürokratischen Hürden machen seinen Reiz aus.
Um den Paß überqueren zu können, müssen folgende **Voraussetzungen** gegeben sein:
- Kein Feiertag (russ./kirg./chines./muslim.)

- Am Pass von Mo-Do zwischen 9-11 Uhr sein
- Bereit sein, in einer sehr einfachen Unterkunft am Pass zu nächtigen (Schlafsack, Isomatte!)
- Ausreichend Verpflegung für einen Tag
- Dollar in kleinen Scheinen bereithalten
- einen schriftlichen Nachweis für den weiterführenden Transport auf chin. Seite durch einen akreditierten chin. Reiseveranstalter, mit Preisangabe für diese Dienstleistung einschließlich aller Kosten (Treibstoff, Essen und Unterkunft für den chin. Fahrer, alle Steuern und Versicherungen). Dies ist auf der chinesischen Seite auch für Selbstfahrer (Auto, Fahrrad) obligatorisch
- einen kirg. Fahrer der Erfahrung mit dem Torugart hat und ein möglichst geländetaugliches kirg. Fahrzeug mit der Spezialgenehmigung für Grenzverkehr

Generell gilt, dass die Grenze auch geschlossen sein kann, obwohl sie offiziell offen ist. Erfahrene Reiseveranstalter in Biškek können für Sie diese Hürden meistern. Es ist sinnvoll, sich einer Gruppe anzuschließen, da das ganze recht teuer werden kann.

Von Naryn kommend passiert man nach dem Ak-Bejit Pass den **Kontrollpunkt Korgontaš**. Ohne entsprechende Papiere kommt man hier nicht in die Grenzzone rein. Es folgt der Tuz-Bel Pass und man passiert den Čatyr Kôl See, den man in der Ferne sieht. An der Südrampe des Torugart befindet sich die **Kirgisische Grenzkontrolle**. Hier wird per Funk der Transport auf chinesischer Seite abgefragt. Nun folgen die letzten 7Km bis zum **Grenztor**. Am Grenztor erfolgt der Umstieg in das chin. Fahrzeug. Der Zeitunterschied ist -2h, da die chin. Grenzposten nach Peking-Zeit arbeiten. Bis zur chinesischen Zollkontrolle "Tuergate" sind es von hier aus 6Km. Bis zur chinesischen Passkontrolle sind es weitere 103Km am Ende des langen Ušmurfan Tales.

Die Region Ysyk-Kôl

Das landwirtschaftlich genutzten Nordufer des Ysyk-Kôl Sees wird von den Südhängen des Kùngôj Alatoo nach Kasachstan hin begrenzt. Im Regenschatten des Terskej-Alatoo liegt das wesentlich trockenere Südufer des Sees. Das wenig erschlossene "Hinterland" zwischen diesem Gebirgszug und der chinesischen Grenze birgt weite Hochweiden sowie die beiden Siebentausender Žengiš Čokusu (Pik Pobeda) und Hantengri im Sary-Žaz Gebirge.

Balykčy Балыкчы

Diese Stadt hat viele Namen und viele Gesichter in ihrer relativ kurzen Geschichte hervorgebracht. Sie beginnt 1871 und entwickelte sich zur russischen Poststation. Bekannt war sie mal unter dem Namen Ketmaldy, Bačino oder Novodmitrievka, je nachdem, welche Familie das Sagen hatte. Wegen des aufkommenden Fischfanges nannte man die Kleinstadt ab 1909 Rybatče (russ.: Fischer). In der Sowjetperiode wurde die Industrialisierung mit einer Bahnanbindung, einer Fischereiflotte und einer Schiffswerft vorangetrieben. Selbst Torpedos wurden hier getestet. Mit der Unabhängigkeit änderte sich der Namen in Ysykkôl, welcher sich allerdings nicht bewährte. Denn nach 2 Jahren benannte man wieder um in Balykčy (kirg.: Fischer). Die Marine zog ab, Fische wurden kaum mehr gefangen, neue Schiffe nicht mehr benötigt. Der Zug fährt aber noch, im Sommer.

Dennoch, es gibt hier kleine **Strände**, einen **Basar** und den **Busbahnhof** 400m östl. des Kreisverkehrs an der Straße nach Čolpon Ata.

Verkehrsverbindungen

Züge fahren im Sommer täglich in 6h von Biškek hierher - die längste Bahnstrecke des Landes. Der Bahnhof befindet sich gut 2Km südwestl. des Basars.

Nur 2h benötigen **Marschrutkas** für die gleiche Stecke. Busse etwas länger. Alle Fahrzeuge Richtung Karakol fahren durch Balykčy, halten aber nicht alle hier. Zahlreiche Minibusse fahren von hier bis Čolpon Ata oder weiter. Busse oder Minibusse nach Bôkônbaev, Tamga und Barskoon fahren wesentlich seltener.

Tamčy Тамчы

Seit 2012 der **Ysyk-Kôl International Airport** östl. von Tamčy erweitert wurde, finden im Sommer Charterflüge statt. Angeflogen wird die Landebahn von Biškek, Jalal-Abad und Oš aus durch Air Kyrgyzstan. Ansonsten ist das Dorf gemütlich am See gelegen und mit einem CBT Büro ausgestattet. Unterkünfte in Privathäusern kann man über CBT buchen oder vor Ort anfragen.

CBT Tamčy, Manas Kôč. 49a, Tel.3943-21272

Čolpon Ata Чолрон Ата

Einst als russische Bauernsiedlung gegründet, öffnete 1938 ein Sanatorium für Tuberkulose Patienten. Weitere Sanatorien für Werktätige und Lager für junge Pioniere entstanden. Wegen mangelnder Instandhaltung verfielen diese Einrichtungen nach der Unabhängigkeit zunehmends.

Heute präsentiert sich Čolpon Ata als aufstrebendes Touristenziel für Kirgisen und Kasachen. 2007 wurde das open-air **Kulturzentrum "Ruh Ordo"** eingeweiht. Er ist Tschingis Aitmatov gewidmet. Fünf **Kapellen** in der Parkanlage repräsentieren die großen Weltreligionen. **Statuen** von Herr und Frau Jelzin oder Atatürk und selbst Präsident Nasarbajev sowie weiteren Personen sind zu sehen.

Die zweite Sehenswürdigkeit ist nördl. des alten Flugplatzes zu finden. Die **Sajmaluu Taš Felsgravuren** (Sajmalu Taš Petroglyfi) stammen aus der Zeit der Skythen zu Beginn unserer Zeitrechnung. Auf den Felsen sind vor allem Steinböcke, Jäger und einige Antilopen in die Patina der Oberfläche gemeißelt (+42°39'41", +77°3'19").

Das kleine **Regionalmuseum** neben dem Post/Telekomgebäude zeigt archäologische Funde und etwas Ethnographie, Geöffnet: tägl. 8-17 Uhr

Es gibt im Ort ein Postamt/Telekom in dem man auch Geld wechseln kann. Der Alte Basar liegt südl. des Busbahnhofes. Der El Nuur Basar ist am östl. Ende des Ortes nahe dem Sanatorium Galuboj Ysyk-Kôl zu finden.

Verkehrsverbindungen

Busse und **Sammeltaxen** in Richtung Biškek (4h) oder Karakol (2,5h) fahren mehrmals täglich vom Busbahnhof (Avtobeketi) westl. des Zentrums von Čolpon Ata.

Hotels und Unterkünfte in Čolpon Ata und Umgebung (Auswahl)

Die Preise und Belegung sind stark abhängig von der Saison. Vollpension ist üblich. Hochsaison ist von Juni-September. In der Nebensaison sind die Zimmer zwar billiger, der Service aber erheblich eingeschränkt. Viele Ferienanlagen sind im Winter ganz geschlossen. Die angegebenen Entfernungen beziehen sich auf den Busbahnhof von Čolpon Ata.

Direkt in Čolpon Ata
Sanatorium Galuboj Ysyk-Kôl
am östl. Ende von Čolpon Ata, 2Km, Tel. 3943 - 43410, *Günstig*
Ferienanlage Ala Too (Zentr Otdycha)
Halbinsel südl. Čolpon Ata, 2Km, Tel. 3943 - 344560, *Mittel*
Pension Tri Korony (Pansionat)
Halbinsel südl. Čolpon Ata, 2Km, Tel. 3943 - 43384, *Mittel*
Pension El Nuru (Pansionat)
Halbinsel südl. Čolpon Ata, 2Km, Tel. 3943 - 343804, *Mittel*
Zahlreiche Privathäuser in Čolpon Ata bieten **Gästezimmer** (Komnata) an. Diese sind mit einem Schild gekennzeichnet.

Westlich von Čolpon Ata
Pension Rohat-NBU (Pansionat)
Kara-Oj, 8Km, Tel. 3943 - 345025, *Mittel*
Ferienanlage Ak Maral (Zentr Otdycha)
Baetovka, 10Km, Tel. 3943-57775, *Mittel*
Pension Raduga (Pansionat)
Sary-Oj, 13Km, Tel. 3943 - 58031, *Luxeriös*
Ferienanlage Karven Four Seasons Resort
Sary-Oj, 14Km von Čolpon Ata, Tel. 3943 - 47382, *Luxeriös*

Östlich von Čolpon Ata
Sanatorium Zolotye Peski
Bosteri, 11Km, Tel. 3943 - 036567, *Günstig*
Ferienanlage Talisman (Zentr Otdycha)
Bosteri, 12Km, Tel. 3943 - 36527, *Mittel*
Hotel Karven Ysyk Kôl Resort
Bulan Sôgôttù, 20Km, Tel. 3943 - 47382, *Lux.*

Čong Ak Suu Tal Чоң Ак Суу Өрөөнү

Nördlich der russisch geprägten Siedlung Grigorevka führt ein zunächst **enges Tal** nach Norden, um nach einigen Kilometern in ein weites Wiesental inmitten des Kùngôj Alatoo Gebirges zu münden. Der idyllisch gelegene **Bergsee** kann das reizvolle Ziel sein.

Erreichbarkeit: Von Grigorevka führt eine Erdpiste entlang des Čong Ak Suu 18Km bis zum Bergsee. Das Tal ist auch als "Grigorevskoe Utšele" bekannt. Nur per Taxi.

Grenzübergang nach Kasachstan
Қазақстан Мемлекеттік Шекарасы

Der Grenzübergang zwischen Tùp (Kirgisistan) und Kegen (Kasachstan) ist seit 06/2013 wieder geöffnet. Passierbar von Mitte Mai

144   Kirgisistan - Stadtplan Karakol

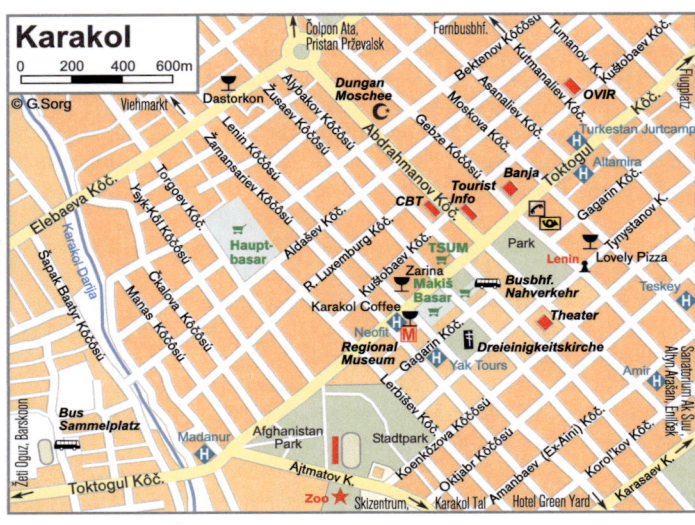

Mitte links:
Die Gebirgsstrecke von Biškek nach Oš (M41) ist auch im Winter befahrbar. Hier der Ala-Bel Paß (3184m).

Der Burana Turm nahe Tokmok ist der letzte Rest des ehemaligen Balasagun.

Das Prževalsk Denkmal am Ysyk-Kôl See nahe Karakol.

Die bunten Felsformationen sind charakteristisch für die Strecke zwischen Ysyk-Kôl See und Suusamyr Plateau (A367).

bis Mitte Oktober, tägl. 9-18 Uhr. An der Grenze kein Geldwechsel möglich, keine Versorgungsmöglichkeiten.

Karakol Каракол
Als vor 130 Jahren Karakol als Militärgarnison gegründet wurde, waren es in erster Linie die günstigen Voraussetzungen dieser Region, die dazu bewogen: fruchtbarer Boden, genügend Niederschläge, mildes Klima, Fischreichtum und die nahe gelegenen heißen Quellen. Mit der Umbenennung Karakols 25 Jahre später in Prževalsk wurde ein verdienter Wissenschaftler und Naturforscher geehrt, der wirklich großes vollbrachte. Seine abenteuerlichen Reisen, die Ihn wiederholt bis weit in das heutige China und Tibet brachten, zeichneten ihn als hervorragenden Entdecker aus. Nach langen Jahren der völligen Ausrottung des nach ihm benannte Prževalsk Pferdes konnte es jetzt aus der vorhandenen Zoopopulation heraus wieder ausgewildert werden. Nicht zuletzt dank der eingehenden Beobachtungen dieser Pferderasse durch Prževalsk.

Das **Museum** in der Žamansariev Kôčôsù bietet gute Einblicke in die Entstehung der Stadt und das damalige Leben dort. Darüber hinaus können Sie sich über die Gebrauchs- und Ziergegenstände der in der Region lebenden Kirgisen informieren. Geöffnet: tägl. 8-17 Uhr.

Die eher an einen buddhistischen Tempel erinnernde **Moschee** der Dungan Chinesen, also nicht der in Sinkiang lebenden Uiguren, wurde 1907 errichtet. Sie kann problemlos besichtigt werden. Südlich des Zentrums ist die **Russisch orthodoxe Kirche** zu sehen, die bei der Machtübernahme der Bolschewisten zerstört und erst in den 60er Jahren wieder rekonstruiert wurde. Während ihre Glocken läuten ist der Sonntagsmarkt schon beinahe beendet. Ein Erlebnis ist es, wie hier Gemüse und Obst, Jacken wie Hosen und Hühner oder Pferde den Besitzer wechseln. Ein buntes Durcheinander und doch so verschieden zu den Basaren Usbekistans oder Turkmenistans. Es gibt drei Basare in der Stadt, den sonntäglichen **Viehmarkt**, den **Hauptbasar** und den **Makiš Basar**. In weiten Teilen der Stadt, insbesondere in der Gegend um das Museum sind noch sehr viele alte **Holzhäuser** im typischen Kolonialstil erhalten. Südl. des Stadtparkes gibt es den einzigen **Zoo** Kirgisistans. Er bietet seltenen Tieren wie Schneeleoparden, Bären, Marco Polo Schafen ein Zuhause. Karakol ist ähnlich wie Čolpon Ata ein touristischer "Hot Spot" Kirgisistans, dies jedoch ganzjährig. Es öffnen immer neue Hotels, es werden Ski Lifte gebaut und es gibt eine unabhängige Touristeninformation.

Verkehrsverbindungen
Der **Fernbusbahnhof** (Avtovakzal) im Norden der Stadt bietet Verbindungen über Čolpon Ata (2,5h) nach Biškek (stündl., 7h). Die südl. des Sees liegenden Orte sind besser vom Bussammelplatz westlich des Karakol Flusses an der Ausfallstraße nach Barskoon zu finden. Hier gibt es Busse/Minibusse dreimal täglich nach Barskoon, zwei Busse nach Tamga und nach Bôkônbaev einmal täglich. Recht früh fahren Busse über Bôkônbaev sogar bis Balykčy. Im Winter eher seltener. **Marschrutkas** warten ebenfalls vor dem Fernbusbahnhof.
Rund um den Makiš Basar warten **Minibusse** auf Kundschaft für Ziele wie Žeti Oguz, Sanatorium Žeti Oguz, Pristan Prževalsk, Sanatorium Ak Suu und weitere Orte der Gegend. Wer lieber selber radelt, findet **Mountainbikes** zum Verleih bei der lokalen Reiseagentur Ecotrek, im Café Karakol Coffee oder im Hotel Green Yard.

Reiseagenturen in Karakol
Kyrgyz-tours
Tour Khan Tengri
Turkestan Yurt Camp Karakol
Yak Tours
Ecotrek Kyrgyzstan

Touristeninformation in Karakol
Offizielles Touristeninformationsbüro
Abdrahmanov Kôčôsù 130, Tel. 3922-23425, neutrale Infos zu Unterkunft und Touren, Topographische Karten, Bücher, Postkarten.
CBT Büro
Abdrahmanov Kôčôsù 123, Tel. 3922-55000, Infos zu Unterkunft und Touren, Guides, Transport mit Auto oder Pferd.

Hotels und Restaurants in Karakol (Auswahl)
Mittel
Hotel Amir
Amanbaev Kôč. (Ex-Aini) 78, Tel. 3922-

51315, Kleinhotel mit schweizer Management, einfache Zimmer, WIFI kostenlos
Hotel Green Yard
Novostroika Kôč. 14, Tel. 3922-43228, mehrfach ausgezeichnetes Kleinhotel, freundliche Zimmer, nettes Personal, etwas abgelegen
Günstig
Happy Nomads Village
Ortsrand, A363 Ri. Barskoon, Tel. 770-521138 beliebtes Jurtencamp und Hostel
Hotel Madanur
Toktogul Kôč. 201, Tel. 3922-71538, schlichte Zimmer, Café, Bäckerei, Supermarkt im Haus
Gästehaus Altamira
Toktogul Kôč. 277, Tel. 559-998 388, einfache Zimmer, etwas überteuert, Sauna
Gästehaus Teskey
Asanaliev Kôčôsù 44, Tel. 3922-57726, echt kirgisisches Gästehaus mit vielen Services in zentraler Lage, schöner Garten, populär
Gästehaus Neofit
Žamansariev Kôčôsù 166, Tel. 3922-20650, zentral gelegen, einfach, sehr preiswert
Restaurants
Restaurant Dastorkon Kafesi
Elebaeva Kôč. 107, modern mit hübscher Deko, gute Speisen, moderate Preise
Café Karakol Coffee
Toktogul Kôč. 112, gemütlich, guter Kaffee, Snacks, Pizza, hip, Fahradverleih, free WIFI
Restaurant Zarina Kafesi
Lenin Kôčôsù 120, russische Küche, lustig enge Gartenhäuschen als VIP Lounge
Restaurant Lovely Pizza
Moskva Kôč.125, Ecke Toktogul Kôč., passable Pizza auf Holzbrettchen, Hygiene ?

Einige Dungan Familien bieten die sehr scharfen **Dungan Gerichte** an. Fragen Sie bei den lokalen Reiseveranstaltern nach Adressen.

Sehenswertes nahe Karakol

Karakol Tal / Skizentrum
Каракол Өрөөнү / Горнолыжная База
Unmittelbar südl. von Karakol beginnt das 30Km lange Karakol Tal.
In den letzten Jahren entstand hier ein ausgedehntes **Skigebiet** mit 5 Sessel- und Schleppliften, mehreren Kilometern Skipisten (7 bis 53% Gefälle) und drei Hotels. Das eher einfache Skihotel bestehend aus drei Gebäuden (*Günstig-Mittel*) an der Talstation, das sehr komfortable Hotel Kapriz (*Luxeriös*) auch in Pistennähe und etwas unterhalb des Skigebietes das wirklich schön gelegen Hotel Dinar Sky (*Mittel*). Ski Saison ist von November bis April. Ski- und Snowboardausrüstung (Fischer, Atomic, etc.) kann gemietet werden.
Im Sommer laden die weiten Wiesen (ohne Kuhglocken), Tannenwälder und der auf ca. 3500m Höhe gelegene alpine **Bergsee Alakôl** zu Touren ein. Die lokalen Infobüros und Reiseveranstalter informieren darüber.
Erreichbarkeit: Folgen Sie zunächst der Ajtmatov Kôčôsù, danach der Masaliev (Fučika) Kôčôsù aus der Stadt heraus. Die Asphaltstraße geht nach wenigen Kilometern in eine teils rauhe Schotterpiste über. Sie ist jedoch Mountainbike tauglich. Einfache Holzbrücken queren den rauschenden Bergbach mehrmals.

Pristan Prževalsk Пристань Пржевальск
Die kleine Siedlung ist die Schiffsanlegestelle (Pristan) von Karakol. Unweit des Sees befindet sich ein kleines Museum (Geöffnet: tägl. 9-17 Uhr) und ein Denkmal, das dem Entdekker Nikolai Michaelovič Prževalsk gewidmet ist. Er erforschte zwischen 1870 und 1885 mit seiner Karawane die Mongolei, Tibet und das Tian Šan Gebirge. Zu seinen Lebzeiten baute er hier ein Haus und wurde auch hier begraben.
Erreichbarkeit: Mit dem Taxi oder Marschrutkas mit Ziel „Pristan Prževalsk"

Žeti Ôgùz Жети Өгүз
Bizarre Formationen aus tiefrotem Sediment haben dieses Tal bekannt gemacht. Die populärste Formation wird **Sieben Ochsen** (Žeti Ôgùz) genannt. Sie besteht aus sieben roten Felsklippen. Auf der gegenüberliegenden Talseite führt ein Weg zu einem Aussichtspunkt von dem man diese Felskliffs sehr gut überblicken kann. Der direkt am kleinen Fluß aufragende Felsblock, ist von der Seeseite her als **gebrochenes Herz** erkennbar. Einheimische erzählen Ihnen gerne die wildesten Legenden dazu. In unmittelbarer Nähe befindet sich auch das Sanatorium Žeti Ôgùz und weitere 4Km durch das enge Tal hinauf öffnet sich eine herrliche, blumenreiche Wiese (Kök Jar). Das Sanatorium oder Jurtencamps im Sommer bieten Unterkunft.

Erreichbarkeit: Ein Bus pro Tag von Karakol bis zum Sanatorium oder mit dem Taxi.

Thermalquellen Ak Suu u. Altyn Arašan
Курорты АкСуу жана Алтын Арашан

Das leicht erreichbare Sanatorium Ak Suu ist zwar keine Schönheit, bietet aber radonhaltige, Thermalquellen im unteren Ak Suu Tal. Besser der Landschaft angepasst sind die Gebäude um die Quellen im mittleren Altyn Arašan Tal. Die eingefassten Pools im Quellgebiet sind umgeben von blumenreichen Wiesen und Föhrenwald. Am fernen Talende ist der markante "Zeltberg" (Pik Palatka, 4260m) zu sehen.
Erreichbarkeit: Von Karakol bis Teploklučenka, dann nach Süden ins Ak Suu Tal. Das Sanatorium Ak Suu ist ca. 5Km vom südl Ortsende Teploklučenkas entfernt (Asphaltstraße). Altyn Arašan ist 16Km vom Ortsende Teploklučenkas entfernt (Erdpiste, teils steil und felsig).

Eṇilček und Kôkšaaltau Gebirge
Эңилчек жана Көкшаалтау Тоосу

Diese Namen stehen für das spektakulärste Hochgebirge der ehemaligen Sowjetunion. Jährlich starten Expeditionen zum berühmten und auch formschönen Gipfel des **Hantengri** (6995/7010m). Ob er ein Siebentausender ist, kommt auf die Messmethode an. Seit 1999 treffen hier, nach einem entsprechenden Abkommen, die Grenzen von Kasachstan, Kirgisistan und China zusammen. Der **Žengis Čoksu** (7439m), von früher noch als Pik Pobedy bekannt, ist noch anspruchsvoller und hat auch schon viele Opfer gefordert.
Nach wie vor rätselhaft ist der periodische **Merzbacher See**, der sich an der Flanke des südl. Eṇilček Gletschers jedes Jahr aufstaut. Zwischen Ende Juli und Anfang August brechen dann ca. 2000 Kubikmeter Wasser durch die Spalten des Gletschers, um nach 16Km am Gletschermund zu Tage zu treten.
Das **kasachische Basislager** wird meist auf der Mittelmoräne zwischen dem südl. Eṇilček und dem Zvezdočka Gletscher aufgeschlagen. Unterhalb des Gipfels des Maxim Gorky direkt am Gletschstrom des südl. Eṇilček liegt das **kirgisische Basislager**. Am nördl. Eṇilček Gletscher unterhalb des Bajankol Gipfels ist ein weiteres Basecamp für Touren in die Nord-flanke des Hantengri verortet. Die Camps werden im Sommer von Helikoptern angeflogen. Diese starten beispielsweise vom Karkara Basecamp auf der kasachischen Seite des Karkara Grenzflußes. Eine Zugangs-Genehmigung ist bei den kirgisischen Behörden in Karakol einzuholen. Auf eigene Faust ist das Gebiet in einem 5-6 Tage Trekking vom Ort Žyrgalan aus erreichbar. Erkundigen Sie sich bei den lokalen Reiseveranstaltern über die Möglichkeiten.

Die Regionen Talas und Žalalabat

Die Region Talas entspricht dem Talastal begrenzt durch die beiden Gebirgszügen Kyrgyz Alatoo im Norden und Talas Alatoo im Süden. Sie ist Heimat von Manas, dem großen Helden und seinem Epos.
Etwas südlicher begrenzt die Region Žalalabat den Nordrand des Fergana Talbeckens. Die Bevölkerung konzentriert sich hier auf die fruchtbaren Täler nahe des Fergana Gebirges und ist stark durchmischt. Es gibt Dörfer mit überwiegend usbekischer oder überwiegend kirgisischer Bevölkerung. Einstmals gab es hier auch eine bedeutende Deutsche Minderheit.

Talas Талас

Sie ist eine der sonnigsten Regionen des Landes und war lange ein beliebter Weidegrund der Bergkirgisen. Als auch dieses Tal von den zaristischen Soldaten Russlands erobert war, entstand hier 1877 eine Garnison. Kleine Holzhäuser, bewohnt von Slawen, gruppierten sich um die Festung. Die Festung gibt es nicht mehr, dafür den bunkerartigen Sitz der Bezirksregierung. Im nördlich davon gelegenen **Park** ist das erste Steingebäude der Stadt, die russische **Kirche** (1920) sowie eine neuzeitliche **Moschee** zu sehen. Der **Basar** ist vom Regierungssitz aus zwei Straßen südlicher zu finden.

Verkehrsverbindungen

Vom Basar fahren **Minibusse** via Ôtmôk Pass nach Biškek (6h) und alle größeren Siedlungen des Tales. Der eigentliche Busbahnhof ist im westl. Teil von Talas an der Straße nach Taraz.

Hotels und Unterkünfte in Talas
Günstig
Gästehaus Kišimžan
Kasym Kajimov Kôčôsù 76, Tel. 3422-52919,

Kirgisistan - Regionen Talas und Žalalabat

nett eingerichtete Gästezimmer bei Hr. Turdubek Ayilčiev. Frau Ayilčieva spricht Deutsch.

Hotel Erlan
Sarygulova/Ecke Berdike Baatyr Kôč., einfache, relativ saubere Zimmer, im Stadtzentrum

Hotel Talant
Berdike Baatyr Kôč., Tel. 3422-56301, einfache Zimmer, im Stadtzentrum

Manas Gedenkstätte Манас Ордо Комплекси

Kaum eine andere Person ist so hoch respektiert und im Nationalbewusstsein der Kirgisen verwurzelt wie Manas. Als lokaler Fürst kämpfte er im 10.Jh. gegen einfallende Ujguren um seine Heimat, das Talas Tal, zu verteidigen. In der Fiktion des immensen epischen Werkes, von Generation zu Generation nur müdlich von Barden (Akyn's) weitergegeben, ist er ein Held mit übermenschlichen Kräften. Es ist zwar nicht erwiesen, ob hier im reich verzierten **Mausoleum** (1334) auch wirklich seine Gebeine liegen, doch es passt so gut in die Legende. Mehr über den historischen Manas wie auch über die Legenden um ihn erfahren Sie im **Museum**. Die mündliche Überlieferung ist den auch heute hochverehrten Manasčy Barden zu verdanken. Eine berühmte Manasčy sind hier dargestellt.

Von einem nahegelegenen Hügel ist die gesamte **Manas Ordu Parkanlage** gut zu überblicken.

Erreichbarkeit: Verlassen Sie Talas auf der Straße Richtung Ôtmôk Pass nach Osten. Beim Örtchen Kemer gibt es die erste Möglichkeit nach Norden den Talas Fluss zu überqueren. Im Ort Taš-Aryk sich an der T-Kreuzung Rechts halten. Etwa 14Km von Talas (Zentrum).

Ak Döbö (früher Orlovka) Ак Дөбө

Kennen Sie **Theodor Herzen**? Den vergessenen deutschen Künstler, der berühmten Werken wie Manas, dem Nibelungenlied oder Djamila ein bildliches Gesicht gegeben hat? Er wuchs hier auf, schuf einzigartige Linolschnitte und wunderschöne Aquarelle. Das kleine Museum im Dorf ist ihm gewidmet. Es heißt Muzeji Gerzen.

Erreichbarkeit: Mit Marschrutka oder Taxi von Talas 25Km nach Westen.

Žalalabat Жалалабат

Auffallend ist hier, dass weit mehr Frauen weiße Kopftücher und weite Kleider tragen als in anderen Landesteilen. Die Bevölkerung der Stadt ist überwiegend kirgisisch mit einer großen usbekischen Minderheit. Auch Žalalabat war Schauplatz der im Juni 2010 ausgebrochenen ethnischen Unruhen.

Östlich der Stadt liegt das Kurzentrum **(Kurort)** von Žalalabat (in Russisch: Žalal-Abad) auf einem Hügel. In Fortsetzung der Lenin Kôčôsù nach Osten führt eine kleine Straße vorbei am **Hippodrom** durch Obstplantagen hinauf zum Eingangstor. Auf dem Gelände gibt es einen **Trinkpavillion** und ein **Sanatorium**. Dort werden Bäder in Heilschlamm oder Mineralwasser, Sauna oder Massagen angeboten.

Verkehrsverbindungen

Der **Busbahnhof** (Avtovokzal) befindet sich im Westen der Stadt an der Lenin Kôčôsù etwa 2 km vom Hotel Môlmôl entfernt. Marschrutkas 10 fahren ihn vom Basar aus an. Mehrere Busse täglich fahren bis Taš-Kômùr und Kerben. Diese fahren alle durch Bazar-Korgon, wo man Minibusse nach Arslanbob finden kann. Marschrutkas nach Oš fahren alle über Ôzgôn (häufig). Kazarman ist mit Geländewagen ab dem Basar erreichbar (gelegentlich).

Hotels und Restaurants in Žalalabat

Mittel

Hotel Roza Park
Baltagula Kôčôsù 183, Tel. 3722-73090, modernes Kleinhotel nahe Eldar Abdivaitov Supermarkt im nördlichen Teil der Stadt.

Weitere Unterkünfte und Services vermittelt das örtliche **CBT Büro**, Togtogul Kôč. 20/3, Tel. 3722-21962, Handy 772-37 66 02 , Frau Ruhsora Abdullaeva

Arslanbob und Kyzyl-Ùṇkùr Арсланбоб жана Кызыл-Үңкүр

Bekannt ist diese Region für seine großen, natürlichen **Walnußwälder** (Jaṇgak Tokoj). Leider weichen die Walnußbäume immer stärker dem Feldanbau. Um die Wälder besonders eindrucksvoll zu erleben, wandert man von der Brücke südl. von Kyzyl-Ùṇkùr (+41°21'20", +73°4'5") etwa 5Km hinauf zur kleinen Siedlung **Dašman** (+41°21'8", +73°0'46") vorbei an gewaltigen **Sandsteinformationen.** Östl. von Arslanbob (+41°20'44", +72°56'13") ist der **kleine Wasserfall** (Kičine Šarkyratma) zu bewundern. Weiter nördlich, vorbei am örtlichen Pionierlager erreicht man am Fuße des 4427m hohen **Babaš-Ata Massiv** den **großen Wasserfall** (Čong Šarkyratma). In dessen Umgebung sind zahlreiche Stoffbänder an Büschen gebunden, die nach lokaler Glaubensart einen Wunsch beinhalten. Orientiert man sich unterhalb des Wasserfalles an der Gabelung nach Westen, erreicht man nach einem steilen Aufstieg den **kubischen Felsen** (+41°22'45", +72°53'39") der von den Einheimischen mit Arstanbap-Ata, dem lokalen Gründungsvater in Verbindung gebracht wird. Der Ausblick von oben ist fantastisch.

Unterkunft finden Sie bei einer großen Auswahl von Gastfamilien, welche Sie im **CBT Büro**, Tel. 773-342476, nahe dem zentralen Platz auswählen können. Die lokale CBT Gruppe ist sehr aktiv und bietet viele Aktivitäten im Gebiet um Arslanbob. Es gibt ein **Univermag Kaufhaus** und einen kleinen **Basar** für Frisches.

Erreichbarkeit: Minibusse fahren mehrmals täglich von und nach Žalalabat mit Umsteigen in Basar Korgon. Der Busbhf. liegt etwas unterhalb des zentralen Platzes von Arslanbob. Auf der Fahrt nach Kyzyl-Ùṇkùr muss man in Oogon-Talaa umsteigen.

Taš-Kômùr   Таш-Көмүр

Die ehemalige Bergwerksstadt (Kohleminen) ist am westlichen Narynufer gelegen. Von hier bieten sich Ausflüge zum Sary Čelek See an. Ein relativ preiswertes Hotel gibt es im Ort.

Erreichbarkeit: Vom örtl. Busbhf. nahe dem stillgelegten Bahnhof verkehren Busse mehrmals täglich Richtung Oš über Žalalabat und Ôzgôn. Per Marschrutka erreichbar ist Kerben (Karavan) über Ak-Žol, Žangi-Žol und Kara-Žygač. Taxis und Marschrutkas auch Richtung Biškek starten nahe der Narynbrücke.

Sary Čelek Naturschutzgebiet und See
Сары Челек Биосфералык Коругу ж. Көл

Dieses wunderschöne Naturschutzgebiet mit mehreren idyllischen Bergsee ist sehr abgelegen, aber die Mühen der Anreise wert. Ausgangspunkt ist die kleine Siedlung Arkit südlich des Sees. Neben dem Gebäude der **Parkverwaltung** (Biro Zapovednikov) gibt es ein kleines **Öko-Museum**. Unterkunft bietet z.B. Hr. Respek Urmaliev in seinem Bauernhof. Theoretisch ist der Sary Čelek streng geschützt. Daher muss man für das Betreten des Parkes eine Gebühr am Eingangsportal am nördl. Ende von Arkit bezahlen. Vom Parkeingang führt ein Fahrweg entlang des Kečkil Tales, der bald in steilen Serpentinen ansteigt. Nach 13Km erreicht man den **Kyla-Kôl See**, umgeben von wilden Obst- und Nußbäumen. Nach wenigen hundert Metern gabelt sich der Weg. Beide Wege führen zu Hütten am Südufer des **Sary Čelek Sees**. Für ein Trinkgeld kann man mit einem Boot auf den See hinausfahren. Östl. des Kyla-Kôl ist ein weiterer kleinerer See. Überquert man die Hügelkette östl. des Sary Čelek trifft man auf den langgestreckten Iri-Kôl, ebenfalls sehr schön gelegen. Etwas anspruchsvoller ist eine Bergtour vom Iri-Kôl über den 2446m hohen **Kuturma oder Këtermë Pass** (+41°52'52", +72°1'2") zum türkisfarbenen Karasuu-Kôl. Nahe dem See gibt es Hütten einer Bienenfarm. Ein Fahrweg führt das Aksuu Tal 30Km hinab bis zum Dorf Aksuu, in dem es ein **CBT Büro** (Hr. Bazarkul Žoošbaev, Handy 770-169164) gibt.

Erreichbarkeit: Arkit hat eine Busverbindung nach Kerben (2,5h) via Kara-Žygač. Von Taš-Kômùr aus kann man in Kara-Žygač den Bus wechseln. Deutlich zeitsparender ist die Anfahrt per Taxi.

Kara-Kôl, Toktogul, Čyčkan Tal
Кара-Көл, Токтогул, Чычкан Өрөөнү

Ein beeindruckendes Erlebnis ist der Besuch des gewaltigen **Toktogul Staudamms** nahe **Kara-Kôl**. Fragen Sie beim **Biro Kaskada** nach. Der 210m hohe Damm wurde in eine schmale Gebirgsspalte gebaut und ist nur durch einen langen Tunnel erreichbar. Ein Wunderwerk massiver Technik. Der Naryn wird im gesamten Verlauf viermal aufgestaut.

In **Toktogul** gibt es Gästezimmer bei Fr. Ilatbue Saratova, Akimhan Kôč. 86 oder im Kaghan Guesthouse von Hr. Azamat Žumašev, Israilov Kôč. 18, Tel. 3747-50443.

Der schwach frequentierte Busbhf. im Westen von Toktogul bietet Verbindungen nach Süden, jedoch kaum freie Sitze in Autos/Minibussen Richtung Biškek. Die genannten Homestays

können ggf. einen Fahrer mit Auto vermitteln. Auch gut geeignet für einen Zwischenstop auf der langen Gebirgsstrecke Oš-Biškek ist das malerische Tal des **Čyčkan Wildbaches**. Das Tal befindet sich südlich der Südrampe des Ala-Bel' Passes.
Unterkünfte: Motel Oson *(Mittel)*, Motel Ak Ilbirs *(Mittel)*, beide Motels stehen direkt an der M41.

Die Regionen Oš und Batken

Von den fruchtbaren Feldern des Ferghana Beckens bis zum weiten, steppenartigen Hochtal des Kyzylsuu im Alaj Gebirge reicht die Region Oš. Damit bietet sie touristisch einige Höhepunkte in Kirgisistan. Wesentlich schwieriger zu bereisen ist die Region Batken. Sie besteht fast nur aus Gebirgszügen und enthält zudem drei usbekische und eine tadschikische Enklave. Für die Fahrt von Oš nach Isfana im Westen der Region Batken durchquert man nach dem Bau von Umgehungsstraßen jedoch nur noch einmal tadschikisches Territorium.

Oš Ош

Obwohl Oš mit seiner 2500 Jahre alten Geschichte zu den ältesten Städten Zentralasiens zählt, sind heute kaum ältere Bauwerke erhalten. Dennoch bietet das interessante Regionalmuseum einen guten Rückblick in die Vergangenheit. Der sagenumwobene Sulajman Berg und der ausgedehnte Žayma Basar sind ebenfalls sehenswert. Oš erscheint heute recht kirgisisch, historisch gesehen ist sie jedoch eine usbekische Stadt.

Geschichte

Bereits im 5.Jh.v.Chr. entstand hier am Rande des Fergana-Beckens nahe dem markanten Bergrücken, heute als Sulajmans Thron bezeichnet, eine Siedlung. Florierend durch den Seidenstraßenhandel, wuchs die Stadt bald über ihre Befestigungsanlagen hinaus, mehrere Vororte entstanden. Eine der bedeutendsten Handelsrouten der Seidenstraße führte hier von Kašgar kommend durch die Stadt. Mit der arabischen Eroberung wurde Oš als Pilgerzentrum bekannt. Laut einer Legende soll hier der Prophet Sulajman (Salomon) gebetet haben, weshalb Bobur, damals Herrscher des Fergana Beckens aus Andijon stammend, eine kleine Moschee errichten ließ.

Mit dem Mongolensturm brach über das heilige Oš das Verderben herein. Doch der anhaltende Handel belebte die Stadt bald wieder. Mehrere starke Erdbeben, zuletzt 1853 erschütterten die Gebäude und ließen so nach und nach die alte Bausubstanz verschwinden.

Mit der sich abzeichnenden Unabhängigkeit 1990 und der damals schwierigen wirtschaftlichen Situation, insbesondere für Kirgisen, bildeten sich nationalistische Gruppen. An der Unterrepäsentanz von Usbeken in öffentlichen Ämtern und strittigen Landverteilungen zugunsten von Kirgisen entbrannte schließlich im Juni 1990 ein blutiger Konflikt mit hunderten Toten.

Trotz einer juristischen Aufarbeitung blieben diese Spannungen bestehen. Im Juni 2010 brach der alte Konflikt wieder auf. Kirgisen attakierten Usbeken, zündeten deren Häuser an. Zehntausende Usbeken flohen über die Grenze nach Usbekistan. Obwohl Usbeken mehrheitlich Opfer waren, wurden von der kirgisischen Justiz mehr Usbeken als Kirgisen verurteilt. Eine internationale Komission kritisierte die kirgisische Regierung nachdrücklich. Nach wie vor werden Usbeken systematisch benachteiligt.

Eine Stadttour durch Oš

Wir beginnen unseren kleinen Rundgang am Fuße des felsigen Berges **Sulajman Too** 🏛 UNESCO, an der **Ravat Abdullahan Moschee**. Ihre Fundamente stammen aus dem 17. Jh., das erhaltene Gebäude ist jedoch vielfach wieder aufgebaut worden. Der schattige Innenhof ist eine Oase der Ruhe.

Um nun das Wahrzeichen von Oš zu erklimmen, geht es zunächst vorbei an Ausgrabungen eines **mittelalterlichen Badehauses**. Wir passieren ein kleines **Portalhäuschen**, von dem der Pilgerpfand hinauf zu einer **Aussichtsplattform** auf dem Berg führt. Von hier oben hat man einen fantastischen Blick über die ganze Stadt und bei guter Sicht weit ins Ferghana Becken und die umgebenden Bergketten. Unmittelbar hinter der Aussichtsplattform steht ein kleiner Kuppelbau mit einem schlichten Eingangsportal. Die heute als **Babur's Haus** bezeichnete kleine Moschee hat eine bewegte Geschichte hinter sich. Nach der Errichtung um das Jahr 1500 entwickelte es sich bald zum

Kirgisistan - Stadtplan Oš

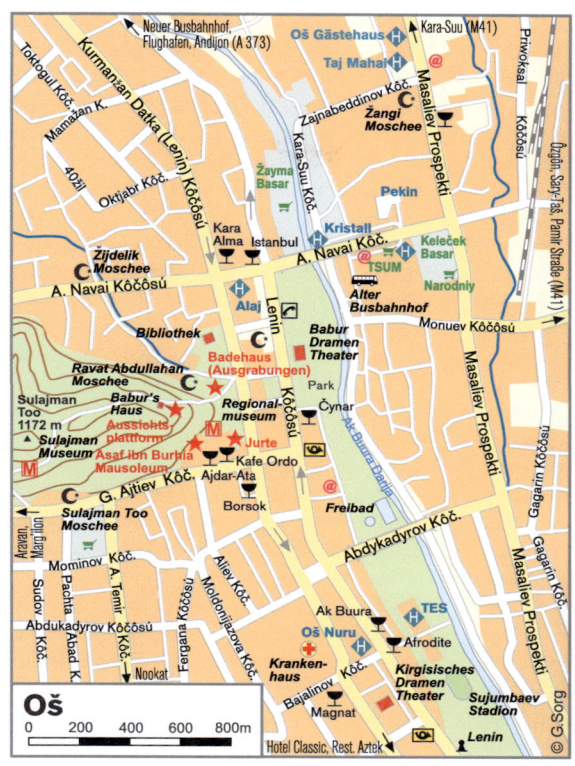

Großer Wasserfall von Arslanbob

Staumauer der Toktogul Stausees

Karahanidische Mausoleumsanlage in Ôzgôn

Das Wahrzeichen der Stadt Oš ist der Berg Sulajman Too

Pilgerziel vieler Gläubiger. Als 1853 ein starkes Erdbeben Oš erschütterte, wurde das dabei zerstörte Gebäude wieder aufgebaut. Bei einer dubiosen Aktion in den 1960er Jahren, die dem KGB zugeschrieben wird, wurde das kleine Häuschen brutal gesprengt. Den Moskauer Atheisten war der Pilgerstrom ein Dorn im Auge. Erst nach der Unabhängigkeit von Russland konnte der Status Quo wieder hergestellt werden.

Ein Fußpfad führt am Bergrücken entlang zum **Sulajman Museum** (Sulajman Too Muzeyi) unter dem Gipfel des Berges. Auch hier bewiesen die Sowjets wenig Fingerspitzengefühl, als diese ein Loch in den heiligen Berg sprengten, um dort ein Museum einzurichten. Wieder am Fuß des Berges angelangt, erreichen wir nach wenigen Metern die **Sulajman Too Moschee** mit ihren vier Minaretten. Sie wurde 2012, genau zwei Jahre nach den Unruhen in der Region eröffnet. Bei der Eröffnung appellierte der kirgisische Präsident an die Einheit der Muslime.

Entlang der Gapar Ajtiev Kôčôsù erreichen wir bald das **Regionalmuseum** (Oš Oblasty Muzeyi) Die sehenswerte Ausstellung zeigt Funde der Stadt und Umgebung sowie Ethnographisches von Süd-Kirgisistan. Vor dem Museum sieht man den Nachbau einer **dreistöckige Jurte** eines adligen Kirgisen. Hinter dem Museum ist das neu restaurierte **Asaf ibn Burhia Mausoleum** (17.Jh.) mit feinem Ornamentschmuck zu sehen. Geöffnet: Mo-Fr 9-12:00, 13-18 Uhr.

Etwas weiter nördlich zieht sich der **Žayma Bazar** entlang des Ak-Buura Flüßchens. Bei den Unruhen 2010 brannten viele (usbekische) Teehäuser und Läden aus. Diese wurden größtenteils wieder aufgebaut.

Verkehrsverbindungen

Vom **Flughafen**, etwa 9 km nördlich der Stadtmitte, gibt es Flüge nach Biškek (mehrere tägl.), Moskau und weiteren Städten Russlands mit Air Kyrgyzstan bzw. Bishkek Air. Zum Flughafen kommt man mit Marschrutka 7 oder 2.

Vom **alten Busbahnhof** (Eski Avtobeketi) gibt es Minibusse nach Kara-Suu (25min), Ôzgôn (50min) und Žalalabat (1h45min). Richtung Westen gibt es Verbindungen nach Aravan (30min), Kyzyl-Kija (2h) und Batken (7h, Hinweis: Fragen Sie den Fahrer, ob er usbekisches Territorium umfährt "Tscherez Objesd Territorij Usbekistana"). Nach Süden fahren Minibusse über Sary-Taš (5h) und Sary-Mogol (6h) bis Daroot-Korgon (7,5h). Es ist wesentlich einfacher in Oš ein Taxi nach Murġob (ca. 400Km) zu organisieren, als in Sary-Taš.

Folgt man der Lenin Kôčôsù Richtung Grenzübergang "Dostuk" bis zum Kreisverkehr, so findet man dort den **neuen Busbahnhof** (Žangi Avtobeketi). Von hier aus starten Busse Mo, Mi, So nach Kashgar (China, 500Km, ca. 24h) über Irkeštam. Vereinzelt suchen PKW-Sammeltaxen Passagieren für die Strecke nach Biškek (10h).

Usbekistan
Vom neuen Busbhf. bis zum Grenzübergang "Dostyk" nach Usbekistan sind es 1,5Km. Sie erreichen ihn mit den Marschrutka 36,37,38. Kirgisische Fahrzeuge können die Grenze nach Usbekistan nicht passieren.

Pamirstraße M41 / Tadschikistan
Die GBAO Genehmigung sollte bereits bei der Visabeantragung eingestempelt werden. Wechseln Sie im Žayma Basar in Oš ausreichend tadschikische Somoni. Erst in Murġob gibt es wieder eine Bank. An den Grenzposten nahe dem Kyzyl Art Paß wird alles mit Suchhunden geprüft. Achten Sie also immer auf Ihr Gepäck.

Oš von A bis Z

Autovermietung
Muztoo GmbH
Jumabaev Kôčôsù, Tel. 556/02 36 21, Hr. Patrik Zimmermann; Toyota Landcruiser, Toyota RAV 4, Toyota Hi-Lux Pickup, Motorräder

Buchhandlungen
Kitapler Magazin, Kurmanžan Datka Kôčôsù, Ecke Gapar Ajtiev Kôčôsù
Kitapler jana Kanzelari, Lenin Kôč., nördlich des kirgisischen Theaters

Einkaufen
Žayma Basar
täglich, am größten Sonntagmorgens, auch schöne, preiswerte Souvenirs
Kelečak Basar u. Pekin Handelszentrum
Navai Kôč., Ecke Masaliev Kôč., tägl., hauptsächlich Kleidung aus China

Narodni Kaufhaus, Masaliev Kôčôsù
TSUM, Navai Kôčôsù

Geldwechsel
Wechselstuben auf dem Žayma Basar, fragen Sie nach "Obmen Valuty".
Gosbank, Kurmanžan Datka Kôčôsù, gegenüber dem kirgisischen Theater

Hotels und Unterkünfte
Luxeriös
Hotel Classic
Aliev Kôč. 143, Tel. 777888, jüngstes Hotel der Stadt, gehobenes Niveau, sechs Etagen
Hotel Silk Way
Avicenna Kôč. 10, Tel. 82527, modern eingerichete Zimmer, etwas abgelegen, Parkplatz
Mittel
Hotel Taj Mahal
Zajnabetinov Kôč., Tel. 39652, fließend Warmwasser und nette Zimmer, ruhige und dennoch zentrale Lage nahe Basar
Hotel Pekin
Navai Kôč. 11a, chinesisches Hotel, englisch sprachiges Personal, zentral gelegen
Günstig
TES Gästehaus
Say Boyu Kôč. 5, nahe Stadion, Tel. 21548, schön eingerichtet, Küche, ruhige Lage
Oš Gästehaus
Kyrgyzstan Kôč. 8, Wohnung 48, hinter Magazin Aeropag, Tel. 30629, Backpacker Hostel, sehr einfach, aber viele Infos von Reisenden
Hotel Osh-Nuru
Bayalinov Kôč. 1, Ecke Lenin Kôč., Tel. 75614, saubere, billige Zimmer in diesem Klassiker, wurde etwas aufgehübscht, Außenpool

Internet und E-Mail
Navoi Kôčôsù, neben CBT Büro
Kyrgyzstan Kôč., Ecke Zajnabetdinov Kôč.

Krankenhäuser
Städtisches Krankenhaus
Kurmanžan Datka Kôč., nahe Bajalinov Kôč.

Kulturleben
Kirgisisches Dramen Theater
Lenin Kôč., gegenüber dem Stadion, kirgisische Tänze und Theaterstücke,
Babur Dramen Theater
Lenin Kôčôsù südlich dem Telekom Gebäude, nationale Folklore

Post
Hauptpostamt
Lenin Kôčôsù 320, Geöffnet: 8:30-12:20 u. 13:30-17:30 Uhr
DHL
Masaliev Kôčôsù 88, Geöffnet: Mo-Fr 8-18 Uhr, Sa 10-15 Uhr

Restaurants (Auswahl)
Restaurant Aztek
Kurmanžan Datka Kôč. 92, Tel. 557-500100, mexikanisch und internationale Küche
Restaurant Afrodite
Lenin Köčösu nahe Stadion, Tel. 502-743577, griechische und europäische Küche
Café Istanbul
A. Navai Kôč., gegenüber Hotel Alaj, türkisches Café und Konditorei
Restaurant Izyum
Lenin Kôč. 214, Mischung aus Resto und Bar, teils laute Musik, gemischte Eindrücke
Fast Food Borsok
Kurmanžan Datka Kôč. 211, Schnellrestaurant in einem jurtenartigen Rundgebäude

Im Žayma Basar sind mehrere einfache Kantinen (Ašhana) mit landestypischen und ujgurischen Gerichten zu finden.

Telefon & Fax
Lenin Kôč.321, im niedrigeren Anbau

Reiseagenturen in Oš
Munduz Tourist Osh
Muztoo

Touristeninformation
CBT Alaj (Region zwischen Oš und Sary Taš)
Kurmanžan Datka Kôč. 280, Hotel Alaj, 2.OG, Tel. 20278, Hr. Talant Toksonbaev
CBT Oš
Alibastrova Kôč. , Sulajman Museum, Tel. 772-574940, Fr. Ainura Tajibaeva

Vorwahl von Oš
3222

Übersetzer
Fremdsprachenfakultät der Universität, Kumanžan Datka Kôčôsù, südl. G.Ajtiev Kôč.

Ôzgôn Өзгөн

Eine der bedeutenden Siedlung der Karachaniden war Ôzgôn (russ.: Uzgen) am Rande des Fergana Beckens. Zeugnisse dieser Epoche sind die Reste der einst prachtvollen Zitadelle. Heute im Stadtpark, hoch über einem Abhang an der Lenin Kôčôsù ist ein kleines **Minarett** (12. Jh.) zu sehen. Die feinen Ornamente des einst 44m hohen Turmes ähneln dem Kalon Minarett in Buxoro aus der gleichen Zeit. Die Laterne wurde erst 1923 aufgesetzt, nachdem ein Erdbeben im 17Jh. den oberen Teil zum Einsturz brachte. Gleich daneben ist ein **Mausoleumskomplex** zu sehen. Das aus drei Teilen bestehende Gebäude zeichnet sich besonders durch die feine Keramikornamente der Fassade aus. Obwohl als ein geschlossener Komplex erscheinend, wurde das Mausoleum in drei Schritten errichtet. Zunächst der große mittlere Kuppelbau 1012 für den frühen Karachaniden Herrscher Nasr ibn Ali, um 1152 dann das Linke für Jalal ad Din al Husein und zuletzt der rechte Anbau etwa 34 Jahre später für einen nicht identifizierten Herrscher.

Vom Busbahnhof ist das Ensemble (Makbaralar) ein etwa 5 minütiger Fußweg nach Osten entlang der Hauptstraße.

Erreichbarkeit: Stündlich verkehren zahlreiche Minibusse zwischen Žalalabat, Ôzgôn und Oš.

Sary Taš Сары Таш

Hier treffen vier wichtige Gebirgsstrecken aufeinander. Nach Norden hat das im Kyzyl-Suu Tal gelegene Sary Taš mit der M41 eine landschaftlich sehr schöne Verbindung nach Oš über den 3615m hohen Taldyk Pass. Nach Süden führt die M41 zum Kyzyl Art Pass (4280m), der Grenze zu Tadschikistan und zum Pamir Highway. Nach Westen erreicht man auf schlechtem Asphalt (A372) Sary Mogol und Kaška Suu. Im Osten führt die A371, mittlerweile in gutem Zustand, zum wichtigen Grenzübergang Èrkečtam nach China nahe dem Dorf Nura. Trotz der Verkehrsbedeutung ist die Infrastruktur von Sary Taš sehr dürftig. Es gibt nur ein privates Gästehaus und eine Tankstelle, zudem einen Shop/Imbiss im Dorf.

Erreichbarkeit: Keine öffentlichen Verkehrsmittel Richtung Murġob oder Nura/Èrkečtam. Es ist sehr schwierig ein Fahrzeug mit Fahrer für diese Ziele hier zu finden. Minibusse/Busse verkehren unregelmässig nach Oš und Daroot Korgon.

Èrkečtam Эркечтам

Die gute Asphaltstraße führt zunächst entlang dem Oberlauf des Kyzyl-Suu und passiert den kaum bemerkbaren Tôô-Morun Pass auf einer Höhe von 3536m. Nach überqueren der Kôk-Suu Brücke erreicht man nach einem weiteren Bergkamm den Ort Nura. Hier keine Versorgungsmöglichkeiten. Nach 5Km erreicht man die kirgisische Grenzstation Èrkečtam (russ.: Irkeštam). Sie ist umgeben von alten Bauwagen in denen es diverse Dienstleistungen gibt. Nach weiteren 2,5Km kommt ein weiterer kirgisischer Kontrollposten, ein Militärlager und die Umrisse Kirgisistans an einem Berghang. 200m weiter überquert man die Grenze. Es folgt das chinesische Grenztor mit Kontrollen und die Umrisse Chinas an einem Berghang. Nach weiteren 4Km erreicht man schließlich den chinesischen Grenzposten Simuhana mit einem Uhrturm (Peking Zeit).

Die Öffnungszeiten der kirgisischen Grenzkontrolle: 9:00-12:00 Uhr. Der chinesische Grenzposten arbeitet von 11-13, von 14-16 und von 18-20 Uhr. Alle Zeitangaben in kirgisischer Zeit. Die Chinesen arbeiten nach Peking Zeit, also kirgisische Zeit -2h. Die Grenze ist geschlossen an kirgisischen, chinesischen, christlichen und muslimischen Feiertagen. Sofern es der Schnee zulässt, kann die Grenze ganzjährig genutzt werden. Die Weiterreise Richtung Kaschgar kann selbst organisiert werden, sie muss also nicht vorher gebucht sein. Spezielle Grenzpermits sind nicht erforderlich.

Sary Mogol Сары Могол

Das örtliche CBT Büro (Abdilla Taschbekov, Tel. 773-505939) nahe der Moschee in Sary Mogol bietet Touren in die Umgebung sowie einfachste Übernachtungsmöglichkeiten an. Ziele im Norden sind die baumlosen Hochweiden Kaltatôr und Darbazataš sowie der 4185m hohe Džiptyk Pass. Richtung Süden sind Touren zum Tulpar Kôl See mit sehr guten Ausblicken zum nahen Kuh-i Garmo/Pik Lenin möglich. Die Fahrt mit einem Allradfahrzeug dauert ca. 4h bis zum See, an dem im Sommer Jurten aufgebaut sind. Die Tour zum Basislager ist abhängig vom Wasserstand des Ačiktaš Flusses und führt daher ggf. auch über das Dorf Kaška Suu.

Batken Баткен

Diese Kleinstadt ist erst 1999 zum Gebietszentrum erhoben worden. Bekannt wurde Batken durch Aktivitäten der Islamischen Bewegung Usbekistans (IMU). Mittlereweile hat sich die Sicherheitslage jedoch wieder stabilisiert. Auch wenn Batken selbst nicht sonderlich attraktiv ist, gelten die Gipfel, Gletscher und Gebirgspässe des **Alaj Gebirges** bei Bergsteigern als besondere Herausforderung. Das örtliche CBT Büro wurde zwar wieder geschlossen, die Privatfirma Batken Travel Service, Hr. Žunusbek Karazakov, Tel. 772-776691 übernimmt diese Aufgabe aber sehr gut. Bei russischen Bergsteigern besonders beliebt sind die vom **Karavšin Tal** ausgehenden Täler Karasuu und Aksuu. Die Basecamps Karavšin und Asan-Usen sind Ausgangsbasis zu den Gipfeln der **Turkestan Kette** (Turkestan Kyrka Toosu), welche auch als das Patagonien Asiens bezeichnet wird.

Verkehrsverbindungen

Die direkte Straße von Oš über Eski-Nookat, Kyzyl-Kyja, Kadamžaj nach Batken führt zweimal durch usbekisches Gebiet (bei Vuadil und durch die Exklave Sox). Es gibt jedoch Umgehungsstraßen die teils Piste, teils bereits asphaltiert sind und Usbekistan umgehen. Fragen Sie vor der Abfahrt, ob die Umgehungsstraßen befahren werden: "Tscherez Objesd Territorij Usbekistana". Die Strecke von Batken nach Isfana und Sùlùktù führt nur durch tadschikisches Territorium. Hier gibt es auch keine Umgehungsstrecke. Der Busbhf. in Batken ist südlich gegenüber dem Basar.

Hotels und Unterkünfte in Batken
Gästehaus Altyn-Bešik
Fajgullaeva Kôč. 76, Tel. 3622-51616, durch USAID unterstützt, Zimmer teils mit Aircon, Lage: +40°02'17", +70°49'49"
Hotel Altyn-Ordo
Sabyrbekov Kôč. 14, Tel. 3622-60722, durch USAID unterstützt, Zimmer teils mit Bad, Lage: +40°03'35", +70°49'23", wenn belegt: Gästehaus Soltanat gleich gegenüber

Gebirgsstrecken in Kirgisistan

Biškek - Toktogul - Oš
Zustand: durchgehend guter Asphalt. Ganzjährig befahrbar. Im Winter häufig Lawinen.
Verkehrsmittel: die gesamte Strecke mit Sammeltaxis, es ist schwierig eine Übernachtung einzulegen, da der Verkehr insgesamt spärlich ist.

Biškek - Naryn - Torugart Paß
Zustand: bis Balykčy gut, bis Naryn mäßig bis schlecht, danach Schotter, ganzjährig befahrbar.
Verkehrsmittel: Busse bis Naryn, Marschrutkas bis At Bašy, danach nur noch per LKW oder individuell mit dem Taxi.

Kočkor - Čaek - Suusamyr
Zustand: gute Piste auch im Winter offen.
Verkehrsmittel: Busse bis Čaek, von dort nur individuell per Taxi.

Barskoon - Kara Saj - Ak Šyjrak
Zustand: Schotter in wechselnder Qualität. Nur im Sommer mit 4WD befahrbar. Zugangs-Genehmigung notwendig. (Keine Verbindung nach Éņilček !)
Verkehrsmittel: nur per gemietetem Taxi. Wenig Verkehr.

Ala Buka - Kanyš Kyja - Kyzyl Adyr
Zustand: durchgehend schlecht, nur mit 4WD Fahrzeugen, sehr wenig Verkehr. Gelegentlich Erdrutsche. Nur im Spätsommer befahrbar.
Verkehrsmittel: bis Kanyš Kyja mit Marschrutkas, danach nur individuell per Taxi.

Naryn - Kazarman - Žalalabat
Zustand: bis Kazarman schlecht, danach meist schlechte Erdstraße. Nur im Sommer befahrb..
Verkehrsmittel: Bis Kazarman Busse und Marschrutkas, danach nur individuell per Taxi.

Oš - Sary Taš - Irkeštam
Zustand: guter bis mäßiger Asphalt. Ganzjährig befahrbar, hauptsächlich LKW Verkehr.
Verkehrsmittel: Minibusse bis Sary Taš, Fernbusse über Irkeštam bis Kaschgar, oder individuell per Taxi.

Karakol - Enilček - Maida Adyr Base Camp
Zustand: bis zum Flußtal des Saryžaz schlechter Asphalt, dann Schotter über den Čou Ašuu Paß und später wieder guter Asphalt bis Enilček. Von dort 30km Schotterpiste schnell schlechter werdend bis Maida Adyr.
Verkehrsmittel: Nur individuell per Taxi.

Reiseziele in Südost-Kasachstan

Die Region Almaty

Žetisu, das Land der sieben Ströme. Das vielbesungene Land zwischen dem Balkaš See und den Gipfeln des Ile Alatau ist dank seines Wasserreichtums schon lange als Siedlungsgebiet geschätzt. Es ist sicherlich eine der schönsten Regionen Kasachstans, mit zahlreichen Naturschönheiten verschiedenster Art.

Almaty Алматы

Almaty ist eine faszinierende Großstadt, geprägt vom mondänen Lifestyle und einer einzigartigen Lage. Unmittelbar hinter der grünen Stadt erheben sich die mit weißen Kappen gekrönten Gipfel des Ile Alatau Gebirges mit seinen bis zu 5000m hohen Bergen.
Wer aus anderen Großstädten Zentralasien nach Almaty anreist, wird schnell feststellen, dass diese Stadt einen anderen Rhythmus lebt. Vieles ist hier sehr europäisch, und dennoch ist es eine asiatische Metropole. Da die Almatyer nie so sehr den Traditionen ihres Landes verhaftet waren, übernahmen sie schnell Fremdes, freundeten sich mit westlicher Mode und Hightech an. So muß man schon großes Glück haben, einen Kasachen mit einer traditionellen Kopfbedeckung zu erblicken. Die Stadt der Äpfel, wie Ihr Name es besagt ist eine wirklich besuchenswerte Stadt und ihre Umgebung ist es erst recht.

Geschichte

Almaty gab es bereits zur Blütezeit der Seidenstraße, allerdings nur als eine unbedeutende kleine Siedlung mit dem Namen Almaly. Selbst Almaly war keine kasachische Gründung, denn die Kasachen lebten bis in das 20. Jh. hinein, als umherziehende Nomadenstämme. Wenn Städte auf ihrem Territorium entstanden, dann waren es fremde Völker, welche diese errichteten. So wurde 1854 an der selben Stelle, an der einst Almaly entstand im Zuge der Kolonialisierung Zentralasiens eine Festung errichtet. Es war der russische Vorposten Vernyj, der die unsichere Südgrenze des Zarenreichs sichern sollte. Innerhalb weniger Jahre entwickelte sich eine schachbrettartig angelegte Garnisonsstadt die auch zu einem wichtigen Handelszentrum wurde. Bereits 1887 und nochmal 1911 wurde die Stadt von heftigen Erdbeben stark beschädigt, aber eben immer wieder neu aufgebaut. Vernyj war lange Zeit die Operationsbasis für Feldzüge der zaristischen Armeen, auf der Suche nach einer endgültigen Südgrenze Russlands.

Als die Stadt, nun bereits in Alma-Ata umbenannt, 1929 das weiter westlich gelegene Kyzylorda als Hauptstadt der kasachischen Sowjetrepublik ablöst, zählt sie bereits rund 50.000 Einwohner. Mit der ‚Turksib', dem Eisenbahnstrang von Sibirien kommend, setzt ein starker wirtschaftlicher Aufschwung ein. Wie auch in Biškek wurde hier während des 2.Weltkriegs viel Industrie aus Russland ausgelagert.

Dass Almaty ein von Naturkatastrophen extrem gefährdeter Ort ist, zeigt eine gewaltige Schlammlawine, die sich 1963 durch das Almatinka Tal auf die Stadt zu wälzte. Ein Damm hielt die Lawine zurück.

Gewiss hat der kasachische Nationalismus nie eine große Rolle im politischen Leben der Stadtbewohner gespielt, als jedoch ein beliebter kasachischer Spitzenpolitiker ohne erfindlichen Grund durch einen Russischen ersetzt werden sollte, kam es 1986 zu mehrtägigen Krawallen mit vielen Todesopfern. Auch das Aufbegehren der Bevölkerung gegen weitere Atomtests im kasachischen Semey (ehemals Semipalatinsk) zeigte das starke Selbstbewusstsein, welches schließlich auch zur Einstellung der Tests führte.

Der 21. Dezember 1991 wurde zu einem der bedeutendsten Ereignisse in der Stadtgeschichte. Die Präsidenten fast aller Sowjetrepubliken gründeten an diesem Tag in Almaty die Gemeinschaft Unabhängiger Staaten (GUS) und besiegelten damit das Ende der Sowjetunion. Gorbatschows Versuche, die Union zu reformieren waren damit endgültig gescheitert. Das im gleichen Jahr in Almaty umbenannte Alma Ata wurde damit Hauptstadt und Regierungssitz der Republik Kasachstan. Nach einem Vorschlag von Kasachstans Präsidenten Nursultan Nasarbajev wurde der Regierungssitz 1997 ins nordkasachische Astana (ex-Akmola, ex-Zelinograd) verlegt. Als politisches Zeichen vor allem in Richtung Moskau war dieser bei den Kasachen eher unbeliebte Schachzug

Südost-Kasachstan - Stadtplan Almaty

Die Flaniermeile der Almatier ist die Žibek Žoly Daṅgyly

Das Musikinstrumenten Museum

gedacht. Almaty hat dadurch jedoch nicht an Attraktivität verloren und bleibt auch weiterhin Sitz des Präsidenten.

Eine Stadttour durch Almaty

Wir beginnen unseren Rundgang auf dem, **Platz der Republik** (Respublikasy Alangy). Von hier haben Sie vor allem am frühen Morgen einen herrlichen Blick auf die Berge.

Das **Unabhängigkeitsdenkmal** (Täuelsizdik Eskertkiši) des bekannten kasachischen Architekten Šot Valichanov ist gekrönt von einem Saken Fürst, einen Jagdfalken in der Hand haltend und auf einem geflügelten Leoparden stehend. Als Vorbild für die Figur diente der **Goldene Mann** (Altyn Adam), den man ca. 50Km östl. von Almaty in einem Hügelgrab fand. Blickt man zu den Bergen, beherrscht die Fassade des **Rathauses** (Akimat) die Szenerie. Die "Iglu-Siedlung" davor, ist ein unterirdisches Einkaufszentrum.

Nach Westen wird der Platz begrenzt durch die **Želtoķsan** Kôsesi, auf der ein **Denkmal** an die Opfer der Unruhen im Dezember (kasach.: Želtoķsan) 1986 erinnert.

Folgt man den westlich des Rathaus befindlichen Wasserspielen bergwärts, erreicht man den schönen **Skulpturenpark** mit dem tempelartigen Gebäude des Präsidentenfonds. Gegenüber sehen Sie ein regelrechtes "Glasgebirge", das Nurly-Tau Geschäftszentrum. Wir folgen der Gandi Kôsesi nach Osten und gehen die Furmanov Daŋġyly abwärts bis zum **Präsidentenpalast**, erbaut 1995, links und dem **Zentralen Staatsmuseum von Kasachstan** (Ķazaķstan Memlekettik Ortalyķ Muzeji) gegenüber. Das Haus bietet einen hervorragenden Überblick von Kasachstan, beginnend im Altertum bis heute. Geschichtliches der Frühzeit sehen Sie im Erdgeschoß, darüber wird die Kolonialisierung des Landes, die Sowjetära und schließlich die Zeit nach der Unabhängigkeit dargestellt. Herausragende Stücke der Ausstellung sind die Jurte mit ihrer reichen Ausstattung und ein Diorama des Weltraumbahnhofs Bajķoŋyr.

Nach diesem Museumsbesuch folgen wir der Furmanov Daŋġyly weiter bergab, vorbei am **französischen Haus** mit dem unübersehbaren **Eifelturm** davor.

Die breite Abaj Daŋġyly führt uns nach Osten zum **Palast der Republik** (Dvorez Respubliki), in dem immer wieder Konzerte und Festivals stattfinden. Rechts daneben die Talstation der **Kôktôbe Seilbahn** (Kôktôbe Arķandy Žol). Sie führt hinauf zum **Vergnügungspark** auf dem **Kôktôbe Berg**. Hier oben gibt es eine Kletterwand, den Apfelbrunnen, eine Sommerrodelbahn, einen Souvenirladen, eine Beatles Plastik, das Restaurant "Jurta", aber auch einen Imbiss und ein Café, den unübersehbaren Fernsehturm, eine Kunstgallerie, einen Kinderspielplatz, einen Minizoo, Toiletten und natürlich einen fantastischen Panoramablick auf die Stadt und Berge. Alternativ zur Seilbahn fahren alle paar Minuten auch Minibusse (Nr. 99,95) den Berg hinauf.

Nachdem wir wieder die Talstation erreicht haben, gehen wir vorbei am **Abaj Denkmal** und überqueren die Dostyķ Daŋġyly um an der Ecke zur Abaj Daŋġyly das **Geologische Museum** (Geologia Muzeji) im Untergeschoß zu besuchen. Anfüllt mit Mineralien, einem Bergwerksschacht und einer Karte, auf der die Bergschätze des Landes aufleuchten.

Nun folgen wir der Dostyķ Daŋġyly einen Block weiter, vorbei am Turm des Hotels Kasachstan, biegen in die Ķurmanġazy Kôsesi, und bei der nächsten Kreuzung wieder bergabwärts in die Puškin Kôsesi bis zum großen **Brunnen der Sternzeichen** (Zodiak Bůrķaķ) neben dem Gebäudekomplex der **Akademie der Wissenschaften** (Gylym Akademijasy).

Es geht weiter den Berg hinab, zunächst durch die Parkanlagen gegenüber der Akademie, dann entlang der verkehrsberuhigten Yälihanov Kôsesi, folgen dann der Ķabanbaj Batyr Kôs. nach Westen bis zum **Literatur Museum** (Ädebiet Muzeji) einem blauen Eckgebäude mit weißen Säulen. Hier erfahren Sie alles über kasachische Literatur und Buchkunst, natürlich auch über die Bücher des Präsidenten.

Es geht weiter auf der Ķabanbaj Batyr Kôs. nach Westen, vorbei an Zuckerbäcker Architektur der Stalin-Ära zum prächtigen **Abaj Theater** (Abaj Akademijalyķ Opera žäne Balet Teatry), erbaut 1934 und bekannt für seine exzellenten Aufführungen klassischer wie moderne Stücke. Am Hotel Almaty biegen wir in die ruhige Bäjsejitova Kôsesi bis wir auf den **Astana Platz** (Astana Alangy) mit dem Denkmal für die beiden **Soldatinnen Älija und Mänšuk**, zwei selten hoch dekorierte Heldinnen des Vaterländischen Krieges. Wir blicken nun direkt auf die Säulenkollonade des **ehemaligen Parlamentes**, in dem heute eine Technische Universität untergebracht ist. Wir umgehen das Gebäude, vorbei an großen Wasserfontänen, durchqueren einen weiteren Park um nun auf das graue U der Nationalbank zu stoßen. Westlich davon, an der Ecke zur Abylaj Han Daṇġyly steht das **alte Rathaus** mit seinem Rundturm. Zwei Häuserblöcke nördlich beginnt die **Fußgängerzone "Arbat"** mit Kleinkunst, Gemälden und dem Restaurant Tirol, in dem es deutsche Küche und Bier zu geniessen gibt. Die Flaniermeile hat wegen der viel moderneren Einkaufsstempel an Bedeutung verloren und sieht auch schon etwas betagt aus. Die Fußgängerzone setzt sich nach Osten in einer langen **Einkaufspassage** (Passaž, ehemals Silkway) fort, die man vor allem bei Regen zu schätzen weiß. Am Ende der Passage folgen wir der Žibek Žoly Daṇġyly weiter nach Osten, zum ehemaligen **Stoffhandelshaus** (Mata Üji) an der Ecke zur Valihan Kôšesi. Im Gründerzeitstil (1912) erbaut, ist es eines der ältesten Gebäude der Stadt. Sie erkennen es an seinem blauen Dach.

Nun geht es weiter bis zum **Grünen Basar** (Kôk Bazar). Hier gibt es die kasachische Delikatesse Kazy, eine fettige Pferdewurst, die auch oft zum Kochen verwendet wird.

Folgen wir nun der Puškin Kôš. etwas bergauf, sehen wir bereits die bunte Kuppel der **Zenkov Kathedrale** (Cerkov' Zenkov). Sie stammt aus dem Jahre 1904 und wurde von Andrej Zenkov entworfen. Mit ihren 53m hat sie bereits einige Erdbeben, aber auch die Entwidmung durch die Sowjets, überstanden. Im Innern kommt die prunkvolle Ikonostase sehr schön zur Geltung.

Unmittelbar daneben ist die **Residenz des kasachischen Patriarchen** mit einer bunten Kuppel. Westlich an den Park angrenzend befindet sich das **Arasan Badehaus** (Arasan Monša). Dieser architektonische Leckerbissen ist zeitlos modern, besticht aber auch mit seinem leicht orientalischen Flair. Sie haben die Auswahl zwischen dem finnischen, dem russischen und dem türkischen Bad. Bei einer zwanzig minütigen Massage werden Ihnen sämtliche Verspannungen wegmassiert und Sie fühlen sich wie eine neuer Mensch.

Nur wenige Meter östlich der Kathedrale beeindruckt das **Kriegerdenkmal** (Soġys Eskertiš), welches in seinen Umrissen die Sowjetunion darstellt und durch den hervorspringenden Soldaten sehr eindrücklich wirkt. Die Beschriftung darunter lautet: "Russland ist groß, doch es gibt kein Zurückweichen, denn Moskau ist hinter uns". Die roten Zinnen hinter der Plastik symbolisieren denn auch die Mauern des Moskauer Kreml. Benannt ist der Park nach General Ivan Panfilov, der im 2.Weltkrieg mit nur 28 Männern eine aussichtslose Schlacht gegen 50 deutsche Panzer gewann.

Einen ganz anderen Eindruck vermittelt die Gruppe von **drei jungen Soldaten**, die an die Opfer des Afghanistan Krieges erinnern soll. Im Schatten des protzigen Offizierspalastes steht das Holzgebäude des **Musikinstrumenten Museums** (Halyḳ Muzykalyḳ Aparatary Muzeji). Ebenfalls ein Entwurf Zenkovs, war es ursprünglich eine Offiziersmesse. Heute beherbergt es den musikalischen Schatz des Landes. Hier taucht man ein in die einzigartige Klangwelt der lokalen Saiteninstrumente wie Dombyra oder Ḳobyz.

Folgt man nun entlang der Gogol Kôšesi nach Osten, trifft man auf das Eingangsportal zum großen **Vergnügungspark** (Ortalyḳ Demalys Parki), auch als Gorkij Park bekannt. Neben weitläufigen, gepflegten Anlagen ist hier ein großer See mit Ruderbootverleih, ein Aquapark mit diversen Rutschen, Karusells und im Süden ein Mini-Eisenbahn, mit der man eine Runde durch lauschiges Grün drehen kann, anzutreffen. Im Osten schließt sich der städtische **Zoo** (Hajuanattar Baġy) an.

Weitere Sehenswürdigkeiten

Im ältesten Teil von Almaty, Malaja Stanica genannt, sind auch heute noch einige alte **Holzhäuser** zu sehen. Sie scharen sich um die **Kazaner Kathedrale** (Cerkov' Kazanskoj Bogomateri). Gegründet wurde die Kosakensiedlung 1861. Die damalige **Festung Verny** ist jedoch nur noch eines Ansammlung von Erdwällen.

Erreichbarkeit: Vom Bahnhof Almaty 2 oder vom Busbhf. Sajahat fahren Minibusse Richtung Atyrau Mikrorajon. Nennen Sie als Fahrziel "Cerkov' Kazanskoj Bogomateri".

Die größte Kunstsammlung des Landes, das **Kasteev Kunstmuseum** (Memlekettik Ķasteev Atyndaģy Ôner Muzeji) in der Nähe des Zentralstadions zeigt heute auch Werke von Künstlern, die während der Sowjetunion im Untergrund arbeiteten, da sie der Moskauer Führung nicht genehm waren. In den 14 ausgedehnten, kühlen Hallen erwartet Sie ein Kunstgenuss der feinsten Art - Gemälde und Skulpturen in einer statisch-neutralen Umgebung. Führungen in Deutsch sind möglich.
Erreichbarkeit: Metro "Äuezov Teatry", dem Musirepov Bulvari nach Süden folgen bis zum großen Museumsgebäude.

Der jünste **Park** der Stadt (Tůnģyš Prezidenti Sajabaģy) ist dem ersten Präsidenten Sultan Nasarbajew gewiedmet. Vom halbrunden Eingangsportal trifft man zunächst auf eine großzügige Brunnenanlage die Nachts bunt illuminiert wird. Unweit davon wurde ein Denkmal des amtierenden Präsidenten in sitzender Position aufgestellt. Im Süden des Parks ermöglichen mehrere Aussichtspavillions einen sehr schönen Blick auf die nahen Berge. Die Bauzeit des Parkes betrug mehr als 10 Jahre.
Erreichbarkeit: Der Äl-Farabi Danģyly südwestl. folgen bis zur Kreuzung mit der Navoi Kôšesi, Bus 61 oder Marschrutka Mikrorajon Orbita.

Westlich des Stadtzentrums nahe dem Nikolskij Basar ist in einer kleinen Parkanlage die **Sankt Nikolas Kathedrale** (Nikolskij Sobor, 1909) zu finden. Die Kirche wurde bereits 1980 wiedereröffnet. Die goldenen Zwiebeltürmchen geben dem Gebäude ein märchenhaftes Aussehen.

Da es bis 1999 keine repräsentative Moschee in der Stadt gab, wurde auf Initiative des Präsidenten die **Zentralmoschee** (Ortalyķ Mešit) errichtet. Die Hauptkuppel durchlebte in den Jahren danach mehrere Verwandlungen: Erst war sie blau wie die Dächer der Minarette, dann wurde sie vergoldet und schließlich in eine historisierende Rippenkuppel umgewandelt.

Unweit des Fernbusbahnhofs kann man es an heißen Sommertagen in dieser grünen Oase mit dem herrlichen **Sajran Badesee** (Sajran Kôl) am besten aushalten. Vom Sandstrand aus haben Sie einen weiten Blick auf das Bergpanorama der Ile Alatauy Kette.

Verkehrsverbindungen

Der **Flughafen** (Äueżaj) von Almaty liegt etwa 16 km nordöstlich des Zentrums. Sie erreichen ihn direkt mit dem Bus 79 von der Abaj Danģyly aus. In die Nähe des Flughafens fahren die Busse 86, 92 und 106.

Derzeit werden Linienflüge der Air Astana täglich nach Astana, Aķtôbe, Aķtau, Atyrau, Ķaraģandy, Ķyzylorda, Ôskemen, Ķostanaj, Šymkent und Pavlodar angeboten.

Air Astana bedient auch die Ziele Toshkent, Biškek, Ürümchi, Dušanbe, Moskau und weitere russ. Städte.

Die Fluggesellschaften Bek Air und SCAT fliegen ebenfalls einige der inländischen Ziele an.

In Almaty gibt es zwei Bahnhöfe. Erkundigen Sie sich also immer wo der Zug abfährt, bzw. ankommt. Fahrkarten können an beiden Bahnhöfen für alle Ziele gekauft werden (Reisepaß notwendig). Buchen Sie frühzeitig, viele Tickets sind lange im voraus ausverkauft.

Bahnhof Almaty 1: Moskau (Paveletskaja Bhf., tägl., 80h) via Astana, Ürümchi (China) via Dostyķ (2 x wöchentl., 31h), Nukus via Toshkent (Sa, 50h). Trolleybus Nr.7.

Bahnhof Almaty 2: Astana (3 x tägl., 20h), sowie mind. 1 x tägl. Aķtôbe, Ķaraģandy, Semej, Pavlodar, Petropavl, Šymkent. Mind. 1x wöchentl. nach Atyrau, Oral, und Žesķasģan. Der Schnellzug Tulpar legt die Strecke nach Astana in 12h zurück.

Fernbusse fahren vom **Sajran Busbahnhof** (auch Novy Avtovokzal) im Westen der Stadt ab (mehrere km vom Zentrum). Die genannten Ziele werden mindestens einmal täglich angefahren: Astana, Biškek, Balķaš, Ôskemen, Ķaraģandy, Šymkent, Taraz, Jarķent (für Grenzübergang Dostyķ). Nach Toshkent in Šymkent den Bus wechseln. Die Usbek.-Kasach. Grenze muß zu Fuß passiert werden. Busse nach Taraz und Šymkent umfahren Kirgisistan. Für Ürümchi ist ein Buswechsel an der Grenze meist schneller als ein Direktbus.

Nahverkehrsbusse fahren vom **Sajahat Busbahnhof** (auch Stary Avtovokzal) nahe der

Südost-Kasachstan - Region Almaty

Rajymbek Daŋġyly vorwiegend zu Zielen nordöstlich von Almaty: Taldyķorġan, Tekeli, Narynkôl, Esik, Ķapšaġai, Talġar, Kegen, Saryžaz, Ekbeķši, Nikolaevka, Šonža, Žylysaj, Žalanaš, Košķar, Kajnar, Žetigen, Frunze, Kozôzen, Ile, Mežurecensk, Žangaš. Darüber hinaus gibt es sechs weitere kleine Busbahnhöfe in der Stadt.

Verkehrsmittel in Almaty

Die erste Linie der **Metro** in Almaty wurde 2011 eröffnet. Jetons bekommt man an den Kassen am Stationseingang. Die Jetons werden in die Sperren eingeworfen. Die schönsten Stationen heißen Žibek Žoly und Almaly.

Beide **Straßenbahn** Linien beginnen im Süden an der Sajyn Kôšesi und enden im Norden in der Žetysu Kôšesi. Linie 4 fährt entlang der Tôle Bi Kôšesi, Linie 6 dagegen auf der Ševčenko Kôšesi.

Die **Trolleybusse** sind ein praktisches Verkehrsmittel, da sie langsam und immer auf der selben Route fahren. Leider sind die Busse oft sehr überfüllt.

Nr.1: Vergnügungspark - Ķožabekov (im Süden); fährt über Gogol - Äuezova - Gagarin
Nr.2: Bushbf. Sajahat - Mikrorajon Aksaj 4 (im Westen); fährt über Gogol - Abaj
Nr.5: Bhf. Alamty 2 - Elektromaš (im Westen); fährt über Abylaj Han - Abaj -Sajyn
Nr.6: Bhf. Almaty 2 - Mikrorajon 9 (im Südwesten); fährt über Abylai Han - Abaj - Žandosov
Nr.7: Bhf. Almaty 1 - Messe Atakent; fährt über Sejfulin
Nr.9: Kôk Basar - Ķožabekov (im Süden); fährt über Ķabanbaj Batyr - Messe Atakent - Gagarin
Nr.11: Kôk Basar - Elektromaš (im Westen); fährt über Dostyķ - Abaj - Messe Atakent - Altynsarin
Nr.16: Bushbf. Sajahat - Mikrorajon 9 (im Südwesten); fährt über Gogol - Sätbaev -Žandosov
Nr.19: Kôk Basar - Ryskůlov (im Nordwesten); fährt über Dostyķ - Abaj - Bushbf. Sajran

Die meist modernen **Stadtbusse** fahren auf einem sehr engen Netz in kurzem Takt. Hier einige wichtige Linien:
37,94,166: fahren zum Sajran Fernbushbf.
79: fährt direkt zum Flughafen (Äuežaj)
29, 32, 37, 79: fahren zum Sajahat Bushbf.
66: fährt Gogol (Panfilov Park) - Dostyķ - Abaj - Žandosov - Sajyn

Almaty von A bis Z

Apotheken
Simpos Därihana
Dostyķ Daŋġyly 19, Tel. 291 13 27
Ortalyk Därihana No. 2
Furmanov Daŋġyly 91, Tel. 273 79 11
Plus Därihana
Äuezova Kôšesi 175, Tel. 274 07 07

Autovermietung
Europcar
Ķazybek Bi Kôš. 122, Büro 117, Tel. 971 59 30, europcarkz@gmail.com, sowie eine Europcar Station am Flughafen Almaty
Caspian rent-a-car
Begalin Kôš. 103, Tel. 261 53 08, booking@rent-a-car.kz

Badehäuser
Arasan Bäder (Arasan Monša)
Tôlebaev Kôšesi 78, Ecke Äjteke Bi Kôš., Geöffnet: Di-So 8-24 Uhr

Bibliotheken
Nationalbibliothek (Ůlttyķ Kitaphanasy)
Abaj Daŋġyly 14, Tel. 267 28 83
Bibliothek der Deutsch-Kasachischen Uni.
Puškin Kôšesi 111, Tel. 355 05 51
Deutscher Lesesaal im Goethe Institut
(Nemis Kitaphanasy), Nauryzbaj Batyr Köš. 31, nahe Gogol Köš., Tel. 279 78 99, Geöffnet: Mo-Do 13:00-18:30 Uhr, Fr 10:00 -18:30 u. 13:30-16 Uhr, Sa 9:00-13:00 Uhr
Österreich Bibliothek (Austria Kitaphanasy)
Abylai Khan Uni., Dosmuhamedov Köš. 15, Mo-Do 9-17 Uhr, Sa 9-14 Uhr

Botschaften / Konsulate
Viele Länder haben Ihre Botschaften mittlereweile in Konsulate umgewandelt. Die Botschaften sind jetzt in der Hauptstadt Astana.
Chinesisches Generalkonsulat
Bajtasov Kôšesi 12, Tel. 270 02 21, Geöffnet: Mo-Fr 9-12 Uhr
Kirgisisches Generalkonsulat
Luganskij Kôšesi 30A, Tel.: 262 21 22, Geöffnet: Mo-Fr 9-12:30 u. 14-17 Uhr
Mongolische Generalkonsulat
Muzabaev Kôšesi 1, Tel. 269 35 36, Geöffnet: Mo-Do 10-16 Uhr
Russisches Generalkonsulat
Žandosov Kôšesi 4, Tel. 274 61 22, Geöffnet:

Mo,Mi,Fr 10-12:30 Uhr
Turkmenisches Generalkonsulat
Abaj Daŋġyly 76/109, 1. Stock, Tel. 250 96 04, Geöffnet: 10-12 Uhr
Usbekische Botschaft
Bäribaev Kôšesi 36, Ecke Gogol Kôšesi, nahe Gorkij Park, Tel. 291 17 44, Geöffnet: Mo-Do 9:30-12:30 Uhr
Deutsches Generalkonsulat
Ivanilov Kôšesi 2, Ecke Äzirbaev Kôš. Mikrorajon Gornyj Gigant, Tel. 262 83 41, Geöffnet: Mo-Do 8-12 und 12:30-17 Uhr, Fr 7:45-13:45 Uhr
Östereichische Botschaft in Astana
Kosmonavtov Kôšesi 62, 9. Stock, Mikrorajon Čubary, Astana, Tel. 7172 -97 78 69, Geöffnet: Mo-Fr 10-12 Uhr
Schweizer Generalkonsulat
Tabačnozavodskaja Kôšesi 20, Nördl. Bhf. Almaty 2, Swiss Center LLP, ehem. Tabakfabrik, Tel. 298 08 41, Geöffnet: Mo-Fr 9:30 - 12 Uhr

Bei **Notfällen** aller Art wenden Sie sich an Ihre Botschaft oder das zuständige Konsulat.

Für Deutsche: während der Geschäftszeiten an das Konsulat Almaty: 262 83 41/-46/-49, ausserhalb dieser Zeiten: 8-701-768 77 97
für Österreicher: das Außenministerium 24h: 0043-1-90115-4411
Für Schweizer: das Aussenministerium EDA 24h: 0041-800 24 7 365

Bücher, Bildbände, Karten und Pläne
Kitap Uji Guljanda
Tôle Bi Kôšesi 111, Tel. 233 12 80, Bücher aller Art, viele Schulbücher
Knižnyj Gorod
Rozybakiev Kôšesi 281, Tel. 232 44 22, gut sortiertes Sortiment aller Genres
Akademkniga
Furmanov Kôšesi 139 und 91, Tel. 272 79 81, Karten, wenige englisch- und deutschsprachige Bücher
Geo
Tôle Bi Kôšesi 155, Büro 500, Tel. 268 40 19, Karten, Stadtpläne, Atlanten
Kartografia
Esenberlin Kôšesi 36 nahe Gorkij Park, Tel.: 230 46 57, Karten, Stadtpläne, Atlanten

Einkaufen
Basare
Baraholka Basar (Großbasar)
Entlang der Soltûstik Šenber Šosse
Kôk Basar (Zentralbazar)
Žibek Žolu Daŋġyly, Ecke Puškin Kôšesi
Botagoz Basar
neben St. Nikolas Kathedrale
Fußgängerzone „Arbat"
in der Žibek Žolu Daŋġyly
Kaufhäuser, Supermärkte
Dostyķ Plaza
Žoldasbekov Kôšesi, Ecke Dostyķ Daŋġyly
Mega Center
Rozybakiev Kôšesi 247a
Sputnik Center
B. Momyšuly Kôšesi, Ecke Šaljapin Kôšesi
Ramstor Einkaufszentren
Furmanov Daŋġyly 226, nahe Staatl. Museum und 5 weitere Märkte im Stadtgebiet
Souvenirs
Almaty Ceramics
Karasaj Batyr Kôšesi 123, hochwertige Souvenirs aus Keramik
Empire.kz
Abaj Daŋġyly 44A, nahe Ortalyk Stadion, sowie im Flughafen, versch. Kollektionen, teils Kitsch, teils Schick, hochpreisig
Galerie Tengri Umai
Panfilov Kôšesi 103, wechselnde Ausstellungen zeitgenössischer Kunstwerke

Geldwechsel
Es gibt unzählige Geschäfte die „Obmen Valuta", also Währungsumtausch anbieten. Hier die Standorte einiger Geldautomaten:
Kaspi Bank, Šaripov Kôšesi 90
Kazkommertsbank, M. Maķataev Kôšesi, Ecke Sejfulin Daŋġyly, sowie zahlreiche weitere Geldautomaten im gesamten Stadtgebiet
HSBC
Abaj Daŋġyly 2, im KIMEP Gebäude

Hotels und Unterkünfte (Auswahl)
Luxeriös
Hotel Saltanat
Furmanov Daŋġyly 164, schickes Bussineshotel, sehr modern eingerichtet, sehr beliebt
Hotel Riz Carlton
Äl Farabi Daŋġyly 77/7, Tel. 332 88 88, Esentai Tower, tolle Aussicht, kleine Schwächen

Südost-Kasachstan - Region Almaty

Hotel Royal Tulip
Tau Samal, Dostyķ Daṇġyly, Ecke Ospanova Kôŝ., Tel. 300 01 00, barockes Edelhotel
Hotel Donatello
Dostyķ Daṇġyly 535, Tel. 239 80 18, kleines Luxushotel, modern eingerichtet, ruhig
Mittel
Hotel Relax
Nùsipbekov Kôŝ. 26/1, neben Zentralmoschee, Tel. 397 74 52, inkl. Frühstück, WIFI
Hotel Renion
Seifulin Daṇġyly 163A, Tel. 294 34 31, inkl. Frühstück, WIFI, die Standardzimmer wählen
Hotel Ajour
Mikrorajon Aksay 4, Haus 96A, Tel. 373 07 57, inkl. Frühstück, etwas dunkel, barocke Möbel
Hotel Astana
Tôle Bi Kôŝesi 179A, Tel. 379 67 78, nicht zu verwechseln mit Hotel Astana International
Günstig
Silkroad Hostel
Elebekov Kôŝesi 20/9, Tel. 264 60 77, WIFI, günstige und saubere Unterkunft mit Küche
Hostel Loco
Radostovets Kôŝ. 152D/1, Tel. 705-950 60 80, bunte, etwas verrückte Backpacker Unterkunft
Nomad's Gästehaus
Tölebaev Köŝ. 38/61, Ecke M.Makataev Köŝ. Tel. 273 30 94, modern eingerichtet, zentral
Hostel Park
Ševčenko Köŝ. 190, Ecke Gagarin Daṇġyly, einfache Zimmer, Küche, sauber, WIFI

Internet, E-Mail
Internetcafe Ķazaktelekom
Žibek Žoly Daṇġyly 100 (TSUM)
Internetcafes Qwerty (3)
Abaj Daṇġyly 10; Šaškina Köŝ. 2/Timirjazev.; Masanči Köŝ.78/Ševčenko Köŝ.
Internetcafe Silkway
Tôle Bi Kôŝ. 71, Ecke Nauryzbaj Batyr Kôŝ.

Krankenhäuser
Die genanten Hospitäler sind empfehlenswert, aber teils recht teuer. Polykliniken sind einfacher ausgerüstet und weit günstiger. Bezahlung immer im voraus in bar.
International SOS Klinik
Luganskij Kôŝ. 11, Tel. 258 19 11, professionelle, aber hochpreisige med. Dienstleistungen
International Medical Center
Mùķanov Kôŝ. 253, Ecke Ķarasaj Batyr Kôŝ., Tel. 378 64 64, Einrichtung mit lokalen, englisch sprechenden Ärzten, moderate Preise
Interteach Medical Services
Furmanov Daṇġyly 111/48, Tel. 228 28 00, ärztl. Behandlungen aller Art, etwas günstiger
Zentrale Stadtklinik
(Ortalyķ Ķalalyķ Klinika), Žandosov Kôŝesi 6, Ecke Manas Kôŝ., Tel. 274 97 16
Daris-TTE Zahnklinik
Tôlebaev Kôŝesi 8, Tel. 273 03 03
Eurodent Zahnklinik
Žandosov 42,/Aimanov Kôŝ, Tel. 274 25 38

Kreditkarten
Amex, Visa und Eurocard werden in zahlreichen Banken und Geschäften akzeptiert.

Kulturleben und Nachtleben
Abaj Opern und Ballett Theater
(Abaj Akademijalyķ Opera žäne Balet Teatry) Ķabanbai Batyr Kôŝ. 110, Ecke Panfilov Kôŝ., Tel. 272 79 34, formale Kleidung, feines Theater mit sehr schöner, klassischer Ausstattung
Äuezov Dramen Theater
(Äuezov Drama Teatry), Abaj Daṇġyly 103, Tel. 292 33 07, vorwiegend kasach. Repertoire
Deutsches Theater (DTK)
(Respublikalyķ Nemis Drama Teatry), Sätbaev Kôŝ. 64D/Rozybakiev K., moderne Stücke, teils in deutscher Sprache mit russ. Übersetz.
Koreanisches musik. Komödien Theater
(Käris Muzikalyķ Komedija Teatry), Papanin Kôŝ. 70/1, Ecke Jaroslawskij Kôŝ., Tel. 384 82 78, teilw. koreanische Schauspieler
Uigurisches musik. Komödien Theater
(Üjġyr Muzikalyķ Komedija Teatry), Nauryzbaj Batyr Kôŝ. 83, Ecke Karasaj Batyr Kôŝ., Tel. 272 59 33, klassische und zeitgenössische Aufführungen in russ. und ujgurischer Sprache
Staatl. Puppentheater
(Memlekettik Ķuyršaķ Teatry), Puškin Kôŝ. 63, Tel. 291 67 69, Aufführungen in kasachisch und russisch, sehr schöne Puppenspiele
Art &Shock Theater (Artišok Teatry)
Kunaev Kôŝesi 49, Ecke Žibek Žoly Daṇġyly, Tel. 273 52 82, weibl. Theatergruppe mit modernem "Kulturschock" im Programm
Musrepov Theater für Kinder (Memlekettik Balalar Men Žasôspirimder Teatry), Abylai Han Daṇġyly 38, Tel. 271 42 37, kindergerechte Aufführungen in kasach. Sprache

Žambyl Philharmonie
Töle Bi Köš.38, Ecke Kaldajakova Köš., Tel. 291 80 48, Konzerte meist klassischer Musik
Zirkus
Abaj Daṇġyly 50, Tel. 394 49 03, Tournee erprobte Artistic mit und ohne Tiere
Bar Cosmopolitan
Dostyķ Daṇġyly 52/2, Eingang an der Zenkov Köš., Tel. 291 91 40, ab 24 Uhr, verschiedene Live Musik und DJ's
Nachtclub LondonГРАД
Gogol Köš. 157, Tel. 279 80 79, live Pop und Rock, etwas schick und sehr in Mode
Disco Tot Samyj Bar
Ženkov Köš. 24, Ecke Gogol Köš., hinter dem Musikinstrumenten Museum, abgedrehte Events, am Wochenende Tisch reservieren
Bar und Club Chukotka
Gogol Köš. 40, tägl. 24-3 Uhr, enspannter Dancefloor mit akzeptablen Preisen
Retro Nachtclub Pionerskaja
Gagarin Köš. 111, Ecke Abaj Daṇġyly, 70er bis 90er Musik der Sowjetära, völlig Retro

Kulturzentren, Stiftungen, Kirchen
Goethe Institut Almaty
Nauryzbaj Batyr Köš. 31, nahe Gogol Köš., Tel. 279 78 99, Geöffnet: Di, Mi 9-12:30 u. 13:30-17:30 Uhr, Fr 9-12:30 u. 13:30-16 Uhr
Konrad Adenauer Stiftung
Ķabanbaj Batyr Köš. 6/3, Wohnung 83, Tel. 292 50 13
Friedrich Ebert Stiftung
Ķairbekova Köš. 61, Tel. 291 41 08
Katholische Trinitatis Kirche
Tlendieva Köš. 9, Tel. 247 91 35, Heilige Messe in Englisch, Sa 17 Uhr

Museen
Zentrales Staatsmuseum von Kasachstan
(Ķazaķstan Memlekettik Ortalyķ Muzeji) , Furmanov Daṇġyly 44, nahe Präsidentenpalast, Geöffnet: Mi-Mo 9-17 Uhr , Di geschlossen
Literaturmuseum (Ädebiet Muzeji), Ķabanbai Batyr Kôsesi 94, Ecke Ķonaev Kôsesi , Geöffnet: Mo-Fr 10-17 Uhr
Kasachisches Museum für Musikinstrumente
(Halyķ Muzykalyķ Aparatary Muzeji), Panfilov Park, Geöffnet: Di-So 109-19:00 Uhr
Kasteev Kunstmuseum (Memlekettik Ķasteev Atyndaġy Ôner Muzeji), Satpaev Kôsesi 30a, Geöffnet: Di-So 10-18 Uhr
Geologisches Museum (Geologia Muzeji) Dostyķ Daṇġyly 85, zwisch. Ķûrmanġazy Köš. und Abaj Daṇġyly, Geöffnet: Mo-Fr 10-16 Uhr

Post, Paketdienste
Hauptpostamt (Glavpočtamt) Bôgenbaj Batyr Kôšesi, östl. der Abylaj Han Daṇġyly, Geöffnet: Mo-Fr 8-19 Uhr, Sa-So 9-17 Uhr
DHL
Žandosov Kôšesi 1/1, Tel. 258 85 88
ASE Express
Sätbaev Kôšesi 9, Tel. 333 52 52
UPS
Luganskij Köš. 6A, Tel. 264 41 12

Registrierung
Vor Einreise weiße Migranten Karte ausfüllen. Diese wird am Flughafen, am Bahnhof Almaty 2 oder im Zentralbüro der OVIR gestempelt. OVIR, Bajtûrsynov Kôšesi , Ecke Karasaj Batyr Kôšesi , Geöffnet: 10-12 Uhr.

Reiseveranstalter in Almaty
Alpina XXI
Asia Discovery Kazakhstan
Ecotourism Information Resource Centre
Jibek Joly Company
Kan Tengri Mountain Service
Kaztourism
Max Travel Star Almaty
Stantours
Tour Asia Almaty
Transavia Almaty
Turan Asia

Restaurants (Auswahl)
Kasachisch, orientalisch
Restaurant Gäkku
Mikrorajon Keremet 7, Tel. 315 09 67, moderat, von Tushpara bis Kuyrdak, echt kasachisch
Restaurant Kišlak
Sejfulin Daṇġyly 540a, Ecke Abaj Daṇġyly, Tel. 261 56 01, moderat, zentralasiatische Speisen
Restaurant Alaša
Ospanov Kôšesi 20, Tel. 254 07 00, teuer, sehr schönes, orientalisches Flair, Wasserpfeife
Koreanisch
Restaurant Han Bel
Gagarin Kôšesi 111b, nahe Abaj D., Tel. 392

56 26, angenehm und modern eingerichtet
Chinesisch
Restaurant Princessa
Tôlebaev Kôš. 53, Ecke Gogol Kôš. Tel. 261 06 27, moderat, auth. Küche, schneller Service
Thailändisch
Restaurant Thai
Dostyķ Daṇġyly 50, Tel. 291 01 90, teuer, schön eingerichtet, top Service und Essen
Indisch/Vegetarisch
Restaurant Govinda's
Abylai Han Kôšesi 39, Ecke Mämetova Kôš., Tel. 271 08 36, moderat, alles vegetarisch
Deutsch
Restaurant Preussen (Prussia)
Rozybakiev Kôš. 95, Ecke Sätbaev Kôš., Tel. 392 02 02, teuer, gemütlich, Bier, Würstchen
Süßes und Herzhaftes
Caffè del Teatro
Žambyl Kôšesi 51a, Tel. 272 87 77, sehr teuer, barock dekoriert mit sehr feinen Desserts
Fast-Food
KFC
Abaj Daṇġyly 42/44 und 14 weitere in Almaty
Burger King
Abaj Daṇġyly 89 und 5 weitere in der Stadt
Mc Donalds
Töle Bi Kôšesi 41, Ecke Ķonaev Kôšesi

Telefon und SIM Karten für Handys
mit eigenem Handy:
Anbieter wie Kcell, Beeline, Activ und K-mobile bieten in ihren Verkaufsstellen Pre-paid SIM Karten an. Reisepaß notwendig.
öffentliche Einrichtungen:
Guthabenkarten für öffentliche Kartentelefone erhalten Sie in vielen Kiosken oder in den Filialen der Ķazaktelekom. Dort gibt es häufig auch Telefonkabinen für Orts- und Ferngespräche.

Vorwahl von Almaty
727

Übersetzer
Goethe Institut Almaty
Nauryzbaj Batyr Köš. 31, nahe Gogol Köš., Tel. 279 78 99
Deutsch-Kasachische Universität
Puškin Kôšesi 111, Ecke Ķabanbaj Batyr Kôšesi, Tel. 355 05 51

Sehenswertes in der Region Almaty
Kumbel und Kôkžajlyau
Кумбель шыңы және Көкжайляу
Diese Panorama Tagestour führt über die grünen Matten der Kôkžajlyau Alm zum Hausberg Almatys, dem Pik Kumbel (3258m). Ausgangspunkt ist die letzte große Kurve der Gornaja Kôšesi vor dem Medeu Stadion. Die Siedlung dort ist als Prosvešenec bekannt. Der Bergpfad beginnt bei +43°09'35", +77°02'5" und steigt zunächst steil auf den Bergrücken. Diesem folgen wir 3,5Km und geniessen dabei viele Tiefblicke zur Stadt. Wir stehen nun quasi auf einer Passhöhe, der Kôkžajlyau Alm. Der Weg zum Kumbel führt südlich am steilen Talende entlang, vorbei an einem kleinen Wasserfall. Wir folgen dem Hauptpfad der uns immer südwärts im Zikzak die Bergflanke hinauf führt. Nach dem Erreichen des Bergrückens folgen wir diesem nach Osten bis wir auf dem höchsten Punkt auch den "Gipfel" des Kumbel erreicht haben. Almaty erscheint von hier aus recht winzig. Der Rückweg kann in umgekehrter Reihenfolge erfolgen.

Medeu Sportzentrum
Медеу Спорт Кешені
Wenn die Großstadt zu eng wird, flüchten die Bewohner Almatys ins Tal der kleinen Almatinka (Malaja Almatinka) hinauf. Dort auf etwa 1700m Höhe liegen die größten Eissportanlagen (Medeu Sport Kešeni) der ehemaligen Sowjetunion. In ihnen ist bereits Sportgeschichte geschrieben worden. Die Eisschnelllaufbahn hat enorme Ausmaße und ist normalerweise von November bis März in Betrieb. An den Wochenenden können am nördlichen Ende des Stadions günstig Schlittschuhe geliehen werden; die Eisbahn ist dann für jeden geöffnet.
Unmittelbar hinter dem Sportzentrum ragt ein hoher Damm auf. Er soll das darunter liegende Tal vor gefählichen Schlamm- und Schneelawinen schützen. Im Jahr 1963 verhindete er bereits eine solche Katastrophe. Sie überwindet ihn am besten zu Fuß über die ‚Himmelstreppe' in der Mitte des Dammes.
Erreichbarkeit: Busse der Linien 6/6A fahren mehrmals täglich vom Hotel Ķazakstan aus nach Medeu. Rückfahrten bis 22 Uhr. Der Medeu-Expressbus fährt ab Kaldajakova Kôšesi, Ecke Gogol Kôšesi in ca.15 Minuten nach Medeu.

Südost Kasachstan - Orientierungskarte Ile Alatau Berge

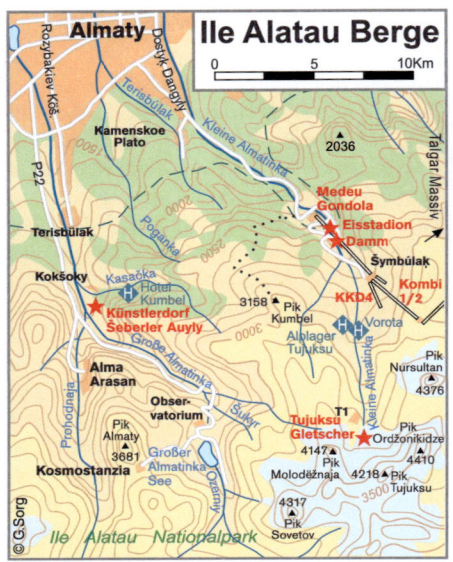

Das bunte Bild des Bereke Basars im Zentrum Almatys.

Vom Kôktôbe Berg aus sind bei klarer Sicht die nahen Gipfel des Ile Alatau Gebirges am besten zu sehen.

Das Tal der kleinen Almatinka.

Kasachinnen in traditionellen Kostümen.

Šymbůlaķ Skigebiet
Шымбұлақ Тау Шаңғылық Курорты

Auf 2260m liegt das bekannte Skigebiet Šymbůlaķ (Kurort Šymbůlaķ). Von hier aus führt eine Seilbahn ganzjährig in zwei Etappen zur Bergstation (Talġar Asuu) auf dem Bergsattel in 3180m Höhe (Kombi 1+2, tägl. 10-17 Uhr, der Ticketpreis beinhaltet eine Berg- und Talfahrt). Der Umstieg erfolgt in der Mittelstation (Ortanġi Beket) auf 2840m. Im Winter erreichen Sie zudem die Skiabfahrten Quad/KKD4 ab der Bergstation Konus auf 2845m sowie eine Kurzstrecke für Anfänger nahe der Talstation (Bugel/T-bar). Die Skisaison beginnt etwa im November und endet im April. Skiausrüstungen und Schlitten können im runden Gebäude neben dem Hotel Šymbůlaķ ausgeliehen werden. Im Sommer sind derzeit Mountainbike Abfahrten sehr populär.

Erreichkbarkeit: Vor dem Medeu Stadion warten häufig Taxis und Marschrutkas auf Fahrgäste nach Šymbůlaķ. Alternativ können Sie Šymbůlaķ auch mit der Kabinenseilbahn "Medeu Gondola" in 25min erreichen. Die Talstation befindet sich etwas unterhalb des Medeu Stadions. Sie endet nach 4,5Km direkt in Šymbůlaķ . Geöffnet: tägl. 10 - 18 Uhr.

Tůjyksu Gletscher
Тұйықсу Мұздығы

Am Ende des Malaja Almatinka Tales baut sich das ausgedehnte Tujuksu Gletschersystem (Tůjyķsu Můzdyġy) auf, das Sie von der Šymbůlaķ Talstation über eine Asphaltstraße, die schon bald in eine teils rauhe Piste übergeht, erreichen. Unterkunft in der Talmitte bietet das einfache Alplager Tůjyķsu mit Stockbetten. Hier gibt es auch zwei Bergführer. Tel. 777/619 01 57, +43°6'42",+77°4'27". Schicker, aber auch teurer ist das Hotel Vorota Tůjyķsu gegenüber. Am Ende der 9Km langen Piste erreicht man die Hütten der Gletscher- und Wetterstation T-1 auf 3400m Höhe. Unterkunft im Sommer möglich. Vor einem öffnet sich das faszinierende Panorama mehrerer Gletscher und Eisfälle. Die Gletscherschmelze ist jedoch auch hier so stark, dass diese jedes Jahr weiter schwinden.

Erreichbarkeit: Kaum Verkehr, so dass es per Anhalter schwierig wird. Ansonsten nur mit Reiseagenturen. Offroad Ausrüstung nötig.

Almaty Reservat und Talġar Massiv
Алматы Қорығы және Талғар шыңы

Die wohl schönste Ansicht dieses mächtigen Granitgipfels ist seine Südostflanke, an der sich ein breiter Eisfall ins Tal stürzt um dort als Gletscherzunge zu enden. Der 1935 erstmals bestiegene Berg ist eine Herausforderung auch für geübte Alpinisten, denn mit seinen 4978m überragt er den Montblanc um ein gutes Stück. Da die Berghütten des Alplagers Talġar aus Sowjetzeiten verfallen sind, ist eine organisierte Tour mit Reiseagenturen eher zu empfehlen. Das Bergmassiv ist die Heimat von etwa 3-4 Schneeleopard Paaren. Beachten Sie, dass das Almaty Naturreservat strikt geschützt ist und für das Betreten eine Genehmigung benötigt wird. Im Reservat gibt es sechs Ekotrails, die erwandert werden können. Informationen erhalten Sie bei den lokalen Reiseagenturen oder im Ökotourismus Zentrum, Tôlebaev Kôsesi 174, Ecke Ševčenko Kôs., Almaty, Tel. 272 53 63

Erreichbarkeit: Vom Ort Talġar führt eine Straße bis zur Geröllschutzmauer (Selezaŝitoj Plotina). Zu Fuß geht es ab hier 5km entlang des Talġar Flußes bis zur Turbaza. Von dort führt das mittlere Talġar Tal zur Gletscherkaskade des Talġar Massivs.

Großer Almatinka See
Үлкен Алматы Көлі

Etwas weiter westlich von Medeu und Šymbůlaķ gelegen schlängelt sich das Tal der Großen Almatinka in die Berge des Ile Alatau. Leider ist dieses Tal schon sehr verschandelt worden. Die passable Asphaltstraße bietet zwar guten Zugang zum Tal, doch der Große Almatinka Stausee (Ůlken Almaty Kôli), die Lawinenstation, das Observatorium und die wenig attraktiven Hütten der Kosmostanzia enttäuschen. Es empfielt sich daher eher, das wesentlich naturbelassenere Issyk Tal östlich von Almaty zu besuchen.

Taṇbaly Tas Felsgravuren
Таңбалы Тас Қорық Мұражаны

Diese beeindruckenden **Felsgravuren** (Taṇbaly Tas Ķoryķ Můražany) liegen am träge und breit dahinfließenden Ile Fluß. Die Gravur eines **Buddhas** aus dem 8.Jh. entstand, als diese Gegend noch unter dem Einfluß der Chinesen war. In Sichtweite auf der gegenüberliegenden

Seite des Ile sieht man die **Filmkulissen** des Filmes „der Mongole" über die Jugend Dschingis Khans.

Erreichbarkeit: Tamgaly Tas ist am besten vom Fluß Ile aus erreichbar. Kanu- oder Rafttouren machen hier gerne Rast. Ansonsten von Kapšagai kommend der A350 über den Ile Fluß (Staudamm) folgen und bei der ersten großen Abzweigung in einer großen Schleife die Landstraße Richtung Baķanas fahren. Etwa 20Km nach dem Abzweig, bei +44°5'44,8", +77°3'58" führt eine passable Piste Richtung Westen zum Fluß. Die Felszeichnungen erreicht man nach ca. 8,5Km bei +44°3'41", +76°59'46,3".

Tamġaly Felsgravuren 🏛 UNESCO
Тамғалы Петроглифі

Die **Tamġaly Felsgravuren** (Tamġaly Petroglifi) stehen seit 2004 unter UNESCO Schutz und zeigen neben **Tieren** wie Büffel auch **Gottheiten** und **Tänzer**. Sie sind wesentlich älter als die Zeichnungen nahe dem Ile Fluß. Zudem sind hier auch **Gräber** und **Grabhügel** zu sehen.

Erreichbarkeit: Ab Almaty der M39(A2) 90Km Richtung Biškek folgen, Etwa 6Km nach dem Dorf Tarġab nach Norden abbiegen und auf dieser Straße 64Km fahren. 5Km nach dem Weiler Karabastau zweigt bei +43°48'24,5", +75°32'36,6" eine Piste nach Südwesten in ein Tal ein. Bei +43°48'16", +75°32'14,2" sehen Sie die Felsgravuren.

Kôl Saj Seen
Келсай Келдері

Umgeben von sattem Grün und schlanken Tannen schimmern einsam **drei tiefgrüne Bergseen** in den Bergen des Kùngôj Alatoo.

Erreichbarkeit: Ausgangspunkt ist das Dorf Saty mit einer hübschen, neuzeitlichen Moschee und mehreren preiswerten Gästehäusern (Ķonaķ Ùj). Eine Piste führt 14Km vorbei am Weiler Ķurmeti bis zum untersten See. Auch hier gibt es Übernachtungsmöglichkeiten, die jedoch deutlich teurer sind. Einsam ist man hier noch nicht. Erst die Wanderung talaufwärts lässt einen eins werden mit der Natur. Bis zum mittleren See sind es ca. 9Km auf 2250m Höhe. Anstrengender sind die 6Km bis zum obersten See auf 2650m. Beste Zeit sind die Monate Juni bis August, da es am obersten See bereits empfindlich kalt werden kann. Nach Saty gelangen Sie im Bus nach Žalanaš, von dort die restlichen 33km per Marschrutka, Taxi oder Anhalter.

Šaryn Canyon Шарын Ұлттық Паркі

Reiseagenturen bewerben ihn als die Miniausgabe des Grand Canyon der USA. Dies mag wohl etwas übertrieben sein, dennoch ist er beeindruckend. Auf ca. 80Km hat der Šaryn ein tiefes Tal in die bunten Gesteinsschichten gegraben. Das als **Tal der Schlösser** (Ķorġandar aņġary) bekannte Seitental des Šaryn ist durch seine rötlichen Formationen einzigartig.

Wie auf einem anderen Planeten fühlt man sich beim Anblick der aus zahlreichen bunten Schichten bestehenden Hügel oder der roten Berge nördl. des Tals der Schlösser.

Besonders im Abendlicht sind die roten Felsformationen ein fantastisches Naturschauspiel. Meiden Sie die heißen Sommermonate, wenn die Schluchten zu einem Backofen werden.

Einen ganz anderen Charakter hat das Šaryn Tal nördlich der A352(A2). Hier weitet sich der Talboden und einzigartige **Auenwälder** der sehr alten und seltenen Baumart, der Sogdischen Esche (Šaġan aġašy), breiten sich aus.

Erreichbarkeit: Von Almaty ca.200km entfernt ist das Tal der Schlösser über die Straße A351(A6) Richtung Kegen bis zum Abzweig (+43°20'47", +78°55'40") und weiter auf einer 12Km langen, passablen Piste erreichbar. Das Tal beginnt bei +43°21'21", +79°2'53" und endet am Šaryn Fluß. Nördlich der Piste können weitere Seitentäler entdeckt werden. Es gibt keinerlei Versorgungsmöglichkeiten. Zum Tal der Schlösser bieten lokale Reiseagenturen Gruppen-Touren an.

Altynemel Naturpark
Алтынемел Ұлттық Паркі

Der Altynemel Naturpark ist nordöstlich des Ķapšaġaj Sees gelegen. Seine bunten Fels- und Gipsberge, die **Tierwelt** (Kropfgazelle, Przewalski Pferde, Bucharischer Hirsch) und einige herausragende Sehenswürdigkeiten machen den Park zu einem attraktiven Ziel.

Obligatorisch ist die Begleitung eines Parkwächters. Im Park gibt es mehrere Gästehäuser. Auch Verpflegung kann organisiert werden. Tel. 727-250 04 51, Hotel Žetisu,

Büro 242, Abylaj Han Daŋġyly 55, Almaty.
Die **singenden Dünen** (Ajġai Ķùm) sind ein einzigartiges Hörerlebnis. Durch elektrostatische Aufladung des Sandes und die Lage der Dünen in der umgebenden Landschaft ist ein mehrere Kilometer weit hörbares Summen vernehmbar.
Übersetzt bedeutet **Besšatyr** "Fünf Paläste". Tatsächlich sind hier 31 **Hügelgräber** vom Sakenfürsten bis zum Offizier zu finden. Die bis zu 17m hohen Hügel in der weiten Ebene stammen meist aus dem 6.Jh.v.Chr. Im Innern führt ein Labyrinth aus Gängen zur Grabkammer. Einer der Hügel wurde 2012 rekonstruiert und begehbar gemacht.
Es gibt im Park mehrere Oasen, darunter die **Ķosbastau Oase** mit einem **700jährigen Baum** und einem kleinen **See**.
Weit im Westen des Parkes sind in einem Felsental die **Taŋbaly Tas Felszeichnungen** mit Jagdszenen zu sehen.
Erreichbarkeit: Die Gebäude der Parkverwaltung nahe dem Dorf Basši sind der offizielle Eingang in den weitläufigen Park. Entfernungsangaben ab Parkverwaltung. Im Park gibt es nur Pisten, keine Asphaltstraßen.

Parkverwaltung, 0Km	+44°06'56",	+78°42'10"
Oase Myŋbulaķ, 30Km	+43°56'24.4",	+78°28'52.1"
Singende Dünen, 40Km	+43°52'26.2",	+78°33'43.3"
Oase Ķosbastau, 26Km,	+43°55'22",	+78°47'24"
Besšatyr Hügelgr.: 55Km	+43°55'23',	+78°12'35"
Taŋbaly Tas Felsz.,84Km	+43°54'22",	+77°57'16"

Sowohl kasachische als auch kirgisische Reiseagenturen, spezialisiert auf Alpintourismus, organisieren Touren in die wilde Berglandschaft des Kôkšaaltau Gebirges.

Grenzübergänge nach China

Der internationale Grenzübergang **Kolžat/Dulart** existiert seit 1994. Er wird vorwiegend von Lastwagen genutzt. Öffentliche Verkehrsmittel verkehren hier nicht. Die Entfernung zwischen den kasachischen und den chinesischen Kontrollanlagen ist 4,5Km. Die Einrichtungen auf chinesischer Seite sind sehr weitläufig.
Für Touristen ohne eigenes Verkehrsmittel ist der Grenzübergang **Ķorġas/Qorġas** etwa 60Km weiter nördlich besser geeignet. Hier passieren die Grenze sowohl eine Fernstraße als auch eine Bahnstrecke. Letztere wurde Ende 2012 eröffnet und ist derzeit nur für den Güterverkehr freigegeben. Passagierzüge passieren die Grenze weiter nördlich bei **Dostyķ**. Die beiden Kontrollanlagen Ķorġas/Qorġas sind nur ca. 1Km voneinander entfernt. Die beiden Grenzorte schließen unmittelbar an die Grenzanlagen an.
Die nächste größere chinesische Stadt nahe dieser beiden Grenzübergängen ist Yining (Gulja).

Kôkšaaltau Gebirge Көкшаалтау Жотасы

Er ist der Herrscher des Himmels und seine kalte Granitspitze ragt bis auf 6995m in den stahlblauen Himmel über dem Kôkšaaltau Gebirge. Das **Khan Tengri Massiv** (Han Täŋiri Šyŋy) ist wie das Matterhorn in der Schweiz ein Markenzeichen geworden, welches für alpinistische Ästhetik steht. Seit 1999 liegt die Bergspitze genau auf dem Dreiländereck Kasachstan-Kirgisistan-China. Er wird zwar meist von der kasachischen Seite aus bestiegen, wenn gleich seine Südwand am schönsten ist.
Erreichbarkeit: Vom kasachischen Bergsteigerlager Karkara (Reiseagentur Kan Tengri) an der Grenze zu China fliegen im Juli/August Helikopter zum kasachischen Basislager auf der Mittelmoräne zwischen dem südl. Enilček- und dem Zvezdočka Gletscher.

Informationsteil

Zentralasien von A bis Z

Anreise

Nonstop **Linienflüge** in die Hauptstädte Zentralasiens gibt es derzeit folgende:
Von Frankfurt nach:
Toshkent (TAS), Uzbekistan Airways
Aşgabat (ASB), Turkmenistan Airlines
Almaty (ALA), Lufthansa
Nach Biškek (FRU) und Dušanbe (DYU) nur mit Zwischenstop oder Flugzeugwechsel.
Von Zürich und Wien aus gibt es nur Flüge mit Flugzeugwechsel.

Die besten **Bahnverbindungen** führen über Moskau. Von dort verteilen sich mehrere Linien in die einzelnen Regionen. Die Turksib führt nach Almaty und Biškek, die Transaral-Linie bis Toshkent. Die Anreise mit der Bahn dauert 3-4 Tage und schließt mehrere Umstiege ein.

Wer mit dem **Auto** anreist, sollte mehrere Tage Reisezeit einplanen. Der Anfahrtsweg ist teilweise sehr rau und erfordert Visa von mind. zwei Staaten (Russ. Föderation, Kasachstan).
Routenbeispiel 1:
Warschau-Lublin-Kiev-Kursk-Voronež-Saratov -Oral-Aktôbe-Aral-Šymkent-Toshkent (5.139km, 62h, Visa: Russ. Föd., Kasachstan)
Routenbeispiel 2:
Zagreb-Belgrad-Sofia-Istanbul-Erzurum-Täbris-Teheran-Aşgabat-Toshkent (5.589km, 60h, Carnet de Passage: Iran, Visa: Iran, Turkmenistan)

Die direkten **Busverbindungen** nach Zentralasien wurden wegen der günstigen Flugpreise eingestellt.

Botschaften

Botschaft: Pasolstwo (russ.), Elchixona (usb.), Ilçihana (turkm.), Saforat (tadsch.), Elčilik (kirg.), Elšilik(kasach.).
Die Adresse der diplomatischen Vertretungen Deutschlands, Österreichs und der Schweiz finden Sie in den jeweiligen Städte-Kapiteln. Weitere Botschafts- und Konsulatsadressen sowie Reisehinweise erhalten Sie über folgende Behörden:
Auswärtige Amt in Berlin
Tel.: 030/18170, www.auswaertiges-amt.de
EDA in Bern
Tel.: 0800/24 7 365, www.eda.admin.ch
Bundesministerium für auswärtige Angelegenheiten in Wien
Tel. 050/11 50-0, www.bmaa.gv.at

Botschaften helfen bei Paß und Visa Verlust sowie bei Diebstahl der Reisekasse. Sie gewährt dann einen Kredit, Konsularhilfe genannt, der mit Zinsen zurück bezahlt werden muss.
Da die Schweiz und Österreich in einigen Republiken keine diplomatischen Vertretungen unterhalten, wenden sich deren Bürger an die nächstgelegene Botschaft ihres Landes oder an eine Deutsche Vertretung. Botschaften sind an Feiertagen des Reise- wie auch des Heimatlandes geschlossen.

Einkaufen

Der Besuch eines Basars in Zentralasien ist einfach ein Muß. In dem quirligen Durcheinander können Sie wirklich alles erstehen was man sich nur vorstellen kann. In Großstädten gibt es meist mehrere Basare, jeweils einer für einen Stadtbezirk. Zudem gibt es häufig Großbasare an der Peripherie von Städten. Basare sind aufgeteilt in Sektionen: z.B. Lebensmittel, Kleidung, Stoffe, Hochzeitsausstattung, Haushalt, Baumaterialien, Autoteile, Blumen, Torten, etc..
In den Großstädten gibt es mittlerweile auch große Einkaufszentren mit Boutiquen, Dienstleistungen und Parkhaus.
In ländlichen Gegenden sind dagegen häufig nur kleine Basare und "Tante Emma Läden" zu finden. Die Versorgung mit Lebensmittel ist bis auf die Hochgebirgsregionen flächendeckend gut.
Souvenirs werden häufig in touristisch frequentierten Moscheen und Medresen oder in Hotels und Museen angeboten. Seltener sind ausgesprochene Souvenirläden.
Schreibwaren sind in Zentralkaufhäusern oder in Fachgeschäften (Kanzelar) erhältlich.
Buchhandlungen sind immer wieder ein Blick wert, denn es gibt ab und zu schöne Bildbände oder ein Kochbuch. Die Auflagen sind jedoch immer klein und schnell vergriffen.

Essen und Trinken

Die Gastronomie in Zentralasien hat sich seit der Unabhängigkeit sehr gut entwickelt. Es gibt

sowohl eine große Anzahl davon, als auch eine große Vielfalt.
Für festliche Anlässe gibt es **feine Restaurants** mit teils hochwertiger Küche, auch in den gehobenen Hotels der Hauptstädte.
Die **Hotelrestaurants** in einfacheren Hotels sind eher nicht zu empfehlen. Frequentiert werden diese gerne von Partygesellschaften bei denen die laute Musik wichtiger ist als ein gutes Essen. Dagegen ist die Verpflegung in privat geführten Hotels meist recht gut und es wird zumindest Frühstück angeboten.
Liebevoll folkloristisch eingerichtet sind **Themen-Restaurants**. Die Gäste sind nicht nur Touristen, auch Einheimische suchen sie gerne auf. Das Essen ist meist eher durchschnittlich. Diese Lokalitäten sind in Großstädten und den Touristenstädten Usbekistans zu finden.
Preiswerte Kantinen (Kafe, Bufet, Stalowaja oder Ošhona genannt) mit einfachen, aber frisch zubereiteten Gerichten sind sehr beliebt bei Einheimischen. Solche Einrichtungen finden Sie auch in Kleinstädten nahe dem Bahnhof, Busbahnhof oder Basar.
In Dörfern gibt es kaum Restaurants, dort geht man ins **Teehaus** oder auf den **Basar**. Diese bieten eher auf Zuruf auch Essen an. Eine Speisekarte gibt es meist nicht.
In den Bergregionen Kirgisistans und Tadschikistans wird man am besten in **Homestays** verpflegt. Vereinzelt gibt es auch **Jurten** an den Fernstraßen, die einfache Speisen anbieten.
Zunehmend beliebt sind **Fast Food Restaurants**. Diese gibt es jedoch nur in Großstädten. Burger King, KFC oder Mc Donalds gibt es derzeit nur in Kasachstan z.B. in Almaty.
Wer Abends noch ein Bierchen zischen will, wird nur in den Städten fündig. Ähnlich einem **Biergarten** sind diese bis spät geöffnet. **Bars und Nachtclubs** gibt es nur in größeren Städten, tendenziell öffnen diese erst ab Mitternacht.
In belebten Fußgängerzonen und auf Basaren gibt es kleine **Tankwagen** die (Waldbeeren-) Fruchtgetränk (Mors) oder Malzgetränk (Kwas) anbieten. Beide Arten entspringen der russischen Getränkekultur.
Informationen zu Zentralasiatischen Spezialitäten finden Sie unter "Lokale Spezialitäten".

Frauen unterwegs
Die Länder Zentralasiens sind nach wie vor islamisch-patriarchalisch geprägt. Dennoch ist der Umgang insbesondere mit Touristinnen meist recht entspannt. Nötigungen sind eher selten, Übergriffe nicht häufiger als in westlichen Ländern.
Viele Frauen berichten von sehr guten Reiseerfahrungen aus Zentralasien. Dies liegt auch daran, dass im Haus meist die Frauen das Sagen haben. Die Kleidung darf auf dem Land etwas dezenter ausfallen. Die üblichen Hygieneartikel für Frauen sind auch in Zentralasien in zahlreichen Geschäften erhältlich.

Fremdenführer
Bei Reisegruppen ist die deutschsprachige Gruppenführung meist im Preis inbegriffen. Führer oder Führerinnen mit Englisch- und wenige mit Deutschkenntnissen werden von Reiseagenturen und guten Hotels vermittelt. Aufdringliche Guides gibt es in den Touristenstädten kaum.
Eine Alternative zu Fremdenführern sind Schüler und Studenten von Fremdsprachenschulen und Universitäten. Insbesondere die Goethe Institute in Toshkent und Almaty sowie deren Sprachlernzentren sind hier Anknüpfpunkte.

Gastfreundschaft
Die Menschen Zentralasiens sind sehr gastfreundlich. Insbesondere auf dem Land ist es eine Ehre, einen Gast zu bewirten. Dennoch sind viele Menschen auch zurückhaltend, da Sie denken, ihr Haus sei nicht fein genug für eine Einladung oder es fehlt schlicht am Finanziellen. So wurden wir als Fremde mitunter an den Reichsten im Dorf „vermittelt", als wir eine Unterkunft suchten.
Bitte geben Sie nach einer Einladung kein Geld, es könnte zu Mißverständnissen führen. Bedanken Sie sich mit einem Bild von Ihnen oder kleinen Geschenken aus Ihrer Heimat. Werden Sie zu einer bestimmten Zeit zu einer Einladung erwartet, so gehen Sie möglich nie mit leeren Händen hin. Einheimische bringen z.B. zwei Brote oder Süßigkeiten. Im Haus oder der Wohnung zieht man die Schuhe aus, da Teppiche ausliegen. Der Platz des Gastes ist in der Regel an der Wand (zum anlehnen)

und gegenüber der Tür. Dies gilt auch beim Sitzen auf den „Bettgestellen", Söre oder Taptschan genannt. Einladungen nehmen Zeit in Anspruch. Versuchen Sie Eile oder Hektik zu vermeiden, es wäre eine Geringschätzung der Gastgeber. Wenn Sie gehen wollen, bitten Sie den Gastgeber das „Omin"(Amen) zu beten, danach geht man auseinander.

Gefahren, Kriminalität

Zentralasien ist, wie der Rest der ehemaligen Sowjetunion, praktisch frei von offener Kriminalität gewesen. Leider hat sich mittlere Weile eine Art Mafia gebildet. Doch wird man als Tourist, auch mit dem eigenen Fahrzeug, selten der organisierten Kriminalität begegnen. Am ehesten werden Sie mit der Miliz und anderen Bürokraten zu kämpfen haben. Diese bessern mit „Gebühren" oder "Strafen" ihr geringes Gehalt auf. Dies soll nun aber keine Rechtfertigung für Dreistigkeiten sein. Begegnen Sie solchen Personen selbstbewusst aber höflich. Nehmen Sie sich etwas Zeit um ein Problem, z.B. Fehler im Visum, kleine Verkehrsdelikte, usw. auszudiskutieren. Sie sparen so eine Menge Geld und verhindern Korruption. Fordern Sie ggf. den Vorgesetzten (Natschalnik), ein Protokoll (Pratakol) oder eine Quittung (Kwitanzija). Sollten Sie Opfer einer Straftat werden, so können Sie von Amtspersonen am wenigsten Hilfe erwarten. Bitten Sie besser einfache Bürger um Hilfe. Wird ein Uniformierter handgreiflich, hilft nur noch lautes Schreien um Hilfe in Englisch oder Deutsch. Wenden Sie sich wenn möglich an die nächstgelegene Botschaft Ihres Landes. Es empfielt sich die Registrierung im Internetportal "Elefand" des Auswärtigen Amtes.

Wie überall auf der Welt gibt es auch in Zentralasien Gebiete, in die man als umsichtiger Tourist lieber nicht reisen sollte. Zu diesen Regionen zählen insbesondere die Grenzzonen (Pogranitschni Zona) abseits von Grenzübergängen. Grenzen sind teils vermint, umstritten oder einfach ein sensibles Gebiet. Die Sicherheitslage in Südkirgisistan (Regionen Oš und Batken) hat sich weitgehend normalisiert. In Tadschikistan gibt es einen regen Drogenhandel. Grund ist die durchlässige afghanische Grenze. Achten Sie darauf, nicht als Kurier mißbraucht zu werden und lassen Sie Ihr Gepäck möglichst

nicht aus den Augen. Im Gedränge von Basaren auf Taschendiebe und halten Sie am besten Rucksack und Gürteltasche immer mit der Hand bedeckt. In Zentralasien tragen übrigens nur Schulkinder Rucksäcke. Erwachsene eher eine Umhängetasche.

Geld, Preise

Valuta

Die verbreitetste Valuta Währung ist der US Dollar. Diese Währung ist jedem bekannt und wird überall gerne in die jeweilige Landeswährung umgetauscht. Den aktuellen Dollar Wechselkurs können sie in Wechselstuben oder Banken der jeweiligen Republik erfragen. Wenn Sie bei Ihrer Bank US Dollar bestellen, dann sollten Sie nicht nur große Scheine, sondern auch kleinere Noten bestellen. Möglichst nur druckfrische Scheine.
Erhalten Sie in Zentralasien Rückgeld in Dollar, so achten Sie unbedingt darauf, keine zerrissenen, beschrifteteten oder verschmutzten Scheine zu bekommen. Die bekommen Sie nicht mehr los. Der Euro ist in den vergangenen Jahren populärer geworden und ähnlich beliebt wie der Dollar. Dies gilt auch für den russischen Rubel. Andere Valuten sind kaum bekannt und werden daher ungern gewechselt. Ein Rückumtausch nationaler Währungen in Valuten ist nur in Banken und nur gegen die Vorlage einer Umtauschquittung möglich, der Kurs ist dabei meist schlecht.

Nationale Währungen

Kasachstan	Teŋge	KZT
Turkmenistan	Manat	TMT
Usbekistan	So'm	UZS
Tadschikistan	Somonī	TJS
Kirgisistan	Som	KGS

Wechselkurse

Die nationalen Währungen Zentralasiens haben sich weitgehend stabilisiert und weisen eine moderate Inflation auf. Für die aktuellen Wechselkurse ist das Internet die beste Informationsquelle. Auch Ihre Hausbank wird Sie bezüglich aktueller Kurse beraten können.

Bargeld Umtausch

Banken bieten meist einen ungünstigeren Wechselkurs. Etwas besser ist jener in Wechselstuben (Obmen Valuty). Der Kaufkurs wird dabei mit "Prokupka", der Verkaufskurs mit "Prodascha" angegeben. Den besten Kurs erzielen Sie bei privaten Geldwechslern auf den Basaren. Wichtige Faktoren beim Umtausch sind der Zustand der Banknoten (Perfekt), die Stückelung (Große Scheine), die Währung (bekannte Valuta) und der Gesamtbetrag (möglichst hoch). Einen Schwarzmarkt-Kurs gibt es nach wie vor in Turkmenistan (geringer Kursunterschied) und in Usbekistan (großer Kursunterschied). **Beachten Sie in Turkmenistan, dass die alte Manat Währung noch bis Ende 2010 in Umlauf war. Der neue Manat steht im Verhältniss 1:5000 zur alten Währung.** Für das Bezahlen auf dem Land sind kleine Banknoten vorteilhafter. Insbesondere in Usbekistan erhalten Sie beim Umtausch mehrere dicke Geldbündel. Überlegen Sie sich bereits vor der Anreise wie Sie das umgetauschte Geld transportieren. Der Umtausch von nationalen Währungen benachbarter Republiken ist oft nur in grenznahen Städten oder direkt an der Grenze möglich.

Geldautomaten
Mancher Tourist schätzt es, sein Geld an Automaten (Bankomat) erst dann zu ziehen, wenn es gebraucht wird. Es werden auch immer mehr Geldautomaten für Karten mit dem Maestro oder Cirrus Symbol aufgestellt. Dennoch, viele Automaten sind leer, zahlen nur kleine Summen aus oder es gibt Schwierigkeiten bei der Autorisierung mit der Heimatbank. Zudem gibt es sie nur in Großstädten und die Gebühren sind auch nicht gerade gering.

Kreditkarten
Kreditkarten (Visa, evt. Amex, Diners, Mastercard) werden in allen Oberklasse-Hotels und vielen Boutiquen als Zahlungsmittel akzeptiert. Einige Banken der Hauptstädte akzeptieren Mastercard, Visa und seltener weitere Karten. Die Kommission beträgt zwischen 3 und 6 % des Umtauschwertes.

Geldaufbewahrung
Zugegeben, es ist riskant mit dicken Bündeln kleiner Banknoten in der Tasche zu reisen. Doch im Moment gibt es zumindest in ländlichen Gegenden keine Alternative. Viele Einheimische trauen den Banken nicht, und tragen ihr Barvermögen lieber im Stiefel oder am BH mit sich. Eine Gürteltasche oder ein unter der Kleidung getragenen Brustbeutel ist ein recht sicherer Aufberwahrungsort. Im Geldbeutel sollten Sie nur soviel Valuta haben wie Sie eintauschen möchten. Der neugierigen Blicke während des Tauschens wegen.

Unterschiedliche Preise
Ganz gleich ob Sie in ein Museum gehen, in einem Hotel übernachten oder Bus-, Bahn- und Flugtickets bezahlen - werden Sie als Tourist erkannt, bezahlen Sie häufig einen höheren Preis als Einheimische. Das erscheint zunächst ärgerlich. Dabei sollte man aber bedenken, dass die Einkommen der Einheimischen wesentlich geringer sind als in Mitteleuropa.
Behinderte oder Studenten erhalten gegen Vorlage eines international gültigen Ausweises häufig Ermäßigung.

Gesundheit

Rechnen Sie nicht zu sehr mit dem Gesundheitssystem vor Ort, da es entweder schlecht oder sehr teuer ist. Rüsten Sie Ihre Reiseapotheke so aus, dass sie sich selbst helfen können.

Vorsorge
Lassen Sie sich rechtzeitig vor der Reise nochmals gründlich sowohl von Ihrem Hausarzt als auch Ihrem Zahnarzt untersuchen und ggf. präventiv behandeln. Weisen Sie den Arzt auf Ihre Reisepläne hin, er kann Sie auch über Impfungen informieren. Beachten Sie bitte, dass Impfungen nur in Abständen von 2-3 Tagen verabreicht werden können, um eventuelle Unverträglichkeiten feststellen zu können. Eine weltweite Reisekrankenversicherung erstattet unter bestimmten Voraussetzungen anfallende Medikamenten-, Behandlungs- oder Rückführungskosten. Informieren Sie sich bereits vor dem Abschluß gründlich, welche Nachweise für die Erstattung erbracht werden müssen. Häufig erkennt man erst im Schadenfall, wie viele Ausschlüsse der Versicherungsvertrag enthält.
Die beste Krankenversicherung in Zentralasien ist jedoch eine sinnvoll zusammengestellte Reiseapotheke. Diese sollten Sie möglichst immer in Ihrer Nähe haben, insbesondere in abgelegenen Regionen.

Reiseapotheke
Die nachfolgende Liste kann eine Orientierungshilfe für Sie sein:

*Kohletabletten
*Elekrolyttabletten/pulver
*Salbe bei Verzerrungen
*Desinfektionsmittel (Spray, Tücher)
*Wundpflaster
*Wundsalbe
*Erkältungsmittel (Husten, Nase, Fieber)
*Lippen(fett)stift
*Schmerz- und Kopfwehtabletten
*ggf. Reiseübelkeitsdragees
*Wasserentkeimungstropfen

Impfungen

Polio Auffrischung: Spritze beim Arzt, Schutzdauer 10 Jahre
Tetanus Auffrischung: Spritze beim Arzt, Schutzdauer 10 Jahre
Diphtherie Auffrischung: Schluckimpfung, Schutzdauer 10 Jahre
Typhus: Spritze beim Arzt, Schutzd. 6 Mon.
Hepatitis A: Spritze beim Arzt, Schutzdauer 6 Monate, 14 Tage vor Abreise
Offiziell sind keine Impfungen in Zentralasien vorgeschrieben. Die oben genannten Immunisationen sind jedoch empfehlenswert. Impfungen können Nebenwirkungen hervorrufen oder Allergien auslösen. Impfstoffe sind darüberhinaus teuer (ca. 90 Euro für die zuvor genannten Impfungen) und werden von den Krankenkassen nicht bezahlt. Doch bedenken Sie dass diese Krankheiten Ihren Urlaub und Ihre Gesundheit ruinieren können.

Durchfallerkrankungen

Am ehesten infizieren Sie sich beim Essen und Trinken und das ist nahezu unvermeidbar. Insbesondere in den ersten Tagen nach der Anreise reagiert der Organismus mit unterschiedlicher Empfindlichkeit auf einheimische Kost. Monte Zuma's Rache muss jedoch nicht immer von bakteriellen Verunreinigungen herrühren. Bereits die Anstrengung der Anreise, die Zeitumstellung und das fremde Klima belasten Ihren Organismus. Wenn Sie einige Vorsichtsmaßnahmen beachten, können Sie das Risiko vermindern und trotzdem die zentralasiatische Küche genießen.
* Nach der Anreise möglichst in guten Restaurants europäische Gerichte wählen um den Körper zu entlasten. Dazu viel geschältes oder gründlich in entkeimtem Wasser gewaschenes Obst, in den ersten Tagen keine Salate, kalte Speisen oder unpasteurisierte Milch zu sich nehmen. Wenn Sie sehr sensibel sind, nehmen Sie einige Fertiggerichte die mit abgekochtem Wasser zubereitet werden mit.
* Trinken Sie nie unbehandeltes Leitungswasser, kaufen Sie lieber Wasser in Flaschen. Alternativ: abgekochtes Wasser oder Entkeimungstropfen. Beachten Sie deren Einwirkzeit. Selbst das Zähneputzen sollte nur mit entkeimtem Wasser geschehen.
* Essen im Straßenverkauf wird meist auf wenig gereinigtem Besteck und Geschirr angeboten. Packen Sie deshalb in Ihren Tagesrucksack ein kleines Schüsselchen und eigenes (Einweg-)Besteck.
* Waschen Sie sich häufig die Hände mit Seife.

Insektenbisse

Anders als in Mitteleuropa gibt es in Zentralasien wesentlich häufiger giftige Insekten. Daher beim Touren in der Wüste feste, hohe Lederschuhe tragen, Schuhe vor dem Anziehen ausschütteln, keine Steine umdrehen, nicht in dunkle Erdlöcher oder Höhlen fassen.

Grenzen in Zentralasien

Die Situation an den Landgrenzübergängen Zentralasiens im Überblick. Alle Angaben ohne Gewähr.

Kasachstan/Kirgisistan
Keine Komplikationen, lokale Fahrzeuge beider Länder und von Drittländern können passieren, kurze Kontrollen

Kasachstan / Usbekistan
Lokale Fahrzeuge können nicht passieren, jedoch die von Drittländern, strenge Kontrollen, passieren nur zu Fuß

Kasachstan / Russische Föderation
Lokale Fahrzeuge beider Länder und von Drittländern können passieren, langwierige, bürokratische Kontrollen

Kasachstan / Turkmenistan
Lokale Fahrzeuge können nicht passieren, jedoch die von Drittländern, Kontrollen mäßig streng, keine öffentl. Verkehrsmittel verfügbar

Kirgisistan / Usbekistan
Insbesondere im Farg'ona Tal strenge Kontrollen, häufig temporäre Grenzschließungen, lokale Fahrzeuge können nur in Ausnahmen passieren, jedoch die von Drittländern, Grenzübertritt meist nur zu Fuß

Kirgisistan / Tadschikistan
Lokale Fahrzeuge und solche von Drittländern können passieren, Kontrollen sind mässig streng, bestehen Sie auf Ein- und Ausreisestempel

Tadschikistan / Usbekistan
Lokale Fahrzeuge können nicht passieren, jedoch die von Drittländern, Überquerung nur zu Fuß, mässig strenge Kontrollen, teils geschlossen (Bekobod, Pançakent)

Usbekistan/Turkmenistan
Lokale Fahrzeuge können nicht passieren, jedoch die von Drittländern, Überquerung nur zu Fuß, Kontrollen sind streng, 12$ Einreisegebühr in bar in Turkmenistan

GUS/China, Afghanistan, Iran
Der Genzübertritt ist immer bürokratisch und aufwendig, die Kontrollen streng, die Grenzen müssen zu Fuß oder mit einem Shuttlebus passiert werden, lokale Fahrzeuge können in der Regel nicht passieren

Kartenmaterial
Als Übersichtskarte von Zentralasien eignet sich die Nelles Map „Central Asia", die der Autor dieses Buches selbst recherchiert und gefertigt hat. Sie wurde auf der Basis amtlicher Unterlagen erstellt und wird laufend aktualisiert.

Nelles Map „Central Asia"
Maßstab 1:1,75 Mio.
10. aktualisierte Auflage 2015
ISBN 9783865742988
Die Karte deckt das Gebiet vom Kaspischen Meer bis Westchina und von Nukus bis Nordafghanistan ab. Sie enthält Citypläne von Toshkent, Aşgabat, Bişkek, Dušanbe und Almaty. Geographische Namen und Sehenswürdigkeiten der Karte sind mit dem vorliegenden Reiseführer abgestimmt. Siehe auch Anzeige auf Seite 190 dieses Buches.

Kartenwerke
Vom gesamten Territorium der ehemaligen UDSSR gibt es recht präzise, detaillierte und mehrfarbige Militärkarten mit kyrillisch-russischer Beschriftung. Sie wurden in den Maßstäben 1:1Mio., 1:500 000, 1:200 000, 1:100 000 und 1:50 000 herausgegeben. Dieses topographische Kartenwerk, „Generalnij Štab" genannt, wird allerdings seit 1990 nicht mehr aktualisiert. Es ergeben sich dadurch teils erhebliche inhaltliche Abweichungen zur Realität. Für GPS: Pulkov 1942 Datum.
Viele dieser Karten können mittlerweile im Internet kostenlos heruntergeladen werden. Geben Sie dafür die Kartenbezeichnung in der Google™ Bildsuche ein, z.b. 200k--k43-25 für 1:200 000, 050k--k43-133-3 für 1:50 000
Blattübersichten sind ebenfalls im Internet zu finden. Anbieter von gedruckten Generalnij Štab Karten zum Kauf: Därr GmbH, München; East View Cartography, USA

Kleiderreinigung
Diesen Service bieten eigentlich nur einige gehobene Hotels in Großstädten an. Eine Möglichkeit ist es, die Etagenfrau im Hotel, an der Rezeption oder im Gästehaus zu fragen. Sie wäscht die Wäsche ggf. gegen Bezahlung Zuhause bis zum nächsten Tag. Wenn Sie selber waschen wollen, bringen Sie einen Gummistöpsel oder ähnliches mit, um die Badewanne abzudichten. Waschmittel gibt es auf dem Basar oder in Supermärkten.

Lokale Spezialitäten
Kasachstan
Bekanntestes Gericht Kasachstans ist **Beschbarmak**, eine große Platte mit gebratenen Hammelfleischstücken, und gekochten Teigquadraten. Das Gericht ißt man mit den Fingern, weshalb es Beschbarmak (Fünf Finger Gericht) genannt wird. **Kurdak** ist eine Spezialität aus gebratenen Innereien wie Herz, Lunge und Leber. Dazu trinkt man auch gerne den **Kumys**, vergorene Stutenmilch. Kleine, golden frittierte Bällchen aus Mehl, Salz, Hefe und Wasser nennt man **Baursak** zu denen man gerne Kichererbsen ißt. **Kazy** (geräucherte Pferdefleischwurst) und **Kosche** (Graupen-Milch Getränk) sind ebenfalls ein beliebtes Menü der Kasachen.
Kirgisistan
Die Küche Kirgisiens wird stark von den Dungan, einem Volk das wie die Uiguren jenseits des Tienschan lebt, geprägt. Gehen Sie mal zum ‚Chinesen' in Karakol, doch halten Sie Brot bereit, die super scharfe und kalt gegessene **Nudelsuppe** tötet sonst Ihre Geschmacksnerven ab. **Fisch** (gebraten, geräuchert) aus dem Ysyk-Kôl See ist sehr beliebt und wird rund um den See auf den Basaren angeboten (Fisch heißt Balyk, Sudak ist eine Fischart). Die

gedämpften **Manty** mit Fleischfüllung sind hier ebenso verbreitet wie **Beschbarmak**. **Laghman** gibt es in vielen Variationen und besteht zumeist aus handgemachten Teignudeln und einer Soße aus Fleisch, viel Pfeffer, grünen Bohnen, Tomaten, Auberginen und Knoblauch.

Tadschikistan

Besonders Bohnensuppe **Chom Schurbo** und Kichererbsensuppen sind in diesem Bergland verbreitet. **Sambusay Baraki** sind verschiedenartig gefüllte Teigtaschen, die es meist bei Festen gibt. Das Brot heißt hier **Kuldscha** und ist dem Non sehr ähnlich. Eine Brotvariante ist das ölige Brot **Fatir**. Neben **Pilav** ist auch **Kurtob** sehr beliebt, ein Gericht aus geschichtetem Fladenbrot mit Zwiebeln, Sauerrahm und geschmolzener Butter darauf. Man isst es kalt mit den Händen. Speziell in Kühistoni Badachšon beliebt ist der Buttertee **Schirtschoj** mit Butter, Salz und Schwarztee.

Turkmenistan

Die Turkmenen lieben Hammelfett. Alles was sie essen ist extrem fett. **Ka'urma** ist gepökeltes Hammelfleisch. Als Reiseproviant haben sich Turkmenen das **Dog'rama** ausgedacht. Eine Mischung aus trockenem Brot, Zwiebeln und gebratenem fettigem, gepökelten Fleisch. Zubereitet wird es mit heißem Wasser. **Palov** wird teilweise mit getrockneten Früchten zubereitet und dafür wird das Fleisch weggelassen. Gerichte aus Gemüsebrei mit Mungbohnen oder Körnern und Kürbiskernen oder mit Reis, Milch und Joghurt sind ebenso verbreitet. Auf den Basaren werden herb gefüllte Teigtaschen angeboten. Das Fladenbrot **Tschörek** ist fester und flacher als usbekisches Non.

Usbekistan

Außer **Palov** und **Schaschlik** an jeder Ecke gibt es hier beispielsweise mit Kartoffel und Fleisch gefüllte Teigrollen, **Honum** genannt. Viele andere Teigtaschen wie gedämpfte **Manti**, gekochte **Tschutschwara**, gebackene **Somsa** werden als Vor- oder Nachspeise gegessen. Obligatorisch ist die **Schorva** in unzähligen Versionen, eine meist mit viel Gemüse und Fleisch angereicherte kräftige Suppe, die vor dem Palov gereicht wird. **O'gra** ist eine ähnliche Suppe, aber mit Nudeln. Beispielsweise an Silvester werden kalte Gerichte wie **Norin** zubereitet. Hierbei handelt es sich um eine Art Wurstsalat mit sehr fein geschnittenen Pferdefleisch und Pfannkuchen Streifen. Am speziellsten ist jedoch **So'malak**. Eine süßliche Creme die aus Weizenkeimen in einem 24 stündigen Kochprozess in geselliger Runde im Frühjahr zubereitet wird. Die Speise gilt sogar als heilig.

Museen

Leider sind viele Museen in Zentralasien nur in Russisch und der Landessprache beschriftet. Englisch ist selbst in den größten Museen von Toshkent oder Almaty nicht immer zu finden. Die Museen bieten häufig auch keine Führungen oder Druckschriften in Deutsch oder Englisch an. Mit einem Übersetzer jedoch erschließen sich Ihnen die Ausstellungen erst richtig.

Die Eintrittspreise für ausländische Touristen sind mit den unsrigen vergleichbar. Für das Fotografieren muß unter Umständen zusätzlich bezahlt werden.

Notfälle

In Notfällen sollte immer zuerst die Botschaft des Heimatlandes benachrichtigt werden. Dort kennt man gute Ärzte oder Krankenhäuser vor Ort, an die Sie weiter vermittelt werden. Sollte ein Rücktransport ins Heimatland notwendig werden, ist ebenfalls die Botschaft hilfreich. Gute Anlaufstellen für ärztliche Hilfe in den Großstädten sind in den jeweiligen Kapiteln angegeben.

Öffentliche Verkehrsmittel

Um sich in den Ländern Zentralasiens fortzubewegen, bieten sich für längere Strecken entweder **Inlandsflüge, Bahnverbindungen** oder **Fernbusse** an. Sowohl Langstrecken als auch Kurzstrecken fahren **Kleinbusse**, auch Marschrutka genannt. Sie verkehren auf festen Routen innerhalb von Städten, in die umliegenden Orte oder in andere Städte. Marschrutkas sind private Transportdienstleister und damit Gewinn orientiert. Sie fahren erst, wenn das Auto voll ist. **Streckentaxis** sind PKW's, die zwischen Städten verkehren. Sie fahren schnell und jeder Sitz ist belegt. Der Beifahrersitz kostet meist mehr. Innerstädtisch können Sie mit der **Metro** oder **Straßenbahn**, mit **Stadtbussen** oder **Stadttaxis** fahren. Letztere sind meist private PKW's und die Passagiere sind quasi Anhalter.

Post, Paketdienste

Briefe, Postkarten und Päckchen sind in beiden Richtungen auch per Luftpost 2-3 Wochen unterwegs. Etwas schneller geht es mit privaten Paketdiensten, die Laufzeitenangaben in Arbeitstagen machen und meist auch einhalten. Briefmarken sind in der Post und bei manchen großen Hotels am Serviceschalter zu bekommen. Postkarten gibt es in Souvenirläden und großen Hotels. **Bitte beachten Sie, dass die Postleitzahlen von Usbekistan 2005 umgestellt wurden.** Die neue PLZ können Sie unter www.pochta.uz einsehen.

Registrierung

Die Registrierung erfolgt in Abhängigkeit der Visumart, also ob es ein Touristen-, ein Geschäfts- oder ein Einladungsvisum ist. Bei Nichteinhalten der Registrierungsvorschriften werden teils heftige Geldstrafen verhängt.
Die Registrierung kostet je nach Land unterschiedlich, mitunter ist die Höhe vom Beamten abhängig. Nur Transitvisa sind nicht registrierpflichtig. Nachfolgende Angaben gelten für Geschäfts- und Touristenvisa ohne Gewähr.

Usbekistan: Wenn Sie sich länger als 3 Tage/2 Nächte innerhalb einer Region (Viloyat) aufhalten, gilt die Registrierpflicht. Im Ferghana Tal gilt die Registrierpflicht täglich! Dies wird streng kontrolliert. Meldebehörde: UVViOG. Es liegen derzeit keine Informationen vor die belegen, dass sich die Registrierpflicht durch den Wegfall der Visumpflicht verändert.
Turkmenistan: Registriergebühr 12$ bei Einreise und Erhalt einer Migrationskarte (Entry Travel Pass). Diese muss bei der Ausreise wieder abgegeben werden. Bei Ausreise wird eine Ausreisegebühr erhoben. Zusätzlich ! Meldepflicht innerhalb 3 Arbeitstagen. Wird bei Touristenvisum durch die Reiseagentur übernommen. Die Registrierpflicht gilt auch für 7 Tage Transitvisa, kürzere Transitvisa sind davon ausgenommen. Für die kostenpflichtige Registrierung sind Passkopien mitzubringen.
Tadschikistan: Bei Aufenthalten bis 30 Tage keine Registrierung mehr notwendig. Die Regelungen in Kūhistoni Badachšon werden im entsprechenden Kapitel erklärt. Hier strenge Kontrollen. Meldebehörde: OVIR

Kirgisistan: Innerhalb von 5 Tagen ist generell eine Registrierung notwendig. Vorzulegen sind Kopien der Paßdatenseite und der Seite mit dem Einreisestempel. Meldebehörde: Департамента регистрации населения и актов гражданского состояния
Kasachstan: Kostenlose Registrierung bei Aufenhalt bis 90 Tage mittels Stempel auf der Einreisekarte (Tőlķůžatķa Kôši-Ķon Kartočkasy) unter dem Einreisestempel. Bei allen EU-Bürgern bei der Einreise über das vereinfachte Registrierverfahren. Die Einreisekarte muß bei der Ausreise abgegeben werden. Meldebehörde: UMP.

Reisezeit

Usbekistan: Das Frühjahrsfest Navruz am 20./21.März markiert den Beginn der warmen Jahreszeit, die Hügel sind grün, die Niederschläge sind im März am häufigsten, werden dann aber schnell geringer, die Temperaturen erreichen im Mai bereits 30°. Mai und Juni sind die beliebtesten Reisemonate mit den meisten Touristen, im Juli/August werden die höchsten Temperaturen mit über 40° erreicht, in Buxoro, Termiz und Xiva wird es dann unerträglich heiß, die Nächte kühlen kaum ab. September und Oktober zeichen sich durch moderate Temperaturen, geringe Niederschläge und ein großes Angebot an frischem Obst aus. Der Winter kann recht kalt werden, im Januar und Februar gibt es auch in der Wüste Schneefall.
Turkmenistan: In diesem Wüstenland ist es im März am feuchtesten, aber nur an ca. 8 Tagen regnet es. Die Wüste blüht dann für wenige Tage bunt auf bevor alles von der heißen Maisonne verbrannt wird. Bereits im Juni werden regelmässig 40° erreicht. Im Juli bleibt es auch Nachts 25° warm. September und Oktober sind wieder erträglich bei sehr geringen Niederschlägen. Wer im Winter das Land besucht, sollte vorallem im Norden mit eisigem Wind rechnen.
Tadschikistan: Im Südwesten des Landes ist der Februar und März recht feucht. Ab April wird es 25° warm. Der Juni bis August ist mit 40° oft heiß, Nachts kühlt es nur auf 20-25° ab. September und Oktober sind angenehm und trocken. Die Winter bleiben meist mild mit etwas Schneefall im Februar.

Der Norden des Landes entspricht dem Klima des Fergana Tales mit stickig heißen Sommermonaten und recht milden Wintern.
Die Gebirgsregionen des Landes sind je nach Höhe von Ende Mai bis Ende Oktober schneefrei. Im Frühjahr sind die Flüsse hoch, Brücken weggespült, es gibt Erdrutsche. Daher sind primär Juli und August für Reisen in den Pamir geeignet.
Kirgisistan: Biškek ist wie Almaty die regenreichste Großstadt der Region. Juli bis September sind am trockensten. Dann klettern die Temperaturen auf über 30°, kühlen aber Nachts angenehm ab. November bis März sind kühl oder kalt mit teils reichlich Schnee.
Die Region um den Ysyk-Kôl bietet Badewetter von Juni bis September, richtig voll und teuer wird es jedoch nur von Ende Juli bis Ende August.
Gebirgspässe sind zwar oft bis in den Frühsommer mit Schnee bedeckt, die wichtigsten jedoch das ganze Jahr befahrbar.
In Oš sind die Temperaturen weniger hoch als im usbekischen Fergana Tal, die Winter dafür auch kälter und es schneit im Winter.
Süd-Kasachstan: April-Juni sind angenehm warm und die Landschaft ist grün, die meisten Niederschläge gibt es zwischen März und Mai. Juli und August sind heiß mit Temperaturen oft über 30° und den meisten Sonnenstunden, für Bergtouren in größere Höhen ist dies die beste Saison. Im Spätsommer von September bis Oktober sind die Temperaturen moderat, die Vegetation aber dürr, dafür gibt es reichlich frisches Obst, die Niederschläge sind im Oktober höher als im September, aber generell niedriger als im Frühling. Von November bis März ist es teils sehr kalt mit Nachttemperaturen im Januar und Februar bis -10° und dem meisten Schnee, ab März steigt die Temperatur sprunghaft an.

Sanitäre Einrichtungen

Jenseits der bekannten Touristenstädte trifft man in Zentralasien vorwiegend auf mangelhafte sanitäre Anlagen. Hier ist Selbsthilfe gefragt. Sollte es kein heißes Wasser (Isyk Suu) aus der Leitung geben, fragen Sie nach einem Eimer (Paqir) voll heisem Wasser. Die Temperatur kann dann mit kaltem Wasser reguliert werden. Die Lösung kann auch ein kleiner Tauchsieder sein (im Basar erhältlich).
Öffentliche Badehäuser für Männer oder Frauen bestehen meist aus mehreren Räumen und bieten vom Dampfbad bis zum Ruhe- und Umkleideraum verschiedene Temperaturen. Die Hygiene ist unterschiedlich, die Preise sehr günstig. Es gibt nur selten Schließfächer für Wertsachen und Dokumente.
In Hotels gibt es meistens Toiletten mit Wasserspülung, die auch in moderneren Wohnblocks der Bevölkerung eingebaut sind. Bewohner einfacherer Häuser, insbesondere auf dem Land, benützen praktisch ausschließlich das Plumpsklo im Garten. Diese finden Sie auch in Restaurants und öffentlichen Toiletten vor.
Klopapier ist in Zentralasien meist von „rauher" oder „dünner" Qualität. Oft werden zerschnittene Zeitungen oder alte Buchseiten verwendet. Klopapier am besten selbst mitbringen.
Öffentliche Toiletten in Städten sind selten und sehr verschmutzt, berücksichtigen Sie dies vor verlassen des Hotels.
Tipp: Kontrollieren Sie **vor** Bezug eines Hotelzimmers insbesondere das Bad auf die Funktion von Dusche, Klospülung, Licht, Warmwasser.

Sondergenehmigungen

Für nachfolgende Gebiete oder Orte benötigen Sie entweder eine Sondererlaubnis (S) oder es ist notwendig, dass dies im Visum ausdrücklich erwähnt werden muß (E). Die gemachten Angaben können sich auf Grund aktueller Ereignisse vor Ort schnell ändern:

Usbekistan:
Zomin Naturreservat (nicht für den Zomin Nationalpark!) (S)
Turkmenistan:
gesamte Region Daşoguz (E)
Gebiet südl. Gumdag bis Etrek, Esenguly (E)
Turkmenbaşy, Awaza, Hazar (E)
Magymguly, Nohur, Chendyr Tal (E)
Sarahs, Tagtabazar, Şerhetabad/Guşgy (E)
Farap, Atamyrat, Gowurdak, Mukry (E)
Kirgisistan:
Zentrales Tian Šan Gebirge (S)
Torugart Pass (S)
Tadschikistan:
Pamir Gebirge (GBAO) (S)

Sondererlaubnisse (S) können Sie durch die lokalen Reiseagenturen organisieren lassen. Das

GBAO Permit erhalten Sie bei der Visum Beantragung. Einträge im Visum (E) müssen im Visumantrag genannt werden.

Straßenkontrollen

Kontrollposten fallen dem Touristen besonders in Turkmenistan und Usbekistan auf. Sie stammen noch aus Sowjetzeiten, als es an allen Regionalgrenzen Posten gab. In den anderen Republiken sind diese bereits weitgehend verschwunden. Zeigen Sie auf verlangen Ihren Paß und wenn es gewünscht wird, tragen Sie sich in ein Buch ein. Einheimische Fahrer bezahlen hier oft ein "Trinkgeld", um in Ruhe gelassen zu werden. Eine Gebühr für Autofahrer gibt es in Turkmenistan auf allen Hauptstrecken, in Naturparks und an Flußbrücken (Amu- und Syrdaryo).

Straßenzustand

Der Zustand der Hauptmagistralen hat sich in den letzen Jahren stark gebessert. In Kirgisistan wurde dabei am meisten getan. In Tadschikistan wird die Stecke Dušanbe-Huçand erneuert. In Turkmenistan sind nur die Straßen in und um die Hauptstadt neu. Alle übrigen Strecken werden mehr oder weniger gut in Schuß gehalten. Sie sind uneben, wellig und teils löchrig. Der Belag ist oft recht rauh. Gebirgsstrecken sind am schlechtesten und häufig nicht asphaltiert. Im Frühjahr bis Frühsommer sind diese Strecken zusätzlich durch Lawinen, Erdrutsche oder Starkregen beschädigt oder blockiert.

Stromspannung

Die Netzspannung beträgt 220 Volt. Flachstekker passen fast überall. Auch in Eisenbahnwaggons ist 220 V üblich.

Souvenirs

Es ist gar nicht notwendig in teuren Souvenirboutiquen der großen Hotels zu suchen. Der Basar in der Stadt oder auf dem Land, teilweise die Zentralkaufhäuser, bieten häufig Interessantes zu günstigen Preisen.
Wichtig bei allen antiken oder antik aussehenden Souvenirs ist eine Kaufbescheinigung mit dem Vermerk, dass es sich um kein antikes Stück handelt. Ausgestellt werden diese Zertifikate beispielsweise in Museen. Lokale Reiseagenturen sind dabei hilfreich.
Ganz typisch und auffällig sind die Kopfbedeckungen, die in jeder Republik anders aussehen und oft auf dem Basar zu bekommen sind.
So tragen Usbeken und Tadschiken schwarze Käppchen mit weißen Stickereien (Doppe), Turkmenen wuschige Schaffellhüte (Bohochi), Kirgisen große Filzmützen mit schwarzen Stickereien (Kalpak) und Kasachen ein Samthütchen ebenfalls mit Stickereien (Takia). Frauen, besonders Usbekinnen tragen oft bunte Kleider aus Atlas-Seide mit Stickereien, Kopftücher oder bunt bestickte Käppchen und schönen Silberschmuck.
Als Wandbehang werden bestickte Tücher (Susane) insbesondere von der Landbevölkerung angefertigt.
Seide mit den verschiedenen Mustern bekommen Sie z.B. als Meterware in Kaufhäusern.
Achten Sie beim Teppichkauf auf die Knotendichte, kurzen Schnitt und Feinheit des Musters. Am besten besuchen Sie zuvor das Teppichmuseum in Aşgabat. Dann kennen Sie bald den Unterschied zwischen gut und mäßig. Den Preis bestimmt Ihr Verhandlungsgeschick. Rechnen Sie etwa mit 70-120 $ für einen kleineren und 250 $ für einen großen Teppich. Auch das Alter und der Zustand sind preisbestimmend. Ein Zertifikat von Turkmenhaly ist obligatorisch für die Ausfuhr. Außerdem gibt es kunstvolle Satteltaschen und Schmuck. In Usbekistan ist das Souvenirangebot am größten und reicht von Töpferwaren über wertvolle Schnitzereien bis hin zu Miniaturmalereien.

Tanken

In Zentralasien sind die Treibstoffpreise für Einheimische ähnlich hoch wie bei uns. Bedenken Sie dies beim Anmieten von Taxis. Lediglich in Turkmenistan ist Benzin noch sehr billig, weil subventioniert. Moderne Tankstellen sind recht weit verbreitet. Auf dem Land ist die Versorgung mit Treibstoff nach wie vor kritisch. Benzin hat eine sehr niedrige Oktanzahl (72, 76, 92 Oktan). Diesel ist selten und teils sehr verschmutzt. Autogas ist wegen der besseren Versorgungslage sehr beliebt.

Telefon, E-Mail, Internet

Ortsgespräche (Shahar Ko'ng'irok) sind kostenfrei, teils auch vom Hotel aus. In der Stadt gibt es kostenpflichtige öffentliche Telefone (Ko'cha Telefoni) entlang großer Straßen, bei oder in öffentlichen Gebäuden und im Telekomgebäude. Diese Telefone funktionieren, sofern nicht kaputt, mit Jetons, kleinen Blechmarken die Sie auf dem Basar oder im Telefongebäude kaufen können. Wählen Sie die Nummer des Teilnehmers, sobald die Verbindung zustande kommt lassen Sie den Jeton in den Schlitz fallen. Kartentelefone (Kartalar Telefoni) gibt es nur in Toshkent und Almaty.

Ferngespräch (Halkaro Ko'ng'irok) können in Hotels oder örtlichen Telefongebäuden geführt werden. Das ist recht teuer, die Verbindung jedoch i.d.R. gut.
Da das inländische Festnetz größtenteils völlig veraltet ist, sind Handys sehr verbreitet.
Um mit dem eigenen Handy vor Ort zu telefonieren, kaufen Sie dafür eine Prepaid SIM Karte eines lokalen Telekommunikationsanbieters. Anbieter und Verkaufsstellen sind in den Großstädten angegeben.

Die Vorwahl nach Deutschland ist 8/1049; Schweiz 8/1041; Österreich 8/1043

Die Kommunikation per E-Mail oder SMS ist derzeit noch weitgehend störungsfrei möglich. Skype, WhatsApp oder Soziale Netzwerke sind in Usbekistan jedoch nur noch eingeschränkt oder gar nicht erreichbar. Es ist davon auszugehen, dass die gesamte Kommunikation überwacht wird. Dies ist vorallem für Einheimische riskant, denen Sie kritische Texte schicken. Internetzugang erhalten Sie in Internetcafes oder über kostenlose/kostenpflichtige WLAN Hotspots in vielen Hotels und Restaurants möglich. Auf dem Land ist das Internet weitgehend auf Schulen beschränkt. In Turkmenistan wird das Internet nach wie vor sehr restriktiv gehandhabt. Es ist dort besonders teuer und langsam.

Unterkünfte

In den Hauptstädten sowie den Tourismuszentren gibt es eine große Auswahl an Unterkünften, meist aller Preiskategorien. Hier ist es in der Hochsaison obligatorisch, dass Sie eine Unterkunft bereits weit im voraus gebucht haben, da sonst alles belegt ist. Im Hochsommer und Winter können Sie es auch darauf ankommen lassen, da es weniger Reisegruppen gibt. Ganz anders ist die Situation in ländlichen Gegenden. Dort gibt es entweder gar keine Unterkünfte oder nur eine kleine Auswahl.

Hotels

Die in diesem Reiseführer angegebenen Hotels werden in drei Preis-, **nicht** Qualitätskategorien unterteilt. Die Preise gelten für Einzelzimmer und Doppelzimmer der jeweils günstigsten Kategorie.

„Luxeriös"	über 70 $/52 €	Einzel
	über 100 $/74 €	Doppel
„Mittel"	von 41-70 $/**35-52** €	Einzel
	von 51-100 $/**43-74** €	Doppel
„Günstig"	unter 40 $/**34** €	Einzel
	unter 50 $/**42** €	Doppel

Die besten Häuser der jeweiligen Kategorie sind jeweils zuerst genannt.
Beachten Sie auch die saisonalen Unterschiede bei den Hotelpreisen: Am günstigsten sind die Preise in der Nebensaison von Mitte November bis Mitte März. Etwas teurer ist die Zwischensaison von Mitte Juni bis Ende Juli oder Mitte August. Die höchsten Preise zahlt man von Mitte März bis Mitte Juni und von Mitte August bis Mitte November.
Reiseveranstalter bieten teils weit günstigere Übernachtungspreise an als direkt im Hotel an der Rezeption. Die Preise sollten dort ausgehängt sein.
Die aktuellen Preise können Sie bei den bekannten Internetportalen wie Tripadvisor, booking.com oder der lokalen Reiseveranstalter über das Internet erfahren. Dort kann man auch gleich buchen.
Wer vor Ort bezahlt kann dies in Euro oder Dollar tun, günstiger sind aber die heimischen Währungen, wenn der Kurs günstig ist. Kreditkarten werden zunehmend akzeptiert, hier insbesondere VISA. International anerkannte Jugendherbergen gibt es nicht.
Die Hotelzimmer werden in Zentralasien meist in folgende Qualitätskategorien eingeteilt:
Standard: Kleines Zimmer, einfache Ausstattung, WC/Dusche meist auf dem Flur
Pollux (Superior): Kleines Zimmer, etwas bessere Ausstattung, WC/Dusche im Zimmer
Lux (Suite): Größeres Zimmer, etwas bessere Ausstattung, WC / Dusche im Zimmer

Gästehäuser

Gibt es in wachsender Zahl in den touristischen Städten. Die Zimmer sind hübsch eingerichtet, der Standard reicht von spartanisch bis komfortabel. Es gibt teils auch Frühstück.

Privatunterkünfte, B&B
Eine interessante Alternative zu anonymen Hotels ist die Unterbringung bei einheimischen Familien. Sie bekommen ein kleines Zimmer, morgens ein Frühstück und darüber hinaus, mit etwas Glück auch Einblicke in die Lebensweise der Bevölkerung.

Turbasa, Alplager, Pansionat
Renovierte Hüttenanlagen sind im Sommer meist ausgebucht, im Winter geschlossen. Also frühzeitig buchen! Die recht spartanischen Turbasa aus sowjetischen Tagen sind fast immer von Einheimischen (Kinder-)gruppen belegt. Bei Übernachtungen in den wenigen vorhanden Berghütten (Alplager) ist es ratsam, alles notwendige selbst mitzubringen: Isomatte, Kocher, Beleuchtung. Campingplätze nach unserem Verständnis gibt es in Zentralasien nicht.

Unterhaltung

Die Unterhaltungsmöglichkeiten sind vielfältig, aber noch selten direkt Touristenorientiert. Anfangen kann die Unterhaltung mit einem gemeinsamen Tee auf einem dieser „Bettgestelle" (So'ri) in Teehäusern und enden kann sie auf einer der bezaubernden und langwierigen Hochzeitsfeiern mit vielen Tänzen und bunten Festtagskostümen.
Theater-, Dramen-, Ballett- und Opernbühnen werden meist ganzjährig bespielt. Informationen erhalten Sie an den Aushängen vor dem jeweiligen Gebäude. Besonders die Aufführungen des Volkseposes Manas in Gesang und Theater oder die Kleinbühnen der ethnischen Minderheiten sind bemerkenswert.
Traditionelle Reiterspiele finden häufig an Wochenenden im Juli und August, speziell an Nationalfeiertagen statt. Lokalitäten sind das jeweilige Hippodrom in den Hauptstädten. Das Kyz Kuumai in Kirgisistan oder Kyz Kuu in Kasachstan ist ein Reiterwettkampf, bei dem ein Reiter eine Reiterin zu fangen versucht, um Sie zu küssen. Der Haken an der Sache ist, dass Sie eine Peitsche schwingt die der zu spüren bekommt welcher sich Ihr ungeschickt nähert. Ein weiteres Wettkampfspiel ist der Ringkampf vom Pferderücken aus (Oodarya). Beim Ulak Tartya in Kirgisistan, Kökpar in Kasachstan oder Ylak Oyyni in Qoraqalpogiston versucht eine wilde Reiterhorde eine geschlachtete Ziege über die eigene Ziellinie zu ziehen, welches der ebenso wilde Gegner auch versucht, aber entgegengesetzt.
Folklore Veranstaltungen finden regelmäßig in Almaty, Samarqand und Buxoro statt. Dabei werden Tänze, kleine Theaterstücke oder eine Hochzeitszeremonie aufgeführt.
Freizeitparks und Aquaparks gibt es in allen Großstädten. Gerade für reisende Familien bieten sie eine willkommene Abwechselung.

Visum

Grundsätzlich werden keine Visa an den Landgrenzen ausgestellt. Auch die Visaerteilung am Flughafen ist allenfalls in Ausnahmefällen möglich. Visaverlängerungen im Land erfordern bei einer Aufenthaltsdauer von mehr als einem Monat immer eine Einladung.
Die Beschaffung eines Einreisevisums variiert von Republik zu Republik und ist zudem auch ständigen Änderungen unterworfen. Nachfolgende Angaben daher ohne Gewähr:

Usbekistan

Ab 04/2017 enfällt die Visumpflicht für touristische Aufenthalte von bis 30 Tagen u.A. auch für Schweizer, Österreicher und Deutsche. Ein pauschale Gebühr von 50 US$ ist bei der Einreise zu bezahlen. Für andere Aufenthalte (Studium, Geschäftlich, Besuche) gilt die bisherige Regelung. Die Visumbeantragung und Rücksendung per Post ist möglich. Nur Online ausgefüllte und ausgedruckte Visaanträge werden akzeptiert.

Turkmenistan

Es ist schwierig ein turkmenisches Visum zu erhalten. Etwa die Hälfte der Anträge für Transitvisa wird abgelehnt. Auch Touristvisa werden nicht immer gewährt. Vermeiden Sie die Einreise vor oder nach großen Feiertagen (z.B. 27.-28.10. und 19.02.), Eine Einladung durch einen turkmenischen Bürger, eine turkmenische Organisation oder eine turkmenische Reiseagentur (mit Vorrausbuchung von touristischen Leistungen) je nach Visumart ist **obligatorisch**. Bei Touristenvisum (Syýahatçylyk) ist ein Begleiter auch in Aşgabat vorgeschrieben. Ausserhalb Aşgabat ist auch ein Fahrer verpflichtend. Die Reiseroute muss bei der Visum

Beantragung mitgeteilt werden und kann vor Ort nicht geändert werden. Im Transit ist kein Begleiter und kein Fahrer nötig. Auch für Transitvisa wird die Visumunterstützung durch eine lokale Reiseagentur empfohlen, da Anträge sonst häufig abgelehnt werden. Bitte beachten Sie, dass bei jeder Reise durch Turkmenistan genehmigungspflichtige Gebiete durchquert werden. Für jedes dieser Gebiete muss eine Vermerk im Visum stehen, da sonst die Weiterreise verwehrt wird. Erkundigen Sie sich in der Turkmenischen Botschaft über diese Gebiete. Die Visumbeantragung und Rücksendung ist per Post möglich.

Tadschikistan

Die Visumbeantragung und Rücksendung per Post ist möglich. Für Touristenvisa bis zu einem Monat Aufenthalt ist eine Einladung oder Vorrausbuchung für Deutsche und Österreicher **nicht** notwendig. Für Schweizer Staatsbürger ist eine vom tadsch. Außenministerium autorisierte Einladung bei der tadschikischen Botschaft in Genf vorzulegen. Alternativ zur Beantragung bei einem Konsulat kann seit 2016 ein **e-Visum** online beantragt werden: https://www.evisa.tj/index.evisa.html Es wird im Regelfall am nächsten Tag per E-Mail zugesandt. Ein Papierausdruck ist von Vorteil.

Kirgisistan

Für Schweizer, Deutsche und Österreicher ist bei Aufenthalten bis 60 Tagen **kein Visum** erforderlich. Eine kurze Ausreise genügt, um weitere 60 Tage gewährt zu bekommen.

Kasachstan,

Deutsche, Schweizer und Österreicher dürfen sich bis zu 30 Tage visumfrei im Land aufhalten. Eine kurze Ausreise genügt, um weitere 30 Tage gewährt zu bekommen. In allen anderen Fällen gilt: Die Visumbeantragung und Abholung kann nur **persönlich** im zuständigen kasachischen Konsulat erfolgen. Eine Einladung oder Hotelbuchung ist für ein- und zweimalige Touristenvisa **nicht erforderlich**.

Vorwahlen

Von deutschsprachigen Ländern aus Usbekistan: 00998; Turkmenistan: 00993; Kirgisistan: 00996; Tadschikistan: 00992; Kasachstan: 007 Die Ortsvorwahlen sind bei größeren Städten im A-Z Teil angegeben oder direkt vor der Rufnummer.

Zeitzonen

In Usbekistan, Turkmenistan, Tadschikistan und dem westlichen Kasachstan ist der Zeitunterschied im Sommer Mitteleuropäische Zeit (MEZ) +3h, im Winter MEZ +4h.
In Kirgisistan und dem östlichen Kasachstan (auch die Region Almaty) ist der Zeitunterschied im Sommer MEZ +4h, im Winter MEZ +5h.
In Zentralasien gibt es keine Sommerzeit.

Zoll

Die Grenzen zwischen den unabhängigen Republiken der GUS sind heute zu einem meist unangenehmen Hindernis geworden. Die Aufgabe der Zöllner scheint darin zu bestehen, Fehler in den Papieren zu finden, um so irgendwelche Gebühren oder Strafen verlangen zu können. So wird die Zolldeklaration bei der Einreise sehr lasch gehandhabt, bei der Ausreise ist ihr Fehlen jedoch eine beliebte Methode Strafen zu verlangen.
Füllen Sie dieses Formular (Tamošnaja Deklarazija) also unbedingt aus, ganz gleich ob Sie mit Bus, Bahn, Auto oder Flugzeug einreisen. Lassen Sie das Formular abstempeln und bewahren Sie es bis zur Ausreise sorgfältig auf. Da das Gepäck bei der Ausweise in der Regel kontrolliert wird, sollten für wertvolle Souvenirs wie beispielsweise Teppiche Quittungen oder Zertifikate vorliegen in denen aufgeführt ist, dass sie **nicht historisch wertvoll** sind, und ausgeführt werden dürfen. Solche Schreiben stellen Museumsdirektoren oder das Kulturministerium aus. Wenn Sie keinen Herkunftsnachweis haben, können Sie aber auch an anderen Grenzen Probleme bekommen.
Besonders in Turkmenistan wird auf dem Flughafen sehr intensiv nach „Antikem" gesucht. Selbst an harmlosen Souvenirs werden nur bis zu zwei Gegenstände geduldet, alles andere wird konfisziert oder eine ‚Gebühr' verlangt.
Teppiche müssen unbedingt beim Teppichmuseum, bei Turkmenhaly oder im Ethnographischen Museum verzollt werden. Dabei muß pro Quadratmeter ein kleiner Betrag in Manat bezahlt werden. Es kann trotzdem am Flughafen nochmal kosten, dabei ist dann Ihr Verhandlungsgeschick gefragt.

Sprachenführer

Zentralasien ist ein Gebiet mit vielen Sprachen und Dialekten. Zwar sind Kasachisch, Turkmenisch, Kirgisisch und Usbekisch alles Turksprachen, doch differieren sie oft stark untereinander. Die Nähe zum modernen Türkisch nimmt von West nach Ost ab. Die tadschikische Sprache ist dem Persischen ähnlich, und gehört damit einer ganz anderen Sprachfamilie an. Dennoch enthält aber auch sie einige turksprachliche Elemente.

Die Ethnienpräsenz in Zentralasien entspricht weitgehend der gesprochenen Sprache. Dadurch ergeben sich historisch bedingt Sprachminderheiten in den heutigen Nationalstaaten. So sprechen in den usbekischen Städten Buxoro und Samarqand die meisten Menschen Tadschikisch. Im Ostpamir wie auch in der chinesischen Provinz Sinkiang gibt es viele Kirgisen. Starke usbekische Minderheiten leben im Norden Afghanistans.

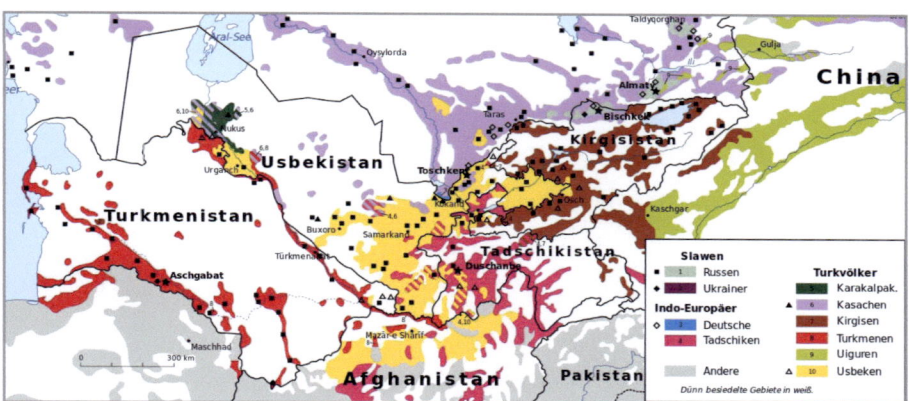

Russisch ist in Zentralasien zwar eine "Fremdsprache" wie bei uns Englisch, dennoch spielt sie im Wirtschaftsleben noch immer eine bedeutende Rolle. Es gilt zudem als schick, sich in Russisch zu unterhalten. Man will damit einen hohen Bildungsstand gegenüber der ländlichen Bevölkerung zeigen. Russisch ist eine slawische Sprache und ähnelt damit ganz und gar nicht den zentralasiatischen Sprachen. Dennoch fanden in der Sowjetära viele russische Begriffe Eingang in die Sprachen der ehemaligen Sowjetrepubliken. Als man nach der Unabhängigkeit für moderne, technische Dinge neue Begriffe in den Nationalsprachen schuf, wurden diese von der Bevölkerung kaum übernommen. Gerade für Touristen ist Russisch daher noch immer die Schlüsselsprache, zunehmend wird aber auch Englisch, Französisch oder sogar Deutsch gesprochen.

Trotzdem ist es oft sehr praktisch, einige Begriffe und Redewendungen in der Landessprache parat zu haben. Deshalb werden in diesem kleinen Sprachenführer neben dem Russischen auch die zentralasiatischen Sprachen aufgeführt. Die Sätze sollen helfen, auch schwierige Situationen, z.B. mit der Miliz zu meistern. Individuell Reisenden ist unbedingt ein Grundkurs in Russisch an einer Volkshochschule zu empfehlen, auch um mit dem kyrillischen Alphabet und den sehr wichtigen Zahlen vertraut zu werden.

Geschrieben wird meist noch in Kyrillisch, wenn gleich dies schrittweise in einigen Republiken in Lateinisch geändert wird. Turkmenistan und Usbekistan haben bereits ein lateinisches Alphabet. Die Umstellungsphase wird jedoch einige Generationen andauern.

Tipp: Neben den Goethe-Instituten in Toshkent und Almaty gibt es auch in kleineren Städten Fremdsprachenschulen. Fragen Sie dort den Direktor, ob ein Englisch sprechender Schüler Ihnen beispielsweise eine Museums- oder Stadtführung besser verständlich machen kann.

Aussprache von Sonderzeichen

Die im Buch verwendeten Orts-, Gebäude- und Personennamen wurden entweder aus dem kyrillischen Alphabet nach ISO 9 transliteriert oder wie in Usbekistan und Turkmenistan im dort geltenden lateinischen Alphabet belassen. Hier eine Aussprachehilfe für die verwendten Sonderzeichen:

Usbekistan

J j	dsch	**J**izzax
Q q	hartes k	**Q**oʻ**q**on
Gʻ gʻ	gehauchtes g	Far**gʻ**ona
Oʻ oʻ	ö	T**oʻ**rtk**oʻ**l
X x	ch	**X**iva
Ch ch	tsch	U**ch**quduk
Sh sh	sch	To**sh**kent

Turkmenistan

Ý ý	j	Şa**ý**oly
Ç ç	tsch	**Ç**uli
Ş ş	sch	A**ş**gabat
J j	dsch	Ho**j**a

Tadschikistan

Ç ç	dsch	Hu**ç**and	Ҷ ҷ
Š š	sch	Du**š**anbe	Ш ш
Ī ī	j	Čo**ī**hona	Й й
Ū ū	o	K**ū**čai	Ў ў
Ķ ķ	hartes k	Rošt**ķ**ala	Қ қ
Ġ ġ	gehauchtes g	Horu**ġ**	Ғ ғ
Ë ë	jo	Hi**ë**boni	Ё ё
Č č	tsch	**Č**orkūh	Ч ч
Ž ž	weiches sch	Kan**ž**ož	Ж ж

Kirgisistan

Š š	sch	O**š**	Ш ш
Č č	tsch	Kô**č**ôsù	Ч ч
Ž ž	weiches sch	**Ž**ibek **Ž**olu	Ж ж
Ù ù	ü	S**ù**l**ù**kt**ù**	Y y
Ņ ņ	ng	Kyzyl-Ù**ņ**kùr	Ң ң
Ô ô	ö	**Ô**zgôn	Ө ө

Kasachstan

Š š	sch	**Š**ymkent	Ш ш
Č č	tsch	Šev**č**enko	Ч ч
Ž ž	weiches sch	Temir **Ž**oldar	Ж ж
Ù ù	ü	S**ù**l**ù**kt**ù**	Y y
Ů ů	u	B**ů**laķ	Ұ ұ
Ķ ķ	hartes k	**Ķ**aza**ķ**stan	Қ қ
Ġ ġ	gehauchtes g	Tal**ġ**ar	Ғ ғ
Ņ ņ	ng	Aral Te**ņ**izi	Ң ң
Ô ô	ö	t**ô**rt	Ө ө
İ i	weiches i	Kôlder**i**	I i

Die jeweilige deutsche Übersetzung auf den nachfolgenden Seiten wurde so geschrieben, wie sie in etwa ausgesprochen wird.

Usbekisch

Begrüßung, Abschied, Redewendungen
Friede sei mit dir	assalom alaikum
Hallo	salom
Auf Wiedersehen	hajr
Ja, natürlich!	ha, albatta!
Nein / kein(e)	jock
Wie geht es ihnen	jachschimisiz?
gut/schlecht	jachschi/jomon
ausgezeichnet	a'loh
Danke	rachmat
Ich bin glücklich	men bachtliman
Alles klar	tuschindim
Guten Appetit	jokomli ischtacha
Freund	doost oder ortok
Frau	honem, ajol
Herr	dschanob, ärkak

Verständigung
Sprechen sie deutsch?	Njemitztscha bilasizmi?
Ich verstehe nicht	Men tschunmadem
Gibt es einen Übersetzer?	Tarjimon borme?

Zeitangaben
Wieviel Uhr ist es?	Soat nitschi?
Wie lange dauert es?	Bu kantscha davom etade?
zu früh!	Chali wachtli!
zu spät!	Dschuda ketsch!
Um 6 Uhr	Soat olte-da

Frühjahr	bachor
Sommer	jos
Herbst	kus
Winter	kisch

Morgen	ertalab
Mittag	peschin
Abend	ketschkurun
Tag	kun
Nacht	tun

Montag	duschanba
Dienstag	sejschanba
Mittwoch	tschorschanba
Donnerstag	pajschanba
Freitag	dschumma
Samstag	schanba
Sonntag	jakschanba

Feiertag	baijram kuni
Monat	oj
Jahr	jil
Jahrzehnt	on jil
Jahrhundert	asr

Orientierung
Wo ist...?	kajerda
Straße	kötschase
Stadtmitte	markaz
Fernstraße	jöl, schosse
Markt	bosor
Altstadt	eski schachar
Flughafen	aeroport
Bahnhof	vakzal
Busbahnhof	avtobekat
Gepäckaufbewahr.	yuk kamerase
Ticketbüro	patta kassase
Arzt	tabib
Apotheke	dorihona
Krankenhaus	kasalhona
nach links	tschapga
nach rechts	onga
nach Westen	garbga
nach Osten	scharkga
nach Norden	schimolga
nach Süden	schanubga
See	köl
Fluß	darijo
heiße Quelle	issyk bulok
Berg	togh
Gletscher	Muzlik
Höhle	rror
Hauptpostamt	aloka bulimi
Telekomgebäude	telegraf
öffentl.Bad	hammom
Museum	muzeji
Toilette	hodschathona
Hotel	mechmonhona
Naturpark	körickhona
Eingang	kirisch
Ausgang	tschikisch
Grenze	tschegara

Handel/Einkauf
Gibt es	......borme?
Das ist zu teuer!	Bu dschuda krimmat!
Wieviel kostet es?	kantscha?
bezahlen	tolamok
Geld	pul
Wie ist der Kurs?	kurs kanaka?
Briefmarken	markalar
Ladengeschäft	dökon

Lebensmittel
Tee	tschoij
abgekocht. Wasser	kajnatilgan suu
Brot	non
Reis	gürütsch
Fleisch	göscht
Wasser	suu
Sprudel	gazli suu
Gemüse	sabzavot
Vegetarier	vegetarian

Sprachenführer - Kasachisch, Turkmenisch, Kirgisisch, Tadschikisch

Zahlen

0	nol	17	on jette		
1	birr	18	on sackiz		
2	icki	19	on tockiz		
3	ütsch	20	jigirma		
4	tört	21	jigirma birr		
5	besch	30	ottiz		
6	olte	40	kirk		
7	jette	50	ellik		
8	sackiz	60	oltmisch		
9	tockiz	70	jetmisch		
10	on	80	sakson		
11	on birr	90	tokson		
12	on icki	100	(bir)jüz		
13	on ütsch	1 000	ming		
14	on tört	10 000	on ming		
15	on besch	¼	tschorak		
16	on olte	½	jarim		

Kasachisch, Turkmenisch, Kirgisisch, Tadschikisch

Friede sei mit dir / Guten Tag
Kasachisch — assalam alajkhum
Turkmenisch — salam alejkum
Kirgisisch — salam u alajkum
Tadschikisch — assalom u alejkum

Wie geht es dir?
Kasachisch — qal qalaj ?
Turkmenisch — ischlerin nitschik ?
Kirgisisch — ischter kandaj ?
Tadschikisch — tschi chelschumo ?

gut
Kasachisch — dschaksy
Turkmenisch — jachscheh
Kirgisisch — dschakschy
Tadschikisch — chub

schlecht
Kasachisch — dschaman
Turkmenisch — jaman
Kirgisisch — dschaman
Tadschikisch — ganda

Danke
Kasachisch — rachmet
Turkmenisch — sag bol
Kirgisisch — rachmat
Tadschikisch — rachmat

Auf Wiedersehen
Kasachisch — sau bol
Turkmenisch — sag bolung
Kirgisisch — hosch kosch
Tadschikisch — chajr

Wo ist...?
Kasachisch — ...qajda ?
Turkmenisch — ...nirede?
Kirgisisch — ...kajerde?
Tadschikisch — ...kudschost?

Bahnhof
Kasachisch — temir dschol
Turkmenisch — demir jol vaksaly
Kirgisisch — pojuz istanzijase
Tadschikisch — istgoh dschohan

Busbahnhof
Kasachisch — aftavaksal
Turkmenisch — avtobus terminaly
Kirgisisch — avtobus stanzijase
Tadschikisch — istgohi avtobus

Hotel
Kasachisch — qonachjui
Turkmenisch — muhmanchana
Kirgisisch — mejmankana
Tadschikisch — mehmonchona

Arzt
Kasachisch — dariger
Turkmenisch — doktor
Kirgisisch — doktur
Tadschikisch — duchtur

Krankenhaus, Hospital
Kasachisch — auruchana
Turkmenisch — keselchana
Kirgisisch — dokturhona
Tadschikisch — kasalchona

Toilette
Kasachisch — ädschetchana
Turkmenisch — hajatchana
Kirgisisch — daaratkana
Tadschikisch — hojatschona

Grenze
Kasachisch — schekara
Turkmenisch — serhet
Kirgisisch — tschekara
Tadschikisch — sarhad

Wieviel...?
Kasachisch — kanscha..?
Turkmenisch — njatsche..?
Kirgisisch — kantscha?
Tadschikisch — dschanta ?

teuer
Kasachisch — kjembat
Turkmenisch — gjemmat
Kirgisisch — kembat
Tadschikisch — kimmat

Sprachenführer - Russisch

Tee
Kasachisch	schä
Turkmenisch	tschai
Kirgisisch	tschai
Tadschikisch	tschoi

Brot
Kasachisch	nan
Turkmenisch	chörek
Kirgisisch	nan
Tadschikisch	non

Reis
Kasachisch	kürisch
Turkmenisch	tui
Kirgisisch	gürüdsch
Tadschikisch	birindsch

Fleisch
Kasachisch	et
Turkmenisch	et
Kirgisisch	et
Tadschikisch	göscht

Montag
Kasachisch	düjsenbi
Turkmenisch	bash gün
Kirgisisch	düjschönbü
Tadschikisch	duschanbe

Dienstag
Kasachisch	sejsenbi
Turkmenisch	jasch gün
Kirgisisch	sejschönbi
Tadschikisch	sehschanbe

Mittwoch
Kasachisch	särsenbi
Turkmenisch	hosch gün
Kirgisisch	scharschembi
Tadschikisch	dschorschanbe

Donnerstag
Kasachisch	bejsenbi
Turkmenisch	sogap gün
Kirgisisch	bejschembi
Tadschikisch	pandschanbe

Freitag
Kasachisch	dschüma
Turkmenisch	anna
Kirgisisch	dschumma
Tadschikisch	dschumma

Samstag
Kasachisch	senbi
Turkmenisch	ruch gün
Kirgisisch	ischembi
Tadschikisch	schanbe

Sonntag
Kasachisch	dscheksenbi
Turkmenisch	dintsch gün
Kirgisisch	schekschembi
Tadschikisch	jakschanbe

Zahlen

Kasachisch
1	bir	7		dschete
2	jeki	8		segiz
3	üsch	9		toghez
4	tört	10		on
5	bes	100		dschüz
6	alte	1000		meng

Turkmenisch
1	bir	7		jede
2	iki	8		sekiz
3	ütsch	9		dokuz
4	därt	10		on
5	bäsch	100		jüz
6	alte	1000		münj

Kirgisisch
1	bir	7		dschete
2	eki	8		segiz
3	ütsch	9		toguz
4	tört	10		on
5	besch	100		dschüz
6	alte	1000		ming

Tadschikisch
1	jak	7		chaf
2	du	8		chascht
3	seh	9		nöh
4	dschor	10		dah
5	pandsch	100		sad
6	schasch	1000		chazor

Russisch

Begrüßung, Abschied, Redewendungen

Guten Tag	sdrastwujtje
Auf Wiedersehen	da swidannija
Wie geht es Ihnen?	kack waschi djela ?
Es geht mir gut	u minja vsjo charascho
Es geht mir schlecht	minje plocha
Ja/Nein/Niemals	da/njet/nikagda
Danke	sspassiba
Wie heißen Sie?	kack wass sawut?
Ich heiße...	minja sawut...
Woher kommen Sie?	atkuda wü?
Deutschland	germanija
Schweiz	schwijtzarija
Österreich	afstrija

Ich kann Ihnen nicht genug danken!
nje ssnaju , kack wass blagodarit!

Sprachenführer - Russisch

Danke für die Gastfreundschaft	sspassiba ssa goste priimstwo
Das ist...	etta...
...gut	...charascho
...sehr gut	...otschen charascho
...schlecht	...plocha

Verständigung

Ich spreche kein Russisch	ja nje gawarju pa russki
Ich verstehe nicht	ja nje panimaju
Sprechen Sie Deutsch?	wü gawaritje pa nemetzki?
Können Sie das bitte aufschreiben?	napischitje paschallusta

Zeitangaben

Wieviel Uhr ist es?	Katorüj tschass?
Welcher Tag ist heute?	Kakoj ssiwodnja djenn?
Wann?	kagda?
gestern	ftschira
heute	ssiwodnja
Morgen	saftra
am Vormittag	utram
am Nachmittag	wjettschiram
Montag	panidjellnick
Dienstag	ftornick
Mittwoch	ssrida
Donnerstag	tschitwerg
Freitag	pjatniza
Samstag	ssubota
Sonntag	waskrissenje

Orientierung

Wo ist...?	gdje...?
Eingang	wchod
Ausgang	wüchod
Gepäck	bagasch

...mit dem Flugzeug

Flughafen	aeroport
Flugzeug	ssamalott
Flugschein	awiabiljet
Sitzplatz	mesto

...mit dem Zug

Bahnsteig	platforma
Zug	pojisd
Fahrkarte	biljet na pojisd
Fahrplan	raspisanije pojisdow
Abteil	kupä
Schlafwagen	spalni waggon

...mit dem Bus, Taxi, Auto

Bushaltestelle	stajanka aftobusa
Sammeltaxi	marschrutnoje taxi
Hotel	gastinniza
Platz	plostschad
Straße	uliza, daroga
Piste	gruntowje daroga
Motorenöl	masslo motornoje
abschleppen	atbukssirawat
schieben	talkat
Reifenreparatur	vulkanisazija
Reifen, Rad	schina, kalesso
Schlauch	kamera
Schlagloch	jama
Führerschein	prawa woditelja
Bußgeld	schtraff

...in der Stadt

Toilette	tualett
Markt, Basar	rünok, basar
Buchladen	knischnyj magasin
Apotheke	apteka
öffentl. Bad	banja

...in der Landschaft

Nord	sewer
Süd	jug
West	ssapad
Ost	wastok
Berg, Gebirge	gora, chebet
Höhle	peschera
Fluß	reka
Wasserfall	wadapad
See	ossera
(Sand-)wüste	pustinja,(peski)
Berghütte	prijut
Zelt	palatka
Ausgrabungen	raskopki
alte Festung	staraja krejpost

Im Hotel / in der Unterkunft

Stechmücken	kamary
Warmwasser	garatschia vada
Strom	swet
Eimer Warmwasser	wedro s gorjatschei vodoj
Bettwäsche wechseln	pomenjeite pastelnoje belijo
Klospülung kaputt	Voda iz unitaza nje rabotaet

Handel/Einkauf

Geld	djengi
Geldwechsel	abmen walutü
Wie ist der Kurs?	Kackoj kurs?
Wieviel kostet das?	Skolka etta sstoijt?
Das ist (sehr) teuer	Etta (otschen) dorogo
Ein halbes Kilo bitte	Polkilo paschallusta
Eine Quittung bitte	kwitanziju paschallusta

Zahlen

Wieviel?		skolka
einmal		adinn rass
zweimal		dwa rassa
dreimal		tri rassa
Viertel	¼	tschetwirt
Halb	½	palawina

0	noll	11	adinnatzat
1	adinn	12	dwinatzat
2	dwa	13	trinatzat
3	tri	14	tschitirnatzat
4	tschitirri	15	pitnatzat
5	pjatt	16	schüsnatzat
6	schest	17	ssimnatzat
7	ssjemm	18	wassimnatzat
8	wossim	19	dewjatnatzat
9	dewjat	20	dwatzat
10	djessit	21	dwatzat adinn
30	tritzat	40	ssorak
50	pidissjatt	60	schestdissjat
70	ssjemdissjat		
80	wossimdissjat		
90	diwinosta		
100	ssto		
200	dwjesti		
300	trista		
400	tschitirrista		
500	pitssott		
600	schessott		
700	ssimssott		
800	wassimssott		
900	dewjatssott		
1000	tissitscha		
10 000	djessit tissitsch		
100 000	ssto tissitsch		
1 000 000	miljonn		

Kontrollen, Miliz, Grenzen

Woher kommen Sie?   Atkuda wü?
Wohin gehen Sie?   Kuda wü jedite?
Für was ist die Gebühr?
   Schto etta sa nalock?
Das verstehe ich nicht/kann ich nicht lesen
   Etta ja ni panimaju
Das ist nicht mein Problem
   Etta ni maja problema
Wo ist die Registrierung?
   Gdje rigistrazia?
Wo muß ich jetzt hin?   Kuda mnje tiper?
Ich habe nur Dinge für den persönl. Gebrauch
   Etta maji litschnije weschi
Ich möchte dass ein Protokoll gemacht wird
   Ja chatschu schtoby sostawili protokol
Wo ist der Vorgesetzte?
   Gdje natschalnik ?
Ich möchte den Vorgesetzten sprechen
   Ja chatschu gawarit s natschalnikom

Notfälle

Ich brauche einen Arzt   Mnje nuschin wratsch
Hospital/Krankenhaus   balnitza
Botschaft   pasolstwo
Feuer !!   paschar !!

Impressum

Sorg, Gerald
Sorg, Yarkinoi
Usbekistan und die zentralasiatischen Republiken

Herstellung und Verlag:
BOD - Books on Demand, Norderstedt
Hergestellt in Deutschland, Made in Germany

Bibliographische Information der Deutschen Nationalbibliothek: Die Deutsche Nationalbibliothek verzeichnet diese Publikation in der Deutschen Nationalbibliographie; detaillierte bibliographische Daten sind im Internet unter www.dnb.de abrufbar.

6. überarbeitete Auflage 2017
© 2007-2017 Gerald und Yarkinoi Sorg, Alle Rechte vorbehalten

ISBN-13: 978-3-7431-7868-7
Bildernachweis:
S. 9 Mitte rechts, S. 51 Mitte: Chris Lange, Zürich
S. 27 Mitte oben, Mitte unten: Samarkanda Travel, Toshkent
S. 80 Sherzod Hojaev, Toshkent
alle übrige Bilder: Gerald Sorg, Bamberg

Dieses Buch ist erhältlich und sofort lieferbar in jeder Buchhandlung in Deutschland, der Schweiz und Österreich. Darüberhinaus ist es auch im Internet bei den einschlägigen Buchversendern erhältlich.

Dieses Buch wurde sorgfältig recherchiert und geprüft. Sollte es dennoch einmal vorkommen, daß eine Information unzutreffend ist, so lehnt der Autor jegleiche Verantwortung oder Haftung für eventuelle Schäden ab. Der Autor freut sich jedoch unbedingt über jeden verwertbaren Hinweis zur Verbesserung des Buches: **soge04access@yahoo.de**

Danksagungen:
Dieses Werk wäre nicht entstanden ohne die Hilfe vieler Menschen die mir mit Rat und Tat zur Hand gingen.
Mein besonderer Dank gilt meiner Frau Yarkinoi, die sowohl den Sprachteil erstellte als auch bei den Recherchen stets unterstützend wirkte. Auch Sherzod Hodjaev hat als langjähriger Freund der Familie unermüdlich Daten und Fakten gesammelt, Bilder geschossen und Öffnungszeiten ausgespäht.
Auch folgende Freunde und Bekannte begleiteten mich und halfen mit einer Übernachtungsgelegenheit, mit Übersetzungen, bei Reparaturen des Autos oder vielen Tips, das Buch mitzugestalten:
Katja Daniela Hillebrandt, Ilyas und Jasgül Joomiev, Nargiza Rysmendieva, Nikolas Glibovskij, Shuhrad Mahmudov, Rustam und Sanobar Badalov, Holmurat Eshmuradov, Venera, Rochatoy Nazirova, Alisher Nazirov, Rustam Usmanov, Yulduz Usmanova, Max Haberstroh, Niyozkul Nematov, Natalia Grinchenko, Ralf Nitz, Valentin und Galina Derevianko, Hermann Brodhage, Zhandiya Zoolshoeva, Yannat Mahanbetova, Erich Weiß, Kutuldu Sulaimanbekov, Shahodat Juldusheva, Gulkara Ibragimova, Rustam Abduammov, Dilnosa Alimova, Roman, Umid Faiziev, Ismat Rachimov, Natalia Haug sowie die viele Menschen, deren Namen ich zwar nicht kenne, die mir auf dem Weg jedoch sehr viel halfen.

Die ideale Karte zum Buch...

Nelles Map Central Asia

Maßstab 1:1 750 000

Mit Stadtplanausschnitten von Aşgabat, Toshkent, Dušanbe, Biškek und Almaty.
Die Karte zeigt ein plastisches Relief und alle im Buch genannten Sehenswürdigkeiten.
Sie wird vor Ort recherchiert um eine größtmögliche Aktualität zu gewährleisten.

ISBN-13 978-3-8657-4298-8

Ausgabe 2015

Bestellbar im Internet oder über den Buchhandel.

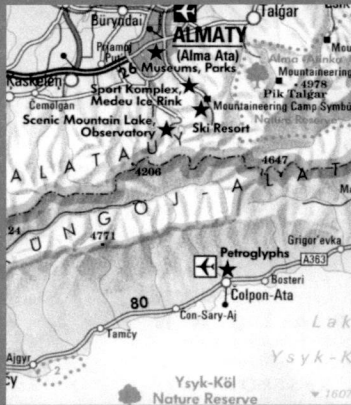

Afrosiab Ko'chasi 4b
100031 Toshkent, Usbekistan
Tel.: (998 71) 140-58-50
      (998 71) 140-58-60
Fax: (998 71) 140-58-70
E-mail: info@samarkanda-travel.com
Web: www.samarkanda-travel.com